Bühlmann

Andres Furger-Gunti   Die Helvetier

c
c
c
a
b

Andres Furger-Gunti

DIE HELVETIER

Kulturgeschichte eines Keltenvolkes

Verlag Neue Zürcher Zeitung

Dieses Buch entstand mit Unterstützung der Stiftung Pro Helvetia, der Goethe-Stiftung für Kunst und Wissenschaft, Zürich und der Stiftung der Schweizerischen Landesausstellung 1939 Zürich für Kunst und Forschung.

Herausgegeben von Max Mittler, Zürich
Druck: Grafische Betriebe NZZ Fretz AG, Zürich
Satz: Febel AG, Basel
Fotolithos: Kläusler AG, Kloten
Einband: Buchbinderei Schumacher AG, Schmitten
Gestaltung: Heinz Egli, Zürich
ISBN 3-85823-071-5
Printed in Switzerland

Inhaltsverzeichnis

Vorwort

Beginnt die Geschichte der Schweiz in keltischer Zeit? Die erste namentlich bekannte Völkerschaft der nordalpinen Schweiz gehörte tatsächlich zu den Kelten. Mit ihnen, die sich aus älteren, autochthonen Bevölkerungen heraus entwickelt haben, tritt die frühgeschichtliche Schweiz in das Licht der historischen Überlieferung. Im Bereich der heutigen Schweiz blühte die keltische Kultur seit dem 5. Jh. v. Chr. während mehreren hundert Jahren.

Mit der folgenden Arbeit soll erstmals versucht werden, die keltische Archäologie und Geschichte der Schweiz nach dem neuesten Stand der Forschung und unter integraler Berücksichtigung der schriftlichen, archäologischen und numismatischen Quellen darzustellen. Auch das Weiterleben von Elementen der keltischen Kultur bis in die neueste Zeit findet Berücksichtigung.

Die Beschäftigung mit der keltischen Kultur zeigt, wie anders als heute die Lebensauffassung der Kelten gewesen sein muss. Während heute der Mensch selbst eher im Vordergrund steht und als Mass aller Dinge betrachtet wird, war bei den Kelten die Einbettung in die Natur und ihre Kräfte, die durch eine reiche Götter- und Mythenwelt symbolisiert wurden, von grösserer Bedeutung. Der innere Mensch – seine Kräfte, Vorstellungen, seine Zukunft und Vergangenheit – war ebenso wichtig wie der äussere Mensch, der für uns Heutige mehr im Vordergrund steht. Aus diesem Grund ist es heute schwierig, in die Tiefe der keltischen Kultur und Kunst vorzustossen. Die auf die Kelten-zeit nachfolgende römische Epoche steht uns schon viel näher und hat wie die Folgezeit manches Ältere zum Verschwinden gebracht. Erst allmählich und besonders in der heutigen Zeit, wo der eigene Standort vermehrt distanzierter gesehen und über andere Kulturen vorurteilsfreier gewertet wird, beginnt man auch die keltische Kultur verständnisvoller zu beurteilen und sensibler zu ergründen. Dabei zeigt sich, dass die faszinierende Kultur der Kelten mehr Spuren zurückgelassen hat, als oft vermutet wird. Die helvetischen Kelten haben neben den später hinzugekommenen Römern und Germanen einen gewichtigen Beitrag zur Geschichte und Kultur der Schweiz geleistet.

Die Aufmerksamkeit des Schreibenden ist durch praktische Ausgrabungstätigkeit in den keltischen Siedlungen von Basel und nachfolgende Auswertungen auf dieses Thema gelenkt worden. Im Rahmen der Vorbereitungen zum vorliegenden Band wurden an der Universität Freiburg i. Br. und der Volkshochschule Basel-Stadt Kurse gehalten sowie Museumsführungen durchgeführt, wobei manche dort diskutierten Aspekte hier eingeflossen sind. Andererseits haben auch die eigene Ausbildung an der Universität Basel, vor allem bei L. Berger, und der Kontakt mit zahlreichen Kolleginnen und Kollegen das Folgende mitgeprägt.

Ich danke den folgenden Damen und Herren für Ihre Mitarbeit: Ph. Curdy, W. Drack, M. Egloff, R. Fellmann, F. Fischer, W. Gallusser, Th. und H. Gantner-Schlee, H. Grütter, A. Haffner, H.E. Herzig, Ch. Holliger, G. Kaenel, H.-M. von Kaenel, G. Lüscher, F. Müller, Ch. Osterwalder, B. von Scarpatetti, B. Schärli, A. Spycher, W.E. Stöckli, R. Thalmann, J. Untermann, G. Walser, K. Zimmermann. Mein Dank geht auch an R. Wyss, der neben Rat und Tat auch eigene Aufnahmen beigesteuert hat, Ch. Nagel für Zeichnungsarbeiten, M. Babey für Photos, M. Aschwanden für die Abschrift des Manuskripts, meiner Frau für viel Verständnis und andere Hilfe sowie allen weiteren Helfern, die hier nicht namentlich genannt werden können. Dazu gehören besonders die Vertreter der verschiedenen Institutionen, welche Bilder zur Verfügung gestellt haben (vgl. den Abbildungsnachweis). Die Rekonstruktionsbilder stammen zur Hauptsache vom französischen Archäologen und Künstler André Rapin. Das Historische Museum Basel gewährte, besonders dank dem Entgegenkommen dessen Kommissionspräsidenten, A.R. Weber, einen vom Verlag vergüteten, dreimonatigen Arbeitsurlaub. Schliesslich konnte dieses Werk nur dank den vorne verzeichneten Geldgebern und mit Hilfe des Verlages in dieser Form fertiggestellt werden, wofür ich besonders H. Egli, dem Produktionsleiter, und M. Mittler, dem Herausgeber, zu danken habe.

Andres Furger-Gunti, im April 1984

1

Der räumliche und zeitliche Rahmen

Der griechische Gelehrte Poseidonios hat um 100 v. Chr. einige Besonderheiten der Kelten (Galater) festgehalten: Die Galater sind von hohem Wuchse; ihr Fleisch ist von Säften strotzend und ihre Hautfarbe weiss; das Haar ist nicht schon von Natur aus blond, sondern sie verstärken auch noch durch künstliche Behandlung diese eigentümliche Farbe: Sie netzen nämlich die Haare immerfort mit Kalkwasser und streichen es von der Stirne rückwärts gegen den Scheitel und den Nacken, so dass ihr Aussehen dem der Satyrn und Pane gleicht. Die Haare werden nämlich durch diese Behandlung auch immer dicker, so dass sie sich von einer Pferdemähne nicht mehr unterscheiden. Den Bart scheren einige ganz ab, andere lassen ihn zu mässiger Grösse wachsen. Ihre Edlen rasieren sich die Wangen, den Knebelbart dagegen lassen sie lang wachsen, so dass der Mund ganz verdeckt wird. Beim Essen hat daher der Bart mit den Speisen zu tun, und wenn sie trinken, rinnt das Getränke wie durch einen Seiher... Die Frauen stehen nicht nur in der Leibesgrösse den Männern nicht nach, sondern nehmen es auch in der Stärke mit ihnen auf.

1
Der Kupferstich aus dem Jahre 1727 zeigt, wie man sich im 18. Jahrhundert den Wiederaufbau der im Jahre 58 v. Chr. verbrannten helvetischen Siedlungen nach der Rückkehr von der Schlacht bei Bibracte vorgestellt hat. Die abgebildete Stadt ist als respektable Anlage mit einer gemauerten Befestigung dargestellt, welche an diejenige von Avenches erinnert (vgl. Abb. 217 und S. 157–159).

Als Kelten verstehen wir die Träger der gleichnamigen Kulturgemeinschaft, die vom 5. bis zum 1. vorchristlichen Jahrhundert in Mitteleuropa deutlich nachweisbar ist. Von der keltischen Kultur mit einer eigenen Sprache kennen wir aufgrund literarischer Überlieferungen Bruchstücke von geschichtlichen Ereignissen, erreichen Einblicke in den geistigen Hintergrund und gewinnen durch die Archäologie zahlreiche Zeugnisse der Sachkultur. Anthropologisch wissen wir sehr wenig; ebenso wie heute Völkerschaften unterschiedlicher Herkunft unter ein- und derselben «Kulturglocke» zusammenleben, sind für «die Kelten» verschiedene ethnische Gruppen anzunehmen. Die Griechen nannten die Kelten nach ihrer eigenen Bezeichnung keltoi oder galatoi, die Römer Galli. Die Namen «Kelten» und «Gallier» sind also grundsätzlich gleichbedeutend. Vor allem seit der Zeit Cäsars werden zuweilen nur die Kelten aus dem heutigen Frankreich und angrenzenden Gebieten, wo Gallien im engeren Sinn lag, als Gallier bezeichnet. Die Kelten waren Indogermanen. Dies ist jedoch ein konstruierter, sprachgeschichtlicher Begriff, der hier nur am Rande von Bedeutung ist.

Die Kulturgemeinschaft der Kelten hatte keine gemeinsame politische Organisation, sondern war in autonome Stämme aufgegliedert, die im 1. Jh. v. Chr. deutlich belegbar sind. Solche Stämme oder Völker bildeten die Helvetier, Rauriker, Allobroger, Sequaner und so weiter. Innerhalb eines Stammes konnte es Teilstämme (pagi, Gaue) geben, wie zum Beispiel bei den Helvetiern die Tiguriner. Schwierig wird die Situation insofern, als Teilstämme zuweilen autonome Stämme werden und umgekehrt sich kleinere Stämme in einen grösseren Stammesverband eingliedern konnten.

Die keltische Kultur ist archäologisch durch das Sachgut und insbesondere durch die Kunst definiert. Die frühesten keltischen Kunstwerke treffen wir in der Zeit um 450 v. Chr. an. Es ist kein Zufall, wenn etwa zur gleichen Zeit in antiken Texten erstmals Kelten erwähnt werden. Die keltische Kultur ist nicht mit einer neuen Völkerschaft zu uns gekommen, sondern an Ort und aus der bestehenden Bevölkerung heraus entstanden, wobei fremde Einflüsse mitprägend waren. Ähnliche Kulturwechsel gab es oft, etwa in der Kunst des Mittelalters von der Romanik zur Gotik oder in der Geschichte Europas nach dem Zweiten Weltkrieg unter amerikanischem Einfluss. Die Menschen sind die gleichen geblieben und mit ihnen ihre Sprache. Sprachgeschichtlich und abstammungsmässig gesehen wären schon die Träger der vorangehenden Hallstattkultur als «Kelten» zu bezeichnen. Wir bleiben jedoch bei der archäologisch-kulturellen Definition und sprechen von Keltischem erst seit der Zeit um 450 v. Chr.

Die keltische Zeit liegt an der Schwelle von der «Urgeschichte» (auch «Vorgeschichte» genannt; ohne schriftliche Überlieferung) zur «Geschichte» (mit schriftlicher Überlieferung). Diese Übergangszeit heisst auch «Frühgeschichte». Noch heute trifft man auf die Meinung, dass das «wahrhaft historische Leben zwischen dem Genfer- und dem Bodensee... mit dem Erscheinen der Römer» begonnen habe[1]. Diese Ansicht geht von der Meinung aus, dass es vor der Zeit der schriftlichen Überlieferung keine Geschichte im eigentlichen Sinn gegeben hat. Die Gleichung «keine schriftliche Überlieferung = keine Geschichte» ist jedoch falsch. Es ist nicht die Geschichte, die fehlt, sondern nur deren direkte Überlieferung. Emil Vogt hat es prägnant formuliert[2]: «Nun arbeitet die Urgeschichte nicht mit einem Material, das geschichtliche Nachrichten in direkter Form vermittelt wie spätere geschriebene Quellen, sondern mit Gegenständen der materiellen Kultur und Ausgrabungsbefunden, die als Ausdruck des Denkens und Tuns des frühen Menschen durch besondere Methoden der wissenschaftlichen Forschung zu einem historischen Quellenmaterial verarbeitet werden müssen.»

Die erste Erwähnung von Kelten bei Herodot (484 bis ca. 430 v. Chr.) II, 33: «Der Istros (die Donau), der von den Kelten und der Stadt Pyrene herkommt, fliesst mitten durch Europa.»

Zum Stand unserer Kenntnisse

Über die Kelten, die selbst keine Geschichtsschreibung gepflegt haben, liegen nur schriftliche Berichte von anderer Seite vor, hauptsächlich von Reisenden aus Rom und Griechenland. Jene Geschichtsschreiber vermelden vorwiegend dann Ereignisse aus dem keltischen Bereich, wenn es zur Berührung respektive Zusammenstössen mit Rom, Griechenland oder anderen «klassischen» Völkern gekommen ist. So konnte das einseitige Bild von den kriegerischen keltischen Stämmen entstehen, das uns etwa auch in älteren schweizerischen Schulbüchern über die Helvetier begegnet.

Die zweite Quelle unserer Kenntnisse stellen die archäologischen Funde dar. Deren geschichtlicher Aussagewert ist gegenüber den schriftlichen Überlieferungen zwar beschränkter, nimmt aber von einer gewissen Fundmenge an deutlich zu. Die schriftlichen Überlieferungen und archäologischen Funde sind so verschiedene Quellengattungen, dass eine Synthese aus den Resultaten beider Forschungsrichtungen auf Schwierigkeiten stösst. Wir sind deshalb heute – auch in der keltischen Archäologie der Schweiz – weit davon entfernt, ein befriedigendes Gesamtbild entwerfen zu können. Die Hauptkenntnisse beruhen zahlenmässig auf den Bodenfunden. Die bisher gehobene und der Forschung zugängliche Menge der Bodenfunde ist jedoch, verglichen mit der im Laufe der Zeit wirklich in den Boden gekommenen Objektmasse (die selbst wieder nur einen kleinen Teil des ehemals Vorhandenen darstellt), verschwindend klein. So ist es nicht erstaunlich, dass jeder neue grössere Fundbestand auch heute noch wichtige Erkenntnisse bringt und ältere Resultate modifiziert oder gar umstösst. Andererseits beruhen aber unsere heutigen Kenntnisse nicht einfach auf Zufall. Die Erfahrung zeigt bei Siedlungsauswertungen, dass aus einem Fundbestand von mehreren hundert Funden verlässliche Datierungen abgeleitet werden können. Dies wird gerade bei der heute vermehrt angewandten statistischen Methode deutlich. Auf anderen Gebieten kann jedoch der Interpretationsspielraum gross sein. Ein extremes Beispiel aus der Schweiz ist die Deutung der Funde aus der Station la Tène, welche die einen als Reste einer Katastrophe, die anderen als Niederschlag ausgedehnter Opfertätigkeit ansehen (S. 58).

Im strengen naturwissenschaftlichen Sinn durch Zahlen, Statistiken und so weiter darstellbar sind nur gewisse Teilaspekte der menschlichen Vergangenheit. Es wäre zu leicht, nur kleinste Teilbereiche zu untersuchen und die daraus gewonnenen Resultate aneinanderzureihen. Die auf S. 163 angesprochene positivistische Arbeitsweise weist grosse Mängel auf. Eine Gesamtschau wird so nicht möglich, weil eine Kultur mehr ist als ein Katalog bruchstückhafter Funde. Wir versuchen bei unserer Betrachtung nicht nur an der sichtbaren Oberfläche zu bleiben, sondern möchten versuchen, für bestimmte Fragen neue Lösungen zu finden. Dabei versteht es sich von selbst, dass jede weitergehende Interpretation mit einer nicht zu vermeidenden Unsicherheit verbunden ist.

2

3

Anspruch auf Vollständigkeit in irgendeinem Bereich kann nicht erhoben werden. In den Anmerkungen und im Literaturverzeichnis sind nach Möglichkeit wichtige weiterführende und leicht greifbare Werke genannt.

Geographischer Rahmen und Umwelt

Der Lebensraum in der hier zu behandelnden Zeit muss völlig losgelöst von den heutigen politischen und kulturellen Grenzen betrachtet werden. Eine eigentliche helvetische Kultur hat es nicht gegeben, denn das Gebiet der heutigen Schweiz war – wobei lokale Ausprägungen durchaus vorkamen – Teilgebiet der gesamten keltischen Kultur. Dementsprechend wird im folgenden immer wieder auf allgemeine Schilderungen der Kelten zurückgegriffen. Die erste Karte im Anhang zeigt, dass frühe Zentren der keltischen Kultur im Mittelrheingebiet, in Böhmen und im schweizerischen Mittelland lagen. Später dehnte sich diese Kultur rasch aus und bedeckte schliesslich eine grosse Fläche Mitteleuropas, die von den Britischen Inseln im Norden bis nach Oberitalien im Süden und von Spanien im Westen bis zum Schwarzen Meer im Osten reichte.

2–3
Armringe aus buntem Glas und im keltischen Stil bemaltes Tongefäss. Das auf hellen Grund aufgetragene Schlingwerkmuster strahlt die für keltische Kunst typische Dynamik aus und beruht doch auf einem geometrischen, sich wiederholenden Aufbau. Aus der Rauriker-Siedlung «bei der alten Gasfabrik» in Basel. Ende 2. und 1. Jh. v. Chr.

4

5

Das schweizerische Mittelland, einer der Brennpunkte der keltischen Kulturzone, steht in diesem Band im Zentrum der Betrachtungen. Dieses ca. 7000 km^2 grosse «schweizerische Tiefland» (um 400 m ü. M.) zwischen Jura und Alpen sowie Boden- und Genfersee bietet sich als geographisch geschlossener Raum für eine nähere Untersuchung an. Genaue Grenzen sind jedoch für diese Zeit nicht festzulegen. Für frühgeschichtliche Kulturen können im allgemeinen nur Siedlungsschwerpunkte und Ausstrahlungsgebiete angegeben werden. Um 100 v. Chr. war der Stamm der Helvetier bereits so stark ausgebildet, dass antike Autoren von Helvetiern sprechen. Wenig später gibt Cäsar – zum Teil sicher mit bestimmten, die Wirklichkeit nicht genau widerspiegelnden Hintergedanken – die Grenzen dieses Volkes, im Nordosten den Rhein, an. Unsere Ausführungen werden zeigen, dass vom schweizerischen Mittelland Verbindungen über den Jura, die Alpen und auch über den Hochrhein hinweg festzustellen sind. Dieser Kulturraum ist also nicht isoliert von der Umgebung zu betrachten.

Im schweizerischen Mittelland herrscht heute ein Übergangsklima zwischen ozeanischer und kontinentaler Prägung, das zusammen mit dem guten, nährstoffreichen Boden (sog. Braunerde) und dem vorteilhaften Wasserhaushalt die günstige Voraussetzung für eine ertragreiche Agrikultur bietet[3]. Das bevölkerungsreiche Mittelland, das etwa ein Drittel der Fläche der Schweiz einnimmt, ernährt etwa zwei Drittel der Schweiz. Besonders die Kantone Bern und Waadt im westlichen Mittelland können als «Kornkammer der Schweiz» bezeichnet werden[4]. Die Vorzüge des Mittellandes wurden schon in frühgeschichtlicher Zeit ausgenützt. Das Klima muss in keltischer Zeit (klimageschichtlich gesprochen: im älteren Subatlantikum) insgesamt eher etwas kühler gewesen sein, allerdings mit verschiedenen Schwankungen, wobei gegen die spätkeltische Zeit hin eine Klimaverbesserung anzunehmen ist. Im Detail ist jedoch wenig bekannt. Dies gilt leider auch für die Vegetation. Hier muss man weitgehend auf im benachbarten Deutschland durchgeführte Untersuchungen ausweichen[5]. Bei den Holzarten waren die Nadelhölzer deutlich seltener als heute. Die Wälder wurden damals weitgehend von der Rotbuche beherrscht, was durch Bestimmungen von Proben aus dem Raume Zürich bestätigt wird[6]. Ungenutzte Gebiete waren vermutlich noch dicht bewaldet, wogegen die guten Ackerböden in den Flächen gerodet gewesen sein müssen. Die in siedlungsnahen Gebieten verbliebenen Wälder wurden für Waldweide von Vieh genutzt und boten deshalb nicht das uns gewohnte Bild dichter Wälder. Auch bei den Nutzpflanzen herrschten andere Arten vor als heute, beim Getreide dominierte Dinkel (Spelt). Die Kelten kannten bereits die Wintersaat, auch Brachäcker sind nicht erst eine Erfindung des Frühmittelalters. Zahlreiche Gewächse wurden schon systematisch kultiviert, so etwa beim Obst Pflaumen und Kirschen.

4
Rekonstruktion eines keltischen Reiters mit Schwert, Lanze und Schild aus der Zeit um 200 v. Chr. Der Umhang wird durch eine Fibel zusammengehalten. Das Kopfgeschirr des Pferdes ist in Anlehnung an Funde von la Tène gezeichnet. Auf der Pferdebrust hängt eines der S. 87 beschriebenen Amulette. Die keltischen Pferde waren kleiner als die heutigen und wurden ohne Sattel geritten. Zeichnung A. Rapin.

5
Originalfunde aus einem Grab von Bevaix NE, welche als Vorlage für die Reiterrekonstruktion gedient haben: Schildbuckel, Lanzenspitze, Lanzenschuh, Schwertscheide mit Kette und Schwertblatt.

Der zeitliche Rahmen

Der natürliche Geschichtsfluss wurde von der neueren Forschung künstlich in Zeitstufen unterteilt. Die Epoche vor der keltischen Latènezeit nennt man Hallstattzeit, auf die Latènezeit folgt die römische Zeit. Jede Zeitstufe wird weiter eingeteilt. Während die Trennungslinien bei den Zeitstufen auf Abschnitte mehr oder weniger gut erkennbarer Wechsel gelegt werden konnten, widerspiegelt die Unterstufeneinteilung nur mehr begrenzt tatsächliche und grossräumige Einschnitte, erleichtert aber die Verständigung. Drei Unterstufen sind für die Latènezeit wichtig (vgl. die Zeittabelle S. 164):

Frühkeltische Zeit – Frühlatènezeit – La Tène A und B
Mittelkeltische Zeit – Mittellatènezeit – La Tène C
Spätkeltische Zeit – Spätlatènezeit – La Tène D.

6

7

Der Übergang von der Hallstatt- zur Latènekultur

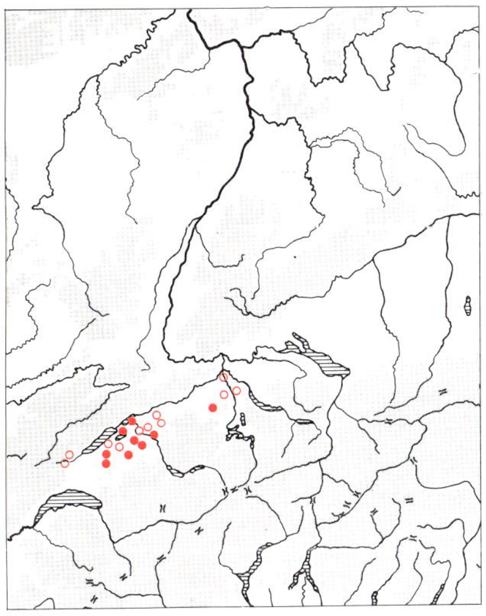

8

6–7
Goldfunde aus hallstattzeitlichen Fürstengräbern im Kanton Bern. 6: Zwei Ohrringe aus Wohlen und Jetzikofen. Schmuckkugel mit reicher Granulationsverzierung aus Jegenstorf, vielleicht Sonne und Mond symbolisierend. Reich verzierte Kugel an Kette aus Ins (leicht vergrössert). 7: Halsreif und Armband aus Allenlüften und Zierscheiben aus Ins (stark verkleinert).

8
Die hallstattzeitlichen Wagengräber (○) des schweizerischen Mittellandes und besonders diejenigen mit Goldbeigaben (●) – ein Zeichen für die Zugehörigkeit der damit Bestatteten zu den Mächtigen ihrer Zeit – konzentrieren sich auf je eine Gruppe im Osten und Westen, welche zwei getrennte Machtbereiche widerspiegeln könnten (nach W. Drack und W. Kimmig).

Fürsten der späten Hallstattzeit

Das 6. Jh. v. Chr. ist die Zeit der Fürstenherrschaften. Stadtstaaten Griechenlands und Italiens wie etwa Athen und Rom werden von mächtigen Fürsten und Königen beherrscht, die von ihren gut befestigten Burgen aus mit unumschränkter Macht regieren. Ähnliche Machtverhältnisse und Burgen findet man auch im Bereich der westlichen Hallstattkultur[7]. Am bekanntesten wurde die von einer Lehmziegelmauer umwehrte Heuneburg an der oberen Donau. Zu den Fürstensitzen gehören die entsprechenden Fürstengräber, grosse Grabhügel in deren Umgebung, mit aus Holz gezimmerter Kammer für die Toten und ihre Reichtümer. Im kürzlich entdeckten Grabhügel bei Eberdingen-Hochdorf D in der Nähe von Stuttgart[8] wurden ein kompletter vierrädriger Wagen, ein grosses, aus dem Süden importiertes Metallgefäss zur Aufnahme des Getränks, Trinkhörner, Metallgeschirr und vieles andere mehr gefunden. Die Kleidung des Toten war speziell für das Begräbnis mit Gold beschlagen worden; der Reichtum lässt an eine gottähnliche Verehrung der verstorbenen Fürstinnen und Fürsten denken.

Die wirtschaftliche Grundlage für den Reichtum dieser Hallstattfürsten führt man hauptsächlich auf die gezielte und wohl monopolartig geregelte Nutzung von Bodenschätzen (Salz, Eisen) zurück. Da die Fürstensitze meistens an wichtigen Verkehrsadern lagen, kamen Verdienste am Handel, Transport und an Zöllen hinzu. Die Hallstattfürsten standen in regem Kontakt mit dem Mittelmeerraum, vor allem Italien, Griechenland und der um 600 v. Chr. gegründeten phokäischen Kolonie Massalía (Marseille), die als Handelsstadt an der Rhonemündung an einem besonders geeigneten Standort angelegt worden war. Der Kontakt zum Mittelmeerraum ist archäologisch durch zahlreiche Importfunde in Hallstattsiedlungen belegt. Für die vor allem aus Gräbern stammenden, wertvollen Importstücke nimmt man an, dass sie hauptsächlich als Gastgeschenke südlicher Herren dorthin gelangt sind[9].

Auch im Gebiet der heutigen Schweiz sind bedeutende Spuren späthallstattzeitlicher Adelsherrschaften nachweisbar. Dies zeigt die Verbreitung der Gräber mit Wagenbeigabe, einem deutlichen Indikator für die Zugehörigkeit der Bestatteten zu den Mächtigen jener Zeit[10]. Zwei Gräberkonzentrationen sind feststellbar, die wohl als getrennte Machtbereiche zu verstehen sind. Die eine Gruppe liegt im Osten an der unteren Reuss, die andere in der Westschweiz. Die Westgruppe hat die reichsten Gräber geliefert. Daraus stammen die abgebildeten Goldfunde, starr geometrisch verzierte Halsreifen, die wohl als eine Art Symbol höchster Macht aufzufassen sind, sowie Schmuckkugeln, die mit ihrer Granulationsverzierung an etruskische und phönizische Goldschmiedearbeiten erinnern. Aus tarentinischem Gebiet in Unteritalien stammt die um

580 v. Chr. entstandene berühmte Hydria von Grächwil mit der plastischen Darstellung der Herrin der Tiere[11]. Im Jahre 1973/74 ist es der freiburgischen Kantonsarchäologin Hanni Schwab erstmals gelungen, einen hallstattzeitlichen Fürstensitz in der Schweiz nachzuweisen[12]. Er liegt bei Châtillon-sur-Glâne am Zusammenfluss der Saane und Glâne, 1 km südlich von Freiburg auf einem gut geschützten Sporn von ca. 4 Hektar Grösse. In dem durch Wall und Graben gut gesicherten Innenraum wurden bei Sondiergrabungen charakteristische Importfunde entdeckt, neben anderem Bruchstücke von attischer und phokäischer Keramik sowie von Weinamphoren mediterraner Provenienz. – Im Umkreis der Hallstatt-Burg liegen zahlreiche grosse Grabhügel, deren Aufdeckung man mit grosser Spannung erwartet.

Das schweizerische Mittelland wird der Länge nach von einer wichtigen Verkehrsachse durchquert, welche über die Linie Rhone–Genfersee–Mittelland dem Juranordfuss entlang durch das Seeland und dann über den Hochrhein zur oberen Donau führt.

9

9
Hydria von Grächwil BE. Das Bronzegefäss wurde im Bereich einer hallstattzeitlichen Grabhügelgruppe gefunden und ist offenbar aus dem Gebiet von Tarent in Unteritalien importiert worden. Auf dem Oberteil die Darstellung der Herrin der Tiere.

10–11
Der hallstattzeitliche Fürstensitz von Châtillon-sur-Glâne FR liegt auf einem felsigen Sporn am Zusammenfluss von Sarine und Glâne und ist durch Wall und Graben geschützt.

10

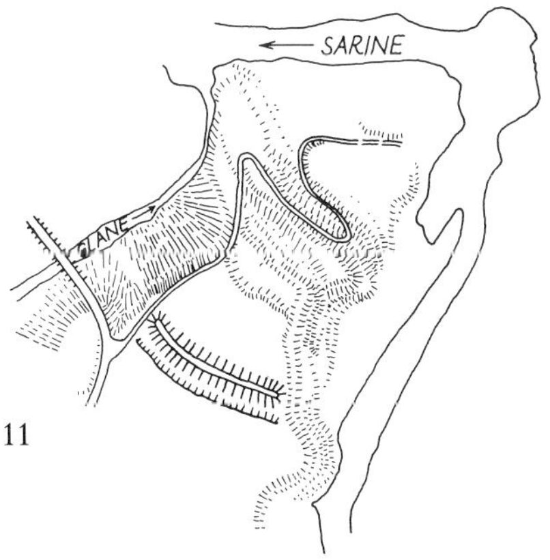

11

Der Weg über das Saanetal stellt auf dieser Route einen erheblichen Umweg dar. Hingegen liegt Châtillon nach H. Schwab an der wichtigen Nord-Süd-Route zwischen Ostfrankreich und Norditalien über den Grossen St. Bernhard–Wallis–Col des Mosses ins Saanetal und schliesslich über den Jura nach Burgund und an die Seine. Es ist möglich, dass dieser Route erhöhte Bedeutung zukam, nachdem die Etrusker und Karthager in der Zeit um 600 v. Chr. den Griechen den direkten Weg über Marseille und das Rhonetal verschlossen haben, so dass diese das für die Bronzeherstellung benötigte Zinn von Cornwall über die Schweiz und Oberitalien heranführen mussten[13]. Nach den Siedlungsfunden von Châtillon-sur-Glâne zu schliessen, endete dieser am Ende des 6. Jh. v. Chr. gegründete Fürstensitz schon im frühen 5. Jh. v. Chr. wieder und hat damit das gleiche Schicksal wie etwa die Heuneburg erlitten, welche dannzumal in Flammen aufgegangen ist.

Betreffend die Zeit um 500 v. Chr. sind wir für Italien und Griechenland von tiefgreifenden Änderungen unterrichtet. In Rom wird nach sagenhafter Überlieferung das Königtum abgeschafft, und es beginnt die Zeit der Republik mit dem vom Patriziat besetzten Senat, der zwei Konsuln als Oberhäupter wählt. In Athen kommt es zum Sturz der Tyrannis. An deren Stelle tritt eine demokratischere Regierungsform mit dem von Kleisthenes eingeführten Rat der 500. Die Herrschaft des Adels wird also breiter abgestützt. Vor diesem allgemeinen Hintergrund ist auch der Wechsel von der Hallstatt- zur Latènekultur zu sehen. Früher hat man sich tiefgreifende Kulturwechsel als Folge von Einwanderungen fremder Bevölkerungsteile erklärt. Heute wissen wir, dass die Latènekultur aus der Hallstattkultur heraus entstanden ist, wobei Impulse von aussen eine wichtige Rolle gespielt haben. Nicht nur die Struktur der Gesellschaft, auch die geistige Kultur hat sich nachhaltig verändert. Die neue Latènekultur wird besonders in der Kunst deutlich fassbar, die deshalb als wichtigstes definierendes Element gilt. Wenn wir die 1906 bei Geleisearbeiten in Zürich-Altstetten entdeckte Goldschale (siehe rechts) – offenbar der einzige erhaltene Rest eines hallstattzeitlichen Fürstengrabhügels – mit einem Kunstwerk der frühen Latènezeit, zum Beispiel Ring 1 aus dem Goldschatz von Erstfeld, vergleichen (S. 27), wird der grosse Unterschied deutlich. Welche Diskrepanz besteht zwischen dem Punkt-Buckel-Flächenmuster mit den einfachen, fast leblosen Tierdarstellungen der Hallstattschale und dem lebendigen Gewirr von Tier- und Menschengestalten auf dem Frühlatènering! Die flachen, erstarrten Tierfiguren auf der einen Seite und die spannungsgeladenen, magisch und gefährlich wirkenden Fabelwesen und Dämonen auf der anderen Seite sind Ausdruck zweier verschiedener geistiger Welten und Religionen.

12

Der Kulturwechsel als historisches Problem

Ablauf und Gründe des tiefgreifenden Wechsels im 5. Jh. v. Chr. können aufgrund der allein zur Verfügung stehenden Bodenfunde nur unzulänglich ermittelt werden. Entsprechend gross ist der Interpretationsspielraum. Unter diesem Vorbehalt ist das Folgende zu verstehen. Weitgehend einig ist man sich darüber, dass der Beginn der keltischen Kultur im Mittelrheingebiet und in der Champagne zu suchen ist, und zwar an den Fürstenhöfen selbst. Danach breitete sich die neue Welle von Norden nach Süden aus, wobei die Aufnahmebereitschaft je nach räumlichem und sozialem Standpunkt sehr unterschiedlich sein konnte.

Anhand der Diskussion von verschiedenen Szenarien wird heute versucht, im Problembereich Kulturwechsel einen Schritt weiter zu kommen[14]. Wir sprechen hier ein solches Modell an: Die zu grosser Macht und Reichtum gekommenen Hallstattfürsten müssen sich einerseits von potentiellen Widersachern im eigenen Kreis sowie von dem übrigen Volk abkapseln und sich andererseits gegenüber den ebenfalls mächtigen Nachbarherrschern abgrenzen, was zu erheblichen Spannungen führt. Je grösser die Probleme werden, desto mehr erstarrt die eigene Haltung. Das führt zu einer Situation, welche die Herausbildung neuen Ideengutes auf der anderen Seite geradezu provoziert. Schliesslich fehlt den Fürsten die Flexibilität, neue Strömungen zu integrieren, wodurch sich die alte Gesellschaft letztlich selbst zugrunde richtet. – Diese abstrakte Modellvorstellung beruht auf historischen Erfahrungen; zur Illustrierung des angeführten Modells könnten die Französische Revolution und das Ancien Regime angeführt werden. Eine erstarrte und auf ihre ererbten Rechte pochende Aristokratie mit weitreichenden Herrschaftsansprüchen verschloss sich den Änderungen gegenüber so lange, bis sie dadurch selbst zu Fall gebracht wurde. In der Französischen Revolution war neues Gedankengut die treibende Kraft. Nach der teils blutigen Durchführung hat sich bald ein neuer Kunststil durchgesetzt, worauf mit Napoleon I. entgegen den ursprünglichen Zielen der Revolution die alte Machtkonzentration doch für eine gewisse Zeit eine Fortsetzung fand. Auch in der Frühlatènezeit konnten sich die – jetzt «keltisierten» – Fürsten noch eine gewisse Zeit halten, bis sie schliesslich nach etwa zwei Generationen endgültig verschwanden. Dann wurden keine neuen Grabhügel mehr aufgebaut, dafür aber mit der Belegung der grossen Flachgräberfelder begonnen. In deren Gräbern finden sich kaum mehr reiche Beigaben für die Reise ins Jenseits, sondern die Toten wurden meist nur noch mit ihrer persönlichen Kleidung, dem zugehörigen Schmuck und den Waffen ins Grab gelegt. Auch dies deutet auf die endgültige Durchsetzung neuer Jenseitsvorstellungen und damit neuer Religionsinhalte hin.

12
Frühkeltische Fibel aus dem Val de Travers NE. Die mit zwei Vogelköpfen, menschlichen Masken und Koralleneinlagen reich verzierte Fibel geht in ihrer Gesamtform auf Hallstattfibeln zurück, der Verzierungsstil ist aber schon ganz der Latènekunst verpflichtet. Die in die Fibelnadel eingehängte Zierplatte war ursprünglich an der Federspirale befestigt.

13
908 g schwere Schale aus reinem Gold. Im Jahre 1906 in Zürich-Altstetten gefunden. In einfacher hallstattzeitlicher Technik sind neben Sonnen und Monden ein Hirsch und weitere Tierdarstellungen herausgetrieben.

13

Schweizer im Dienste Ludwig XVI. von Frankreich als Vergleich:
Die Eidgenossen waren keine eigentlichen Söldner, sondern eine Art bezahlte Bundesgenossen, die Truppen wurden von einheimischen Patriziern angeführt und unternehmerisch verwaltet. Diese Offiziere, die auch am fremden Hofe verkehrten, nahmen bald die dort üblichen Sitten, wie etwa die reiche Kleidung, an. Im Laufe der Zeit sind die Offizierschargen in bestimmten Corps für verschiedene Familien erblich geworden! Die Auswirkungen auf das eigene Land blieben nicht aus. Die angestammte, schlichte Lebensform wurde aufgegeben und zum Beispiel die Perükken- und Halskrausenmode übernommen und selbst die Ausdrucksweise verzerrt und schwülstig. Die Reisläuferei hatte aber noch tiefergehende Auswirkungen. So bildeten im Laufe der Zeit die in französischen Diensten stehenden höheren Offiziere eine militärische Aristokratie neben der schon bestehenden. In der Folge nahmen Geldgier, Geltungssucht und Überheblichkeit zu. Der Dienst unter fremden Fahnen und dessen Auswirkungen trugen mit zum Verfall der alten Eidgenossenschaft bei.

War das Söldnerwesen mit ein Grund für den Kulturwechsel?

Die erwähnten «Demokratisierungstendenzen» im Mittelmeerraum haben auf das Gebiet der westlichen Hallstattkultur ausgestrahlt. Reisende Kaufleute und Delegationen allein dürften als Überbringer des neuen Ideengutes kaum genügt haben. Hier muss von den Söldnern und den Gefolgschaftsheeren gesprochen werden. Sie gehörten zum gewohnten Bild der Latènekultur. Keltische Krieger, meist als geschlossene Truppe angeworben und unter Leitung eines eigenen Aristokraten stehend, schlossen sich zu gefürchteten Söldnerheeren zusammen, die in der Antike in weiten Teilen Europas und am Hofe mächtiger Herrscher anzutreffen waren. Am bekanntesten ist das von König Nikomedes I. von Bithynien im Jahre 278 v.Chr. angeworbene Keltenheer geworden, das sich später selbständig gemacht und schliesslich ein eigenes Reich in Kleinasien (in Galatien, galatoi = keltoi) gegründet hat.

Es ist nicht undenkbar, und nichts spricht unseres Wissens dagegen, dass man schon für die späte Hallstattzeit Söldnerheere aus dem Gebiet nördlich der Alpen annimmt. In diesem Zusammenhang kommen wir auf die genannten wertvollen Gastgeschenke aus dem Süden zurück. Die damit verbundene Schenkungsabsicht kennen wir nicht genau. Mit Franz Fischer denken wir an den Wunsch südlicher Fürsten um militärische Hilfeleistung aus dem Norden[15]. Dazu kommt als mögliches Argument für frühe Söldnergruppen das Vorkommen hallstattzeitlicher Fibeln in einem breiten Bereich am Südalpenfuss bis hinunter nach Ancona[16]. Ob mit den später zu besprechenden Gaesaten, den Söldnern aus dem nordalpinen Bereich, auch schon hallstattzeitliche Krieger gemeint sein können, scheint nicht ausgeschlossen. Jedenfalls treffen wir auf Darstellungen hallstattzeitlicher Bronzegefässe Krieger mit Lanze und grossem Schild mit Schildbuckelformen an, wie sie später in der Latènezeit wiederzufinden sind. Dass in den nordalpinen Fürstengräbern solche Waffen fehlen, muss nicht erstaunen, da die Fürsten selbst sicherlich keine solchen Waffen getragen haben, sondern ihre führende Rolle in einer bestimmten Waffe wie etwa dem Dolch zum Ausdruck kommt. – Das antike Söldnerwesen erinnert lebhaft an die Reisläuferei des Mittelalters und der Neuzeit, einen wichtigen Abschnitt in der Schweizergeschichte mit erheblichen Folgen für das eigene Land. Für die am deutlichsten fassbare keltische Kunst sind verschiedene Fremdeinflüsse bezeichnend. Nachweisbar sind skythische, thrakische, ja persische Einflüsse; in erster Linie waren jedoch Vorbilder aus dem etruskischen und griechischen Raum massgebend. Es sind also dieselben Gebiete, welche bei den bald danach einsetzenden Wanderungen aufgesucht werden, und auch die gleichen Gebiete, aus welchen vorher Gastgeschenke gekommen sind. Die Übereinstimmungen sind unverkennbar. Nicht nur in der Kunst, sondern in einem Falle auch bei der Kleidung lässt sich südlicher Einfluss nachweisen. Schon der genannte Fürst von Eberdingen-Hochdorf hat nach südlichem Vorbild Schnabelschuhe getragen. Ähnliche Schnabelschuhe finden sich auf frühlatènezeitlichen Darstellungen. Hier reicht wohl die Erklärung als Gastgeschenk nicht aus. Wie bei den schweizerischen Söldnern der Neuzeit dürfte die Übernahme einer fremden Kleidung eher nach direktem Kontakt mit dem anderen Kulturgebiet stattgefunden haben, wobei später die im Heimatland getragene, fremde Kleidung ihrerseits von anderen übernommen worden sein konnte. Es wäre also denkbar, dass im Mittelmeerraum unter Sold stehende Hallstattfürsten mit ihrer Gefolgschaft direkt mit neuem Ideengut, anderen Lebensgewohnheiten, einer neuen Religion und sich wandelnden politischen Tendenzen in Kontakt gekommen sind, die – ähnlich wie später in der Schweiz – nach ihrer Rückkehr im gesellschaftspolitischen Bereich für Konfliktstoff in den verschiedenen Schichten gesorgt und mit zur anschliessenden kulturellen Umwälzung beigetragen haben. Zu untersuchen bliebe, ob die in den Mittelmeerländern um 500 v. Chr. erfolgte Ablösung der Tyrannenherrschaften zu einem vermehrten Rückstrom von Söldnerfürsten mit ihren Kriegern geführt hat und dadurch die als Möglichkeit aufgezeigte Entwicklung verstärkt worden ist.

14

15

16

Ruhigerer Kulturübergang ausserhalb der Fürstensitze

Wie und wo die Menschen ausserhalb der Fürstensitze gelebt haben, wissen wir nicht genau, weil grössere Siedlungsaufschlüsse weitgehend fehlen. Hingegen kennen wir verschiedene Grabanlagen. Darin werden in erster Linie eher vermögende Hofbesitzer nachweisbar als Repräsentanten der allgemeinen Bevölkerung bis hinunter zu den anzunehmenden Unfreien und Sklaven. Letztere sind durch den archäologischen Raster kaum erfassbar.

Im Jahre 1841 wurden in einer Pioniertat vom Basler Wilhelm Vischer in der Hard zwischen Muttenz und Pratteln BL drei noch ca. 2m hoch erhaltene Grabhügel sorgfältig ausgegraben[17]. Er stiess auf Körper- und Brandbestattungen, die teilweise von einer Steinpackung umgeben waren. Weitere, kreisförmige Steinkonstruktionen lagen konzentrisch in zwei Grabhügeln. Die drei Zentralbestattungen stammen aus der späten Hallstattzeit oder der frühesten Latènezeit, wie die Funde zeigen. Um die Zentralgräber fanden sich in allen drei Hügeln jüngere Nachbestattungen, denen zum Teil bereits latènezeitlicher Schmuck mitgegeben worden ist. Dieser Befund führt zur folgenden wichtigen Schlussfolgerung: Der Übergang von der Hallstatt- zur Latènekultur ging in diesem Bestattungsbezirk ohne Bruch vor sich. Und demnach muss das dazugehörige, in der Nähe anzunehmende Gehöft selbst auch kontinuierlich weiterbestanden haben und von denselben Leuten bewohnt worden sein.

In der Schweiz und in Süddeutschland sind vergleichbare Nekropolen mit ähnlichen Aussagemöglichkeiten bekannt, von denen eine Gruppe in Nordwürttemberg von Ludwig Pauli genau analysiert worden ist[18]. Er hat aus seinen Auswertungen geschlossen, dass im Zentrum der Hügel jeweils Frauen bestattet worden sind, die verheiratet und wahrscheinlich Mütter waren. Die Nachbestattungen suchen gewissermassen die Nähe dieser «Stammütter». Wenn die Grablage die Position zu Lebzeiten widerspiegelt, ist auf eine herausragende Stellung der Mutter in jener Gesellschaft zu schliessen. L. Pauli denkt an die matrilineare Erbfolge, dass also der Hof jeweils von der Mutter an die Tochter vererbt worden ist und die Männer eingeheiratet haben. Die toten Familienmitglie-

14–16
Armring aus Lignit (eine Art verkohltes Holz), Hallstatt- und Frühlatènefibel aus Grabhügeln in der Basler Hard bei Pratteln BL.

17
Der Üetliberg bei Zürich. 1 Grabhügel. 2 Vorwallsystem (spätkeltisch?), 3 Hauptwall (wohl im Kern frühkeltisch), 4 Fundort von frühkeltischen Gräbern, 5 inneres Wallsystem (mittelalterlich?), 7 Uto-Kulm (nach W. Drack).

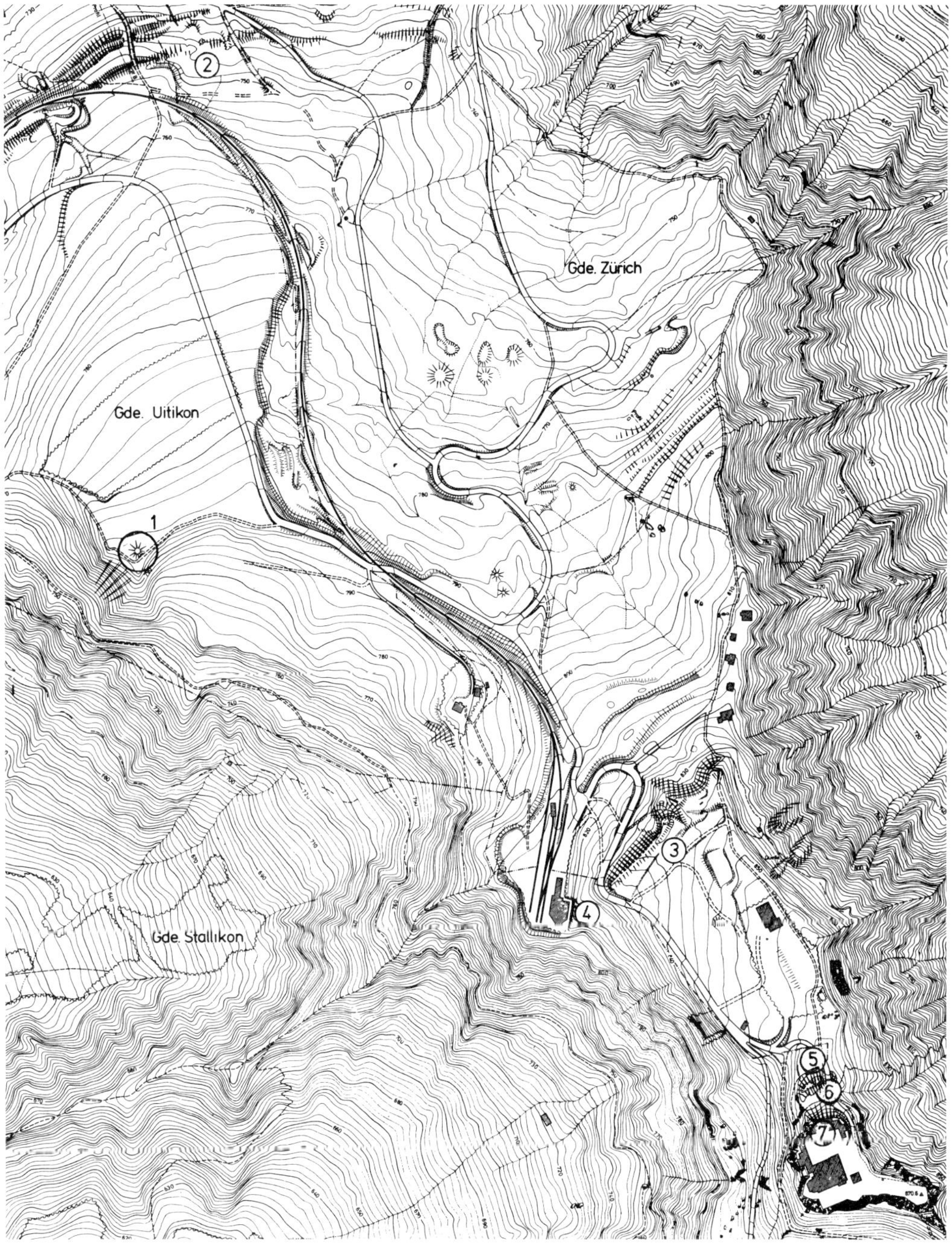

17

der wurden so lange im «Grabhügel der Grossmutter» bestattet, bis beim Tod der eigenen Mutter ein neuer Hügel als Grabmal aufgeschüttet worden ist. Zurzeit findet in Basel eine neue Bearbeitung der drei Grabhügel in der Hard statt, die zeigen wird, inwieweit die in Nordwürttemberg gewonnenen Resultate auf die Hügel in der Basler Hard übertragbar sind. Leider sind hier die menschlichen Knochen nicht mehr erhalten. Aber es ist zu hoffen, dass andernorts ähnliche Kleinnekropolen aufgedeckt werden. Heute besteht nämlich die Möglichkeit, anhand des Skelettmaterials Blutgruppenbestimmungen vorzunehmen und so auf Verwandtschaftsbeziehungen zu schliessen.

Der frühkeltische Fürstengrabhügel auf dem Üetliberg

Der unmittelbar südwestlich der Stadt Zürich gelegene Üetliberg schliesst die stadtnächste Kuppe der dem Zürichsee parallel laufenden Albiskette ab. Von der Anziehungskraft dieses dominierenden Berges in der Ur- und Frühgeschichte zeugen Funde der späten Bronzezeit über die keltische, römische und frühmittelalterliche Epoche bis zur mittelalterlichen Burg. Noch heute sind ausgedehnte Wallanlagen verschiedener Epochen, insgesamt drei hintereinander gestaffelte Linien, zu sehen.

Im Süden liegt das sogenannte Vorwallsystem, dessen Erbauung noch nicht genau datiert werden kann. Am ehesten kommt dafür die spätkeltische oder frühmittelalterliche Zeit in Frage (S. 56). Im heute noch durch seine Grösse beeindruckenden Hauptwall bei der Bahnstation haben wir die Befestigung des frühkeltischen Fürstensitzes zu suchen. Wahrscheinlich wurde dieses Befestigungssystem später wieder benutzt, wodurch die gute Erhaltung zu erklären ist. Die wesentlichsten Teile des bei Uto-Kulm entdeckten inneren Wallsystems dürften mittelalterlich sein, wenn sich darin auch Älteres verbergen kann[19].

Bedeutende Forscherpersönlichkeiten haben sich der Erforschung dieses Berges angenommen, nämlich Ferdinand Keller (1839 und 1866), Jakob Heierli (1897) und Emil Vogt (1931). Jetzt liegen die Untersuchungen in den Händen von Walter Drack. Im Jahre 1840 wurde die Bedeutung dieses Berges für die Frühlatènezeit durch einen unscheinbaren und doch ausserordentlich wichtigen Fund erkannt. Der Gastwirt des «Berghauses» entdeckte in seinem Garten das Henkelfragment eines attischen Weinmischgefässes mit Palmettenzier aus der Zeit um 500 v. Chr. Dieses gehört zur Gattung der importierten Luxuskeramik, die für Fürstensitze typisch ist. Beim Bau der Bergstation für die Üetlibergbahn kamen im Jahre 1874 Reste von etwas jüngeren Gräbern hinzu, von denen sich die Funde erhalten haben. Es sind eiserne Waffen und bronzene Fibeln sowie Ringschmuck.

Der um 1900 von J. Heierli entdeckte grosse Grabhügel liegt unterhalb des Fürstensitzes am Rand der Terrasse, die hier steil abfällt und den Namen «Sonnenbühl» trägt. Der Flurnamen Bühl, Hügel, haftet an zahlreichen Grabhügeln. Der Standort des Begräbnisplatzes ist sorgfältig ausgesucht, hat man doch von hier aus an klaren Tagen ein grossartiges Panorama vom Jura über das Mittelland bis zu den Freiburger Alpen vor sich. Umgekehrt war der an dieser exponierten Stelle aufgeworfene Grabhügel von weitem zu sehen – so blieb der oder die hier Bestattete auch nach dem Tode präsent. In frühkeltischer Zeit war das Siedlungsvorgelände mit dem Grabhügel gerodet oder wies eine lichte Bewaldung auf, die auf Waldweide des Viehs zurückzuführen sein könnte. In diese Richtung weisen Bestimmungen der in der Grabhügelaufschüttung festgestellten Holzreste.

Im Sommer 1979 wurde der im Durchmesser 20 m grosse und 2.50 m hohe Hügel sorgfältig untersucht[20]. Um es vorwegzunehmen: Die Grabkammer erwies sich wie meistens als beraubt. Dank der detaillierten Untersuchung sind dennoch interessante Aussagen möglich. Im Zentrum des Hügels zeichnete sich anhand von Bodenverfärbungen und Materialunterschieden eine Grabkammer von 3.10 m × 3.45 m × 0.80 m Grösse ab. Diese war beim Baubeginn in frühkeltischer Zeit zuerst ausgehoben und der Grubenaushub als runder Lehmdamm (Grundrisszeichnung: dunkle Färbung) um die Grube aufgeschüttet worden. Die eigentliche, in die Grube hineingestellte und nicht mehr erhaltene hölzerne Grabkammer dürfte aus fest gefügten Bohlen gezimmert gewesen sein, wie man sie in vergleichbaren Hügeln mehrfach belegen kann. In diese niedere Holzkammer wurde die reich gekleidete Leiche gelegt. Der grosse Platz daneben war für Beigaben bestimmt, einen zweirädrigen Wagen vielleicht, Trink- und Essgeschirr, ein grosses Bronzegefäss und anderes mehr, dazu reiche Stoffe und warme Felle. Die Leiche wurde mit wertvollem Schmuck ausgestattet. Zu erwarten wäre bei einer Frauenbestattung ein goldener Halsring und nicht minder kostbare Ringe an den Armen und vielleicht auch an den Knöcheln. Auf eine sehr reiche Bestattung müssen wir aufgrund

18

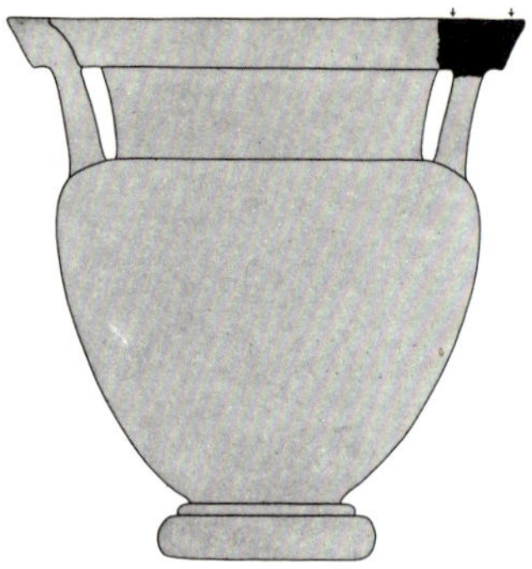

19

18–19
Henkelfragment eines attischen Weinmischgefässes aus der Zeit um 500 v. Chr. und Rekonstruktion des zugehörigen Gefässes nach W. Kimmig. 1840 auf dem Üetliberg gefunden.

20
Grabhügel «Sonnenbühl» auf dem Üetliberg. Grundriss und Schnitt der im Jahre 1979 durchgeführten Grabung von W. Drack.

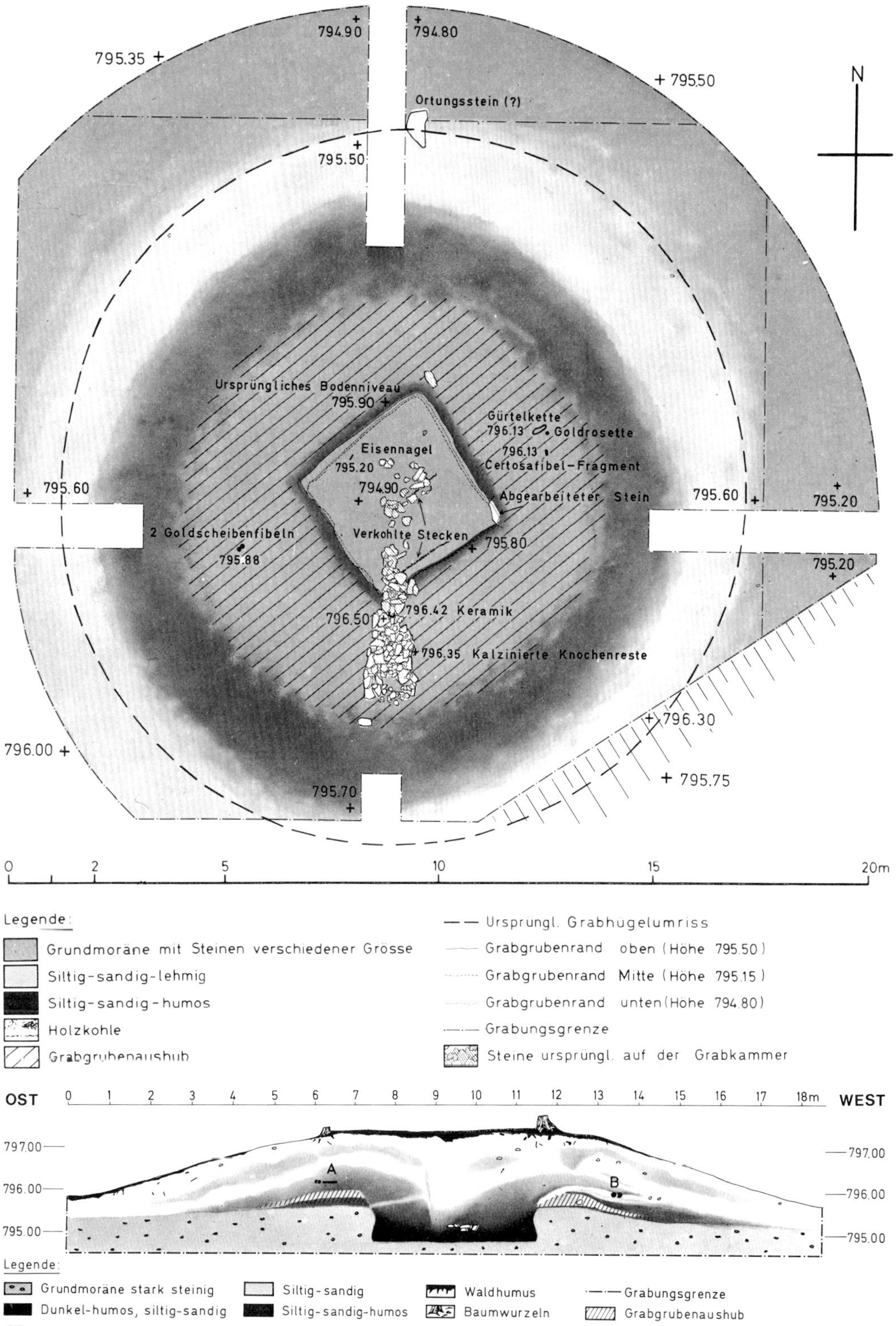

20

der Kammergrösse schliessen, die nicht wesentlich unter den grössten Grabkammern der uns bekannten Fürstenhügel liegt. Die Grabräuber haben jeweils schwer gearbeitet, um an die Kostbarkeiten in den Totenkammern heranzukommen. So wurde etwa in dem grossen Grabhügel Hohmichele bei Stuttgart ein über 10 m langer Kriechstollen getrieben. Dies war in einem Zeitpunkt geschehen, wo der Tote bereits verwest, die Grabkammer aber noch nicht eingestürzt war. Im Grabhügel auf dem Üetliberg fehlen sichere Spuren eines eigentlichen Stollens. Aber die Archäologen trafen im Zentrum der Kam-

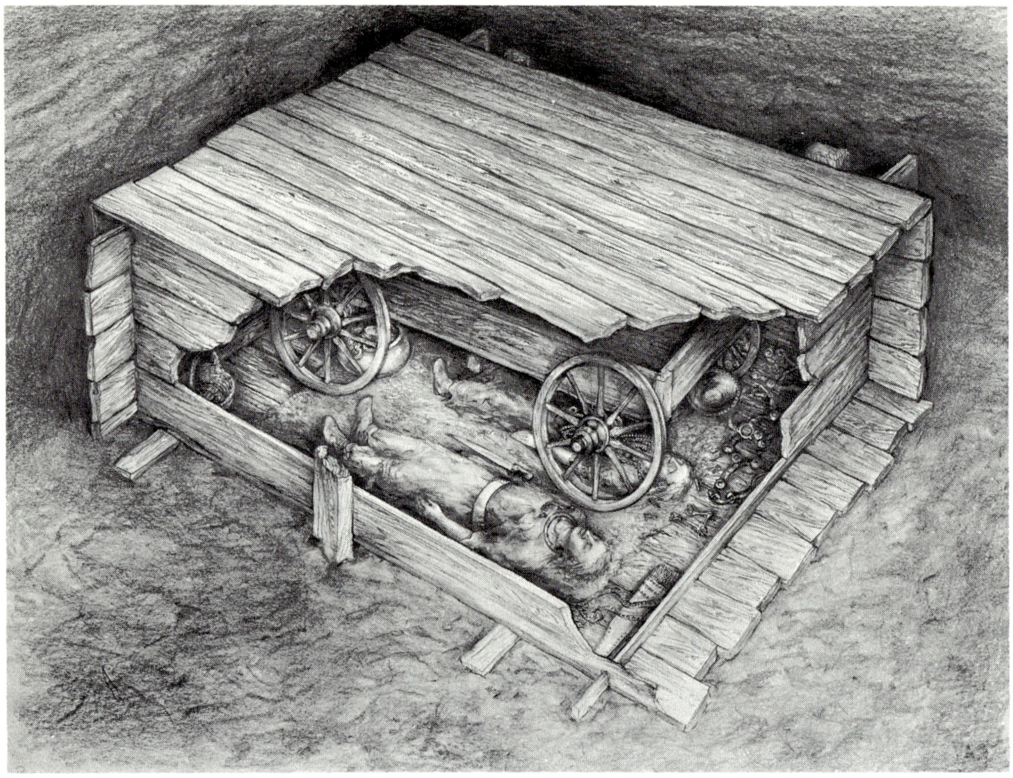

21

22

23

24

merfüllung eine Steinanhäufung an, die sich schweifartig gegen Süden zum Hügelrand hin verbreiterte und nach W. Drack den Weg der Grabräuber markiert. Auf etwas höherem Niveau lagen – beide Male im Bereich einer verschmutzten Schicht – im Westen zwei Scheibenfibeln und im Osten eine Bronzefibel nebst einer kleinen Goldrosette. Diese Funde werden als von den Grabräubern verlorenes Grabgut interpretiert. W. Drack nimmt an, dass diese die verschlossene, aber erst leicht mit Steinen sowie Lehm überschüttete Kammer freigescharrt, aufgebrochen und den Kammerinhalt restlos herausgenommen haben. Fünfzig Zentimeter über der Fundschicht stiessen die Ausgräber drei Meter östlich der Scheibenfibeln am Rande des «Steinschweifes» neben Keramikbruchstücken auf verbrannte Menschenknochen, die als Reste der hier von den Grabräubern eingeäscherten Leiche angesehen werden. Eine andere Möglichkeit wäre, darin verschleppte Reste einer Brandbestattung aus der Kammer zu sehen[21]. Nach W. Drack konnten von den Eindringlingen die Kammer, Überschüttung und Umgebung nach vollendeter Tat wieder so hergerichtet werden, dass nichts vom Raub bemerkt und der Hügel bald fertig aufgeschüttet worden ist. Vielleicht steht hinter der so oft bei solchen Grabhügeln festgestellten Grabschändung mehr als einfacher Raub von Wertsachen. Fürchtete man sich vor diesen Toten, sollte ihre Ruhe absichtlich gestört werden? Jedenfalls war die Pietät nicht bei allen damaligen Bewohnern so gross, dass dadurch ein Grabraub verhindert worden wäre. Das lässt Gegner der Fürsten im eigenen Land vermuten. (In den späteren Flachgräbern kommt Grabraub – trotz wertvoller Beigaben – kaum vor). Wie genau und wie lange nach der Grablegung der Raub geschehen ist, lässt sich heute unserer Meinung nach nicht sicher sagen. Zuviel Ungereimtheiten belasten die bisherige Interpretation. Wie konnten den Grabräubern gleich drei Fibeln verlorengehen? Die Fibeln waren ja an die Gewänder angeheftet und hätten zuerst gelöst werden und dann verloren gehen müssen. Sicher ist der Raub in der Nacht geschehen. Dann ist aber das Verbrennen der Leiche unwahrscheinlich. Schliesslich ist es erstaunlich, dass im Kammerinneren nichts anderes als ein Nagel und zwei als Werkzeuge der Grabräuber gedeutete Weidenstecken zurückgeblieben sind. Wurde etwa der ganze zerlegte Wagen

25

durch das Schlupfloch gezerrt, ebenso die Leiche oder deren Reste (Knochen und Asche fehlen im Inneren)? Wir wollen nicht annehmen, dass hier ein Kenotaph (Leergrab) angelegt worden ist. Ebenso fällt die Möglichkeit eines im Stadium der Grablegung gewaltsam gestörten Begräbnisses aus, das die verstreuten Funde erklären könnte. Der darüber aufgeschüttete Hügel spricht dagegen. Aber es bleibt das Problem der rings um die Grabkammer liegenden Funde und Menschenknochen, die kaum alle mit dem Grabraub in Verbindung zu bringen sind. Denkbar wäre etwa auch, dass an der offenen Grabkammer gewisse Riten abgehalten worden sind, die zum Niederschlag dieser Funde und der Knochen geführt haben und – wie andernorts belegt – auch ausserhalb der Kammer Beigaben deponiert worden sind, oder dass die drei Fundanhäufungen wenigstens teilweise mit Nachbestattungen in Verbindung gebracht werden können.

Die beiden Scheibenfibeln aus Gold und die kleine Rosette zeugen – direkt oder indirekt – vom ausserordentlichen Reichtum dieses Grabes. Beide Fibelverzierungen sind von hinten herausgetrieben und eingepunzt worden. Bei der einen Fibel mit Bogenmuster ist die Eisenunterlage mit der Fibelkonstruktion erhalten; eine runde Scheibe mit Verschluss zum Anheften an das Kleid ganz ähnlich unseren heutigen Broschen. Das blütenartig angeordnete Arkadenmuster zeigt den Einfluss der neuen Latènekunst weniger als sein 26.5 mm grosses Pendant mit Palmettenzier. Die beiden Scheibenfibeln sprechen eher für ein Frauengrab, die Gürtelkette weist eindeutig in diese Richtung. Unter der Voraussetzung, dass diese Funde in direkte Beziehung zum ehemaligen Inhalt der Grabkammer zu setzen sind, muss es sich deshalb um ein Fürstinnengrab gehandelt haben, das nach typologischen Erwägungen in die Zeit gegen 400 v. Chr. gehört.

Die den Grabräubern in die Hände gefallenen Beigaben aus der zentralen Grabkammer sind für immer verloren. Einen Einblick in die Glanzstücke der damaligen Goldschmiedekunst gewährt uns dafür der im folgenden vorzustellende Goldschatz von Erstfeld UR, der in Beziehung zum Fürsten vom Üetliberg stehen könnte. Dieser hatte vielleicht seinen Machteinflussbereich bis zum Alpennordfuss ausgedehnt und die Zugänge zu den mittleren Alpenpässen unter seine Kontrolle gebracht[22].

21
Rekonstruktion einer der Grabkammer vom Üetliberg vergleichbaren Grabanlage bei der Heuneburg D. Die Tote ist im Inneren einer niederen Holzkammer mit zahlreichen Beigaben und einem kompletten Wagen bestattet (nach S. Schiek).

22–24
Reste von goldenen Schmuckstücken aus dem Grabhügel vom Üetliberg. 22: Eisenfibel mit verzierter Goldblechauflage. 23: Goldblech einer weiteren Scheibenfibel mit Palmettenzier nach frühkeltischer Art. 24: Vermutlich Rest einer Fibelverzierung (fast doppelte Grösse).

25
Unter dem vollständig ausgegrabenen Grabhügel auf dem Üetliberg zeichnet sich die Grabgrube deutlich ab. Die hölzerne Auszimmerung hat sich nicht erhalten.

Die sensationelle Entdeckung des Goldschatzes von Erstfeld

Am Montag, dem 20. August 1962, schaffen die beiden italienischen Gastarbeiter Goffredo und Virgilio Ferrazza auf der rechten Talseite von Erstfeld mit einem Bagger für die geplante Wildwasser- und Lawinenverbauung gegen die «Ribitäler Rüfi» am Bergfuss Hangschutt weg. Dabei stellt sich ihnen, nachdem bereits gute neun Meter Schutt entfernt sind, ein ca. 70 m^3 grosser Felsblock in den Weg, gleich darunter und dicht daneben liegt ein kleinerer Brocken. Im Zwischenraum stossen die beiden Arbeiter überraschend auf vier Halsringe und drei Armringe, insgesamt 639.8 g reines Gold. Sie nehmen den unbeschädigt gehobenen Schatz mit nach Hause und halten Familienrat. Eine der Gattinnen vertraut das Geheimnis ihrer Ärztin an, die den Rat erteilt, den Fund dem Schweizerischen Landesmuseum vorzulegen. Schon am Donnerstag wickeln die beiden Italienerinnen die Ringe in Handtücher ein, packen sie in eine Tasche und reisen nach Zürich. Dort werden sie vom Direktor, Emil Vogt, und dem Leiter der archäologischen Abteilung, René Wyss, erwartet, die sofort die Bedeutung dieses Fundes erkennen. Eine später angesetzte Inspektion der Fundstelle bringt leider keine neuen Aufschlüsse mehr. Die Ringe sind seither im Schweizerischen Landesmuseum als Glanzstücke der archäologischen Abteilung ausgestellt. E. Vogt ist durch seinen plötzlichen Unfalltod im Jahre 1974 nicht mehr zur geplanten umfassenden Bearbeitung dieses Schatzfundes gekommen, doch konnte R. Wyss schon im Jahre 1975 den sensationellen Fund in Buchform vorstellen[23].

Mit dem Goldschatz von Erstfeld ist die Schweiz zu einem Spitzenprodukt des frühen Latènestils Europas gekommen. Dieser «early style» ist dank der Forschungen von Paul Jacobsthal, einem deutschen Juden, der im letzten Krieg nach England auswandern und dort sein grundlegendes Werk über die keltische Kunst auf Englisch veröffentlichen musste, bestens bekannt[24]. Die mediterranen und östlichen Vorlagen sind im keltischen Frühstil noch deutlich fassbar, aber in eigener, eben bezeichnender Art umgesetzt und zu einem Ganzen verschmolzen. Unvermittelt sind wir schon am Anfang des keltischen Stils mit einem ersten Höhepunkt dieser Kunst konfrontiert. Unübertroffen bleibt die heute kaum mehr nachvollziehbare Kombination von ornamentalen und figürlichen Motiven. Fratzenhaft groteske Fabelwesen erscheinen, die Ausdruck einer lebhaften Phantasie sind und uns an Schreckensvisionen der «Unterwelt» erinnern, wie sie uns etwa auf den mittelalterlichen Isenheimer Altarflügeln von Matthias Grünewald entgegentreten. Gleichzeitig finden wir in der Frühlatènekunst neben den Bestien auch versonnen Dargestellte, die innere Ruhe ausstrahlen. Diesen Kontrast heute richtig zu bewerten, ist schwer, zumal uns der ganze religiöse und mythologische Hintergrund fehlt. Die Wirkung dieser erstaunlichen Kunst wird auf den frühgeschichtlichen Menschen vor der damaligen, vergleichsweise strengen klassischen Kunst im Mittelmeerraum noch viel grösser als auf uns Heutige gewesen sein und legt Zeugnis von der schöpferischen Kraft der frühen Kelten ab.

Die Goldringe von Erstfeld

Alle vier Halsringe sind figürlich verziert, zwei davon bilden ein fast identisches Paar. Der dritte Halsring steht dem Paar nahe, der vierte Halsring mit den Stierköpfen ist einfacher, jedoch nicht minder qualitätvoll gestaltet. Alle vier Halsringe sind hohl und in der gleichen Technik hergestellt. Die verzierten Teile der Ringe bestehen aus zwei von hinten her getriebenen und punzierten Schalen von 0.2 bis 0.3 mm Stärke, die mit Goldlot sauber zusammengelötet worden sind. Die verzierten Ringhälften können beim Ringpaar und beim Stierkopfring zum Öffnen nach Lösen eines Sicherungsstiftes aus der

26
Halsring 1 und 2 aus dem frühkeltischen Goldschatz von Erstfeld UR, in dem zwei weitere Halsringe und drei Armringe enthalten waren. Um 400 v. Chr. (leicht vergrössert).

26

27

anderen Ringhälfte ausgeschoben resp. ausgeschwenkt werden. Der Verschluss von Ring 3 geschieht nicht über Muffen und Stöpsel an der Ringhälfte, hier wird nur der rechte Bildfries ausgeschwenkt. Die beiden Teile rasten in der Mitte durch den erkennbaren feinen Stift ein. Die künstlerische Gestaltung wird in keiner Weise durch die konstruktive Ausführung gestört. Im Gegenteil. Beides ist so geschickt und mit fast spielerischer Leichtigkeit aneinander angepasst, dass Entwurf und Ausführung auf denselben Meister zurückzuführen sind. Die ebenfalls hohlen Armringe haben einen Muffenverschluss, der durch die innere Spannung der Ringe zusammenhält. Ein Ring des ornamental verzierten Paares und der dritte Ring mit Masken sind zudem am Verschluss mit einem Arretierungsstift gesichert. Die zusammen fast genau ein Pfund schweren Halsringe wiegen jeweils um 126g mit Abweichungen bis 2g vom Mittelwert. Auch der Goldgehalt ist sehr ähnlich, nämlich um 94% Gold, der Rest besteht aus Silber mit Spuren von Kupfer. Diese Daten sprechen für die Herstellung der Halsringe in einer einzigen Werkstatt.

Stellvertretend für die übrigen drei Ringe wird hier Ring 1 genauer betrachtet. Auf den ersten Blick tritt dem Beschauer ein dichtes Geflecht von Tier- und Menschenleibern entgegen, die sich erst bei näherem Zusehen auflösen und entwirren lassen. Die innere Unruhe des Bildfrieses findet durch die bis fast in alle Details spiegelbildliche Darstellung auf der gegenüberliegenden Seite ein gewisses Gleichgewicht. Wir betrachten die obere rechte Hälfte im Detail. Sie besteht aus insgesamt fünf Gestalten, zwei tier-, drei menschengesichtigen. Da der Ring auf der Vorder- und Rückseite plastisch gearbeitet ist, erscheinen die Figuren auf dem Original nahezu vollplastisch. Gefieder, Haare und Kleidung sind jeweils gestrichelt oder mittels eines Würfelmusters, nackte Stellen glatt dargestellt. Besonders deutlich sind die Augen wiedergegeben. Sie erscheinen im typisch keltischen Stil mit stark hervortretenden Augäpfeln. Die Mitte des Ringes nimmt ein kleiner Vogel mit kräftigem Schnabel ein, der im Gegensatz zu allen übrigen Darstellungen in der Auf- und nicht in der Seitenansicht erscheint. Am Schwanz ist der Vogel mit einem Menschenkopf verbunden, der auf dem Kopf ein mächtiges kolben-

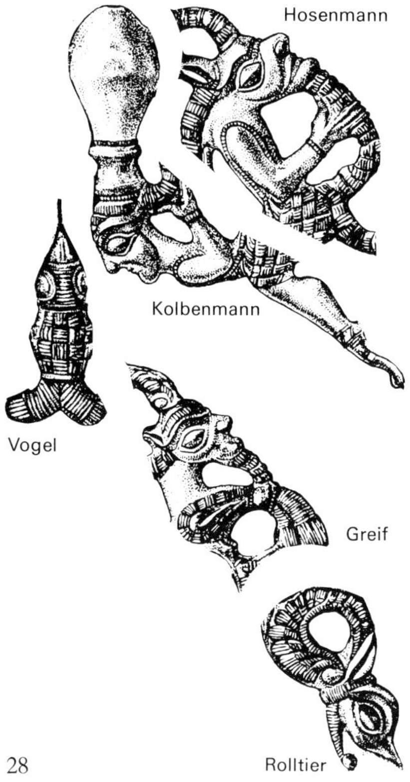

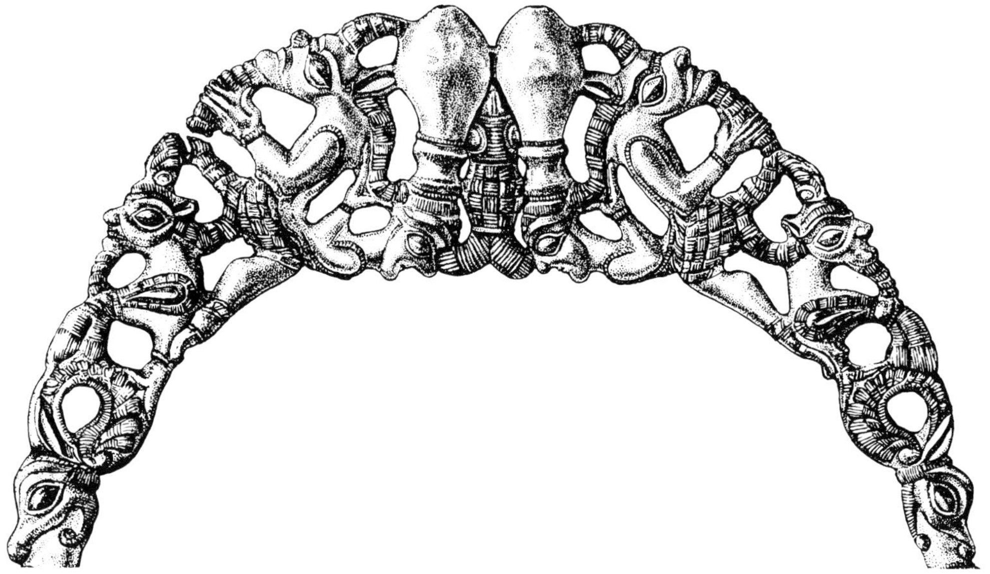

28

förmiges Gebilde trägt. Wir nennen ihn deshalb Kolbenmann. Ähnliche Kolben, deren Bedeutung unklar ist, kommen an verschiedenen frühkeltischen Halsringen vor, meist in grösserer Zahl nebeneinander. Der Körper des Kolbenmannes ist deutlich erkennbar. Seine in unnatürlicher Haltung nach hinten gerenkten Arme halten den vom Kopf abgehenden Zopf, der seinerseits mit der zweiten Gestalt darüber verbunden ist. Am Gesäss sind die beiden verwachsen. (Auch die Möglichkeit, dass die Figuren «übers Kreuz» gehen und der Kopf jeweils unnatürlich abgedreht ist, sei hier erwähnt.) Die Kleidung der «siamesischen Zwillinge» ist durch das Würfelmuster wiedergegeben. Der Kolbenmann trägt kurze Hosen mit Zickzackabschluss, wie die nicht zu übersehenden nackten Waden zeigen, sein Nachbar eindeutig lange Hosen. Die Perllinien über den Schultern erinnern an Hosenträger. Beide tragen Ringe am Unterarm, beim Kolbenmann sind die bis über die Fesseln geschnürten Schuhe deutlich erkennbar. Der Hosenmann trägt auf der Stirne ein grosses Horn und am Kopf ein langes Tierohr. Auch er hält seine Haarpracht in den Händen, nicht aber das gezopfte Haupthaar, sondern einen Knebelbart, der mit dem vorderen Bein verwachsen ist. Die Gesichtszüge der Zwillinge mit dem stark prognathen Kinn und die überbetonte Wade erinnern an archaische Darstellungsformen aus dem Mittelmeerraum. Das vierte Wesen bezeichnen wir als Greifen, wenn wir hier auch nicht Löwenkörper und Vogelkopf, sondern umgekehrt Vogelkörper und Kopf eines Mischwesens (Mensch mit Löwenohren?) vor uns haben. Dieser Greif ist bei verschiedenen alten orientalischen Religionen und auch bei den Griechen als Wächter der Götter zu finden. Seine Attribute, Spitzohr und «Horn» über den Augen, treffen wir auch beim Hosenmann wieder an. Der Vogelkörper ist ringeinwärts gerichtet und am hinten auswärts fächernden Schwanzgefieder deutlich erkennbar. Jetzt wird die mythologische Menagerie bedrohlicher. Die kräftigen Krallen des Greifen stehen auf einem furchterregenden Drachen mit eingerolltem Leib und weit aufgerissenem Rachen. Dieser gefiederten Schlange werden wir in der späteren keltischen Zeit noch begegnen. Es ist das Rolltier, das auf Goldmünzen vielfach auftritt.

Ring 2, das Pendant zu Ring 1, weicht nur in Einzelheiten wie etwa dem Schwanzgefieder des Greifen vom ersten Ring ab. Der Goldschmied hatte es nicht nötig, den anderen Ring genau zu kopieren, sondern bewahrte sich seine Freiheiten. – Bei Ring 3 fehlt der zentrale Vogel. Der Kolbenmann ist hier gehörnt, sein Zwillingsbruder trägt einen kappenartigen Helm. Dieser wird vom greifartigen Vogel attackiert, den er an den Füssen zu halten versucht. Der Drache ist auf der Aussenseite mit einem langen Horn

27
Das Dorf Erstfeld an der Reuss. Der Fundort des keltischen Goldschatzes liegt über dem Dorf in einem Rüfental links oberhalb der Spitze des Mastes in der Bildmitte.
28
Bildfries von Halsring 1 aus dem Goldschatz von Erstfeld in Originalgrösse mit Zerlegung der rechtsseitig dargestellten Figuren.

ausgestattet. Der vierte Ring weist nur zwei Wesen auf, nämlich Stierkopf und Greifenvogel. Der Stierkopf mit Kraushaar, Spitzohren, Hörnern und massigem Hals ist gut erkennbar. Der Vogel jedoch wird in der zweidimensionalen Darstellung kaum deutlich. Er windet sich gewissermassen um den unteren Hohlraum. In bekannter Art werden die auffächernden Schwanzfedern dargestellt. Die Flügel sind nach oben, bis zum Mund des Stieres hochgebogen. Kopf und langer Schnabel des Vogels befinden sich an der Ringinnenseite.

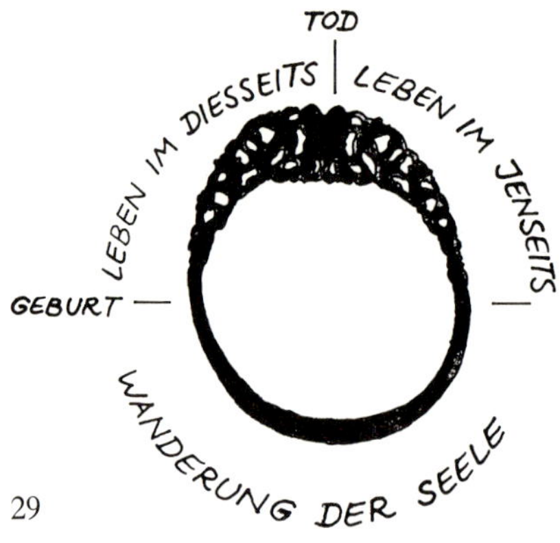

29

Ein Interpretationsversuch

Was stellen diese Figurenfriese dar? Zu dieser interessanten Frage hörte man bisher wenig. Versuchen wir es mit einer Idee: Die Verwendung von Ringformen für die Tier- und Menschenmetamorphosen lässt generell an die Darstellung eines Kreislaufs denken. Alle vier Ringe weisen eine ruhige, unverzierte und eine lebendige, figürlich verzierte Zone auf. In der lebendigen Zone sind von unten nach oben eine Steigerung, dann auf dem Scheitel der Wendepunkt und schliesslich eine spiegelbildliche, abfallende Zone spürbar. Das Figurengeflecht wandelt sich bei den drei ersten Ringen, die wir jetzt noch im Auge haben, von unten nach oben vom furchterregenden Drachen über Menschtierwesen bis zum «menschlichsten» Kolbenmann. Verschiedene Kreisläufe kommen in Betracht. Der Kreislauf des Lebens (Geburt–Höhepunkt–Tod) wäre möglich. Wahrscheinlicher aber ist der Zyklus im Dies- und Jenseits, denn die Kelten glaubten an die Wanderung der Seele. Deshalb wäre der folgende Kreislauf denkbar: die Seele im diesseitigen Körper, Abtauchen in die Unterwelt, Reise durch die Unterwelt und Wiedergeburt in einem neuen diesseitigen Körper. Der gefiederten Schlange kommt eine Übergangsrolle zu. In der griechischen Mythologie gilt die Schlange als Inkarnation der Seele. Ist es möglich, dass die Seele links in der Mitte beim Rolltier ins Leben eindringt, dieselbe sich im Laufe des Lebens reifend verkörpert, bis auf dem Höhepunkt mit dem Vogel der Tod eintritt (der lebende Kolbenmann schaut dem «Tod ins Angesicht»), das Leben jenseits im umgekehrten Sinn noch einmal abläuft und dann die Seele in einer ruhigen Phase schlummernd wandert bis zum Beginn des nächsten Lebens?

Poseidonios um 100 v. Chr. über die Kelten:
Die Lehre der Druiden und Barden ist, dass die Seelen und die Welt unvergänglich seien, dereinst aber Feuer und Wasser die Oberhand gewännen (so, dass sich abwechselnd in diesen Elementen alles umschmelze und erneuere). Entsprechend der pythagoreischen Anschauung lebe die Menschenseele nach Verlauf bestimmter Jahre wieder auf und tauche in einen anderen Körper ein. Manche werfen daher bei Totenbestattungen Briefe, die sie an ihre verstorbenen Verwandeten schreiben, auf den Scheiterhaufen in der Hoffnung, sie würden von den Toten gelesen. Dieser Glaube an die Wiedergeburt macht sie tapfer und ist der Grund, dass sie das Leben so wenig achten.

Kehren wir auf den irdischen Boden zurück. So wie uns die Geschehnisse im Jenseits verschlossen bleiben, fehlt uns auch der Zugang zu den alten Vorstellungen dieser Bereiche weitgehend. Die Darstellungen auf dem Ring lassen viele Möglichkeiten offen. Das beginnt schon bei der Orientierung. Die Verschlussmechanismen sprechen für Ringe, die effektiv am Hals getragen werden konnten. So, wie die Ringe hier orientiert und in allen übrigen Publikationen abgebildet sind, konnten sie jedoch nicht getragen werden. Beim Tragen hing die verzierte Zone nach unten. In dieser Stellung sind die Ringe auch lesbar, gewisse Figuren sogar besser. Vielleicht ist die Orientierung gar nicht so wichtig, weil eben ein Kreislauf dargestellt ist, der je nach Standpunkt von jeder Seite zu betrachten ist, und allgemein keltische Kleinkunst durch Drehen und Wenden der Objekte wirklich «erfasst» werden muss. Es ist nicht anzunehmen, dass solche Ringe zum Tragen im Alltag bestimmt waren, sondern Teile der von den antiken Quellen genannten reichen Tempelschätze gewesen und nur bei bestimmten Gelegenheiten getragen worden sind[25].

Herkunft

Während für die Halsringe Werkstattgleichheit mit grosser Wahrscheinlichkeit zu vermuten ist, wurde dies für die Armringe bezweifelt[26]. Goldgehalt und Machart sind zwar sehr ähnlich, doch tendieren gewisse Verzierungsdetails in verschiedene Richtun-

30

31

32

29
Idee: Zurückführung des Figurengeflechtes von Ring 1 aus dem Erstfelder Goldschatz auf den Kreislauf der Seele im Dies- und Jenseits.
30
Die drei Armringe aus dem Goldschatz von Erstfeld (verkleinert).
31
Halsring 3 aus dem Goldschatz von Erstfeld mit menschlichen Figurenpaaren, Vögeln und Drachen (verkleinert).
32
Halsring 4 aus dem Goldschatz von Erstfeld mit Stierköpfen und Vögeln (verkleinert).

gen. Der einzelne Armring mit den beiden Knoten und vier palmettengezierten Masken hat zusammen mit den vier Halsringen die besten Parallelen im Rhein-Mosel-Saar-Raum, während das Armringpaar eher in Richtung Champagne weist. Beide Ringe tragen auf der Aussenseite, von je einem Knoten unterbrochen, einen durchlaufenden geschwungenen Mäander. Dieses Ornament des «laufenden Hundes» ist bei den Bogen jeweils von feinem Rankenwerk umspielt. Die Richtung Norden weisenden Vergleichsfunde machen die Annahme eher unwahrscheinlich, dass die Ringe im südalpinen Bereich entstanden, am Gotthard von einem Händler versteckt worden und liegen geblieben sind, bevor sie einem Fürsten nördlich der Alpen feilgeboten werden konnten. L. Pauli hält diese Ringe für eine absichtliche Deponierung von herausragenden Einzelpersonen oder einer grösseren Gemeinschaft an die Berggötter, wohl um einen guten Übergang über die Alpen zu erwirken[27]. So wie die Pässe noch heute christliche Namen tragen, waren sie auch früher Gottheiten geweiht. Wolfgang Kimmig ist der Ansicht einer Weihegabe gefolgt, denkt aber eher an die Abgrenzung des Herrschaftsbereiches eines Fürsten oder an eine Art von Selbstausstattung für das Leben nach dem Tode[28]. Dafür kann F. Fischer Belege anführen[29]. Jedenfalls wird heute der Goldschatz von Erstfeld eher als Weihefund angesprochen, der im grösseren Zusammenhang mit der Gotthardroute gesehen werden muss.

Die genaue Fundstelle des Goldschatzes wurde noch zu wenig in die Diskussion über die Deutung dieses Fundes einbezogen. Sie liegt direkt am steilen Ausgang eines Lawinen- und Rüfentals (Lochertal) auf dem alten Schuttkegel, ca. 50 m über dem Talgrund. Ein denkbar ungünstiger und gefährlicher Verwahrort für wertvolles Gut also und auch für einen Ortsunkundigen als solcher kenntlich. Die Erklärung als Weihefund weiter verfolgend, fragt man sich, aus welchem Grund sich dieser Platz zur sakralen Niederlegung angeboten hat. «Es ist ein Drach ausgefahren», sagen die Älpler in der Schweiz für die wilden Bergwasser, die Felsblöcke und Bäume mit sich führen. Die Bezeichnung «Drache» ist weit verbreitet für Wildbäche, Bergstürze und Erdrutsche[30]. «Drache» geht letztlich auf griechisch drakon für «die Schlange» zurück. Dieses Wort haben auch die Kelten übernommen. Der Name der Schlange ist bei sehr vielen Völkern tabu und wird deshalb durch Deckwörter ersetzt. Die mythologische Bedeutung der Schlange bei den Kelten wurde schon angedeutet. Es scheint durchaus denkbar, dass die Kelten mit dem Wildbach, der Rüfe oder Ribi, ähnlich der göttlichen Versinnbildlichung von anderen Gewässern, irrationale Vorstellungen verbunden haben. Die Niederlegung des Goldschatzes von Erstfeld an genau diesem Ort wäre dann im Wissen und der Erwartung erfolgt, dass er bald von den herabschiessenden Massen überdeckt, das heisst «verschlungen» werde.

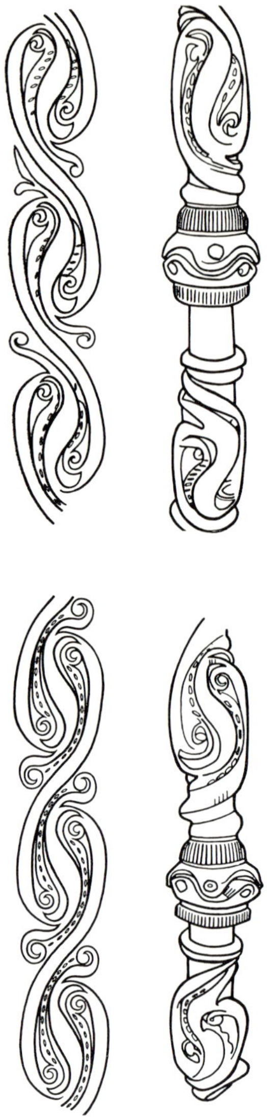

33

Die Datierung dieses Goldfundes kann aufgrund von stilistischen Vergleichen mit ähnlichen Funden aus Fürstengräbern Deutschlands in die Spanne zwischen 400 bis 350 v. Chr. eingegrenzt werden. Damit liegen wir mit diesem Fund einerseits in der Endzeit des frühkeltischen «Fürstenhorizontes» und andererseits in der Anfangsphase der keltischen Expansion, die grössere Gruppen über die Alpen nach Norditalien geführt hat (S. 39). Damals rückten die Alpenübergänge vermehrt in den Vordergrund des Interesses.

Der Goldschatzfund von Erstfeld ist der einzige Depotfund seiner Art, nicht aber der einzige keltische Hortfund überhaupt an der Gotthardroute. Bei Altdorf ist ein solcher belegt[31]. Auf der Südseite ist um Bellinzona eine beeindruckende Fundkonzentration festzustellen, die aber nicht allein auf den Weg zum Gotthardpass bezogen werden kann, da von hier aus mehrere Passrouten, darunter der Weg zum San Bernardino, abzweigen. Dies gilt auch für den wichtigen Fund von Arbedo im Tessintal bei der Einmündung des Misox. Dort wurde im Jahre 1946 beim Ausheben eines Grabens ein mit

34

35

einer Steinplatte abgedeckter Schacht aus Trockenmauerwerk entdeckt, in dem über 1000 Bronzeobjekte, v.a. «Altmetall», enthalten waren. Der Fund aus der Zeit um 450 v. Chr. liegt wenige hundert Meter neben einem Gräberfeld aus der gleichen Zeit. Margarita Primas hat einige Funde aus dem Depotfund genauer untersucht und festgestellt, dass vom Total der Bronzefunde neben 52% unbestimmbaren Objekten 13% aus Gusskuchenfragmenten bestehen, 30% von örtlichen Gefässfragmenten und Trachtbestandteilen stammen sowie 2% östlicher, 2% etruskischer und 1% nordalpiner Herkunft sind[32]. Dieser Fund wird in Zusammenhang mit einem örtlichen Bronzehandwerksbetrieb, gewissermassen als Lager in Form eines «Erdtresors», gesehen. Nach unserer Meinung ist jedoch ein prämonetärer Charakter für diesen Hort nicht ganz auszuschliessen. In dieser frühen Zeit, als es noch keine Münzen gab, stellte abwägbares Metall eine mögliche Zahlungsform dar. Wenn die «Hackbronze» von Arbedo als eine Art Vorgeldform angesehen werden kann, ist ein Depotfund mit Weihecharakter nicht völlig unmöglich, zumal M. Primas ähnliche Depots an Plätzen mit guter Verkehrslage namhaft machen kann. Man wird der Autorin aber zustimmen müssen, dass zurzeit mehr Argumente für eine profane Erklärung vorliegen. Damit entfällt ein sicherer und direkter Beleg für einen dem Goldschatz von Erstfeld vergleichbaren Fund jenseits der Alpen. Indirekt ist dieser Fund in unserem Zusammenhang jedoch in zweierlei Hinsicht von Wichtigkeit. Er zeugt nämlich vom Reichtum dieser südlichen Alpentäler, der wohl in Zusammenhang mit dem Passverkehr zu sehen ist. Der zweite interessante Punkt betrifft die etruskischen Bronzen im Fund von Arbedo, von denen wir einen Henkelbeschlag abbilden. Bronzegefässe mit solchen Attachen in bestem etruskischem Stil, hier an einen Eulenkopf erinnernd, kommen auch nördlich der Alpen vor und haben den Formenschatz der im Kreis des frühen Stils arbeitenden keltischen Künstler mitbestimmt. Im Falle des Grabes von Waldalgesheim D kann etwa gezeigt werden, dass die Verzierung der Attache eines unteritalischen Bronzeeimers als Vorbild für gewisse Muster auf den im gleichen Grab gefundenen Halsreif gedient hat[33]. – Diese Beispiele illustrieren, auf welch verschlungenen Wegen südliche Motive bei den Kelten Eingang gefunden haben. Ähnliche Vorgänge sind auch für die Ringe von Erstfeld, dem glänzendsten Beispiel für die frühkeltische Kunst in der Schweiz, anzunehmen.

33
Abrollung der mäanderartigen Muster in der Art des «laufenden Hundes» auf zwei Armringen aus dem Goldschatz von Erstfeld.

34
Etruskischer Henkelbeschlag in Form einer Eule aus dem Depotfund von Arbedo TI. Von solchen aus dem Süden importierten Objekten haben sich die keltischen Künstler für ihre eigenen Schöpfungen inspirieren lassen (natürliche Grösse).

35
Der Fundplatz des Goldschatzes von Erstfeld im heutigen Zustand. Die frühkeltischen Ringe wurden in keltischer Zeit im untersten Teil eines Rüfentales niedergelegt, durch das heute noch Schuttmassen ins Tal schiessen.

36

Blühende Zeiten im 4. bis 2. Jahrhundert v. Chr.

Im 4. sowie besonders im 3. und 2. Jh. v. Chr. blühte die keltische Kultur in der Schweiz. Nach einer anfänglichen Unruhephase trat eine Festigung ein, so dass sogar bald in fremde Gebiete vorgestossen werden konnte. Das Sozialgefälle war nach dem Niedergang der mächtigsten Fürstenhäuser ausgeglichener und die Macht in kleinere Herrschaften aufgesplittert. Verschiedene Hinweise deuten auf oligarchische Strukturen[34]. Dies war der Boden, auf dem sich während über 200 Jahren eine reiche Kultur ohne stärkere äussere Bedrohung kontinuierlich weiterentwickeln konnte. Grundlegende Neuerungen fallen in diese Zeit der Prosperität, darunter die Herausbildung einer neuen Kunstrichtung im 4. Jh. v. Chr., die Einführung des Münzwesens im 3. Jh. v. Chr., sodann die Benützung der Schrift, die eigene Herstellung von buntem Glasschmuck und die Gründung von grossen stadtartigen Anlagen seit dem 2. Jh. v. Chr. Die Religion bestimmte in hohem Masse das Lebensgefühl mit. Cäsar, bell. Gall. VI 16: «Die Gallier sind sämtlich in hohem Masse religiös.»

Die keltische Religion

Die schriftlichen Nachrichten zur keltischen Religion beziehen sich hauptsächlich auf die spätkeltische Zeit. Diese Darstellungen gründen auf älteren Zuständen. Cäsar hat einiges überliefert.

Bell. Gall. VI 13 und 14: «In ganz Gallien gibt es zwei Stände von Menschen, die irgendwelche Geltung und Ehre geniessen... Der eine ist der der Druiden, der andere der der Ritter. Die Druiden versehen den Götterdienst, besorgen die öffentlichen und privaten Opfer und legen die Religionssatzungen aus. Bei ihnen finden sich in grosser Zahl junge Männer zur Unterweisung ein, und sie geniessen hohe Verehrung. Denn sie entscheiden bei fast allen öffentlichen und privaten Streitigkeiten. Sie sprechen das Urteil, wenn ein Verbrechen begangen wurde, ein Mord geschah, Erbschafts- oder Grenzstreitigkeiten ausbrechen; sie setzen Belohnungen und Strafen fest. Fügt sich ein Privatmann oder ein Volksstamm ihrem Entscheid nicht, so schliessen sie die Betroffenen vom Götterdienst aus. Dies stellt bei ihnen die härteste Strafe dar.

Die Druiden ziehen gewöhnlich nicht mit in den Krieg und zahlen auch keine Abgaben wie die anderen, sind vom Waffendienst befreit und geniessen Erlass aller Leistungen. Durch so grosse Vorrechte verlockt, begeben sich viele freiwillig in ihre Lehre oder werden von ihren Eltern und Verwandten zu ihnen geschickt. Es heisst, dass sie dort Verse in grosser Zahl auswendig lernen; deswegen bleiben einige zwanzig Jahre in der Lehre. Sie halten es für Sünde, sie schriftlich niederzulegen, während sie fast in allen übrigen Angelegenheiten, in Staats- und Privatgeschäften, die griechische Schrift benützen.

36
Schmuck der in Grab 1 des Gräberfeldes von Andelfingen ZH bestatteten reichen Frau: drei Armringe, ein Scheibenhalsring, eine grosse Fibel, drei Perlen und sechs kleinere Fibeln. Die Bronzegegenstände sind mit heute noch leuchtender Koralle aus dem Mittelmeerraum eingelegt.

Dies scheinen sie mir aus zwei Gründen eingeführt zu haben: Sie wollen nicht, dass die Lehre unter der Menge verbreitet werde, noch dass die Schüler, sich auf das Geschriebene verlassend, das Gedächtnis weniger übten. In der Regel geschieht es bei den meisten, dass sie, gestützt durch das Geschriebene, im Lerneifer und im Gedächtnis nachlassen. Vor allem wollen sie davon überzeugen, dass die Seelen nicht vergehen, sondern nach dem Tode von einem zum anderen wandern. Sie glauben, dass vor allem diese Lehre, da sie die Todesfurcht beseitige, zur Tapferkeit ansporne. Viel disputieren sie ausserdem über die Gestirne und ihren Lauf, über die Grösse der Welt und der Erde, die Natur der Dinge und über das Walten und die Macht der Götter und teilen das der Jugend mit.»

Cäsar äussert sich mehr zum keltischen Priestertum, und somit zu den Hauptrepräsentanten der keltischen Religion, als zu deren Inhalt. Auf die keltische Götterwelt werden wir später zurückkommen (S. 133). Durch Cäsars Zusammenfassung wird deutlich, dass das keltische Leben von religiösen Vorstellungen und Regeln durchdrungen war. Die hohe Religiosität der Kelten wird durch die archäologischen Forschungen bestätigt. Im keltischen Siedlungsgebiet findet sich eine grosse Zahl von aufwendig gebauten Heiligtümern. Die der Erde und dem Wasser anvertrauten Opfergaben sind so zahlreich und kostbar, dass es lange Zeit dauerte, bis deren sakraler Charakter erkannt wurde. Die Diskussion um die Fundstelle von la Tène ist ein deutliches Zeugnis hierfür. Der Anteil der für das Jenseits bestimmten Objekte (also auch Grabfunde) am Gesamtbestand der Sachkultur muss erheblich gewesen sein. Auf keltischen Inschriften Südfrankreichs ist von einem Opferzehnten (keltisch dekantem) die Rede. Aus Grab- oder Weihefunden stammen die schönsten und wertvollsten – meist aus Metall gefertigten – Objekte. Dies ist nicht nur auf die Erhaltungsbedingungen zurückzuführen. Wohl nutzten sich die im täglichen Gebrauch stehenden Objekte ab, zerfielen oder wurden – etwa durch Einschmelzen – wiederverwendet. Auch bei den Opferfunden entgeht aber der Archäologie ein grosser Teil des Objektbestandes, so etwa die Speise- und Trankopfer. Die reichen keltischen Opferfunde geben eine Ahnung vom in unserem Kulturkreis heute kaum mehr vorstellbaren hohen Stellenwert einer Religion im täglichen Leben. Für die der keltischen Kultur Zugehörigen war neben der rational erfassbaren, sichtbaren Welt ständig die andere, geistige Welt präsent; für beide wurde geboren, gelebt, gearbeitet und gestorben. Können wir heute noch tiefer in das Wesen der keltischen Religion eindringen? Wir betreten mit dieser Frage ein umstrittenes Feld. Sicher scheint, dass die keltische Kunst eng mit der Religion verbunden war. In der keltischen Kunst wurden vor allem Anregungen aus dem Süden aufgenommen. Zur Zeit der frühen Kelten nahm die pythagoreische Lehre im südlichen Europa im geistigen Bereich einen hohen Stellenwert ein. Dies äussert sich etwa in deren Einfluss auf die Schriften des griechischen Philosophen Aristoteles. Antike Autoren haben auf Verwandtschaften der keltischen Religion mit der pythagoreischen Lehre hingewiesen. So sagt etwa der zur Zeit Cäsars lebende Diodor, der selbst ein Kenner der pythagoreischen Lehre gewesen ist, von den Kelten[35]: «Es herrscht bei ihnen nämlich der Glaube des Pythagoras, dass die Seelen der Menschen unsterblich sind und nach einer bestimmten Reihe von Jahren wieder ein neues Leben beginnen, indem die Seele in einen neuen Leib übergeht.»

Verschiedene Forscher haben die Verbindung der keltischen Religion mit Pythagoras als gelehrte Konstruktion der Antike verworfen. So etwa J. Moreau, der die Übereinstimmungen mit dem Druidentum auf im indogermanischen Raum weit verbreitetes Ideengut zurückführte[36]. Diesem Einwand kann man entgegenhalten, dass das Wesentliche der pythagoreischen Lehre nicht indogermanisches Kulturgut war, sondern auf Übernahme von fremden ägyptischen und babylonischen Lehren zurückging. Auch so namhafte Kenner der keltischen Religion wie J. de Vries oder S. Pigott haben – teilweise von falschen archäologischen Annahmen ausgehend – einen inneren Zusammenhang

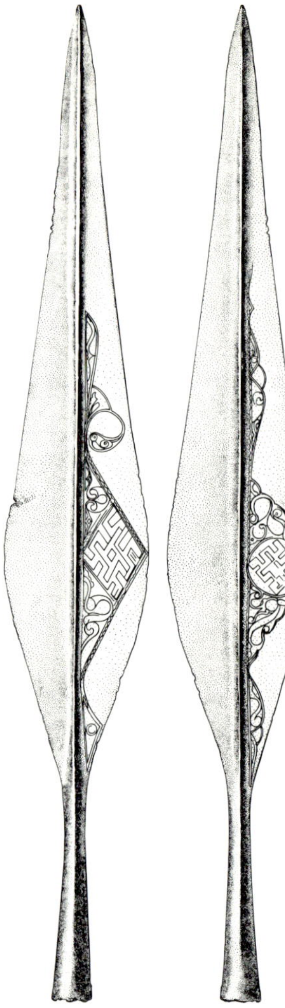
37

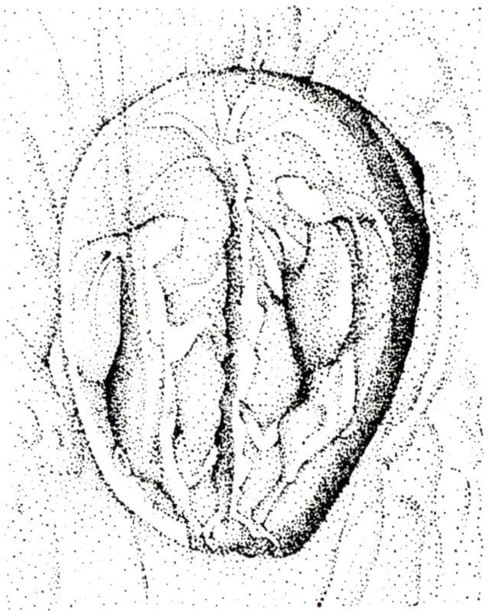
38

39 

zwischen der keltischen und der pythagoreischen Religionslehre abgelehnt[37]. Dabei hört man immer wieder das Argument, dass über die pythagoreische Lehre zu wenig bekannt sei. Heute ist der antike Universalgelehrte Pythagoras der Allgemeinheit nur noch für den aus Babylonien stammenden «Satz des Pythagoras» ein Begriff. Da er keine Schriften hinterlassen hat, ist sein Wesen und Wirken tatsächlich unzulänglich bekannt. Neben indirekten Überlieferungen liegt jedoch ein grosses – wenn auch zersplittertes und in weiten Teilen bruchstückhaftes – Material von seinen Schülern und Nachfolgern vor. Seit kurzer Zeit sind diese wertvollen Auszüge dank einer umfassenden und kritischen Arbeit zugänglich durch das zuerst in der «Neuen Zürcher Zeitung» als Artikelfolge erschienene und jetzt in Buchform vorliegende Werk aus dem Jahre 1979 «Die Pythagoreer, religiöse Bruderschaft und Schule der Wissenschaft» von Bartel L. van der Waerden.

Pythagoras hat in der ersten Hälfte des 6. Jh. v. Chr. in Griechenland gelebt. Auf seinen längeren Reisen nach Ägypten und Babylonien hat er sich intensiv mit den dortigen Religionen beschäftigt und ist in die fremden Kulte eingeweiht worden. Insbesondere hat Pythagoras von dort die Lehre der unsterblichen Seele, die Seelenwanderung und die Vorstellung, dass sich alles im Kreislauf befindet, übernommen. Für Pythagoras bildeten die Theologie und die exakten Wissenschaften eine Einheit. Die vier «Mathemata» Arithmetik, Geometrie, Astronomie und Harmonie (Musiklehre) standen im Vordergrund. Aus der Zurückführung alles Natürlichen auf Zahlen entstand eine komplizierte Zahlenmystik. Pythagoras gründete später in Süditalien eine Schule, in der seine Lehre von einer Bruderschaft in klösterlicher Gemeinschaft weiterentwickelt wurde. Während bei Pythagoras mehr die Zusammenfassung und Weitergabe des Wissens im Vordergrund gestanden hatte, werden seine Nachfolger, die Pythagoreer, als selbständig tätige Wissenschaftler beschrieben. Zahlreiche Schriften und Stellungnahmen führender Philosophen der Antike zeugen von der grossen Ausstrahlung der pythagoreischen Lehre, die bis in römische und mittelalterliche Zeit fassbar bleibt. In der pythagoreischen Lehre war die Suche nach Übereinstimmung mit dem Göttlichen, Harmonie mit dem Kosmos, Gleichgewicht des Ganzen und des Einzelnen von zentraler Wichtigkeit. Davon war auch der Tagesablauf der Pythagoreer geprägt. Wir hören von morgendlichen Spaziergängen zu abgelegenen Heiligtümern, von vegetarischer Nahrung und von Leibesübungen. Dazu kommen gemeinsame Gespräche und Gedächtnisschulung. Gemäss der Vorstellung des «Grossen Jahres» kehrt, wie bei den Gestirnen, für die Pythagoreer alles nach einer bestimmten Zeit wieder. Die Gestirne – Sonne, Mond und die Planeten – waren heilig, daneben wurden auch Götter, Dämonen und Heroen verehrt. Einen wichtigen Stellenwert nahm die Musik, vor allem auf der Lyra und dem Monochord gespielt, ein, die auch als Heilmittel eingesetzt wurden. Die pythagoreische Lehre wurde von einer geistigen Elite in bewusster Abgeschiedenheit praktiziert, wobei die Lehrinhalte als Geheimnisse streng gehütet wurden. Andererseits wird eine Weltoffenheit deutlich, die sich etwa in praktischen politischen Tätigkeiten äusserte. Die Pythagoreer lehnten die Tyrannis ab, förderten die aristokratische Herrschaft und waren selbst in führenden Ämtern oder als Berater von Herrschenden anzutreffen.

Der Vergleich der bekannten Teile der pythagoreischen Lehre mit der keltischen Religion zeitigt verschiedene tiefere Übereinstimmungen. Dazu gehören die Seelenwanderung und der mit ihr verbundene Fatalismus ebenso wie die Musik als Teil der Religion und die Astronomie. Besonders deutlich werden die Verwandtschaften in der Organisation der Priester- und Bruderschaft. Beide verstehen sich als geistige Elite, die sich keineswegs auf rein religiöse Dinge beschränken. Ihre Lehre wird als Geheimnis gehütet und nicht schriftlich, sondern nur mündlich weitergegeben. Für die Schüler ist hie wie dort eine ungewöhnlich lange Prüf- und Ausbildungszeit vorgeschrieben. Für die keltischen Druiden ist ebenso wie bei Exponenten der pythagoreischen Bruderschaf-

37
In der Broye am Fuss des Mont Vully FR gefundene Lanzenspitze aus Eisen. Die starr geometrischen Muster in der Mitte stehen in Kontrast zur dynamisch geschwungenen Linienführung der übrigen Ornamentik.

38
Steinböcke am palmenartigen Lebensbaum. Dieses ursprünglich orientalische Thema hat auch der keltische Schmied Korisios für seine Schlagmarke verwendet (stark vergrössert). Vgl. S. 58.

39
Eine der zahlreichen Leierdarstellungen auf keltischen Münzen. Unter den Pferdebeinen sind besonders die vier Saiten des Musikinstrumentes gut erkennbar.

ten die aktive Teilnahme am politischen Leben bezeugt. Auch in eher äusserlichen Phänomenen sind Analogien feststellbar. Dazu gehört etwa die Verwendung gleicher Symbole wie etwa des Pentagramms oder orientalischer Darstellungen in der keltischen Kunst so zum Beispiel die Steinböcke am palmenartigen Lebensbaum, die schon auf babylonischen Siegelzylindern begegnen (S. 36)[38]. In der pythagoreischen Lehre sind Paare von Gegensätzlichkeiten wichtig: Rechts und Links, Ruhendes und Bewegtes, Gerades und Krummes, Licht und Dunkel. Diese erinnern ebenso an die keltische Kunst wie die Zahlenmystik, die sich in der keltischen Zirkelornamentik wiederfindet[39]. – In der keltischen Religion gibt es aber auch manches, das mit den uns bekannten Lehren der Pythagoreer nicht vereinbar ist. Dazu gehören etwa die Blutopfer. Die keltische Religion war sicher kein genaues Abbild der pythagoreischen Lehre, sondern dürfte, wie die Latènekunst, ein Konglomerat von alten Religionssplittern mit verschiedenen neuen, auf eigene Art verschmolzenen Lehren gewesen sein. Zusammenfassend ziehen wir in Betracht, dass die pythagoreische Lehre wesentlich zur Herausbildung der keltischen Religion und besonders des Druidenwesens beigetragen hat. Die keltische Religion beginnt zeitlich etwas versetzt nach der pythagoreischen Lehre. Beide dürften Ausdruck einer in Europa zur Zeit um die Jahrtausendmitte stattfindenden allgemeinen geistigen Umorientierung gewesen sein. Die Beschäftigung mit den Pythagoreern gibt in unserem Zusammenhang zumindest einen Eindruck von dem damals aufkommenden neuen geistigen Kulturgut. Dieses unterscheidet sich wesentlich von der heutigen, anthropozentrischen Betrachtungsweise, bei welcher der Mensch als Mass aller Dinge angesehen wird, und ist für uns Heutige dementsprechend schwer zu durchdringen.

40

41

Neue Kunststile

Die neue Kultur der Kelten, welche sich nach dem Ende der «Fürstenzeit» weit verbreitete, ist nicht in einem Zug, sondern schubweise entstanden. Ein solcher neuer Schub lässt sich in der keltischen Kunst des 4. Jh. v. Chr. nachweisen. Es ist der nach einem reichen Grab im Mittelrheingebiet benannte Waldalgesheimstil[40]. Dieser muss durch nochmalige Anregungen vorwiegend durch die griechisch-italische Kunst entstanden sein. Auf den unbändigen und grotesken frühen keltischen Stil, wie wir ihn bei den Goldringen von Erstfeld kennengelernt haben, folgt jetzt der ruhigere, ausgewogene Rankenstil. Dafür typisch ist die durchlaufende Wellenranke, wie wir sie auf der plastischen Verzierung der Fibel von der Schosshalde bei Bern antreffen[41]. Grosse S-förmige Spiralen sind so aneinandergereiht, dass der Eindruck einer durchlaufenden Welle entsteht. Dazwischen windet sich kleineres Rankenwerk und fächert sich zu Palmetten auf. Die Verzierung dieses Schmuckstückes aus dem 4. Jh. v. Chr. wirkt noch vergleichsweise streng. Im Verlaufe des entwickelten Waldalgesheimstils wird der Fluss der Ranken bewegter und ist oft kombiniert mit maskenartigen Gebilden. Solche freiere Kompositionen treffen wir auf den oberrheinischen Scheibenhalsringen an. Die Verzierungen nehmen hier – wie etwa bei den stark plastisch verzierten Buckelringen – geradezu üppige Formen an. Nach der Zeit dieser barocken Formen, die beim Metallschmuck durch Guss hergestellt worden sind, wird die Tendenz zur schlichteren Gestaltung spürbar, bei der das Schmieden in den Vordergrund rückt. Dazu gehört der ansprechende, im 2. Jh. v. Chr. stark verbreitete «Drahtstil». Aus einfachen Ausgangsformen wurden damals durch geschickte Bearbeitung in ihrer Schlichtheit modern wirkende Kunsterzeugnisse geschaffen. Der Goldring von Schalunen ist ein hervorragendes Beispiel dieser Kunstrichtung (S. 41). Gegen die römische Zeit hin machte sich schliesslich eine Gegenbewegung bemerkbar, indem dann wieder reicheren, gegossenen Erzeugnissen der Vorzug gegeben wurde.

42

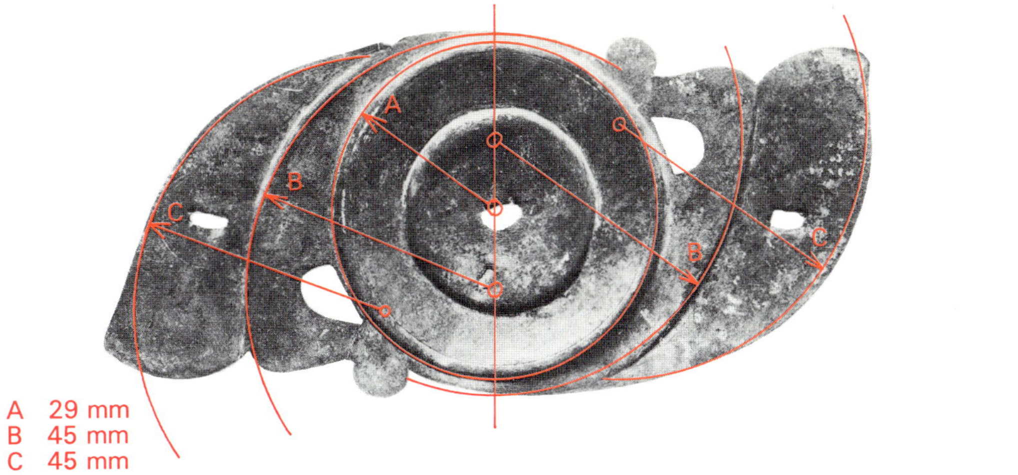

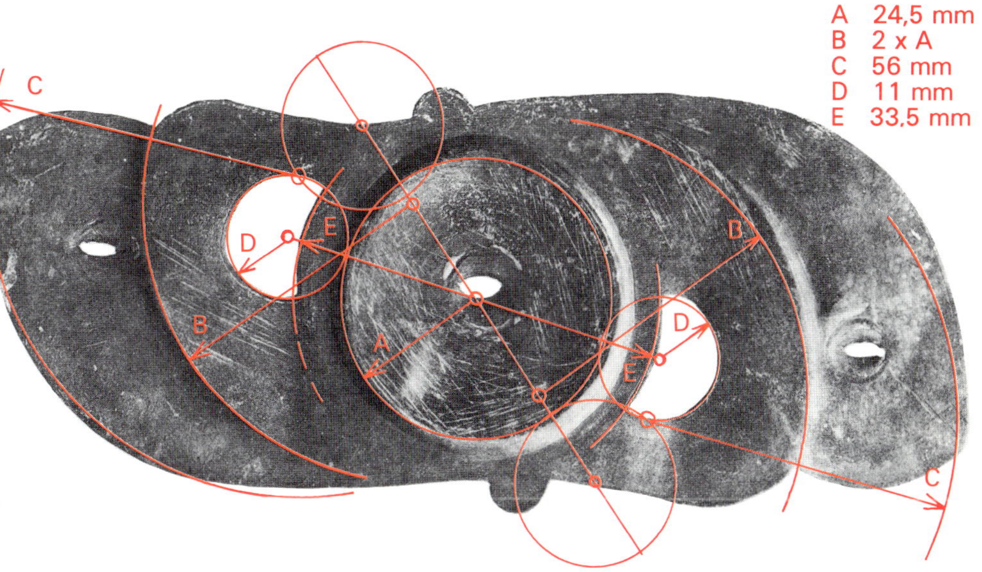

43

40
Silberfibel von der Schosshalde in Bern. Die feinen Ranken auf dem Fibelbügel sind typisch für den im 4. Jh. v. Chr. aufkommenden neuen keltischen Stil. Die Koralleneinlage der Fussscheibe ist nicht erhalten (vergrössert).
41
Buckelring aus Grab 149 des Gräberfeldes von Münsingen-Rain BE. Dieser schwere Armring steht stellvertretend für vor allem im 3. Jh. v. Chr. hoch geschätzte, üppig gestaltete Schmuckformen (verkleinert).
42
Griff des Eisenschwertes aus dem Zihlbett bei Gampelen BE mit Bronzekopf. Das menschliche Antlitz mit dem fast leblos und in sich gekehrt wirkenden Gesichtsausdruck ist in typisch keltischer Art stilisiert.
43
Manche Erzeugnisse des keltischen Kunsthandwerks gehen auf Zirkelentwürfe zurück; so offenbar auch diese reliefierten Bronzebleche von la Tène NE, die vielleicht Teile von Standarten gewesen sind.

Das Gebiet der heutigen Schweiz – ein Brennpunkt keltischer Expansion?

Kaum hatten ihre Religion und Kultur feste Formen angenommen, stiessen die Kelten in neue Gebiete vor. Nach U. Kahrstedt hat «ein Volk, das einen inneren Befreiungsprozess erlebt hat und sich eine neue zeitgemässe Lebensform erringt..., in aller Geschichte die Neigung zur Expansion»[42]. In der Zeit nach 400 v. Chr. wird die keltische Expansion deutlich fassbar. Einerseits durch literarische Überlieferungen über keltische Vorstösse und andererseits durch keltische Funde in Oberitalien. Frühe keltische Einflüsse können zum Beispiel in Gräbern um Bologna, dem etruskischen Felsina, nachgewiesen werden. Dort haben Kelten bald die Oberhand über die Etrusker, die selbst noch nicht allzu lange hier ansässig gewesen waren, gewonnen.

Der französisch-tschechische Forscher Venceslas Kruta hat sich intensiv mit den frühen keltischen Wanderungen beschäftigt[43]. In Böhmen treten in einem deutlich begrenzten Gebiet mit Zentrum etwa beim heutigen Prag Funde, vor allem Fibeln auf, die im keltischen Kerngebiet ihre besten Parallelen haben. Zwischenglieder fehlen bis anhin zwischen dem Rhein und Böhmen. Woher kamen diese keltischen «Kolonisten»? V. Kruta zieht für die Beantwortung dieser Frage neuentdeckte Gräber von Carzaghetto bei Mantua in Oberitalien heran. Darin wurden ähnlich ortsfremde Fundtypen wie in Böhmen gefunden. Identische, wohl aus denselben Werkstätten stammende Fibeln sind in den schweizerischen Gräberfeldern von Saint-Sulpice, Münsingen, Andelfingen und

Arbedo-Cerinasca zu finden. Ähnliche Exemplare kommen um Genf und nördlich davon bis ins Marnegebiet vor. Dieselben Übereinstimmungen wurden an Armringen beobachtet, die einerseits westlich des Rheins und andererseits erst wieder in Böhmen festzustellen sind. Wenn man der Methodik folgt, dass die grösste Fundkonzentration das Ursprungsgebiet bezeichnet, ist den Kelten des schweizerischen Mittellandes ein gewichtiger Anteil an der keltischen Expansion in verschiedene Teile Europas zuzuschreiben[44]. Der Stammesname der Helvetier tritt zu dieser Zeit im Gegensatz zu den Boiern und Senonen, die für Italien überliefert sind, in den schriftlichen Quellen mit Ausnahme einer legendenhaften Episode noch nicht auf (S. 75).

Die keltische Expansion hat auch im Verbreitungsbild der Scheibenhalsringe Spuren zurückgelassen, hebt sich doch vom Hauptverbreitungsgebiet eine isolierte Gruppe in Ungarn ab[45]. Das Kerngebiet der Scheibenhalsringe liegt im Oberrheingebiet. Der Rhein war zu dieser Zeit nicht trennendes, sondern verbindendes Element. Der oberrheinische Halsring wurde auch im Ostteil des schweizerischen Mittellandes getragen. Davon zeugen die abgebildeten Funde von Andelfingen ZH (S. 34). Diese illustrieren sehr deutlich den üppigen Geschmack einer reichen Gesellschaftsschicht in einem blühenden Land.

Als Grund für die keltischen Wanderungen stehen drei Möglichkeiten im Vordergrund der Diskussion[46]:

1. Auswanderung und Neuansiedlung eines ganzen Volkes mit Hab und Gut, wie wir es bei den Helvetiern antreffen werden.
2. Kriegerische Züge von Abenteurern und Söldnern.
3. Das ver sacrum («heiliger Frühling»). Damit ist die in der Antike weit verbreitete Sitte gemeint, einen Teil der Jungmannschaft auszusenden. Ursprünglich verstand man darunter die in Zeiten grosser Bedrängnis den Göttern versprochene Opferung der im nächsten Frühling geborenen Menschen und Tiere. An Stelle dieses Erstlingsopfers trat später die Auswanderung der «Geopferten», sobald sie ein bestimmtes Alter erreicht hatten.

Diese durch die moderne Forschung klassifizierten Möglichkeiten sind in der Wirklichkeit nicht so deutlich voneinander zu trennen. Das illustriert die nebenstehende, sagenhafte Überlieferung eines Auszugs. Diese zeigt auch, wie stark die Religion (Orakel) mitbestimmend wirkte.

Auf ihren Wanderzügen haben die Kelten ihre Wagen mitgeführt. So sind sie auch im Süden als gute Wagenbauer bekannt geworden. Zusammen mit dem keltischen Know-how sind keltische Wörter aus dem Bereich von Pferd und Wagen ins Lateinische eingeflossen (S. 42). Von den vielen keltischen Wagentypen haben wir die besten Kenntnisse von den zweirädrigen Streitwagen, weil solche in reiche Gräber mitgegeben worden sind[47].

Die Alpenübergänge

Bis vor noch nicht allzu langer Zeit hat man die Öffnung der Alpenpässe hauptsächlich als römische Errungenschaft gepriesen. Dieses Bild muss revidiert werden. Schon länger ist bekannt, dass Übergänge, welche die Zentralalpen in grossen Bögen umgehen –, der Grosse Sankt Bernhard (Poeninus) im Westen und im Osten verschiedene Routen wie die Reschenscheideck –, eine wichtige Rolle gespielt haben. R. Wyss konnte überdies auf Grund einer Zusammenstellung der latènezeitlichen Funde im hochalpinen Raum der Schweiz zeigen, dass schon in der Latènezeit das grosse Angebot von direkteren Pfaden über die Zentralalpen genützt worden ist[48]. Für Begehung in keltischer Zeit sprechen Funde aus den folgenden Passbereichen: Bernina, Panix, San Bernardino, vielleicht Splügen und Septimer oder Maloja.

387 v. Chr.:
Kelten stossen bis nach Rom vor. Die Römer müssen sich mit Gold freikaufen und versuchen beim Abwägen des Lösegeldes zu betrügen. Der keltische Anführer Brennus wirft darauf sein Schwert in die Waagschale und sagt: «Wehe den Besiegten» (vae victis).

Eine durch Livius V, 34 literarisch überlieferte Keltenwanderung: Der reiche Biturigenkönig Ambigatus schickte zwei Gruppen unternehmungslustiger junger Leute unter der Führung seiner Neffen Bellovesus und Sigovesus in die Welt hinaus, um der Übervölkerung seiner Lande Herr zu werden; das Orakel teilte dem Sigovesus die herzynischen Wälder – also Mitteleuropa – zu, dem Bellovesus Italien. Letzterer sammelte aus seiner Umgebung und aus den benachbarten Stämmen genug Leute, damit sie jeden Widerstand brechen konnten.

44
Goldene und silberne Arm- und Fingerringe aus dem Kanton Bern. Vornehmlich im 2. Jh. v. Chr. fanden Schmucksachen hohe Wertschätzung, welche aus einfachen Ausgangsformen wie Drähten oder Stäben durch ebenso geschickte wie (teilweise nur scheinbar) einfache Bearbeitung zu heute noch ansprechend wirkenden Formen geschmiedet wurden. Der goldene Armring oben links stammt aus Schalunen, derjenige aus Silber unten rechts aus einem Grab auf der Engehalbinsel bei Bern und die Fingerringe aus Belp, Kirchenthurnen, Muri/Mettlen, Oberhofen, Stettlen/Deisswil sowie Wangen an der Aare (etwa natürliche Grösse).

44

45

Die ausgewanderten Siedler aus dem nördlichen Alpenvorland sind wohl mit ihren Stammesbrüdern in Kontakt geblieben. Solche Kontakte von dies- und jenseits der Alpen wohnenden Kelten sind für die Gaesaten belegt. Damit ist kein eigentliches Volk gemeint, wie man früher geglaubt hat, sondern ein Zusammenschluss von Kriegern oder Söldnern[49]. Die Bezeichnung Gaesaten geht auf das keltische Wort gaesum für «Speer» zurück. Die «Speerträger» rekrutierten sich zur Hauptsache aus dem Rhonetal und dem nordalpinen Bereich. Für das Jahr 225 v. Chr. wird ein grosser Gaesatenzug durch Polybios überliefert. Die Gaesaten kamen ihren südalpinen Brüdern zu Hilfe, weil sich diese vom römischen Vorstoss in die Poebene bedroht fühlten. Die Römer siegten schliesslich in der Schlacht von Telamon über das gewaltige Heer der Gaesaten, die nach typisch keltischer Art nackt und mit goldenen Hals- und Armringen geschmückt gekämpft haben sollen. Der Begriff «Gaesaten» lebte bis in die römische Zeit weiter. Auch Helvetier wurden dazu gezählt[50]. Unter den im schweizerischen alpinen Gebiet gefundenen Keltenobjekten befinden sich auffallend viele Waffen, nämlich 19 Stück, bestehend aus zwei Schwertern, zwei Helmen und auffallenderweise 14 Speerspitzen. Diese sind in erster Linie als Höhenweihefunde von durchziehenden Gaesaten zu deuten[51]. Die abgebildete Lanzenspitze wurde im Jahre 1958 am Aufstieg zum Felsberger Calanda gegenüber Chur in einer Geröllhalde gefunden[52].

Leben und Sterben – die grossen Flachgräberfelder der Schweiz

Betreffend die ausgehende Früh- und die Mittellatènezeit sind wir in ganz Europa vor ähnliche Probleme gestellt. Es gibt zahlreiche Gräberfelder, aber kaum Siedlungen. Wohl deshalb, weil die Siedlungen noch kaum mit Wall und Graben geschützt und oft nicht allzu gross waren, sind sie bisher unserer Aufmerksamkeit weitgehend entgangen.

In der Umgebung der Stadt Bern gibt es auffallend zahlreiche Gräber. Selten liegen mehr als vier an einem Ort. Man kann folglich auf die vermutlich weit verbreitete Siedlungsform des Einzelhofes schliessen. In der Schweiz ist bis heute keine einzige mittellatènezeitliche Siedlung gut erforscht. Von Gelterkinden BL wissen wir von einem frühkeltischen «Grubenhaus», das halbwegs in die Erde eingetieft war[53].

Verschiedene Flachgräberfelder beginnen schon in der Zeit um 400 v. Chr. und enden erst im 2. Jh. v. Chr. Die Toten wurden also während 200 Jahren in denselben Begräbnisplätzen bestattet. Dies zeugt von einer bemerkenswerten Kontinuität. Die frühesten und reichsten Gräber kommen aus der Nekropole von Saint-Sulpice VD am Genfersee[54]. Sie nehmen vom Reichtum der Beigaben her eine Mittelstellung zwischen den Fürstengrabhügeln und den später weit verbreiteten Flachgräbern ein. Die beiden auf S. 47 abgebildeten und in Saint-Sulpice gefundenen Glasköpfchen stammen aus so entfernten Gebieten wie Karthago in Nordafrika und verkörpern schutzbringende Gottheiten[55]. Die im gleichen Gräberfeld entdeckte Schichtaugenperle diente ebenfalls als Amulett und kam wahrscheinlich aus dem Kaukasus. Sie weist auf hellem Grund insgesamt sieben braune Augen auf, wobei jedes grosse Auge wieder sieben weisse kleine Augen trägt. Ebenfalls importiert ist die abgebildete Bernsteinkette aus dem Frauengrab sowie die Korallenzier der Fibeln. Die Fibeln selbst sind jedoch keltische Erzeugnisse. Die besten Parallelen hierzu finden sich im reichen Grab von Reinheim an der Saar[56]. Die ausserordentlichen Funde von Saint-Sulpice zeigen, dass in der Westschweiz schon vor der Zeit um 400 v. Chr. Angehörige der keltischen Kultur gelebt haben, die mit den anderen keltischen Kerngebieten im Mittelrheingebiet, in der Champagne und in Burgund verbunden waren und andererseits Beziehungen zum oberitalischen Raum gepflegt haben. Dessen Ausstrahlung – dort blühte zum Beispiel die Bernsteinindustrie – auf die Kelten nördlich der Alpen ist deutlich erkennbar. Saint-Sulpice liegt an der Route vom Grossen Sankt-Bernhard über das schweizerische Mittelland zu den anderen keltischen Kerngebieten. Im Mittelrheingebiet wird die keltische Kultur zuerst nachweisbar. Man muss deswegen aber nicht die in Saint-Sulpice Bestatteten als von dort ins schweizerische Mittelland Ausgewanderte ansehen[57], sondern hat eher an eine gestaffelte «Keltisierung» zu denken. Innerhalb des schweizerischen Mittellandes übernahmen wohl die Bewohner der Westschweiz zuerst das neue Kulturgut. Von dort stammen auch die frühesten im keltischen Stil verzierten Gegenstände[58].

Neben dem im Jahre 1912 bis 1914 ausgegrabenen Gräberfeld von Saint-Sulpice liegen in der Schweiz vier weitere grosse Gräberfelder vor, nämlich bei Vevey VD, Münsingen BE, Andelfingen ZH und Muttenz BL [59]. Dazu kommen zahlreiche weitere kleinere Gräberfelder und einzelne Gräber. Sie sind alle auf der Gräberkarte im Anhang verzeichnet. Das von R. Wyss zusammengestellte Kartenbild zeigt eine intensive Belegung des schweizerischen Mittellandes in der Zeit zwischen etwa 400 bis 100 v. Chr. Deutlich sind innerhalb davon zwei Dichtezentren erkennbar, das eine um Bern und das andere westlich von Zürich. Dazwischen befindet sich eine lockere bis fast fundleere Zone nördlich des Napfs. Hier schlägt sich eine Art Kulturscheide nieder, auf die später zurückzukommen sein wird. Die Karte zeigt ausserdem, dass im Lauf der Latènezeit Kelten bis weit in die Alpentäler vorgestossen sind. Im europäischen Zusammenhang gesehen ist die Schweiz mit keltischen Gräbern dicht belegt und befindet sich an der Schwelle zwischen zwei grösseren Einflussbereichen, nämlich dem Rhein-Donau-Kreis im Osten und der burgundisch-lothringischen Gruppe im Westen [60]. Weil die Toten oft in ihrer ganzen, im Leben getragenen Tracht mitsamt dem besten Schmuck und die Krieger mit den Waffen ins Grab gelegt worden sind, stellen die Grabinhalte ein aussagekräftiges archäologisches Grundlagenmaterial dar; die Archäologie schliesst aus dem «toten Material» auf das Leben.

46

47

45
Rekonstruktionsversuch von keltischen Streitwagen. Die sitzenden Wagenlenker fahren die auf dem Wagen stehenden und nur durch den Schild geschützten Krieger in den Kampf (nach A. Haffner).

46
Am Calanda bei Chur gefundene Lanzenspitze aus Eisen. Solche alpinen Waffenfunde werden auf die sagenhaften Gaesaten («Speerträger»), keltische Reisläufer, zurückgeführt, die über die Alpen nach Süden gezogen sind.

47
Graviertes Bronzeblech aus einem Grabhügel bei Rances VD. Diese Kappe eines Gürtelhakens verkörpert einen hallstattzeitlichen Typus, ist aber bereits mit einem Muster nach frühkeltischer Art verziert, 5. Jh. v. Chr. (nach W. Drack).

Als Beispiel für eine moderne Grabung mit ihren Auswertungsmöglichkeiten sei ein Grab aus der Nekropole von Gempenach FR, vier Kilometer östlich des Murtensees, vorgestellt, wo seit über 150 Jahren Gräber zum Vorschein kommen. Im Jahre 1979 konnten sieben Bestattungen ausgegraben werden [61]. Vom Männergrab Nummer 16 war noch der untere Teil des Grabes intakt erhalten. Neben dem rechten Oberschenkel stiessen die Ausgräber auf Ansammlungen von stark korrodiertem Eisen und Bronze. Der mit Erde und Steinen stark verbackene Komplex wurde en bloc gehoben und im Laboratorium genauer untersucht. Dort erwies sich dieser als oberer Teil eines Schwertes mit Tragvorrichtung. Das Schwert muss dem Krieger lose und umgekehrt mit der Spitze nach oben ins Grab gelegt worden sein. Obwohl alle organischen Teile wie Leder, Holz und Horn vergangen oder nur kleinste Spuren erhalten waren, konnte aus dem Fund aufgrund der minutiösen Untersuchung ein Maximum an Informationen gewonnen werden. Das Schwert wurde demnach an einem dünnen Ledergürtel getragen, der vorne mit einem Bronzering und Haken oder durch einen Knoten verschlossen werden konnte. In den Gürtel liessen sich zwei Ringe einschlaufen, an denen zwei kurze Riemen mit einem rechteckigen Bronzebeschlag angenäht waren.

Wir können hier nicht das ganze riesige Material aus den schweizerischen Keltengräbern ausbreiten und beschränken uns auf die Behandlung des grössten Gräberfeldes von Münsingen-Rain. Es wurde in den Jahren 1904 bis 1906 von Jakob Wiedmer-Stern für das Bernische Historische Museum sorgfältig ausgegraben und gilt als das aussagekräftigste Gräberfeld der Früh- und Mittellatènezeit[62]. Insgesamt sind über 200 Gräber nachgewiesen. Diese Zahl scheint auf den ersten Blick hoch, setzt man sie aber in Relation zur etwa 300jährigen Belegungszeit, ergibt das statistisch gesehen nur eine einzige Bestattung pro Jahr. Man darf deshalb auf eine zugehörige Siedlung von höchstens einigen Dutzend Bewohnern schliessen. Die Sterblichkeitsrate, besonders die der Kinder, war in keltischer Zeit viel höher als heute. In den Kindergräbern häufen sich Amulettbeigaben. Dies bringt man in Zusammenhang mit dem in der Völkerkunde bekannten «schlimmen Tod». Der Tod eines Kindes oder der einer schwangeren Frau wurde als besonders unnatürlich angesehen, und die bösen Kräfte wurden mit Hilfe von Amuletten gebannt[63].

Im Rahmen seiner das ganze schweizerische Mittelland umfassenden und bis heute wegweisenden Studie über die keltischen Gräber der Schweiz hat David Viollier auch das grosse Material von Münsingen-Rain behandelt. Eine klare chronologische Unterteilung bildet die Grundvoraussetzung für jede weitere Auswertung. D. Violliers Chronologie wurde vom Engländer Frank R. Hodson mit Hilfe einer Kombinationstabelle der Gräberinventare von Münsingen verfeinert. Dieses Beispiel soll zeigen, wie in der Archäologie Ordnung in ein grosses Material gebracht werden kann. Ausgangspunkt ist das einzelne Grab. Die darin gefundenen Objekte zeugen von Gleichzeitigkeit. Der überwiegende Teil der Funde aus den Münsinger Gräbern sind Trachtbestandteile und andere Gegenstände, die von den Toten zu Lebzeiten getragen worden sind. Deshalb wiederholen sich in den verschiedenen Gräbern ähnliche Fundgattungen. Innerhalb dieser Fundreihen sind den verschiedenen, sich ablösenden Moden gemäss Typen-Entwicklungen festzustellen. Dem Modewechsel gegenüber waren verständlicherweise die Fibeln besonders empfindlich, da sie ein «Muss» der ohne Knöpfe auskommenden keltischen Tracht gewesen sind und an gut sichtbarer Stelle getragen wurden. Bei der Auswertung mittels der Kombinationstabelle macht man sich die Überschneidungen und Verwandtschaften der verschiedenen Fundtypen zunutze. Die graphische Umsetzung in Diagonalbilder wie rechts wird heute mit Hilfe des Computers durchgeführt (Seriation). Sie ist deshalb so kompliziert, weil die «Grabzeilen» erstens als Ganzes und zweitens die Reihenfolge der Objekte je Grab so lange hin und her geschoben werden müssen, bis das gesuchte Diagonalbild entsteht. Die von F. R. Hodson für Münsingen-Rain entworfene

48

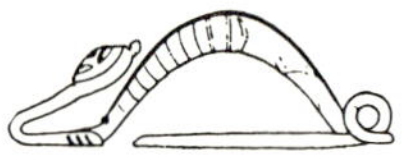

49

50

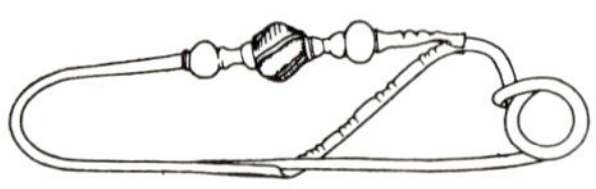

51

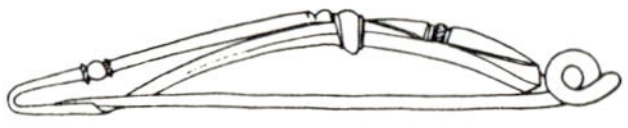

52

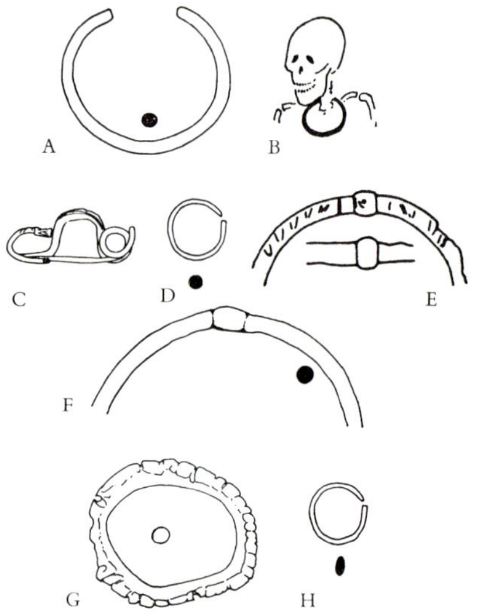

	A	B	C		D	E	F	G	H
13	oo	o							
32	oo	oo	o						
7	o	o		?					
9		o	oo		oo				
16				o	o				
23		o	oo	o		oo			
44		o	o	o			o		
12		oo	o	:	oo	oo		o	
8a		o		oo		⁝			
8b			oo						•
6		o	o•		o			o	•
31			o	o					
(51)		oo	o			•			
40		o	o						

53

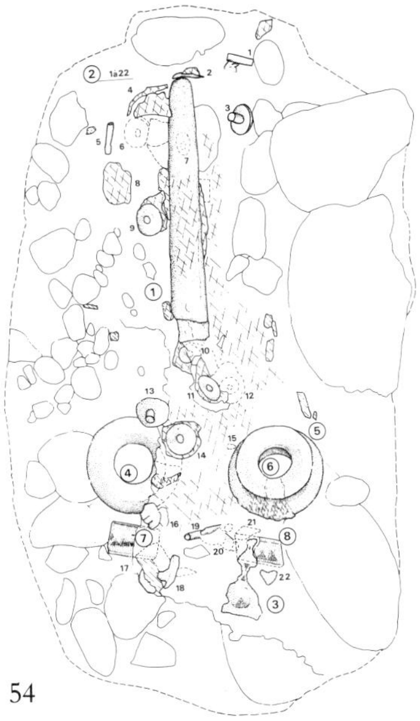

54

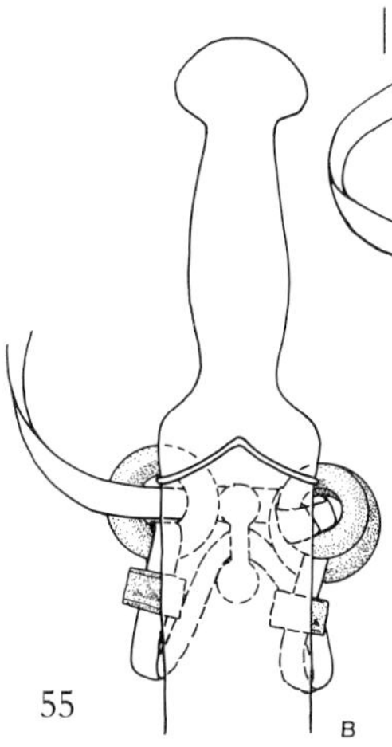

55

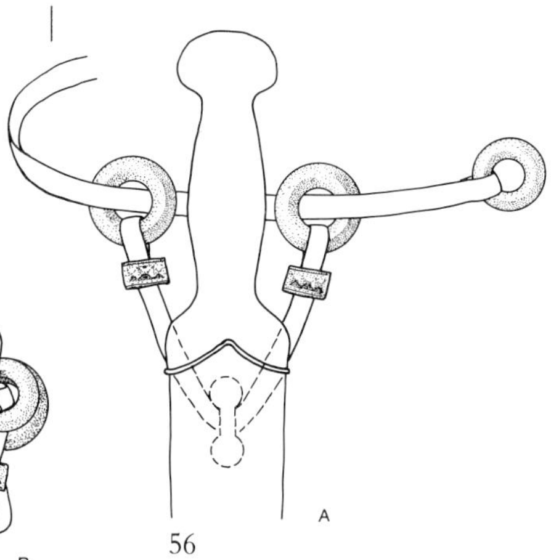

56

Tabelle ist hier im Ausschnitt wiedergegeben. In den waagrechten Zeilen sind die Grabnummern eingetragen, in den senkrechten Spalten die Typen. Je weiter rechts ein Fund-Typ aufgrund der Seriation zu liegen kommt, desto jünger ist seine Zeitstellung. Für die Kombinationsstatistik wurden vor allem Fibeln, Halsringe, Armringe, Fussringe und Fingerringe verwendet. Wir betrachten nunmehr nur noch die Fibeln. Die typologische Entwicklung beginnt bei symmetrischen Formen wie Abb. 48 mit dem hochgebogenen, kurzen Fuss. Dieser Fussteil wird allmählich grösser, lehnt sich an den Bügel an und trägt die Hauptverzierung. Bei der reich verzierten Abb. 49 wird dies sehr deutlich. Im Laufe der Zeit wird der mittlerweile lange Fussteil wie bei Abb. 50 am Bügel fixiert. Diese Fibel ist bereits im neuen Drahtstil gehalten. Schliesslich geht die Entwicklung des Fusses wieder zurück (Abb. 51), er verschmilzt mit der Gesamtform. Solche typologischen Entwicklungen macht man sich für weitere Auswertungen zunutze. Ganz schematisch läuft die Entwicklung jeweils nicht ab. So gibt es retardierte, also verspätete Formen. Ein Hauptgrund hierfür ist, dass neue Formen offensichtlich von verschiedenen Personengruppen unterschiedlich schnell aufgenommen worden sind, von Frauen zuweilen später als von Männern. Die Resultate der Kombinationstabelle finden ihre Bestätigung im Gräberplan. Die nach der Tabelle als jünger erkannten Gräber stammen aus dem Südteil und umgekehrt die älteren Gräber aus dem Nordteil. Das Gräberfeld ist demnach im Norden zuerst belegt worden und dann langsam in Richtung Süden gewachsen.

Der Archäologe sucht innerhalb des Diagonalbildes der Tabelle nach Trennungsmöglichkeiten. Da das Gräberfeld kontinuierlich gewachsen ist, muss eine solche Grenzziehung willkürlich sein, wenn man hier auch auf gewisse «Kulturschübe» Rücksicht zu nehmen versucht. Damit ist die relative Chronologie fertig. Dank der zahlreichen und reich ausgestatteten Gräber mit ihren guten Kombinationsmöglichkeiten ist die innere Chronologie von Münsingen für die Forschung in ganz Europa massgebend geworden. Die relative Chronologie sagt nur, was älter oder jünger als ein anderer Fundkomplex ist. Für die absolute Chronologie, die Datierung in Jahreszahlen, macht man sich Berührungspunkte mit genau datierten Importfunden, die schon historisch datiert werden können, zunutze[64]. Daraus resultieren schliesslich die auf der Zeittabelle angegebenen Jahreszahlen. In neuerer Zeit kommen dendrochronologische Messungen an Hölzern, also die Absolutdatierung mittels Jahrringzählung, hinzu[65].

48–51
Beispiel einer typologischen Entwicklung anhand von Fibeln des 5. bis 2. Jh. v. Chr.: Der hoch aufgewölbte Bügel in der Mitte ist zunächst vom aufgebogenen Fuss links noch getrennt, dann berühren sich beide Teile und verschmelzen schliesslich miteinander.

52
Ausschnitt aus der Kombinationstabelle der Funde aus Münsingen-Rain (oberste Zeile = Typenbezeichnungen, erste Spalte links = Grabnumerierung). Nach F.R. Hodson.

53–56
Grab 16 des Gräberfeldes von Gempenach FR. 53: Aus unscheinbaren Metallresten beim rechten Oberschenkel werden durch sorgfältiges Vorgehen wichtige Erkenntnisse gewonnen. 54: zeichnerische Aufnahme. 55: Laboruntersuchungen zeigen, dass es sich um den oberen Teil eines Schwertes mit der Tragvorrichtung handelt, der zusammengefaltet ins Grab gelegt worden ist. 56: So könnte das Schwert am Gürtel getragen worden sein (nach G. Kaenel und S. Favre).

Sobald das chronologische Gerüst feststeht, ist der Weg für weitere Auswertungen frei. So war es auch beim Gräberfeld von Münsingen-Rain[66]. Wichtige Aufschlüsse haben die Untersuchungen zur Tracht von Stefanie Martin-Kilcher gebracht[67]. Die keltische Frauentracht kann aufgrund der älteren Moorfunde aus dem Norden und den jüngeren bildlichen Darstellungen aus römischer Zeit annähernd rekonstruiert werden. Wichtigstes Kleidungsstück war ein ärmelloser Rock aus einem rechteckigen oder schlauchartigen Stück Stoff. Dieser wurde so drapiert, dass auf den Schultern je zwei Zipfel durch Fibeln zusammengehalten werden konnten. Um die Taille war der weite Rock meist gegürtet. Darunter wurde bei kühler Witterung ein langes Untergewand getragen, über das ganze trug man im Winter einen Umhang oder Mantel. Der gallische Kapuzenmantel ist auf manchen römischen Bildwerken überliefert. Die Männer trugen im Gegensatz zu den Frauen Hosen. Diese gelten als Merkmal von Reiterstämmen; die Kelten dürften sie von östlichen Völkern übernommen haben. Für die Römer waren das Tragen von Hosen wie die lange Haartracht ungewöhnlich, weshalb sie dem nordalpinen Gallien die Namen «Gallia bracata» nach den bracae, den Hosen, und «Gallia comata» nach den langen Haaren gegeben haben. – Verschiedene Hinweise lassen auf die Verwendung von bunten und lebhaft gemusterten Stoffen für die keltische Kleidung schliessen. So etwa eingewebte Karomuster, «Schottenmuster», und wohl auch in Batiktechnik verzierte Stoffe. Zur bunten Tracht gehören auch die entsprechenden Schmuckstücke. S. Martin-Kilcher konnte anhand der Funde von Münsingen-Rain drei Trachtstufen herausarbeiten, die sich übrigens mit den allgemeinen Stufeneinteilungen nicht decken. In der Anfangszeit der Münsinger Bestattungen bestand der obligate Schmuck der wohl betuchten Dame neben den Fibeln aus einem Ring an jedem Arm und Fuss sowie Halsschmuck in Form von Halsringen, Halsketten oder Anhängern. Gegen Ende des 4. und besonders im 3. Jh. v. Chr. wird der Schmuck deutlich reicher und zahlreicher. Es ist die Zeit der gegossenen und üppig verzierten Schmuckstücke wie der Fibeln mit grosser Fusszier oder den Buckelringen. Der Halsschmuck aber ist aus der Mode gekommen, und Armringe schmücken meist nur noch den rechten Arm. Dafür finden wir an den Füssen jetzt in der Regel zwei Ringe an jedem Fuss und an der Hand meist mehrere Fingerringe. Bald wird der Schmuckanteil wieder geringer. Es bleibt zwar die Tragsitte der Fingerringe, aber die Fussringe verschwinden ganz. Neu ist der metallische Gürtel, die Gürtelkette. Jetzt kommen auch Armringe aus buntem Glas auf[68]. Im Verlaufe des 2. Jh. v. Chr. werden die Beigaben deutlich spärlicher. Das ist nicht auf Verarmung der Bevölkerung zurückzuführen, sondern auf die Tatsache, dass jetzt den Toten nicht mehr ihr ganzer persönlicher Schmuck mit ins Grab gegeben wird. In spätkeltischer Zeit ist dann sogar der fast völlige Verzicht auf (nachweisbare) Beigaben die Regel. Auch tritt jetzt verschiedenen Orts die Brandbestattung auf. Die in Münsingen-Rain bestatteten Männer trugen weniger Schmuck als die Frauen, meist nur eine Fibel auf der rechten Schulter und einen unverzierten Ring am linken Arm. Männer und Knaben erhielten vereinzelt Speise und Trank mit ins Grab. Die Krieger wurden mitsamt ihren Waffen bestattet. Dazu gehören in erster Linie die Lanze, der Schild und das Schwert.

In einigen Gräbern der Schweiz wurden auch Münzbeigaben gefunden[69]. Hier handelt es sich soweit nachweisbar stets um Bestattungen von Frauen jugendlichen bis erwachsenen Alters. Dies gilt für das reiche Grab von Horgen ZH und die beiden Gräber im Rossfeld auf der Engehalbinsel bei Bern; die letzteren enthielten je einen Obol aus Massalia oder eine Nachprägung davon. Allen diesen Gräbern mit Münzbeigabe ist ein gewisser Sonderstatus eigen, der sich entweder in der Art der Beigaben oder der Lage in den Gräberfeldern ausdrückt. Hartmut Polenz dachte deshalb an die Gräber von Fremden, wohl von eingeheirateten Frauen. Die Münzen selbst erinnern an die griechisch-römische Sitte des Totenobols, des Charonpfennigs für die Überfahrt ins Toten-

Poseidonios zur Männerkleidung (vgl. S. 12):
Ihre Tracht geht auf das Imposante: buntgemusterte Leibröcke, geblümte Hosen, die sie «Braken» nennen; darüber gespangt karierte Umwurfmäntel, im Winter rauh, im Sommer glatt, in dichte, bunte Quadrate geteilt.

57

57
Rekonstruktionsversuch: Tracht und Schmuck (Fibeln, Arm-, Finger- und Fussringe) einer begüterten jungen Frau des 3. Jh. v. Chr. nach Grabinventaren von Münsingen-Rain (nach S. Martin-Kilcher).

58

59

60

58–60
Funde aus der frühen keltischen Nekropole von Saint-Sulpice VD. 58–59: Die nur 47 mm und 42 mm hohen, unheilabwehrenden Gesichtsperlen stammen aus dem fernen Karthago in Nordafrika. 60: Das reiche Frauengrab 48 gehört noch ins 5. Jahrhundert. Die originalgetreuen Nachbildungen geben einen Eindruck vom damaligen Aussehen der Schmuckstücke aus Bronze, deren goldener Glanz durch die glühend roten Koralleneinlagen noch verstärkt wird. Zum vorwiegend aus Ring- und Fibelschmuck bestehenden Schmuckinventar gehört auch eine lange Bernsteinperlenkette.

reich. Tatsächlich wurde in einem Fall in Frankreich die Bestattung eines Kelten in einem mit Deckel verschlossenen Sargboot entdeckt. Es handelt sich um einen Einbaum, wie er im keltischen Bereich vielfach belegt ist. Für die schweizerischen Keltengräber werden hauptsächlich gezimmerte Särge angenommen, aber auch ausgehöhlte Baumstämme sind nachgewiesen[70]. Einmal wurde in Vevey eine überlange Grabgrube von 1,55 m Länge für ein ca. 1 m grosses Kind festgestellt, die auf ein Totenboot hinweisen könnte[71].

Das erste Geld der Kelten

Im Laufe der Zeit haben sich innerhalb der Naturalwirtschaft, beim Tauschhandel, feste Grössen eingebürgert. Zu diesen Vorgeldformen gehören etwa genau abgewogene Mengen von Rohmetall in Barren- oder Ringform[72]. Auch der Wert eines Stücks Vieh stellte eine feste Grösse dar; das lateinische Wort pecunia leitet sich bezeichnenderweise von pecus, «das Vieh», ab. Die Römer haben etwa gleichzeitig wie die Kelten die Münzwirtschaft eingeführt, nämlich in der Zeit um 300 v. Chr. Dies geschah unabhängig voneinander. Beide richteten sich nach dem griechischen Raum, wo die Münzprägung seit längerer Zeit gebräuchlich war. Nicht technische Probleme bei der Herstellung der Münzen bildeten die Hauptschwelle zur Einführung des Münzwesens, sondern der Stand der Wirtschaftsstruktur. Wie jede grosse kulturelle Innovation beruhte auch die Münzeinführung nicht auf zufälligen Gegebenheiten. In der Zeit nach 300 v. Chr. muss in der keltischen Gesellschaft der Boden für die Einführung des Geldes reif gewesen sein. Dazu gehörten wohl klare Machtverhältnisse mit einer Obrigkeit auf der einen Seite, welche die Münzen ausgeben und den Umlauf lenken konnte, und auf der anderen Seite Benützer, die den festen Wert der Münzen akzeptierten. Das frühe keltische Geld war nicht in erster Linie alltägliches Zahlungsmittel wie heute. Am Anfang wurden die Münzen ausschliesslich für Grosszahlungen (Tribut, Sold und so weiter) verwendet, dementsprechend gab es im 3. Jh. v. Chr. nur grosse Münzeinheiten. Die Grundeinheit war der sogenannte Philipperstater. Dieser Stater (von griechisch «wägen») geht auf Philipp II., Vater Alexander des Grossen und König von Makedonien (359–336 v. Chr.), zurück, dessen Münzen zu einer Art «Weltwährung» jener Zeit geworden sind. Wie sind die Kelten zu diesen makedonischen Münzen gekommen? Drei Möglichkeiten werden diskutiert: erstens durch zurückkehrende keltische Söldner, zweitens durch den Fernhandel und drittens durch Gastgeschenke. Der ersten Erklärung wird im allgemeinen der Vorzug gegeben. Die ersten keltischen Nachahmungen hielten sich noch eng an das Vorbild. Derek F. Allen hat die frühesten Imitationen kartiert und zeigen können, dass sie hauptsächlich im schweizerischen Mittelland, am Oberrhein und im westlich anschliessenden französischen Bereich vorkommen[73]. In diesem Gebiet, das wir ja oben schon als einen der westkeltischen Brennpunkte darstellen konnten, muss sich das Bedürfnis nach Münzen früh geregt haben und gleichzeitig auch das dafür notwendige Gold zur Verfügung gestanden haben. Dieses Gold kam hauptsächlich aus Flüssen. Die frühen Münzen lassen sich von den späteren unterscheiden. Es entspricht einem allgemeinen Gesetz in der Numismatik, dass bei Edelmetallprägungen das Gewicht im Laufe der Zeit absinkt und die Legierung schlechter wird. Dazu kommen Veränderungen im Münzbild. Im Laufe der Zeit entfernen sich die Imitationen immer mehr vom Vorbild. Der keltische Künstler, welcher die Münzstempel schnitt, brachte einen anderen Stil in das Münzbild und gewichtete die neue Darstellung auf seine Weise. So wurde die griechische Legende langsam unleserlich, die Haare des Apollokopfes begannen sich aufzulösen, und beim Zweigespann wurde das Hauptgewicht auf die Darstellung der Pferde gelegt. Der Stater à ca. 8 g Gold entsprach vermutlich etwa dem Wert von vier Schafen.

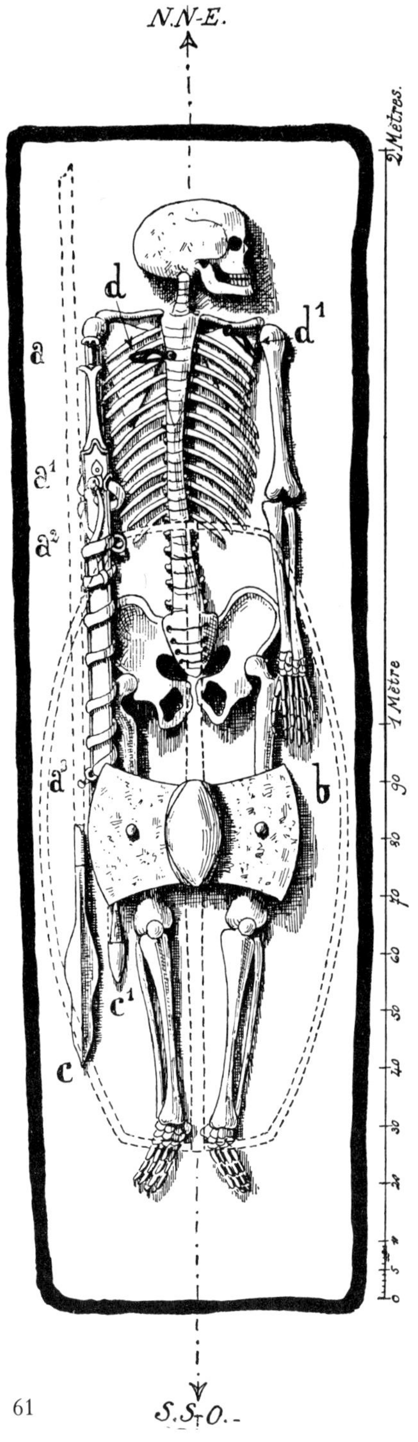

61

61
Dem in Grab 26 der Nekropole von Vevey VD bestatteten Krieger wurden wie üblich seine Fibel und die Waffenausrüstung mit ins Grab gelegt.

62–65
Griechische Goldmünze, «Philipperstater», mit Apollokopf und Zweigespann (62), keltische Nachbildungen sowie Neukreationen desselben Münztyps aus dem Gebiet der heutigen Schweiz (63–64) und der Parisii (65).

62

63

64

65

67

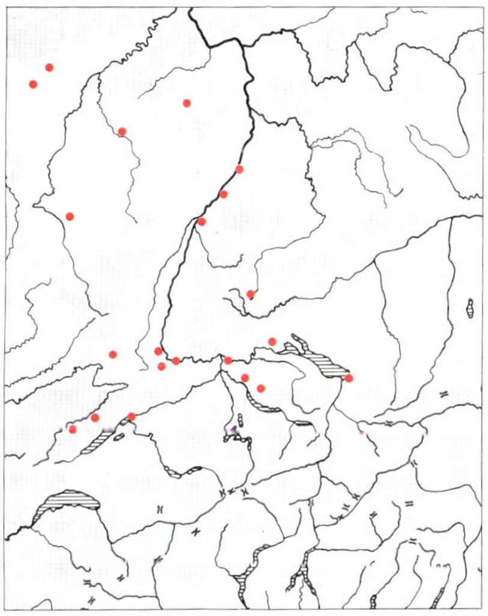

66

66
Im Gebiet der heutigen Schweiz und am Oberrhein treten im 3. Jh. v. Chr. keltische Nachprägungen von «Philipperstateren» besonders früh und zahlreich auf. Dies führte zur Annahme, dass Kelten aus diesem Gebiet die Münzprägung im westkeltischen Gebiet zuerst übernommen haben.

67
Auf den keltischen Nachbildungen dominieren die Pferdedarstellungen das Münzbild und lassen den Wagen, den Wagenlenker und die Legende daneben verkümmern.

Im 2. Jh. v. Chr. finden wir auch Stückelungen dieses hohen Nominals. Damals kam das Gebiet der heutigen Schweiz auch in den Einflussbereich anderer Münztypen[74]. Aus dem südfranzösischen Raum stammen sogenannte Kreuzmünzen aus Silber, welche auf Prägungen griechischer Tochterstädte in diesem Gebiet zurückgehen. Sodann macht sich der Einfluss der mächtigen Handelsstadt Massalia (Marseille) durch den Niederschlag von Silberdrachmen in der südlichen Schweiz bemerkbar. Ganz sonderbare Pragungen sind die sogenannten Salasser-Statere, so benannt nach dem an der Südrampe des Grossen Sankt Bernhard wohnenden Volk. Sie gehen auf Goldmünzen Alexander des Grossen zurück und tragen zuweilen Inschriften im sogenannten nordetruskischen Alphabet. Ein ähnlicher Typ ohne Legende darf nach Hans-Markus von Kaenel als lokale Prägung der in der Westschweiz lebenden Kelten bezeichnet werden, die über den Grossen Sankt Bernhard in engem Handelskontakt mit südlicheren Völkern gestanden haben. Von Süddeutschland aus kamen Regenbogenschüsselchen, Kreuzmünzen und später Büschelmünzen in unser Gebiet (S. 81). Gegen Ende des 2. Jh. v. Chr., zur Zeit der Gründung der Provincia Gallia Narbonensis, machte sich eine grundsätzliche, offenbar auf eine wirtschaftliche Umorientierung zurückgehende Änderung im Münzwesen der keltischen Schweiz bemerkbar. Das ursprünglich griechische System mit Goldprägungen wurde zugunsten von Silbergeld nach römischem Vorbild aufgegeben. Das Gebiet der Helvetier gehörte seitdem zur «Denarzone».

68

Stadtartige Grosssiedlungen – die Oppida

Im 2. Jh. v. Chr. wird eine tiefgreifende Neuerung im Siedlungswesen, das gemeinsame Leben in grösseren stadtartigen Anlagen, spürbar. Cäsar nannte diesen Siedlungstypus oppidum. Darin steckt die keltische Endung -dunum, die mit dem deutschen Wort «Zaun» verwandt ist und auf eine Befestigung schliessen lässt. Der Ursprung der Oppida wird allgemein in Verbindung mit den älteren stadtartigen Anlagen im Süden, den griechischen Tochterstädten an der französischen Mittelmeerküste, gebracht. Der «romanisierte» keltische Historiker Pompeius Trogus führte die Entstehung der keltischen Oppida ausdrücklich auf den Kontakt mit Massalia zurück[75]. Es muss wichtige innere Gründe für die Herausbildung dieser neuen Siedlungsform gegeben haben. Eine direkte Linie zu den älteren frühkeltischen Fürstensitzen ist nicht herstellbar. Im Gegenteil. Die frühen Oppida dürften das Resultat einer entgegengesetzten Bewegung gewesen sein. Reinhard Wenskus hat darauf hingewiesen, dass sich Königtum und Oppida gegenseitig ausschliessen[76]. Die Entstehung der Oppida ist vor dem Hintergrund der neuen oligarchischen Machtstruktur zu sehen; mächtige Familien könnten sich zu einer Art Clans zusammengeschlossen haben, um an demselben Ort zu siedeln. Vielleicht war das frühe Oppidum zunächst nicht viel mehr als ein enges räumliches Nebeneinander von Einzel-

69

70

siedlungen. Es scheint möglich, dass die frühen Oppida nicht aus einem einzigen Kern bestanden haben und nicht in konzentrischen Ringen gewachsen sind.

Die Oppida haben sich schnell entwickelt. In der Zeit um 100 v. Chr. gab es im Helvetiergebiet bereits mehrere grosse, gut umwehrte Oppida, die von riesigen, gemeinschaftlich getätigten Investitionen und von einer straffen und grosszügigen Planungsweise zeugen. Die Oppida lagen stets in guten topographischen Schutzlagen, wie etwa in Flussschlingen oder auf Bergrücken, was auf ein gewachsenes Schutzbedürfnis hinweist. Die Innenflächen waren nur zu einem kleinen Teil ständig besiedelt und sollten wohl in einer Krisensituation den Zusammenzug der Bevölkerung aus einem grösseren Umkreis in den Bereich innerhalb der Wallanlagen ermöglichen. Auch die Repräsentation war von Wichtigkeit. Die gigantischen Anlagen zeugen von einem gehörigen Selbstverständnis der Machthabenden. Allgemein nimmt man an, dass die Entwicklung der Oppida durch die unruhige Zeit der kimbrischen Wanderungen gegen 100 v. Chr. gefördert worden ist. Nach unserer Meinung müssen die grossen Anlagen vom Konzept her jedoch älter sein. Die einzige gut untersuchte Grossanlage, diejenige von Manching bei Ingolstadt D an der Donau, beginnt sicher schon um die Mitte des 2. Jh. v. Chr.[77]. Fraglich bleibt, ab wann die Oppida effektiv umwehrt gewesen sind. Vom Grundkonzept her dürften die Umwehrungen von allem Anfang an eingeplant gewesen sein; die Linienführungen der Umwallung nützen mit bewundernswerter Geschicklichkeit die topographischen Gegebenheiten aus.

Das früheste und grösste Oppidum des schweizerischen Mittellandes liegt wenige Kilometer unterhalb von Bern auf der Engehalbinsel[78]. Der gewundene Aareverlauf hat hier ein System von Halbinseln herausgehobelt, die durch die steilen, zum Teil mehr als 50 m hohen Böschungen gut geschützt sind. An der engsten Stelle, bei der Felsenau,

68
Rekonstruktionsversuch: Das Innere einer keltischen Münzwerkstätte. Hinten rechts wird unter Mithilfe eines Druiden Goldstaub abgewogen, davor werden in feuerfesten «Tüpfelplatten» mit Hilfe des Lötrohrs und glühender Holzkohle in Serie Schrötlinge gegossen. Diese Schrötlinge werden vom Mann vorne links zwischen zwei Münzstempel gelegt und ihnen durch Hammerschlag Vorder- und Rückseite eingeprägt. Dadurch nützen sich die Stempel ab und müssen mit dem Stahlstichel nachgeschnitten oder neu angefertigt werden (Hintergrund). Zeichnung A. Rapin.

69
Angeblich aus Avenches stammender Münzstempel. In den durch einen Eisenmantel verstärkten Bronzekern ist ein Kopf eingraviert.

70
Abdruck des Münzstempels von Avenches (vergrössert). Merkwürdigerweise ist bis heute keine mit diesem Unterstempel geschlagene Münze gefunden worden, obwohl derselbe deutliche Abnützungs- und Nachschnittspuren erkennen lässt.

71
Heidengraben bei Grabenstetten in der Nähe von Stuttgart. Die riesige Innenfläche dieses vermutlich protohelvetischen Oppidums wird durch einen inneren Wall unterteilt, der von der Bildmitte unten in weitem Bogen einen Geländevorsprung umfasst.

71

72

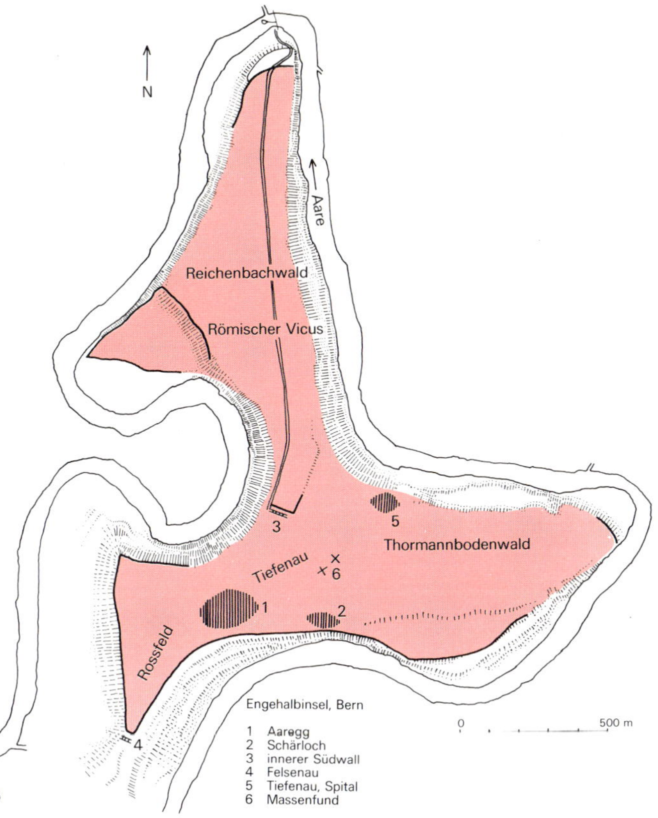

73

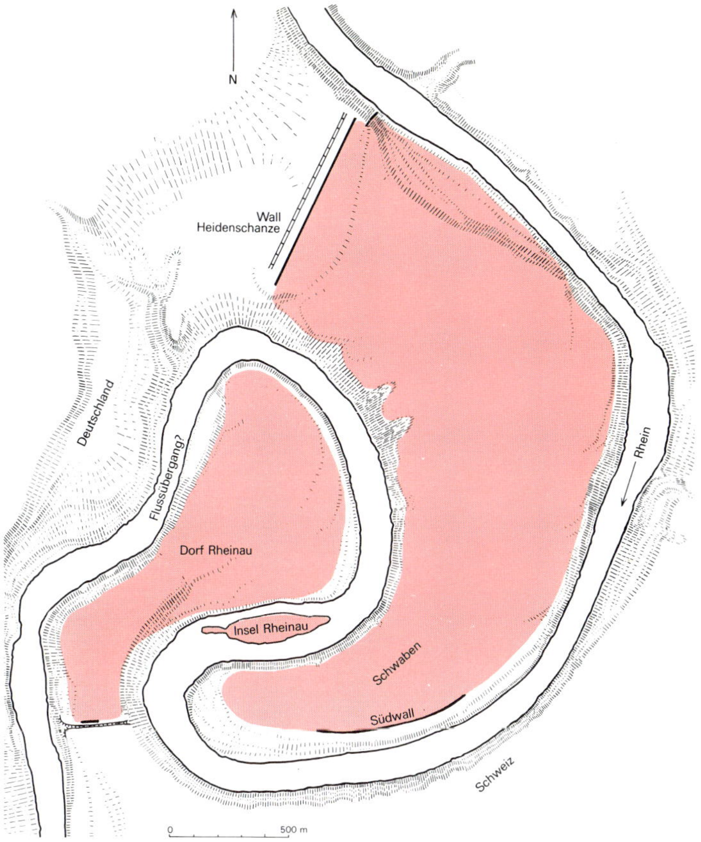

74

wo heute die Autobahnbrücke über die Aare führt, wurde das Halbinselsystem von den Kelten durch einen tiefen Graben abgetrennt. Dort muss auch eine mächtige Toranlage gelegen haben. Von den Randwällen, welche die Böschungen gegen die Aare hin an den topographisch nicht so gut geschützten Stellen absicherten, sind noch heute deutliche Reste zu sehen. Insgesamt umfasste die keltische Anlage eine geschützte Innenfläche von ca. 140 Hektar! Frühe Siedlungsspuren wurden im Zentrum der grossen östlichen Halbinsel, in der Tiefenau, festgestellt. Sie beginnen im 2. Jh. v. Chr. Darum herum legen sich kranzartig drei erst fragmentarisch bekannte Gräberfelder, deren Belegung seit der Zeit um die Mitte des 2. Jh. v. Chr. gesichert ist (Gräber auf dem Rossfeldplateau und beim Tiefenauspital); die Gräber am Thormannmätteliweg und vom Schärloch beginnen noch früher[79]. Die Gräber auf dem Rossfeldplateau stechen durch ihre reichen Beigaben hervor. Von den seltenen Münzbeigaben aus zwei Gräbern wurde schon gesprochen. In der Siedlung selbst war erfahrungsgemäss der Fundniederschlag nicht so reich; hier muss sich der Archäologe zur Hauptsache mit ehemaligem Abfall begnügen. Trotzdem liegt ein vielfältiges Material vor, das auf ein reges Leben im frühen Oppidum schliessen lässt. Insbesondere sind verschiedene Handwerksbetriebe, darunter Bronzeschmieden, nachgewiesen[80]. Die eigentliche Siedlungsfläche umfasste nach dem heutigen Kenntnisstand etwa 10 bis 15 Hektar und entspricht demnach etwa einem Zehntel der gesamten Innenfläche. An der Südbefestigung und in der Siedlung sind Hinweise auf Brände festgestellt worden. Wir werden sehen, dass das grosse Oppidum auf der Engehalbinsel bei Bern im 1. Jh. v. Chr. auf etwa die Hälfte verkleinert wurde.

Ebenfalls auf durch Flussschlingen gebildeten Halbinseln wurde das Doppel-Oppidum von Altenburg-Rheinau unterhalb von Schaffhausen gegründet. Der Rhein beschreibt hier eine grosse S-Schlaufe. Die rechtsrheinische, «Schwaben» genannte Halbinsel liegt heute auf deutschem Gebiet, auf der linksrheinischen schweizerischen Seite befindet sich der Ort Rheinau ZH. Der Altmeister der schweizerischen Altertumskunde,

72
Die von der Aare umflossene Engehalbinsel unterhalb der Stadt Bern. Am Schnittpunkt der Autobahn mit dem rechten Bildrand befanden sich ein Abschnittswall und wahrscheinlich das Haupttor zu diesem grossen keltischen Oppidum (vgl. den anders orientierten Plan Abb. 73).

73
Plan des Oppidums auf der Engehalbinsel bei Bern.

74
Plan des Oppidums von Altenburg-Rheinau in einer Doppelschlinge des Rheines, der heute die Grenze zwischen der Schweiz und Deutschland bildet.

75

Ferdinand Keller, ist in seinem Aufsatz «Keltische Vesten» auf die Befestigung des Schwabens eingegangen. Es handelt sich um einen über 750 m langen Wall, genannt «Heidenschanze», der die deutschseitige Halbinsel von ca. 233 Hektar Grösse abschneidet[81]. Der Untersuchung dieses Teils der Anlage hat sich F. Fischer von Tübingen angenommen[82]. Er konnte nachweisen, dass in der «Heidenschanze» eine keltische Pfostenschlitzmauer steckt. Im Inneren des Oppidums stiess man bei systematischen Forschungsgrabungen auf zahlreiche Siedlungsspuren und Funde, die eine längere Besiedlung belegen. Diese begann wohl im fortgeschrittenen 2. Jh. v. Chr. und endete erst mit der römischen Okkupation um 15. v. Chr. Auch hier waren Bronzehandwerker tätig, wovon die entsprechenden Funde zeugen.

Die anzunehmende Verbindung über den Rhein lag in keltischer Zeit vielleicht bei der Insel oder im Bereich des heutigen Überganges beim Schwaderloch. Die 82 Hektar grosse Halbinsel von Rheinau war schon in keltischer Zeit an derselben Stelle befestigt gewesen wie nachher im Mittelalter[83]. Auf diese weitere Verwendung ist die gute Erhaltung des Grabens zurückzuführen. Der dahinterliegende Wall, auf dem die mittelalterliche Wehrmauer aufsass, wies in der Front Pfosten auf. Vom Inneren liegen kaum zu datierende Funde vor, so dass über das zeitliche Verhältnis zur rechtsrheinischen «Schwestersiedlung» nichts Näheres gesagt werden kann.

76

Wie wir noch sehen werden, haben Helvetier nicht nur im schweizerischen Mittelland, sondern auch in Süddeutschland gewohnt. Insbesondere für das Oppidum Heidengraben bei Grabenstetten in der Nähe von Stuttgart ist von F. Fischer helvetischer Ursprung angenommen worden[84]. Der Name Heidengraben geht auf die im Gelände noch deutlich sichtbaren Gräben zurück. Ungleich viel spärlicher als die Spuren im Gelände sind die Funde aus diesem auf einem Vorsprung der Schwäbischen Alb gelegenen Oppidum.

75
Blick auf den westlichen Teil des Oppidums von Altenburg-Rheinau mit dem Dorf Rheinau und der gleichnamigen Insel. Die Spuren der keltischen Befestigungen sind durch weisse Streifen markiert.

76
Zu den interessantesten Funden aus dem Oppidum von Altenburg-Rheinau gehört dieser 4,9 cm grosse Stierkopf, der irgendwo aufgesetzt gewesen ist.

77
Oppida der Helvetier und ihrer Nachbarn in der massstäblichen Gegenüberstellung und im Vergleich mit der Ausdehnung der Stadt Bern im 14. Jh. Die Innenflächen der teilweise gigantische Ausmasse annehmenden keltischen Anlagen waren nie dauernd besiedelt und gänzlich überbaut. Im Verlaufe des 1. Jh. v. Chr. wurden verschiedene grosse Oppida zugunsten von kleineren Siedlungen aufgegeben. Die feinen roten Linien markieren keltische Orientierungsachsen, welche nicht von der örtlichen Topographie vorgegeben sind und auf bewusst durchgeführte Vermessungen zurückgehen dürften. Vielleicht war der Lauf der Sonne, etwa der Sonnenaufgang an bestimmten Terminen, massgebend.

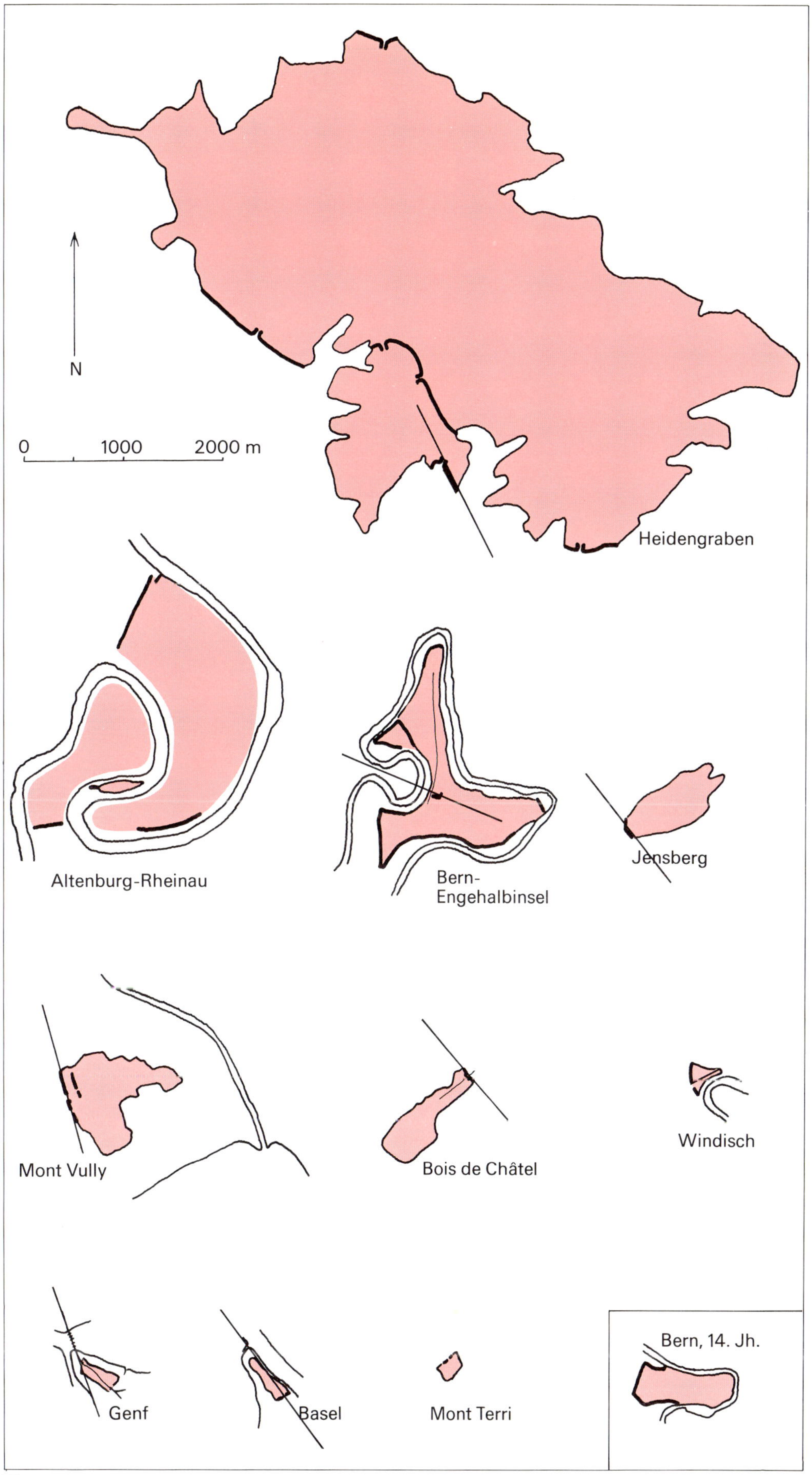

77

78

Bergoppida sind auch im schweizerischen Mittelland belegt. Die grösste bekannte Anlage dieser Art befindet sich auf dem Mont Vully FR, dem Wistenlacherberg, zwischen Murten- und Neuenburgersee auf einem weithin sichtbaren Bergrücken. Die Untersuchungen von Gilbert Kaenel in den vergangenen Jahren haben gezeigt, dass hier mit einer etwa 50 Hektar grossen Anlage zu rechnen ist, die gegen die ungeschützte Südwestseite mit einer mächtigen Befestigungsanlage gesichert war[85]. Eine zweite, vielleicht jüngere Befestigungslinie verläuft gestaffelt dahinter und schützte das Plan Châtel genannte, ca. 4 Hektar grosse Hochplateau. Der Mont Vully war sicher in der ersten Hälfte des 1. Jh. v. Chr. besiedelt.

Cäsar nennt für das helvetische Gebiet, worunter er vor allem das schweizerische Mittelland verstand, eine Zahl von «an ein Dutzend» (ad duodecim) Oppida. Wir kennen aber mit Bern-Engehalbinsel, Altenburg-Rheinau und dem Mont Vully bislang nur deren drei. Mit einiger Wahrscheinlichkeit gehört auch der ungefähr 20 Hektar grosse Jensberg bei Biel mit dazu (S. 120) sowie vielleicht der mit dem Vorwall ca. 50 Hektar umfassende Üetliberg bei Zürich. Auch für Lausanne und Nyon VD ist der Standort eines Oppidum erwogen worden, jedoch fehlen hier konkrete Belege vor allem für die Befestigungen. Ein keltischer Befestigungsgraben ist in Vindonissa im Ostteil des späteren Römerlagers nachgewiesen. Auch die entsprechenden keltischen Funde aus dem Inneren liegen vor, darunter zahlreiche Münzen. Diese Siedlung umfasst jedoch circa 5 Hektar[86].

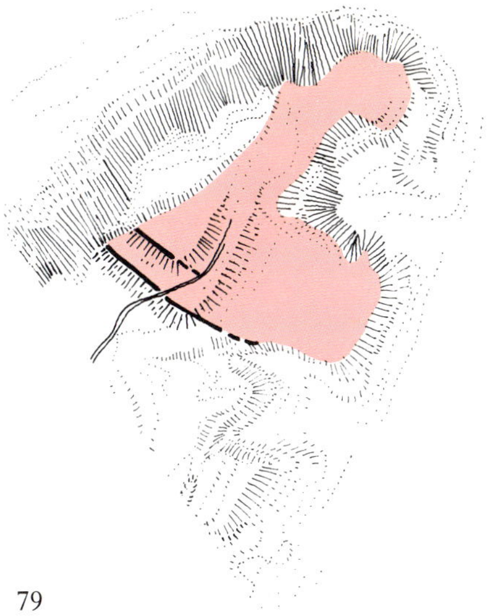

79

Eine Innenfläche von 12,7 Hektar umschliesst die Wallanlage auf dem Eppenberg SO zwischen Aarau und Schönenwerd. Ein ca. 600 m langer Wall schützte die Hochfläche gegen Süden. Keltisches Alter dieser Anlage ist möglich, jedoch noch nicht bewiesen[87]. Zusammengerechnet fehlt uns also noch etwa die Hälfte der von Cäsar genannten helvetischen Oppida. Erst kürzlich konnte ein weiteres Oppidum durch eine Grabung sicher nachgewiesen werden. Es liegt beim Dorf Sermuz VD gut 3 km von Yverdon entfernt und schliesst eine Innenfläche von etwa 7 Hektar ab[88]. Der Wall ist hier in spektakulärer Art erhalten, und trotzdem hat es bis zum endgültigen Nachweis sehr lange gedauert.

In den Oppida dürfen wir die regionalen Siedlungszentren sehen. Hier befanden sich die Wohnhäuser einer grösseren Zahl von Einwohnern. Die Häuser selbst waren aus Holz gebaut und mit Fachwerkwänden und Strohdächern ausgestattet. Breite Strassen durchzogen die Siedlungszonen. Die Vorräte wurden in Speicherbauten oder in Vorratsgruben eingelagert. Diese Gruben sind typisch für die keltischen Siedlungen. Auf sie stösst man bei Grabungen oft. Meistens sind sie nicht mehr mit Resten des alten Vorratsguts gefüllt, sondern mit Abfall. Nachdem die neben den Wohnbauten angelegten Vorratsgruben von den Kelten im Frühjahr geleert worden waren – meist war wohl Getreide eingefüllt –, wurden sie als Abfallöcher weiterverwendet.

Wegen der Grösse der Oppida ist es kaum möglich, eine solche Siedlung ganz auszugraben. Aus diesem Grund ist sehr wenig über die Innenstruktur der Oppida bekannt. Am weitesten sind die Forschungen beim süddeutschen Oppidum von Manching vorangeschritten. Die dort gemachten Resultate zeigen, dass es in den Oppida getrennte Bezirke gegeben hat, die in Richtung auf die oben angesprochene additive Siedlungsstruktur hinweisen. In diesen inneren Siedlungseinheiten stiess man auf grosse Langhäuser, die mit einer Breite von 7 m und einer Länge von an die 40 m für grössere Personengruppen Platz boten[89]. In den Oppida gab es auch durch Gräben abgetrennte sakrale Bezirke. Ein solcher Bezirk aus römischer Zeit, der aber auf einheimische Strukturen zurückgeht, findet sich auf dem Jensberg (S. 145). Die Oppida übten nicht nur im Religions- und Siedlungswesen Zentrumsfunktion aus, sondern ebenso im Bereich von Handel und Gewerbe. In den freien Innenflächen der Oppida dürften die grossen Märkte stattgefunden haben, zu denen sich die Bevölkerung aus einem grösseren Einzugsgebiet versammelt hat. Es muss ein dichtes Netz von Handelsbeziehungen gegeben haben. So wurden etwa Mühlsteine aus einem dafür gut geeigneten Gestein aus dem rechtsrheinischen Gebiet im Wiesental bis nach Bern verhandelt[90]. In der Oppidazeit verbreiteten sich überall die gegenüber den älteren Reibsteinen rationeller zu handhabenden Drehmühlen. Gute Verkehrsverbindungen zu Land und zu Wasser erleichterten den Güteraustausch. Schwere Güter wurden vorzugsweise auf dem Wasserweg transportiert. Flussaufwärts wurde getreidelt, das heisst die Boote an einem Seil von Tieren oder Menschen gezogen. Das setzte entsprechende Uferwege voraus.

Die Zeit der Oppidazivilisation war von einem wirtschaftlichen Aufschwung geprägt. Allein für die Vernagelung der Holzkonstruktionen im Inneren der Wälle, auf die wir noch näher eingehen werden, wurden Hunderte von Tonnen Eisen aufgebracht. Dieses stammte wohl aus dem eigenen Land. Im Jura konnte nach Bohnerz geschürft werden. Der Nachweis von Eisenverhüttungsstellen ist bei La Sarraz gelungen[91]. Zur Eisenprospektion wurde aber vermehrt auch ins alpine Gebiet vorgestossen. Riesige frühgeschichtliche Schlackenhalden zeugen von entsprechender eisenverarbeitender Tätigkeit. Die abgebildete Schlackenhalde von Marmorera GR ist die den dort festgestellten keltischen Verhüttungsanlagen nächstgelegene Fundstelle dieser Art[92]. Das Roheisen wurde in Barrenform verhandelt. Neben den doppelpyramidenförmigen Typen gab es schwertförmige Barren, wie sie in la Tène und im Massenfund von Bern-

78
Der Mont Vully FR von Westen gesehen. Die vordere Verteidigungslinie verbirgt sich im heckenartigen Waldsaum hinter den Feldern und der zweite Schutzwall liegt an der Hangkante zu der Plan Châtel genannten Hochfläche. Das heutige, an den rechten Bildrand führende Strässchen könnte mit der Linienführung der keltischen Strasse identisch sein.

79
Plan des Oppidums auf dem Mont Vully mit den beiden Verteidigungslinien auf der Westseite und der vermuteten Zugangsstrasse.

Engehalbinsel belegt sind. Andere Metalle wie etwa Silber oder Zinn mussten zusammen mit anderen Gütern aus weiter entfernten Gebieten bezogen werden. Dazu gehörten auch Luxusgüter wie die genannten Amphoren, welche in grossen Mengen importiert worden sind. Verfügten die im schweizerischen Mittelland lebenden Kelten über genügend Kaufkraft? Im Agrarbereich gab es beim Getreideanbau wohl eine Überschussproduktion. Dazu kamen die Erträge, welche die Viehbestände abwarfen. Aber auch Bodenschätze wurden abgebaut. Poseidonios nannte die Helvetier ein goldreiches Volk. Dieses Gold stammt grossteils aus dem Rhein[93]. Die winzigen Goldflimmerchen wurden in mühsamer Arbeit aus dem Ufersand herausgewaschen. Als weitere naturnahe Produkte wird in römischen Quellen für die Alpenbewohner der Export von Harz, Pech, Kienholz, Wachs, Käse und Honig erwähnt. Bekannt waren auch die gallica, eine bestimmte Art Lederschuhe, die auf ein gut arbeitendes Ledergewerbe in Gallien schliessen lassen. Die Viehzucht wurde intensiv betrieben. In keltischen Siedlungen sind Knochen von Rindern und Schweinen sehr häufig. Der Anteil der Wildtiere machte nurmehr einen verschwindend kleinen Prozentsatz aus.

Zur Zeit der Oppida war die keltische Gesellschaft, wie uns Cäsar überliefert, sozial stark gegliedert. An der Spitze stand die schon mehrfach genannte Nobilität, zu der vor allem die waffentragenden Ritter gehörten. Von dieser mächtigen Gruppe waren viele andere, Freie und Unfreie, abhängig. Zu den Freien gehörten etwa durch Schuldknechtschaft in Abhängigkeit Geratene, zu den Unfreien die Sklaven. Die Sklaverei gehörte wie allgemein in der Antike auch bei den Kelten zum gewohnten Bild. Man darf vermuten, dass die Ritter ihre militärische Stärke zur Gewinnung von solchen billigen Arbeitskräften voll ausgeschöpft haben. Wie in Rom so dürften auch im keltischen Gebiet versklavte Kriegsgefangene lange Zeit eine wichtige Quelle für Arbeitskräfte gewesen sein.

Wenn die Kelten keine eigene Geschichtsschreibung gepflegt haben, so heisst das nicht, dass alle Kelten Analphabeten gewesen sind. Wir haben von Briefen gehört, welche die Kelten ihren Verstorbenen ins Grab warfen. Cäsar überliefert griechisch geschriebene Listen der Helvetier. Die beiden ältesten schriftlichen Belege aus dem schweizerischen Mittelland stammen aus Münsingen und Port im Kanton Bern. Auf einer Ringperle aus grünlichem Glas ist eine bisher unentzifferte Schrift eingeritzt. Nach Jürgen Untermann kann es sich um eine nordetruskische Schrift handeln, wie sie am Alpensüdfuss durch die lepontischen Inschriften bezeugt und durch die Legenden der sogenannten Salasserstatere weit über deren Einzugsbereich hinaus nach Norden und Westen verbreitet worden ist[94]. Das zweite Beispiel ist besser zu erklären. Es handelt sich um ein 96 cm langes Eisenschwert von Port aus dem Zihlbett. Unter der Schlagmarke – sie zeigt zwei Steinböcke am Lebensbaum, einem ursprünglich orientalischen Thema – ist in zierlicher griechischer Schrift der Name Korisios zu lesen. Man sieht darin den Namen des Waffenschmiedes, der offenbar schreiben konnte und auch erwarten durfte, dass man seine Signatur lesen konnte[95]. Die Schrift wurde von den Kelten mehr gepflegt, als man früher angenommen hat. So finden sich zum Beispiel in schweizerischen Keltensiedlungen Schreibgriffel zum Schreiben auf Wachstäfelchen nach römischer Art[96].

Die einzigartige Fundstelle von la Tène am Neuenburgersee

Vor über 100 Jahren wurde auf Vorschlag des schwedischen Forschers Hans Hildebrand und unter dem Eindruck des kurz zuvor bekanntgewordenen grossartigen Fundgutes von la Tène die jüngere Eisenzeit nach diesem Fundort benannt. Seither ist la Tène der bekannteste keltische Fundort der Schweiz. Die Flur «la Tène» oder «Tènevière», übersetzt «Untiefe» oder «hügelartige Untiefe», liegt am Nordende des Neuenburgersees, unmittelbar nördlich des Ausflusses der Zihl aus diesem See Richtung Bielersee[97]. Die

80

81

82

83

84

85

80
Ringperle aus Münsingen-Rain mit vermutlich nordetruskischer, lepontischer Schrift (vergrössert).
81
Mögliche Umschrift der ersten vier Buchstaben auf der Ringperle (nach Angaben von J. Untermann).
82
In Port BE gefundenes Schwert des Korisios.
83
In griechischer Schrift geschriebener Namenszug des Korisios und dessen Schlagmarke.
84–85
Griffel aus Bronze und Bein aus den keltischen Siedlungen bei Bern und Basel. Damit wurde nach römischer Art auf wachsbeschichtete Holztäfelchen geschrieben.

86

nächstgelegenen Dörfer sind Epagnier und Préfargier (von prés de forgeron, Wiese der Eisenschmiede). Alte Flurnamen wie prés du port und ähnliche weisen auf eine alte Hafenstelle in dieser Gegend.

Anstelle der alten Zihl ist heute der schnurgerade Zihlkanal mit einer langen, im See beginnenden Mohle getreten. Die alten Senken sind zugeschüttet und ausplaniert. Dort stehen jetzt Strandkabinen und das Restaurant eines Campingplatzes. Von der alten Romantik, wie sie im Roman von Louis Favre «Le Robinson de la Tène» lebendig wird, in dem auch die Entdeckung der keltischen Funde eine Rolle spielt, ist heute nicht mehr viel zu sehen. La Tène liegt im Seeland, der – wie schon Albert Jahn bemerkt hat – in der nordalpinen Schweiz reichsten und am dichtesten mit latènezeitlichen Funden belegten Landschaft. In der Nachbarschaft befinden sich die beiden grossen Oppida Mont Vully und Jensberg. Dazu kommen zahlreiche Gräber und viele weitere Fundstellen der keltischen Zeit. Dieser Reichtum dürfte einesteils auf den guten landwirtschaftlichen Boden zurückzuführen sein; noch heute zeichnet sich das Seeland durch seine stattlichen Dörfer mit ihren grossen Bauernhäusern aus. Andererseits war das Seeland am Südfuss des Jura auch ein für den Handel wichtiges Durchgangsland.

Im Jahre 1857 war der Seespiegel des Neuenburgersees wegen der im Rahmen der 1. Juragewässeraktion getroffenen Massnahmen um etwa 2 m gesunken. In der Folge stiessen Anwohner an verschiedenen Stellen auf freigelegte stein- und metallzeitliche «Pfahlbauten», deren Entdeckung in ganz Europa eine Begeisterungswelle ausgelöst hat. Der in urgeschichtlicher Zeit tiefer gelegene Seespiegel war im Laufe der Zeit immer wie-

86
In der Blütezeit der grossen Oppida stieg auch die Nachfrage nach den Bodenschätzen, für deren Beschaffung weit in den Alpenraum vorgestossen wurde. Auf eine gezielte keltische Eisengewinnung könnte diese von R. Wyss photographierte Schlackenhalde bei Marmorera zurückgehen, die nicht allzu weit entfernt von entsprechenden Verhüttungsplätzen liegt.

der angestiegen, so dass sich Hölzer bis zur Absenkung im 19. Jh. erhalten konnten. Der Wasserstand dürfte in keltischer Zeit etwa demjenigen von heute – nach der Absenkung – entsprochen haben[98]. Auch die Anlage von la Tène wurde lange Zeit als Pfahlbau interpretiert, davon zeugt die erste Fundmeldung. F. Keller hat die Situation der Fundstelle folgendermassen beschrieben (die angegebenen Masse sind in Fuss [Schuh = '] angegeben, 1 Fuss entspricht etwa 30 cm)[99]: «Die Station Marin liegt in einer kleinen Bucht mit niedrigem Ufer am Nordende des Neuenburgersees unweit der Stelle, wo unter dem Namen Thièle oder Zihl die Gewässer des Sees über mooriges Land nach dem Bielersee abfliessen. Der Boden des 3–400′ langen und etwa 250′ breiten Pfahlbaureviers besteht nach der Untersuchung des Herrn Oberst Schwab in der Tiefe von einigen Fuss aus einer mit Seeschlamm vermengten Torfschichte von noch nicht ermittelter Mächtigkeit, die sich in das Ufer hineinzieht und über die Fläche des sogenannten Grossmooses (grossen Moores) ausbreitet. Auf diesem Torflager befindet sich eine aus Letten und Sand bestehende Schlammschicht, aus welcher die morschen Pfähle der einstigen Ansiedlung bald einzeln bald in Gruppen von 3–4 ja 7–8 Stück wenige Zoll aus dem Boden hervortreten. Die Stelle, auf welcher zuerst Herr Oberst Schwab, dann auch Herr Professor Desor Nachgrabungen veranstaltete, ist eine aus zerschlagenen Steinen künstlich angelegte Erhöhung, Ténevière, die 60′ vom Uferrande beginnt, sich etwa 150′ seeeinwärts erstreckt und nur 2′ tief von Wasser bedeckt ist.»

Die zahlreichen Pfahlreste gehören im wesentlichen zu zwei über 100 m langen Brücken, die mit ihrem nördlichen Teil einen alten, in keltischer Zeit in Verlandung befindlichen Flussarm der Zihl überspannten. Sie werden nach zwei wichtigen Ausgräbern «Pont Vouga» und «Pont Desor» genannt. Der Hauptausfluss befand sich weiter südlich in Form eines grossen Trichters[100]. Vor der 1. Juragewässerkorrektion kam das Seeufer etwa bis zum Pont Desor[101]. Die Zunge zwischen Seitenarm und Hauptausfluss war damals noch überflutet. Nach den Ausführungen F. Kellers muss die von den örtlichen Fischern verwendete Bezeichnung «Untiefe» am ehesten auf diese Zunge zu beziehen sein. – Die ersten Untersuchungen in la Tène waren keine Grabungen, sondern Aufsammlungen von Funden. Auf S. 62/63 ist der im Jahre 1923 publizierte, genaue Plan mit den Grabungsstellen der Jahre 1906 bis 1916 reproduziert.

Wahrscheinlich ist die nicht genau lokalisierte Fundstelle von Oberst Schwab und H. Kopp im Bereich des Pont Desor zu suchen, und zwar gegen die Anhöhe hin und auf derselben im Bereich der Pfähle (bei G)[102]. Die auf S. 62/63 abgebildeten Schwerter und ein guter Teil der übrigen Funde stammen von dieser nur etwa 150 m^2 grossen Fläche[103]. Aber die Station hatte weiterhin noch bedeutende Geheimnisse preiszugeben, welche mehrere Generationen von Forschern angezogen haben. Victor Gross, Autor des ersten Buches über la Tène, schreibt dazu[104]: «Im Jahre 1880 hatte E. Vouga, der Lehrer von Marin, die glückliche Idee, den Boden, der ziemlich weit von der ursprünglich untersuchten Stelle lag, zu untersuchen. Er entdeckte dabei eine gewisse Menge Gegenstände aus Eisen und stiess bald auf eine derart ergiebige Stelle, dass er seine Untersuchungen während mehrerer Monate fortsetzte. Ein wenig später unternahm der Abwart des Museums Neuenburg, Ferd. Borel, unterstützt von mehreren Arbeitern, ebenfalls Untersuchungen auf der gleichen Stelle und erbeutete dabei eine schöne Serie von Funden... Schliesslich, nachdem der Staat Neuenburg dem Historischen Verein das ausschliessliche Recht, in la Tène zu graben, erteilt hatte, liess dieser Verein unter der Leitung der Herren E. Vouga und W. Wavre, Direktor des Museums Neuenburg, dort neue Untersuchungen durchführen.»

Und in den Händen des Museums Neuenburg sind die Ausgrabungen von la Tène geblieben. Anfangs unseres Jahrhunderts kam es durch Paul Vouga, den Sohn von Emil Vouga, erstmals zu grösseren systematischen Untersuchungen. Dabei wurden, wie die

Die Entdeckung der Fundstelle von la Tène.
Oberst Schwab schrieb am 17. November 1857 an Ferdinand Keller: «Anfangs November habe ich meinen Hansli Kopp nach Concise spediert, um diese Pfahlbauten zu untersuchen. Kaum im Neuenburgersee angelangt, fand er zwischen dem roten Haus und Préfargier-Epagnier eine grosse Pfahlbaute, wovon ein grosser Teil bereits trocken ist, der andere nur mit etwa 4 Schuh Wasser bedeckt. Da hat er in einer Stunde etwa 40 Stück gefunden, alles aus Eisen. Die Stelle im Neuenburgersee, wovon ich die eisernen Gerätschaften erhalten habe, heisst à la Tène.»

87
Das Seeland mit den wichtigsten archäologischen Fundstellen: 1 Brückenstelle von la Tène, 2 Brückenstelle von Cornaux, 3 Oppidum auf dem Mont Vully, 4 vermutliche Brückenstelle von Port, 5 Oppidum auf dem Jensberg (Studenberg), 6 Oppidum auf dem Bois de Châtel.

88
Situation der Station la Tène am Ostende des Neuenburgersees. Plan aus dem Jahre 1907 mit rot eingetragenem vermutlichem Verlauf der Zihl in keltischer Zeit.

89
Das Ostende des Neuenburgersees in der Zeit um die Jahrhundertwende. Blick Richtung Süden, im Hintergrund der Mont Vully.

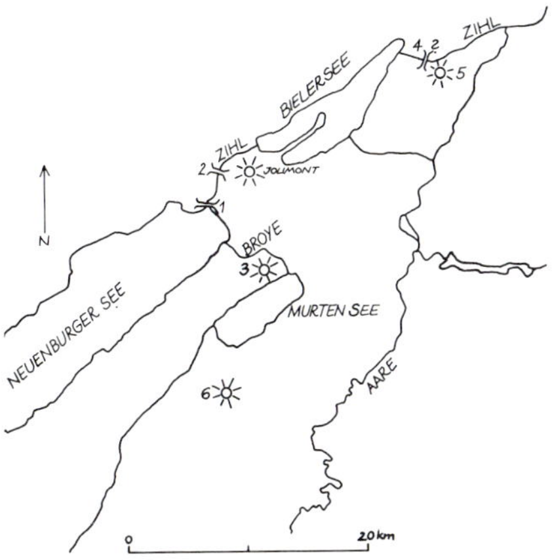

87

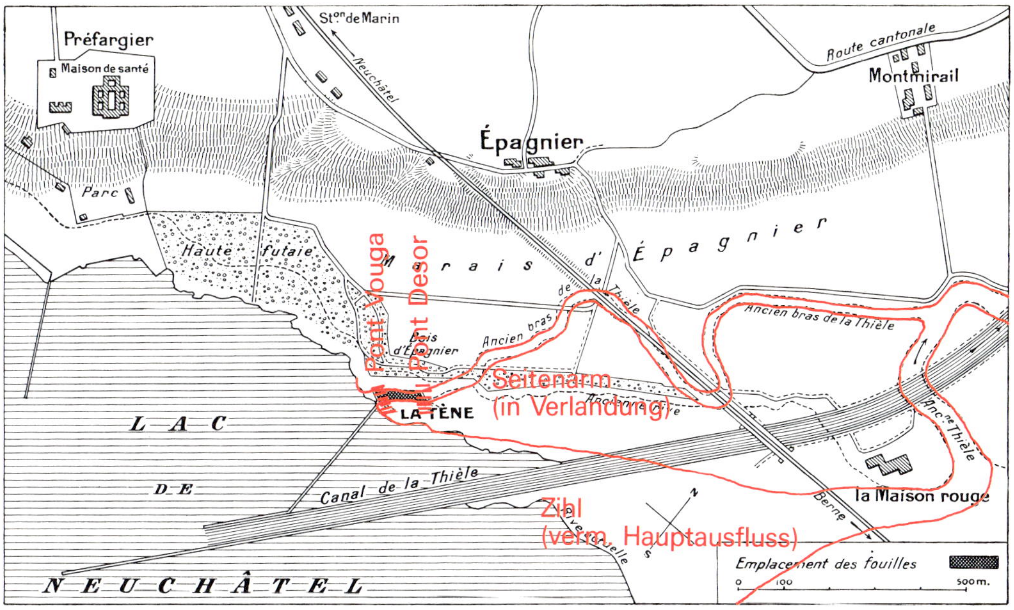

88

89

Photos zeigen, riesige Erdbewegungen vorgenommen und praktisch der ganze Altarm der Zihl durchgraben. Im Jahre 1917 sind die Arbeiten eingestellt worden, und seither ist es in la Tène selbst stiller geworden. Nicht so aber in Fachkreisen. Bis heute sind die Station la Tène und ihre Funde in Diskussion geblieben. Dies ist auch verständlich, ist doch der dort gehobene Fundbestand bis heute einzigartig. Neben der Masse der Funde erscheint auch die Qualität zahlreicher Einzelstücke beachtlich. Man hat den Eindruck, dass es sich um ausgesuchte Objekte handelt. Dies trifft vor allem für die Schwerter zu. Die reichen Verzierungen auf den Scheidenmundteilen wurden graviert, gepunzt oder getrieben[105]. Die Flächen der Scheiden sind zuweilen mit der sogenannten Chagrinage verziert, fein und dicht eingepunzte Muster, die den Eindruck von genarbtem Leder erwecken. Bei den seltener verzierten Schwertklingen wurde teilweise mittels Ätzung

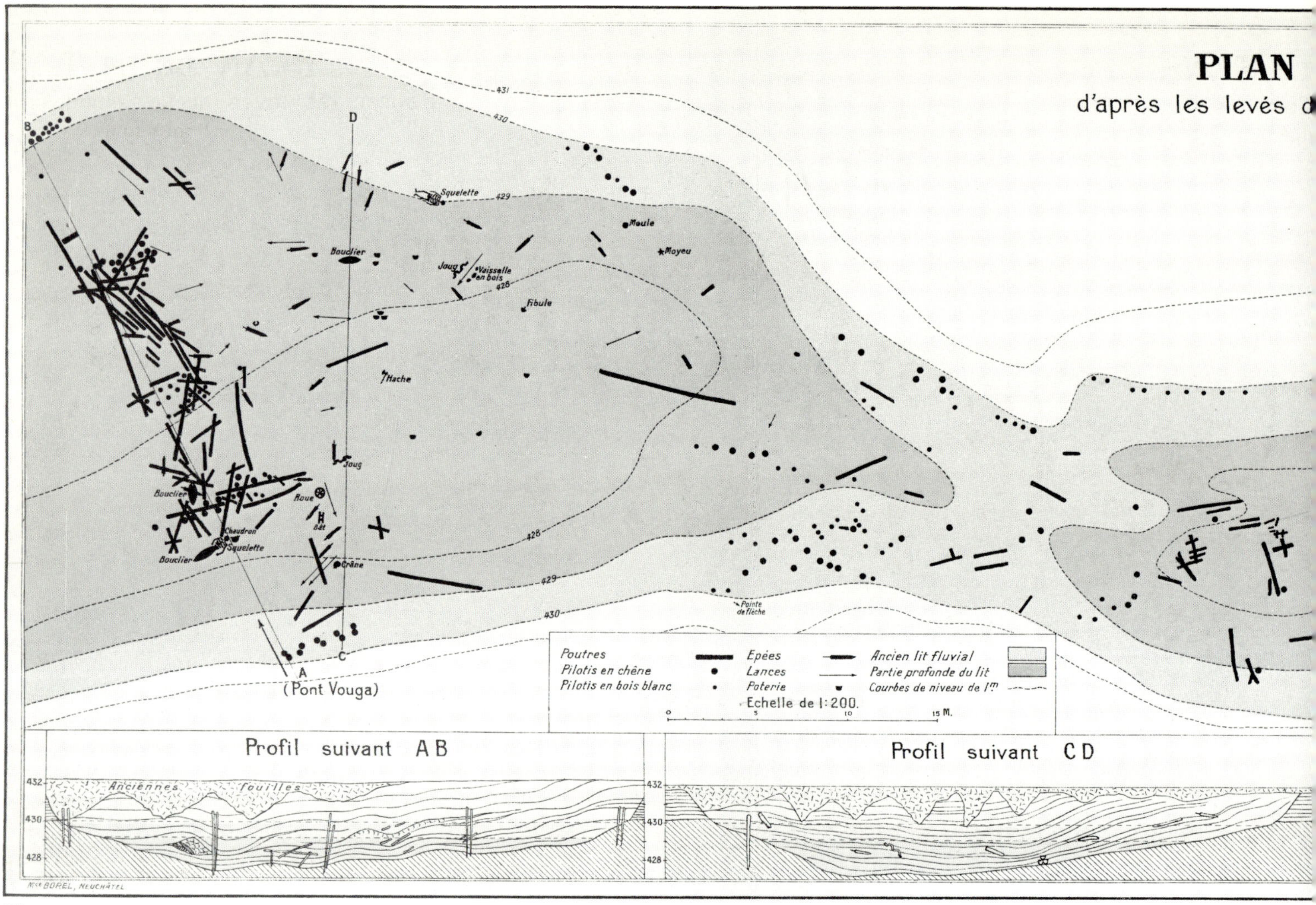
PLAN
d'après les levés d
Squelette
Moule
Moyeu
Bouclier
Joug
Vaisselle en bois
Fibule
Hache
Joug
Roue
Bât
Bouclier
Chaudron
Squelette
Bouclier
Crâne
Pointe de flèche
(Pont Vouga)
Poutres
Pilotis en chêne
Pilotis en bois blanc
Epées
Lances
Poterie
Ancien lit fluvial
Partie profonde du lit
Courbes de niveau de 1m
Echelle de 1:200.
Profil suivant AB
Anciennes fouilles
Profil suivant CD

90

91

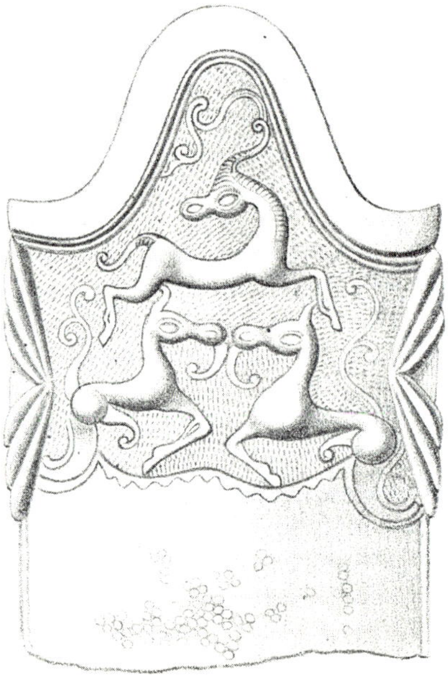

92

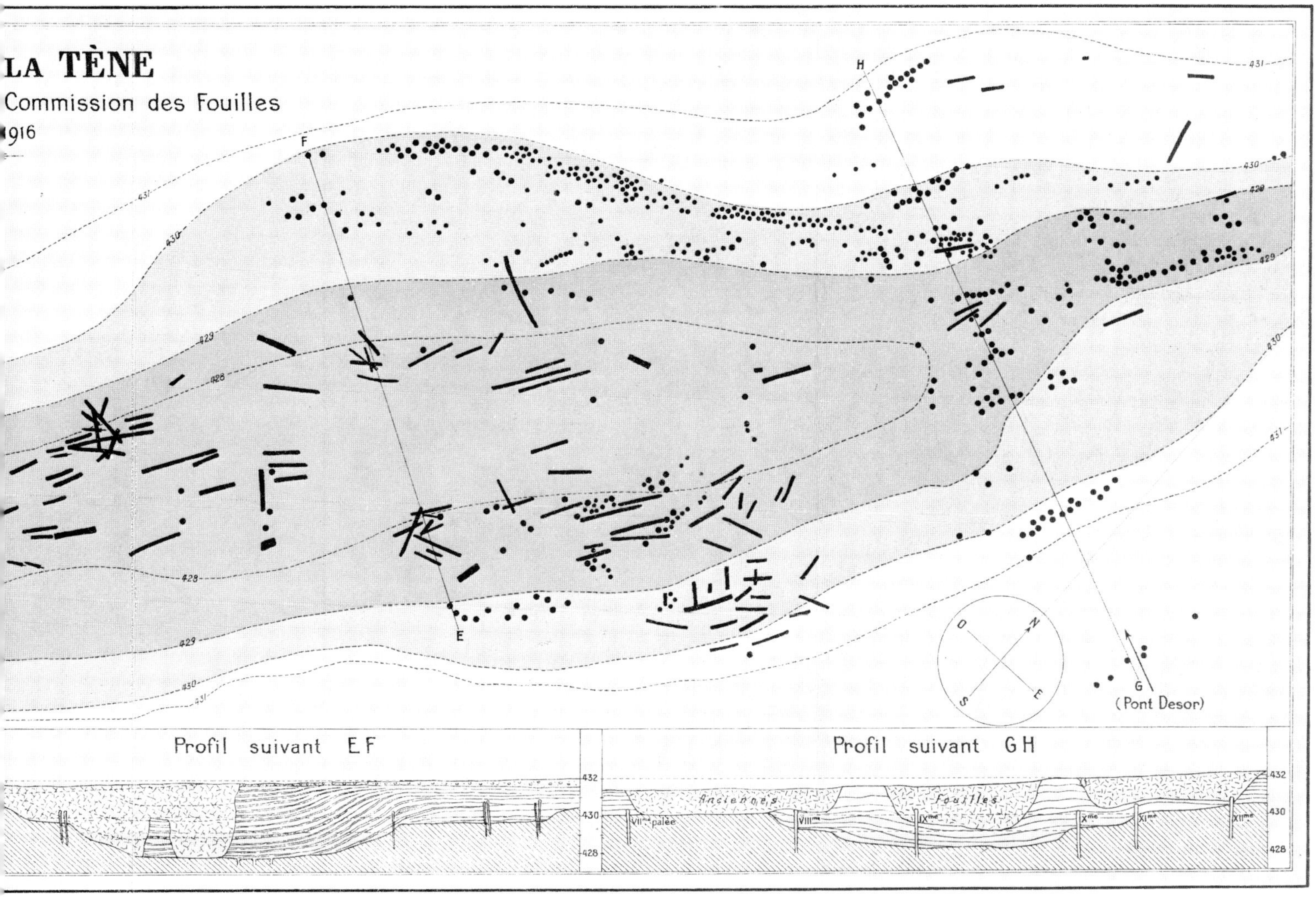

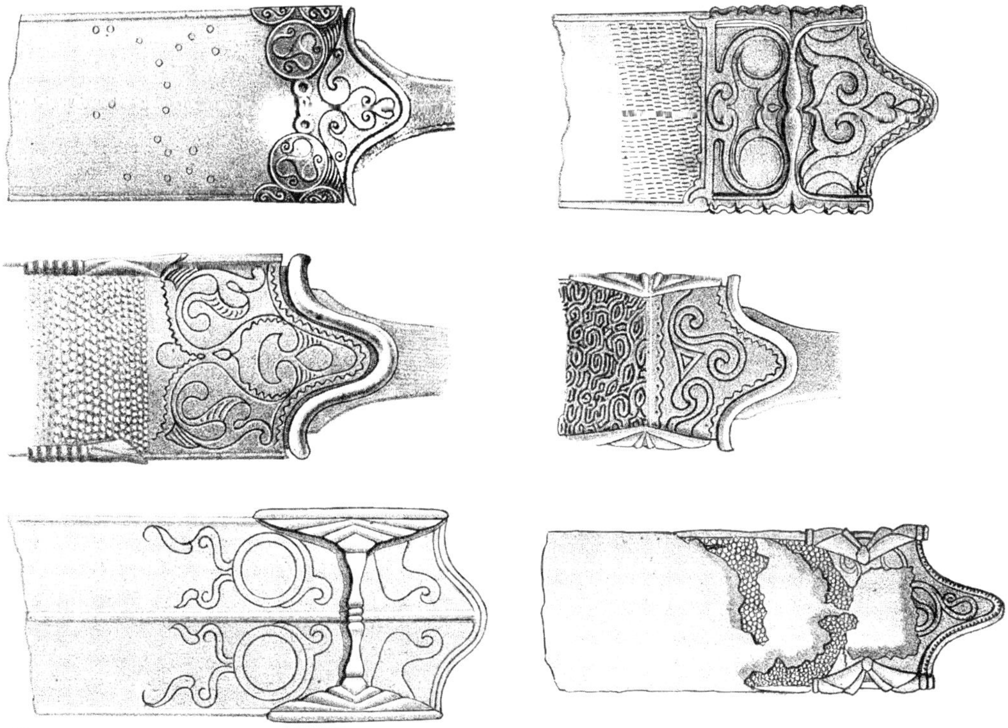

93

90–93
Die Station la Tène am Neuenburgersee. 90: Plan des Zihl-Seitenarmes mit den beiden Brückenstellen Pont Vouga und Pont Desor. 91: Die Brückenjoche des Pont Vouga bei der Ausgrabung. 92: Oberster Teil einer Schwertscheide mit der Darstellung dreier pferdeähnlicher Fabelwesen. 93: Kleine Auswahl von reichen Schwertscheideverzierungen.

die Klingenstruktur hervorgehoben[106]. Während aus älterer keltischer Zeit neben guten Erzeugnissen auch mangelhafte Klingen auftreten können[107], ist gegen die spätkeltische Zeit ein deutlicher Fortschritt der Schmiedetechnik zu erkennen. Durch komplizierteste Techniken wie diejenige des Damaszierens sind geschmeidige und doch messerscharfe Schwertblätter entstanden. Sie gehören zu Spitzenerzeugnissen des Schmiedehandwerks, für welche die Kelten bekannt waren. Dementsprechend berichtet Plinius d. Ält. von keltischen Schwertschmieden in Rom, die dort ihr Wissen weitergegeben haben. Die keltischen Schmiede müssen hoch angesehene Meister gewesen sein. Kein Wunder, dass sie ihre Produkte mit Schlagmarken versehen und diese mit Goldblech eingelegt haben, um diese Gütezeichen gut sichtbar werden zu lassen. Auch für die bestens erhaltenen Funde aus organischem Material ist la Tène bekannt. Darunter treffen wir fein gedrechseltes Geschirr ebenso an wie einen fast ganz erhaltenen Holzschild mitsamt dem Schildbuckel aus Eisen.

Der Plan S. 62/63 aus der Monographie von Paul Vouga zeigt, dass der vom See her kommende Seitenarm der Zihl eine Breite von ca. 30 m aufweist und vom Pont Vouga überbrückt wird. Dann verengt sich der Flussarm, auch die Sohle steigt stark an. Schliesslich öffnet und vertieft sich der Seitenarm zu einem länglichen Teich, in dessen Ostteil der Pont Desor liegt. Ausser den Brückenjochen gibt es noch zahlreiche weitere Einzelpfähle und Pfahlgruppen, die nicht sicher interpretiert werden können. Die Pfahlreihung am Nordufer beim Pont Desor wird als Palisade bezeichnet. Bei anderen Pfahlgruppierungen spricht man von terrassenartig in den Arm hinaus gebauten Häusern. Zahlreiche liegende Hölzer wurden in den meterhohen Auffüllschichten gefunden. Zur Fundsituation E. Vouga[108]: «Gleich wie bei den Häusern auf der Innenseite des Strandwalls hatte sich eine Schicht von Torffetzen auf den Kies und Sand abgelagert, und da lagen auch die Gegenstände wirr durcheinander bis auf die bis über 3 m tief liegende Flusssohle: Schwerter, Lanzen, Beile und Kaminketten, Rasiermesser und Schurscheren zusammen mit einem ganzen Rad und Fragmente von anderen Rädern und von Wagen. Eine Folge von Lehm- und Sandschichten wechselte mit Kies, und das Ganze war vermischt mit einer Menge Knochen von Menschen, Pferden, Rindern und anderen Tieren und mit bearbeiteten Holzstücken, Holzwerkzeugen sowie kleinen Taschen und Fragmenten von grossen Töpfen, die leider durch diejenigen, die nach mir gruben, zerstört wurden... An dieser Stelle hatte man (Borel!) drei vollständige Skelette gefunden, von denen eines, wie man sagt, einen Strick um den Hals trug.»

Ähnliches wurde auch von Sohn Vouga festgestellt[109]: «Endlich, im letzten Schnitt des Jahres (1911), entdeckten wir über dem Flussbett, aber in einer Schicht, die der keltischen entspricht, ein ganzes Skelett eines jungen Menschen, der am rechten Arm ein Armband aus einem doppelten Bronzedraht trug...» Insgesamt sind über 2500 Objekte zutage gefördert worden. Dazu gehören Münzen, Messer, Gefässe aus Metall, Keramik und Holz, Sensen, Sicheln, Harpunen, Angelhaken, Pinzetten, Rasiermesser, Nadeln, Perlen und vieles andere mehr, vor allem aber viel Schmuck und Waffen. Am häufigsten sind Fibeln (382 Stück), Lanzenspitzen und Schwerter. Diese Funde liegen heute zur Hauptsache in den Museen von Neuenburg und Biel, wohin Oberst Schwab seine Sammlung gegeben hat.

Wie und warum kamen diese Objekte in den Seitenarm der Zihl? Diese Frage beschäftigt schon mehrere Generationen von Forschern. Angesichts des ausserordentlichen Reichtums der Funde dachte man zunächst an ein Zeughaus oder einen Handelsplatz. Tatsächlich kommen in la Tène dieselben Typen gleich reihenweise vor, einmal eine ganze Serie von Nabenringen. Zudem wurden zahlreiche Objekte in so gutem Erhaltungszustand angetroffen, dass sie neuwertig erschienen. Ja, zum Teil waren etwa Waffen in Stoff eingewickelt, viele Schwertklingen befanden sich noch in ihren Schei-

94–101
Funde aus der Station la Tène (verschiedene Massstäbe). 94: Vor- und Rückseite eines Schwertes in seiner Scheide. 95: Teilweise erhaltener Holzschild mit dem eisernen Schildbuckel. 96: Wagenrad aus Holz mit eisernen Nabenringen und Eisenreif. 97: Reich verzierte Teile eines Pferdezaumzeuges (Leder ergänzt), auf einen Pferdekopf montiert. 98: Holzjoch für ein Zweigespann. 99: Gertel aus Eisen. 100: Sichel aus Eisen. 101: Zusammen gefundene Bügelschere und Messer, an dem noch Textilreste haften.

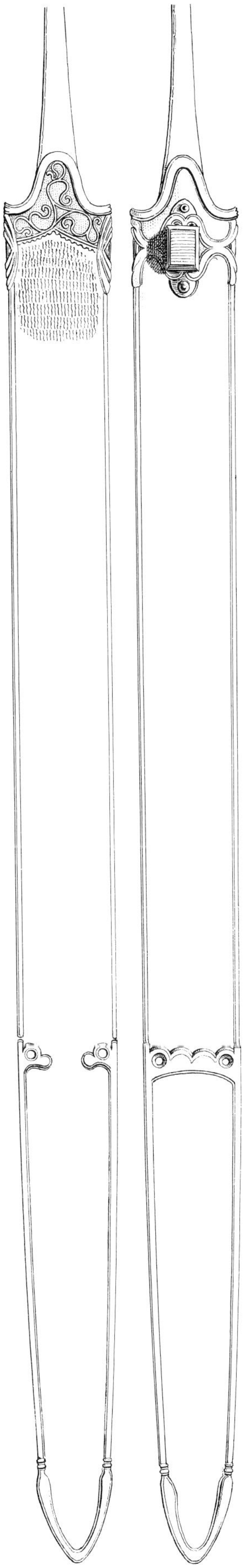

94

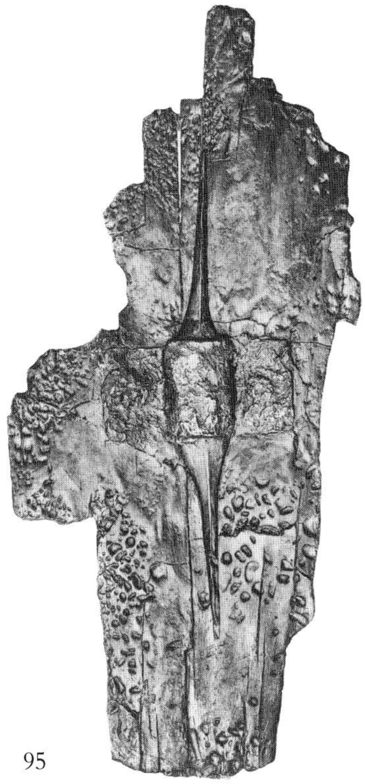

95

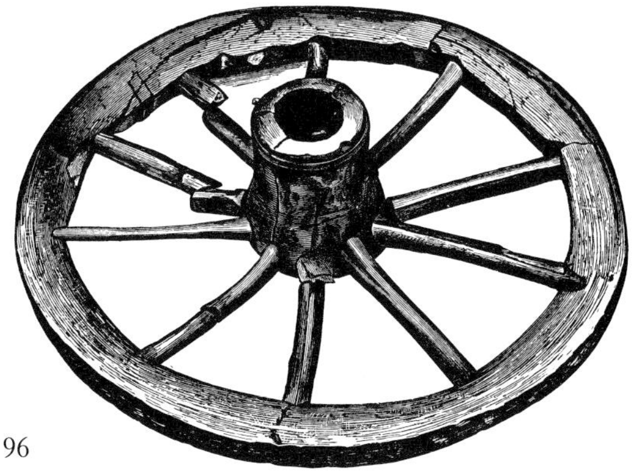

96

97

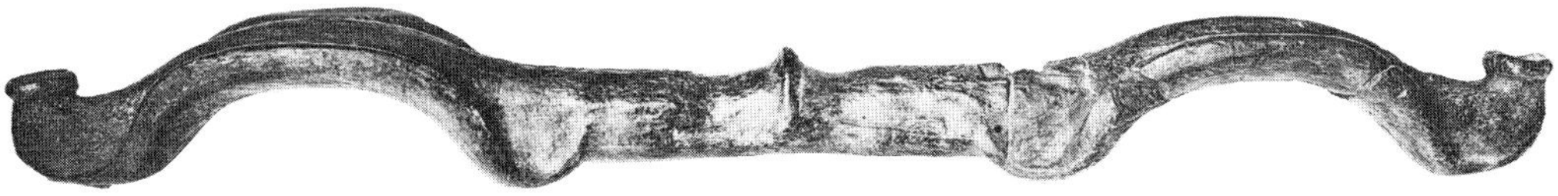

98

99

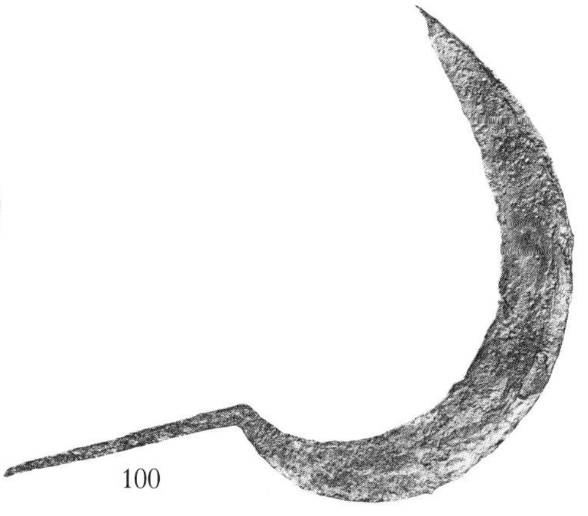

100

101

102

den. Scheren wurden mehrfach zusammen mit bestimmten Messern gefunden. Wegen der zahlreichen Waffen wurde bald der Zusammenhang mit einem möglichen Refugium betont. Im militärischen Bereich fanden auch die zahlreichen Pferdeknochen eine sinnvolle Erklärung. An eine Zollstation wurde ebenfalls gedacht oder an einen Stapelplatz an einem Flussübergang. Robert Forrer brachte aufgrund der mitgefundenen Münzen, die er als Spendemünzen interpretierte, eine sakrale Deutung mit in die Diskussion[110]. Im Jahre 1952 deutete schliesslich K. Raddatz aufgrund einer Vergleichsfundstelle la Tène als Opferplatz[111]. Das wurde schliesslich von vielen akzeptiert und vor allem von R. Wyss mit guten Argumenten untermauert[112]. Neuen Zündstoff brachte schliesslich die Entdeckung der Brücke von Cornaux in die Diskussion.

Die Brücke von Cornaux NE

Bei systematischen Überwachungen der Flussbettverbreiterungen im Rahmen der 2. Juragewässerkorrektion entdeckte H. Schwab im Jahre 1965 nur 3 km unterhalb von la Tène eine weitere keltische Zihl-Brücke. Unter einer sechs Meter mächtigen Überdekkung konnten die Reste einer 115 Meter langen Brückenkonstruktion freigelegt werden[113]. Die dendrochronologische Bestimmung der teilweise gut erhaltenen Pfeiler von Joch II ergab neben älteren Hölzern Daten zwischen 120 und 116 v. Chr.[114]. Die Brücke ist zu einem unbekannten Zeitpunkt, wohl noch in spätkeltischer Zeit, eingestürzt. Von diesem Einsturz zeugen geknickte Stützpfosten sowie zahlreiche weitere Hölzer und Steinbrocken, die als abgestürzte Beschwersteine der Fahrbahn gedeutet werden. Die letztere muss nach den vorgefundenen Resten 3,50 m breit gewesen sein. Bei den Hölzern

102
Unter der Brücke von Cornaux fanden sich mehrere menschliche Skelette, zum Teil in unnatürlicher Körperlage und unter Holzbalken verklemmt.
103
Nach Ausweis verschiedener Funde aus keltischen Opferstellen wurden Waffen vor oder im Rahmen von Opferhandlungen absichtlich zerstört. Zeichnung A. Rapin.
104
Schwert von la Tène mit absichtlich angebrachten Hackspuren an den Schneiden.

lagen Keramikgefässe und Bruchstücke davon sowie Schwerter in Scheiden, mehrere Fibeln, ein Rädchenanhänger, eine Potinmünze, eine Pferdetrense und ein Wagenteil. Im Brückenbereich und direkt unterhalb davon wurden auch ganze Tierskelette, Pferdeschädel und verschiedene Einzelknochen geborgen. Direkt unter den Balken stiessen die Ausgräber auf teilweise ganze Menschenskelette von mindestens 18 Individuen. Wie in la Tène waren auch Weichteile erhalten. An einem Schädel konnte ein Hämatom nachgewiesen werden. «Wir hatten das beklemmende Gefühl, erste Zeugen eines Unglücks zu sein, das nicht nur Leben vernichtete, sondern eine Gegenwart bis zum Tage der Grabung auslöschte», hat ein Grabungsbesucher seinen Eindruck formuliert[115]. Der Brückeneinsturz wurde als Folge eines Hochwassers erklärt, was durch die bekannten starken Seespiegelschwankungen infolge der Änderung des Aareverlaufs durchaus möglich scheint. Auch die Fundobjekte brachte man mit dem Brückeneinsturz in Verbindung. Es wurde das dramatische Bild von fliehenden Menschen gezeichnet, welche mit ihrer Habe und den Wagen über die vom Hochwasser bereits stark bedrohte Brücke zogen und von der einstürzenden Brücke in die Tiefe gerissen wurden.

103

Die Ähnlichkeit der Fundsituation von Cornaux mit derjenigen des nahen la Tène forderte zum Vergleich heraus. H. Schwab hat nach ihren Entdeckungen in Cornaux die Funde von la Tène als Niederschlag ein und derselben Katastrophe gedeutet. Bei diesem Hochwasser sind nach ihrer Meinung nicht nur die Brückenkonstruktionen, sondern auch die am Flussufer stehenden, als Magazine gedeuteten Bauten von la Tène zerstört und die wertvolle Ware ins Zihlbett gespült worden. – Nach dieser Interpretation prallten die Meinungen in für die Schweiz seltener Art und Weise aufeinander.

Naturkatastrophe oder Opfer?

In den letzten Jahren konnten die von beiden Seiten vorgebrachten Argumente in Ruhe abgewogen werden. Tatsächlich besteht auf beiden Seiten – wie so oft in der Archäologie – eine Art Beweisnotstand; sonst hätte die Diskussion in diesem Masse gar nicht aufkommen können. Auf der einen Seite ist der positive Nachweis eines Opferplatzes sehr schwer zu erbringen. Auf der anderen Seite gehen auch die Verfechter der Katastrophentheorie, so einleuchtend ihre Argumente auf den ersten Blick erscheinen müssen (hydrologische Situation, geknickte Brückenstützen, Skelette unter Balken), von mehreren, nur vermuteten Annahmen aus. – Der Zufall ist kein guter Ratgeber in der Archäologie; Einzelschicksale werden erfahrungsgemäss kaum erfasst, sondern entsprechend den Gesetzen der Wahrscheinlichkeit fast immer nur sich wiederholende Gegebenheiten. Als Zufall müsste es aber gewertet werden, wenn die Brücke von Cornaux genau dann eingestürzt wäre, als Menschen mit Wagen darüber flüchten wollten. Die Menschen hatten beidseits der Zihl gute hochwasserfreie Fluchtorte für ein Überleben während längerer Zeit und konnten die Gefahr der einbrechenden Brücke wohl abschätzen. Zudem: Flüchten Menschen in Todesangst über eine fast überflutete Brücke unter Mitnahme von Keramikgefässen und mit Langschwertern gerüstet?

104

H. Schwab ging bei ihrer Deutung, wonach la Tène von derselben Katastrophe wie Cornaux zerstört worden sei, von der Annahme aus, dass la Tène am Hauptausfluss der Zihl lag und die ganzen Wassermassen dort vorbeifliessen mussten. Bei dieser umstrittenen Prämisse setzten der Archäologe Ludwig Berger und der Sedimentologe Marcel Joos mit sorgfältig durchgeführten Untersuchungen an[116]. Verschiedene Rammbohrungen im Fundstellenbereich von la Tène ergaben, dass die angetroffene Schichtung und ihre im Labor überprüfte Zusammensetzung nicht für ein einziges Hochwasser sprechen. Eingehende Untersuchungen zeigten auch, dass nach den Niveauhöhen der ausgegrabene Flussarm von la Tène nicht als Hauptausfluss des Neuenburgersees in Anspruch genommen werden kann. In keltischer Zeit dürfte der Flussarm von la Tène bei Normalwasserstand das Bild eines seichten Doppelteiches geboten haben. Demnach war diese Stelle nicht im gleichen Masse von einem Hochwasser betroffen wie Cornaux, und die dort angetroffenen Verhältnisse sind nicht auf la Tène übertragbar. Dafür spricht auch die Fundverteilung von la Tène. Die Funde wurden in den verschiedensten Schichten übereinander gefunden, so dass der Eindruck entstehen muss, sie seien nach und nach über einen längeren Zeitraum in das Wasser geraten. Dementsprechend decken die Funde nach ihrer typologischen Datierung einen Zeitraum von mindestens hundert Jahren ab. Auch die von Oberst Schwab auf einer Anhöhe angetroffenen – und nicht in die Tiefe gespülten – Funde sprechen gegen die Hochwassertheorie.

Zusammengefasst scheint es also für la Tène kaum möglich, den gesamten Fundniederschlag mit einer Hochwasserkatastrophe zu verknüpfen. Auch für Cornaux ist dies nicht sicher, werden doch bei einem Hochwasser Menschen und Tiere gewöhnlich von der Unglücksstelle weit abgetrieben. (Hingegen ist durchaus möglich, dass die Brücke von Cornaux selbst einem Hochwasser zum Opfer gefallen ist.) Damit bleibt die Opfertheorie als wahrscheinlichste Lösung, was durch eine Neuentdeckung bestätigt wird. In Frankreich konnten kürzlich einem eindeutigen keltischen Opferplatz wichtige Geheimnisse abgerungen werden.

Die Opferstätte von Gournay-sur-Aronde und die Station la Tène

Nahe der Stadt Compiègne, nördlich von Paris, riss im Jahre 1977 der Pflug in einem Feld bei einem Weiher einige keltische Schwerter an die Oberfläche[117]. Die nachfolgenden Grabungen brachten ein Grabensystem von 45 m Seitenlänge mit einem Tempelgrundriss in der Mitte zum Vorschein. Im durchschnittlich 1,80 m tiefen und etwa 2,50 m breiten Umfassungsgraben wurden schliesslich über 4000 Objekte entdeckt, hauptsächlich Waffen, Geräte, Tier- und Menschenknochen. Dank minuziöser Grabungsweise konnte hier viel Neues über das keltische Opferwesen erfahren werden. Der Graben war nur das «Endlager» der Weihegaben. Die leblosen Körper der Opfertiere scheinen zuerst in der Grube beim Heiligtum während einer längeren Zeit gelegen zu haben und nachher sorgfältig, zum Beispiel die Pferdeschädel schön nebeneinander im Graben, deponiert worden zu sein. Das ganze, seit dem 3. Jh. v. Chr. bestehende Heiligtum muss von der Aussenwelt gut abgeschirmt gewesen und sorgfältig unterhalten worden sein. In Gournay-sur-Aronde liegen eindeutige Hinweise auf Menschenopfer vor. So gibt es zum Beispiel im genannten Graben Schädeldeponien. Mehrere menschliche Halswirbel weisen Schnittspuren auf, die auf Köpfung schliessen lassen. Zahlreiche Fundgegenstände zeigen Spuren einer rituellen Behandlung. Schildbuckel wurden abgerissen und durchstossen, Schwertklingen verbogen, die Scheiden zersplittert und Fibelspiralen auseinandergezogen. Gewisse Schwertblätter weisen an den Schneiden dicht hintereinander mehrere Einhiebe auf, die nicht vom Kampfgeschehen stammen können. Hier muss mit einem Beil in fast ekstatischer Weise und mit grosser Kraft gezielt auf die Klinge losgehackt worden sein. Eine ebenso behandelte Klinge aus la Tène ist vorne abgebildet. Zwischen dem Fundgut von la Tène und demjenigen von Gournay gibt es nicht nur in Einzelbereichen Übereinstimmung. In beiden Stationen sind die Waffen am häufigsten und dabei die Lanzen, Schwerter, Gürtel- und Schildteile am besten vertreten. Beim Schmuck sind die Fibeln am zahlreichsten. Dazu kommen Übereinstimmungen beim Knochenmaterial. Auf die Menschenknochen wurde schon hingewiesen. In beiden Fundstellen sind die Pferdeknochen überproportional häufig vertreten[117a].

Nach dem erst seit kurzem möglichen Vergleich mit einer sicheren keltischen Opferstätte gewinnt die Erklärung von la Tène als Opferplatz erheblich an Gewicht. Jetzt dür-

Cäsar, bell. Gall. VI 16:
«Die Gallier sind sämtlich in hohem Masse religiös. Aus diesem Grunde opfern die, welche von schwereren Krankheiten befallen sind oder in Kampf und Gefahr schweben, anstelle der Opfertiere Menschen oder geloben deren Opfer und bedienen sich hierbei der Druiden als Opferpriester. Sie (die Gallier, der Verf.) sind nämlich der Ansicht, die waltende Macht der unsterblichen Götter könne nicht versöhnt werden, wenn nicht für das Menschenleben wieder ein Menschenleben hingegeben werde. Sie haben auch von Staats wegen derartige Opfer eingerichtet.»

Cäsar, bell. Gall. VI 17:
«Ihm (Mars) geloben sie (die Gallier, der Verf.), so oft sie einen Kampf beschlossen haben, meist die Kriegsbeute. Nach dem Sieg opfern sie die erbeuteten Tiere und bringen die übrige Beute an einen Ort. Bei vielen Stämmen kann man an heiligen Stätten ganze Haufen sehen, die daraus errichtet sind. Es kam nur selten vor, dass jemand unter Missachtung der Religion Erbeutetes bei sich zu verstecken oder das Geweihte wegzuschaffen wagte. Die furchtbarste, martervollste Hinrichtung ist hierfür festgesetzt.»

105

106

fen wir mit einiger Gewissheit davon ausgehen, dass in la Tène Hunderte von wertvollen Objekten den Göttern geopfert worden sind. Dazu gehörten auch Tier- und Menschenopfer. In diesem Zusammenhang sei an die erwähnte Notiz erinnert, dass ein Menschenskelett von la Tène um den Hals eine Schlinge getragen habe. Auch die festgestellten Handfesseln werden erklärlich. – In der Saône wurden ähnliche Handfesseln zusammen mit Schwertern des 1. Jh. v. Chr. gefunden; an anderer Stelle stiess man in demselben Fluss auf einen menschlichen Schädel mit Hiebwunden und einem darin steckenden Nagel, der zeigt, dass dieser Schädel zeitweise irgendwo aufgenagelt war[118].

Es ist möglich, dass in la Tène Kriegsbeuten – wohl an den Kampfgott Caturix – geopfert worden sind. Diese Erklärung deckt aber kaum das ganze Fundspektrum mit den zahlreichen Werkzeugen und Geräten ab. Es sei daran erinnert, dass die Opferstätte von la Tène während über 100 Jahren in Gebrauch gestanden hat.

Wie kann man sich diese Opferstätte zur Keltenzeit vorstellen? An den aus der flachen Seebucht abzweigenden Zihl-Seitenarm in Form eines Doppelteiches schloss südwärts ein sanfter inselartiger Rücken, die spätere «Untiefe», an, die im Süden vom breiten Zihlausfluss begrenzt wurde. Wenn man das Terrain so ergänzt, führten die beiden Brücken ins Nichts, das heisst an den kaum überbrückbaren Zihlausfluss. Man müsste schon eine Fähreverbindung oder etwas ähnliches annehmen. Die Existenz von zwei Brücken nebeneinander hat die Forschung schon lange irritiert. Man hat deshalb den Pont Desor in römische Zeit datieren wollen, was aber aufgrund der zum Pont Vouga ähnlichen Konstruktion und der zahlreichen latènezeitlichen Funde in diesem Bereich kaum möglich scheint. Auch für die Brückenlängen, welche ja über weite Strecken auch die Landzunge überbrücken, kann kaum eine sinnvolle praktische Erklärung gefunden

105
Eiserne Handfessel aus der Station la Tène.
106
Rekonstruktionsversuch: Opferung in la Tène vom Pont Vouga herab in die stillen Wasser des Zihlseitenarmes unter Aufsicht eines Druiden. Im Hintergrund der offene See und die Jurahöhen. Zeichnung A. Rapin.

werden. Ebenso für die Lage der Brücken. Der Pont Vouga liegt an der breitesten Stelle des Altarms und nicht – wie bei einer gewöhnlichen Brücke zu erwarten – an der Verengung. Hier gibt es noch manche Rätsel zu lösen. Vielleicht müssen wir uns von allzu rationalistisch gedachten Erklärungen freimachen. Warum nicht – nachdem bei anderen sakralen Anlagen im Ausland gezeigt werden konnte, welch riesiger Arbeitsaufwand für solche Opferstätten getrieben worden ist – neue Dimensionen in die Diskussion werfen: Das Gelände vom Altarm bis zum Zihlausfluss war heilige Zone und entsprechend abgeschirmt (Palisade?). Durch den sakralen Bereich führten zwei lange Brücken. Von dort aus wurde in den Doppelteich geopfert. Aber auch auf der Landzunge wurden Opfergaben aufgeschichtet. Auf dieser ist mit verschiedenen Einrichtungen, wie etwa künstlich errichtete Podien (vgl. oben), zu rechnen. Am Rand des Teiches gab es verschiedene stegartige Einrichtungen sowie zahlreiche andere Bauten und Einrichtungen, über deren Zweckbestimmung wir nichts Näheres wissen.

In der antiken Literatur finden sich verschiedene Hinweise auf heilige Teiche der Kelten, in denen riesige Reichtümer gelagert waren. Der bekannteste lag bei Toulouse, wo Kriegsbeuten versenkt waren. Welche Vorstellungen mit diesen Teichen genau verbunden waren, bleibt uns verschlossen. Sie gehören jedenfalls in den grösseren Kreis der Wasseropfer. Besonders die Flussopfer stellen ein weit verbreitetes Phänomen dar, das bis weit in die Urgeschichte zurück verfolgt werden kann[119]. Diese Opfertätigkeit könnte mit der verbreiteten Vorstellung des Totenstromes zusammenhängen oder mit dem Fluss als Zugang zum Reich der Götter. Von göttlichen Versinnbildlichungen zeugen gewisse Flussnamen[120]. Die Zihl, Thièle, die im Oberlauf heute noch Orbe genannt wird, hiess in keltischer Zeit wohl Urba oder Verba, «Kuhfluss». Der heutige Ortsname Orpund geht darauf zurück und bedeutet Brücke über den Kuhfluss[121].

107

Die zwei Seen speisende Zihl ist offenbar in der Frühgeschichte besonders verehrt worden, wurden doch an ihrem vergleichsweise kurzen Lauf bereits an drei Stellen Opfer-Konzentrationen nachgewiesen, nämlich bei la Tène, bei Cornaux und bei Port. Dazu kommen ältere Funde, zum Beispiel Schwerter der späten Bronzezeit bei Brügg und Orpund[122]. Die Opfertätigkeit von Brücken herab und die Verehrung von Gottheiten an solchen Stellen lebte lange Zeit weiter. Im Mittelalter wurden Brücken mit Statuen von Heiligen geziert oder auf den Brücken kleine Kapellen errichtet. Dazu gehört etwa das «Käppelijoch» auf der mittelalterlichen Rheinbrücke von Basel.

Weitere Brückenstellen mit Opferfunden im Seeland

Die für den Verkehr wichtigste Brücke über die Zihl dürfte diejenige von Cornaux gewesen sein. Dendrochronologische Hinweise könnten für eine viel ältere Brücke als die um 120 v. Chr. gebaute in diesem Bereich sprechen[123]. Die Brücke von Cornaux liegt topographisch auch viel günstiger als diejenigen von la Tène[124]. Da musste kein zweiter Flussarm überbrückt und die Strasse konnte entlang des Jolimont geführt werden. Bei La Sauge, beim Einfluss der Broye in den Neuenburgersee, wurden ebenfalls zwei Brükken festgestellt, über die aber wenig bekannt ist[125]. Aus der Broye stammt nebst Schwertern die verzierte, auf S. 36 abgebildete Lanzenspitze. Reiche Funde hat auch die Brükkenstelle von Port geliefert, die zwischen dem Ausfluss aus dem Bielersee und der Mündung in die Aare liegt[126]. Auf einer Strecke von 500–600 m konnten der Baggerschaufel über 150 latènezeitliche Funde entrissen werden. Darunter befinden sich wie in la Tène Schwerter in den Scheiden, Eisenwerkzeuge und einige Teile von Pferdegeschirren und Wagen. Diese Opferstelle hat länger als diejenige von la Tène in Betrieb gestanden, hier treffen wir auch auf spätkeltische Schwerter. In Port wurde sogar bis in römische und frühmittelalterliche Zeit weiter geopfert. Der bekannteste keltische Fund von Port ist

108

109

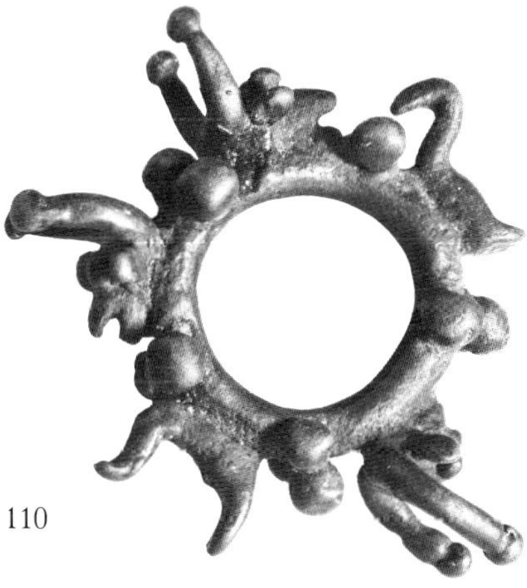

110

107
Vermutliches Kultmesser aus der Siedlung «bei der alten Gasfabrik» in Basel.
108
Auch bei Port BE wurden im Zihlbett zahlreiche Schwerter gefunden.
109
Seitenarm eines eisernen Feuerbockes aus dem Wauwilermoos LU.
110
Plastisch verzierter Bronzering aus Port BE (107–110 unterschiedliche Massstäbe).

das rituell verbogene Schwert des Korisios (S. 58). Dazu kommt der abgebildete Stierkopfring. Dieser war auf eine eiserne Tüllenaxt, offenbar ein Kultgerät, aufgeschoben[127]. Otto Tschumi hat diesen Fund aus dem «Kuhfluss» mit einer stiergestaltigen Wassergottheit in Verbindung gebracht[128]. Ähnliche Stierhörner mit Kugelenden zieren den Feuerbock aus dem Wauwilermoos LU. Er wurde zusammen mit einigem Eisenwerkzeug – von dort sind auch zwei Goldmünzen bekannt – aus dem Moor gezogen[129]. Der Feuerbock, besonders die Art, wie die elegant geschwungenen Hörner mit dem Kopf verbunden sind, zeigt, wie vollendet die Kelten das Schmiedehandwerk beherrscht haben. Aus einem Torfmoor am Greifensee stammt ein ausgezeichnet erhaltener, aus Italien importierter Bronzeeimer[130].

Von der Objektzusammensetzung her weisen die Funde von la Tène manche Ähnlichkeiten mit dem im Jahre 1849 auf der Berner Engehalbinsel entdeckten «Massenfund» auf. Albert Jahn berichtete darüber[131]: «Gegen das rechte Strassenbord hin stiess man nämlich in der Tiefe von 4 Schuh auf eine schwärzliche, mit Kohlen angefüllte Erde. Diese lag voll von Resten roher, keltisierender Töpferware, welche mitunter Ornamente, z. B. kleine eingedrückte Vierecke, aufweisen, aber durchaus nichts Romanisierendes beigemischt hatten. Dabei kamen zerstreute menschliche Gebeine zum Vorschein. Was aber das Merkwürdigste war, die Erde stack voll antiken Eisenwerks: Waffen, Pferde- und Wagengeschirr lagen in buntem Gemenge durcheinander, und je weiter man grub... desto mehr zeigten sich solcherlei Gegenstände.» Gustav de Bonstetten hat dann weitergegraben und zahlreiche dieser Objekte auch in Zeichnungen bekanntgemacht[132]. Unter den Waffen, darunter dreissig Schwertern, sind mehrere Teile von einem Panzerhemd bemerkenswert. Es handelt sich um einen Ringpanzer, bei dem die einzelnen kleinen Ringe sorgfältig zusammengenietet sind. Besonders hervorzuheben sind verschiedene Bronzebeschläge, die leicht und doch grossflächig gearbeitet sind. Es könnte sich bei diesen sonst sehr seltenen Objekten um Teile von Standarten oder Feldzeichen handeln. Auch der Bronzevogelkopf mit daneben gefundenen Blechflügeln würde gut dazu passen. Zu solchen gehören wohl auch verschiedene Bronzescheiben von la Tène (Abbildung S. 39). Darunter befindet sich der Bronzebeschlag eines Stabes mit erhaltenen Holzresten. Diese Feldzeichen wären wiederum mit der Verwendung von Beute zur Opferung gut erklärbar[133].

Nach den mitgefundenen Münzen und Fibeln dürfte der «Massenfund» gegen Ende des 2. Jh. v. Chr. in den Boden gekommen sein. Die Deutung als Weihefund wird durch die nachgewiesenen Menschenknochen unterstützt. Vielleicht gab es hier auch Handfesseln[134]. Die Fundstelle liegt innerhalb des grossen Oppidums. Auch die schon erwähnte Opferstätte von Gournay-sur-Aronde war im Inneren eines grossen Oppidums gelegen.

Viereckschanzen

Die bekannteste Form des keltischen Heiligtums ist die sogenannte Viereckschanze. Dabei handelt es sich in der Regel um ein durch einen Graben geringer Tiefe markiertes Geviert von unter 100 m Seitenlänge[135]. Viereckschanzen liegen meistens in der freien Landschaft und seltener nahe bei Siedlungen. Die Eingänge finden sich stets auf den Sonnenseiten. Im Inneren dieser Anlagen wurden Brandplätze und Tempel festgestellt sowie in mehreren Fällen sogenannte Kultschächte. Diese können über 30 m tief sein und dienten zu verschiedenen Zwecken. In den Auffüllungen der Kultschächte kommen Opferreste vor. Die bisher ausgegrabenen Anlagen zeigen, dass für diese Kultanlagen ein riesiger Aufwand getrieben worden ist. Sie standen während längerer Zeit in Betrieb und wurden mehrfach erneuert und umgebaut. Bei der jüngst entdeckten «Schanze» von Fellbach-Schmiden in Baden-Württemberg konnte auch der Nachweis erbracht wer-

111

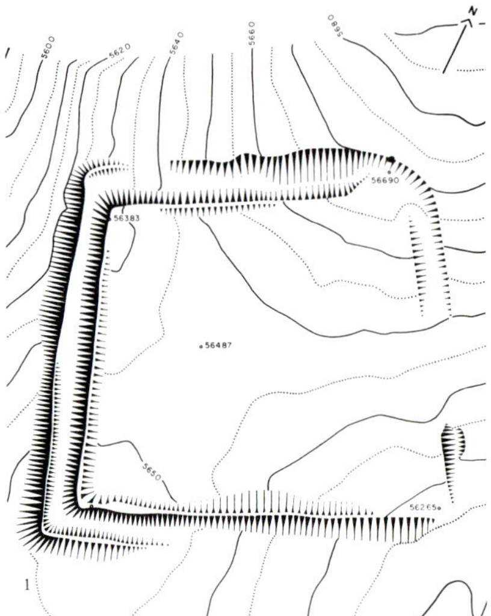

112

den, dass diese Anlagen mit qualitätvollen Holzskulpturen geschmückt gewesen sind[136]. Früher glaubte man, dass sich die Viereckschanzen auf enger begrenzte Gebiete in Frankreich und Deutschland beschränken. Seit aber die Luftbilder systematisch zur archäologischen Prospektion eingesetzt werden, mehren sich neue Entdeckungen solcher Landheiligtümer. Dies gilt – mit einer Ausnahme – leider nicht für das schweizerische Gebiet. Hier kennen wir erst vier solche Anlagen, wobei keine einzige in nennenswerter Weise erforscht ist. Drei davon sind lediglich aufgrund von Spuren im Gelände bekannt, nämlich diejenigen von Ramsen SH[137], vom Bremgartenwald BE, nicht weit vom Oppidum auf der Engehalbinsel[138], und von Villars-sur-Glâne FR, in der Nähe des hallstattzeitlichen Fürstensitzes und seiner Grabanlagen[139]. Das Phänomen der Nachbarschaft von Viereckschanzen zu Hallstattgrabhügeln wurde wiederholt festgestellt und steht vielleicht in Zusammenhang mit dem keltischen Ahnenkult. Auch in der Nähe von la Tène bei Marin wurde eine Viereckschanze ausgemacht. Der nachträglich ausgeführte Grabenschnitt hat die vermutete Datierung in spätkeltische Zeit bestätigt[140]. Eine weitere Viereckschanze wird in der Siedlung Basel-Gasfabrik vermutet[141]. Tatsächlich könnte hier ein Kultschacht vorliegen, doch reichen die Befunde für den sicheren Nachweis einer solchen Anlage im engeren Sinne nicht aus. Die Ausgrabungen in Gournay haben allerdings gezeigt, dass mit einem weiten Spektrum von Möglichkeiten zu rechnen ist. Im vermuteten Bezirk der Basler Kultanlage ist neben dem schönsten Keramikgefäss aus der Siedlung (S. 11) ein seltenes Bronzemesser gefunden worden. Sein Knauf hat die Form eines Menschenkopfes (S. 70), der sich mit dem langen, nach hinten gekämmten Haar und dem schweren Torques als Kelte zu erkennen gibt. Die Klinge des Messers besteht merkwürdigerweise aus Bronze, obwohl Eisen in dieser Zeit längst bekannt war.

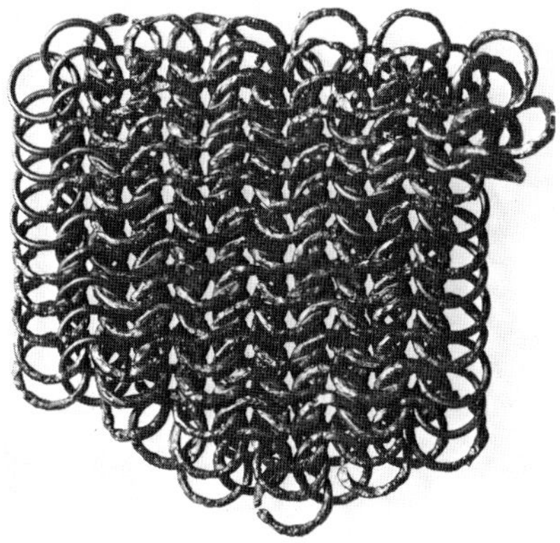

113

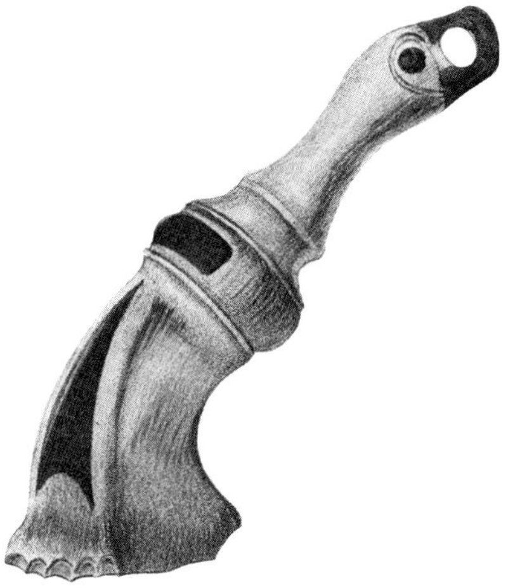

114

111
«Massenfund» von der Tiefenau auf der Engehalbinsel bei Bern mit Waffen, Schmuck, Wagenteilen, Barren sowie anderen Eisen- und Bronzeobjekten.
112
Plan der Viereckschanze im Bremgartenwald bei Bern.
113
Eiserner Kettenpanzer aus dem «Massenfund». Jeder einzelne Ring ist sorgfältig vernietet.
114
Bronzener Vogelkopf aus dem «Massenfund». Die Augen und Aussparungen auf der Oberseite waren nach A. Jahn mit Eichenholz eingelegt. Auch ein zugehöriges Bronzeblech, wohl ausgebreitete Flügel darstellend, wurde damit gefunden (113 und 114 gut halbe natürliche Grösse).

Das Rätsel konnte durch eine Röntgenuntersuchung gelöst werden: Die Klinge ist um einige Jahrhunderte älter als der darüber gegossene Griff. Die Verwendung dieses älteren Stückes könnte einerseits wieder mit dem Ahnenkult in Verbindung gebracht werden, andererseits aber auch mit gewissen Vorschriften für das Schneiden von Heil- und Zauberkräutern durch die Druiden, für die Geräte «ohne Eisen» verlangt werden (vgl. S. 70). Heilpflanzen müssen bei den Kelten eine wichtige Rolle gespielt haben. Hier stossen wir in ein weites Gebiet vor, über das wir leider sehr wenig wissen.

Sicher wurden bei den keltischen Heiligtümern, wie auch bei ähnlichen griechischen Anlagen, heilige Bäume verehrt und darum herum ganze heilige Bezirke abgesteckt. Auch an das Halten von geheiligten Tieren ist zu denken. Im zerstörten Schacht von Fellbach-Schmiden wurde Tiermist gefunden. Unlängst ist auf eine kostbar verzierte keltische Trense verwiesen worden, die für ein solches Tier, wohl einen Hirschen, bestimmt gewesen sein könnte[142].

Die Viereckschanzen im engeren Sinne gehören zu den literarisch bekannten Naturheiligtümern, welche in der Abgeschiedenheit der Natur angelegt worden sind. Die oft bei Naturdenkmälern wie Wäldern, Flühen, Höhlen und so weiter liegenden heiligen Orte sind naturgemäss nur dann nachzuweisen, wenn dort eindeutig als Opfer anzusprechende Objekte niedergelegt worden sind, diese sich erhalten haben und auch ausgegraben werden konnten. Die imposante «caverne du Four» im Tal der Areuse im Neuenburger Jura liegt in einer schlecht zugänglichen Schlucht. Dort wurden neben zahlreichen anderen Funden zwei Bronzerädchen entdeckt, wie wir sie aus Gräbern und Opferfunden der Latènezeit bestens kennen[143]. Das Rad, wohl Zeichen des keltischen Gottes Taranis, gilt als Sonnensymbol. Römerzeitliche Rädchenanhänger wurden zuweilen dem Iuppiter, so nannte man in römischer Zeit vermutlich Taranis auch, geweiht. Ein Höhenheiligtum könnte sich bei Waldenburg BL auf der Gerstelfluh befunden haben, einem markanten, seit der Bronzezeit begangenen Höhenrücken neben der Passstrasse des Oberen Hauensteins mit einer weithin erkennbaren, vom «Drachenloch» genannten Felsenfenster durchbrochenen Fluh[144]. Die Ausgräber deuten die in der Nähe gemachten spätkeltischen Funde zwar eher als Siedlungsstelle. Angesichts des am Gesamtbestand auffallenden Anteils an kostbarem Fundgut ist auch die Verbindung mit einem nahen Naturheiligtum nicht auszuschliessen, zumal zwei Fibeln davon absichtlich angebrachte Verbiegungen aufweisen. Topographisch ähnlich – ebenfalls auf einem steilen Bergrükken neben einem als Weg genutzten Einschnitt – liegt die Fundstelle auf dem Roc de Courroux bei Delsberg mit drei keltischen Münzen und ebenfalls vorkeltischen Funden[145]. Gegenüber dem Birsdurchstich befindet sich der bekannte Wallfahrtsort Vorbourg.

Im Schacht einer Viereckschanze von Holzhausen D wurden zuunterst in 6,1 m Tiefe die Spuren eines 2,3 m langen, fest verankerten Pfahles angetroffen, der mit einer Abweichung von nur 5 respektive 3 Grad auf die Mittagshöhe der Sonne am längsten Tag wies[146]. Dieser Befund steht nicht allein. Die meisten Viereckschanzen scheinen nach der Sonne orientiert worden zu sein. Offenbar wurden von den Druiden in den Viereckschanzen astronomische Beobachtungen durchgeführt. Auch andere keltische Bauwerke sind nach den Gestirnen ausgerichtet. – Die Mittelachse und Hauptstrasse des keltischen Oppidums auf dem Basler Münsterhügel weicht um 36 Grad nach Westen von der Nordachse ab und ist offenbar nach dem Sonnenstand am längsten Tag orientiert. Eine Abweichung von 32 Grad finden wir an einem Wallstück auf dem Heidengraben, dessen Verlauf nicht von der natürlichen Topographie vorgegeben ist. Ähnliche Orientierungen, die jeweils von der Nordachse um 20–36° gegen Westen abgedreht sind, wobei die genaue Ausrichtung vom Ort selbst abhängig zu sein scheint, finden sich neben den Viereckschanzen vom Bremgartenwald und von Marin auch in der Siedlung Basel-Gasfa-

115

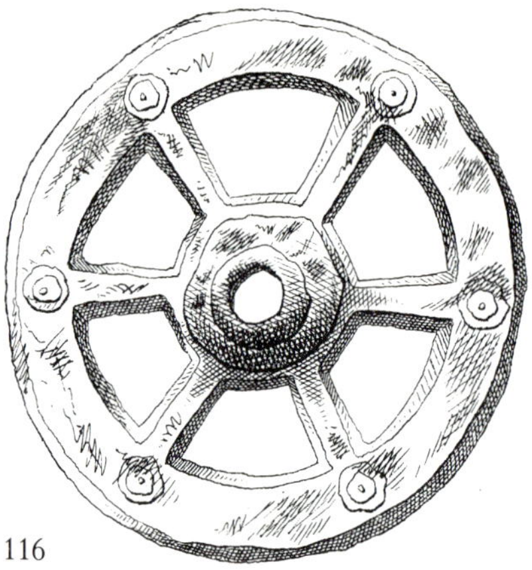

116

brik[147]. Auch für römerzeitliche Bauten wurde dieser Orientierungsbereich übernommen, wie noch zu zeigen sein wird. Das von Georges Grosjean erforschte Vermessungsnetz um Aventicum hat zahlreiche Fragen aufgeworfen: «Das innerstädtische System A und das ältere Hauptnetz Ost müssten... vorflavisch sein. Wir stünden dann vor der für die herkömmliche Auffassung von der Limitation nicht ganz bequemen Tatsache, dass schon vor der Koloniegründung limitiert worden wäre»[148]. Dieses Vermessungssystem weicht von demjenigen in der Stadt selbst ab und weist eine Abdrehung von der Nordachse Richtung Westen von 25 Grad auf. Demnach liegt es im Bereich anderer keltischer Orientierungen. Wir fragen uns deshalb, ob diese Messlinien, die sowieso über das Koloniegebiet hinausgehen dürften, nicht auf keltische Zeit oder Tradition zurückgehen. Auf ähnlich orientierte Vermessungsnetze weisen zwei weitere Autoren hin, deren Beweisführungen aber zum Teil von falschen Voraussetzungen ausgehen[149].

Eine systematische Zusammenstellung keltischer Vermessungssysteme ist hier nicht möglich. Die Einzelhinweise zeigen aber bereits, dass bei der Orientierung astronomische Beobachtungen, vor allem der Lauf der Sonne, mitberücksichtigt worden sind. Die sogenannten Schalensteine und die zahlreichen Schriften über diese Fundgattung sind nicht erwähnt worden. Dem Schreibenden ist kein einziger Stein aus der Schweiz bekannt, der sicher in keltische Zeit datiert werden kann. Wohl gibt es auf diesen Felsblöcken mit ihren schälchenförmigen Vertiefungen und Linien auch solche, die mit einer bestimmten Gewissheit astronomisch zu deuten sind. Eine direkte Verbindung zur keltischen Religion war bis anhin jedoch nicht möglich.

Von der keltischen Medizin ist ausser den Heilkräutern kaum etwas bekannt. Von einem chirurgischen Eingriff zeugt der abgebildete Schädel mit Trepanation. Solche künstlich geöffneten Schädel sind in keltischer Zeit nicht allzu selten[150]. Meist haben die Betroffenen den Eingriff nicht oder nicht lange überlebt. So ist es auch dem jüngeren Mann aus Münsingen im 4. Jh. v. Chr. ergangen, dessen Schädel hier abgebildet ist.

Der mächtige Stamm der Helvetier und ihre Nachbarn

Die Helvetier waren bei den Römern als einer der mächtigsten keltischen Stämme bekannt. Plinius der Ältere, der im Jahre 71 n. Chr. beim Vesuvausbruch vor Pompeji ums Leben gekommen ist, schreibt in seiner Naturgeschichte in bezug auf die Zeit der grossen Keltenwanderungen, dass der Helvetier Helico, der sich in Rom als Handwerker aufgehalten habe, mit einer getrockneten Feige, einer Traube, Öl und Wein zurückgekehrt sei und dadurch die keltischen Züge über die Alpen ausgelöst habe[151]. Wörtlich genommen, müsste man nach dieser Überlieferung schon für das 3. Jh. v. Chr. die Existenz des Stammesnamens der Helvetier annehmen. Wenn sich auch ein historischer Kern in dieser Aussage verbirgt, so ist der Satz doch legendenhaft gemeint und als direktes Beweismittel ungeeignet[152]. Indirekt wird daraus jedoch deutlich, dass noch im 1. Jh. n. Chr. die Erinnerung an die grosse Vergangenheit der schweizerischen Kelten lebendig war und diesen eine führende Rolle zugetraut wurde.

Die älteste zuverlässige Nennung der Helvetier geht auf Poseidonios (ca. 135–50 v. Chr.) zurück und wird von Strabo in seiner Geographie aus der Zeit um Christi Geburt zitiert[153]. Diese erste Erwähnung findet im Zusammenhang mit der Wanderung der Kimbern und Toutonen statt, mit denen die Frühgeschichte der Helvetier eng verbunden ist.

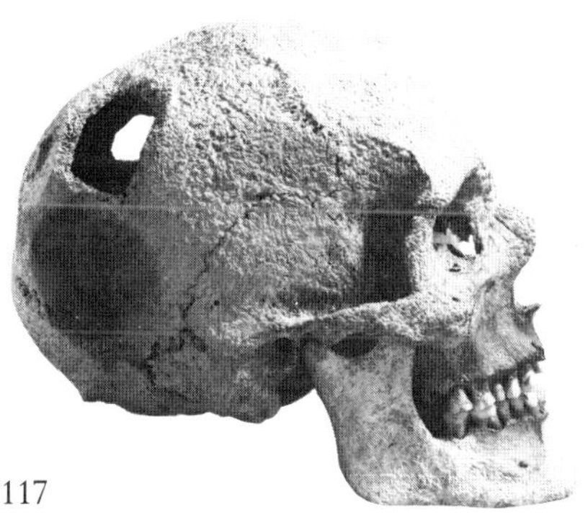

117

Kimbern und Toutonen

Um 115 v. Chr. stossen von Norden, wahrscheinlich von Jütland her, die Kimbern und Ambronen mit Weib und Kind in ostkeltisches Gebiet vor, kommen dann nach Süddeutschland und dringen schliesslich uber Frankreich bis nach Spanien vor. Schon die antiken Autoren, durch welche die Ereignisse überliefert sind, konnten keine klare Sicht der Dinge vermitteln. Die Kimbern galten bei ihnen als Germanen, aber ihre Führer trugen keltische Namen. So hiess ihr Anführer bei der Schlacht von Vercellae Boiorix. Wahrscheinlich hat man sich diese Wanderungsbewegungen als komplizierte Wechselwirkungen vorzustellen, wobei eine beschränkte Menschenmenge eine Kettenreaktion und Wanderlawine auslösen konnte:

113 v. Chr. Die Kimbern schlagen die Römer bei Noreia im Ostalpengebiet.

Um 111 v. Chr. Kimbern in Süddeutschland. Zwei von drei helvetischen Teilstämmen schliessen sich der Wanderung an: Toutonen und Tiguriner. Gemeinsames Eindringen in Gallien und getrennte Züge in Innergallien.

107 v. Chr. Nach dem Vorstoss in das Gebiet der Volcae in Südfrankreich kommt es zur bekannten Grosstat der helvetischen Tiguriner unter Divico. Bei Agen an der Garonne wird ein römisches Heer geschlagen, und die Besiegten müssen unter dem Joch

115–116
In der Caverne du Four im Tal der Areuse NE wurden neben zahlreichen keltischen Funden auch zwei Bronzerädchen entdeckt.

117
Schädel aus dem Gräberfeld Münsingen-Rain mit künstlich geöffneter Schädeldecke. Der Patient, ein jüngerer Mann, hat den chirurgischen Eingriff nicht überlebt.

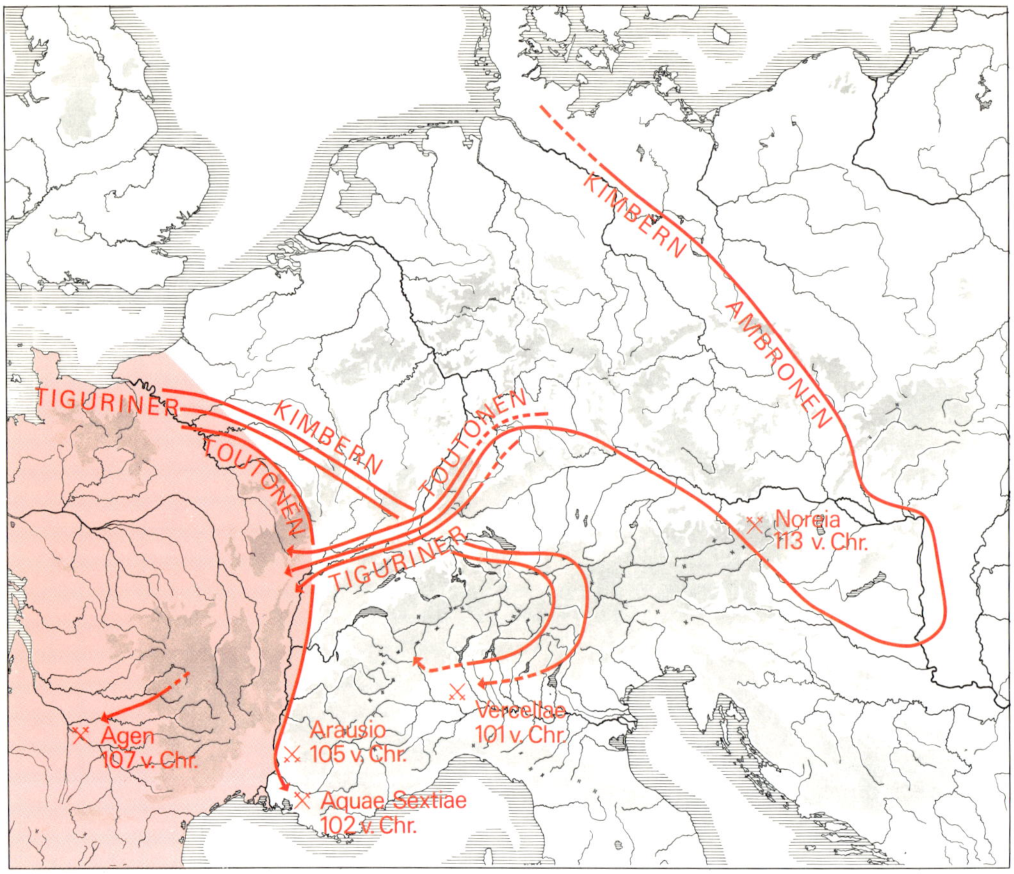

118

hindurch. Früher hat man den Schlachtort fälschlicherweise am Genfersee lokalisiert. Darauf beruhen noch die bekannten Schlachtbilder und poetischen Schilderungen des letzten Jahrhunderts (S. 94 und S. 158).

105 v. Chr. Die Kimbern, Ambronen, Toutonen und Tiguriner schlagen bei Arausio, dem heutigen Orange, zwei römische Heere. Diese werden fast völlig vernichtet. Anschliessend durchstreifen Teile der Sieger Spanien.

103 v. Chr. Vereinigung an der Seine bei Rouen, um anschliessend nach Italien einzudringen. Die Toutonen folgen der Rhone und stossen von Westen her nach Italien vor. Die Kimbern und Tiguriner wählen den weiten Umweg ostwärts den Alpen entlang, um über einen der östlichen Pässe (Brenner?) nach Oberitalien zu gelangen.

Jetzt folgen die Katastrophen, für die der geniale römische Feldherr Gaius Marius verantwortlich ist:

102 v. Chr. Niederlage der Toutonen und Ambronen bei Aquae Sextiae (Aix-en-Provence). Die Gallier und Germanen werden eingekesselt, ziehen sich zur Wagenburg zurück und werden aufgerieben.

101 v. Chr. Niederlage der Kimbern, die zusammen mit den Tigurinern einen Winter lang die Herren der Poebene gewesen waren, bei Vercellae (Vercelli bei Rovigo in Oberitalien). Die Kimbern kämpfen im Wagenlager bis zum letzten Mann. Die in den Bergen abseits von Vercelli verbliebenen Tiguriner entkommen und ziehen sich plündernd nach Norden zurück.

Diese Fakten sind aus den antiken, vor allem römischen Quellen (Livius) herauszulesen. Wir sind hier vor allem der Analyse Felix Staehelins gefolgt[154]. Er behandelte auch die Frage nach dem Ursprung der Toutonen (auch als Tougener überliefert und Teutonen genannt)[155]. Dieser Name dient heute oft als meist abschätzig gemeinter und abgeschliffener Begriff für die Deutschen. Poseidonios jedoch überliefert die Toutonen wie

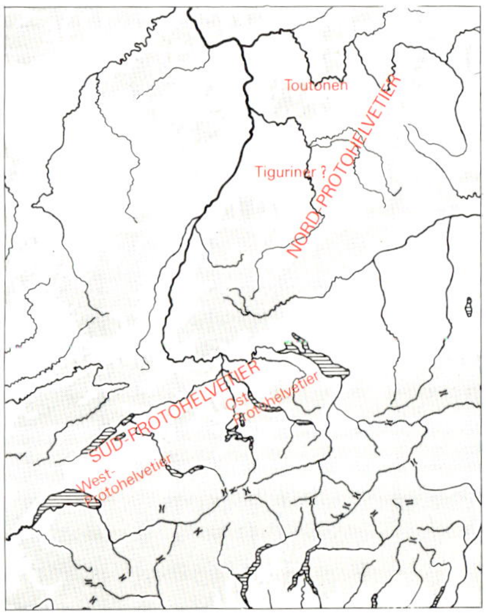

119

Die erste Erwähnung der Helvetier: (Poseidonios) sagt... die Kimbern... seien zu den Helvetiern herabgezogen, zu goldreichen, aber friedlichen Leuten.

die Tiguriner als Teilstämme der Helvetier und korrigiert damit den späteren und in dieser Sache wohl nicht so direkt informierten Livius, der darin Germanen sieht. Mit gutem Recht hat F. Staehelin der ersten Darstellung den Vorzug gegeben. Damit ist das Problem der Trennung zwischen Keltischem und Germanischem angesprochen. Poseidonios kannte um 100 v. Chr. die strikte Teilung in Kelten und Germanen noch nicht. Die frühen Helvetier Süddeutschlands kommen aus einem räumlichen und zeitlichen Übergangsbereich. Deshalb ist es für die frühe Zeit bis zu einem gewissen Grade müssig, genaue Zuweisungen vornehmen zu wollen. Jedenfalls hat man sich ganz von heutigen festen Volksbegriffen mit genauen Grenzen zu lösen. Erst Cäsar gibt als östliche Grenze der Helvetier den Rhein an. Bei ihm tritt uns die Trennung in Germanen und Kelten erstmals klar entgegen, wobei aus seinem ethnographischen Exkurs die innere Verwandtschaft wieder deutlich hervorgeht. Die Germanengefahr, die sich als roter Faden durch Cäsars Berichte zieht, war der Hauptgrund für sein Eingreifen in Gallien. Dementsprechend musste Cäsar diese Gefahr und die dahinterstehenden Völker zuerst konkretisieren, wobei er einseitig Stellung genommen und übertrieben hat[156].

Helvetier in Süddeutschland

Antike Quellen lassen an der Existenz von Helvetiern in Süddeutschland keinen Zweifel. Tacitus (um 50–120 n. Chr.) erwähnt, dass die Helvetier einst das Gebiet zwischen Schwarzwald, Rhein und Main bewohnt hatten (inter Hercyniam silvam Rhenumque et Moenum amnes, Germania 28). Dem entspricht die von Ptolemaios in Süddeutschland lokalisierte Helvetier-Einöde (ἡ τῶν Ἑλουητίων ἔρημος, Geogr. II 11,6). Zur Zeit des Ptolemaios (um 90–168 n. Chr.) haben die Helvetier also längst nicht mehr rechts des Rheines gewohnt. Von einem früheren Versuch der Wiederbesiedlung stammt vielleicht eine von Cassius Dio (um 155–229 n. Chr.) überlieferte Episode[157]. Demnach sei nach der Niederlage von Bibracte im Jahre 58 v. Chr. eine Gruppe der Helvetier auf den Rhein zu geflohen, um in ihre alte Heimat zu gelangen. Soweit die literarischen Quellen. Auf dem Greinberg bei Miltenberg im Odenwald ist auf einem Grenzstein der römischen Kaiserzeit «inter Toutonos» zu lesen. Hier am Main hat sich offenbar eine letzte Reminiszenz an die untergegangenen helvetischen Toutonen gehalten[158]. Viel diskutiert wurde der Zeitpunkt der helvetischen Abwanderung nach Süden. Das Spektrum reicht vom 2. Jahrhundert bis in die Zeit um 58 v. Chr. Heute haben sich die meisten Forscher der Meinung J. Déchelettes, R. Forrers und K. Christs angeschlossen, dass der Auszug Ende des 2. Jahrhunderts v. Chr. geschehen sei[159]. Allein steht unter den jüngeren Forschern Rainer Christlein mit seiner späten Datierung[160].

In römischer Zeit gab es rechts des Rheines kaum mehr Helvetier. Gewisse Indizien könnten allenfalls für das Weiterleben geringer Bevölkerungsteile sprechen[161]. Zur allgemeinen Überraschung ist jedoch auf dem Magdalensberg bei Klagenfurt in Kärnten eine Inschrift der Jahre 10/9 v. Chr. mit der Nennung der ELVETI entdeckt worden. Sie wird als zurückgebliebenes Zeugnis der im Jahre 101 v. Chr. zusammen mit den Kimbern in dieser Gegend umherstreifenden Helvetier gesehen oder als Rest eines dort allenfalls sesshaft gewordenen Volkssplitters, auf den auch ein Dorfname dieser Gegend namens Tigring hinweisen könnte[162].

Der Grund für die Abwanderung der Helvetier aus Süddeutschland ist nicht bekannt. Sie könnte einem allgemeinen Phänomen dieser Epoche entsprochen haben. In demselben Zeitabschnitt sind weiter nördlich die Belgae über den Rhein vorgestossen und haben einen grossen Teil Galliens in Besitz genommen (Cäsar, bell. Gall. II 4). Mit der Erwähnung des Poseidonios, dass die frühen Helvetier vom Reichtum der Kimbern beeindruckt gewesen und deshalb mitgezogen seien, ist wohl nur ein vordergründiger

118
Wanderung der Kimbern und Toutonen von 113 v. Chr. bis 101 v. Chr. Die von Norden vorstossenden Kimbern lösen eine Wanderlawine aus, an der sich auch die helvetischen Toutonen und Tiguriner beteiligen. Nach anfänglichen Siegen und langen Streifzügen durch Gallien werden die wandernden Völker von den Römern schliesslich geschlagen. Die Tiguriner entkommen unbesiegt ins schweizerische Mittelland.

119
Vor der Zeit der kimbrischen Wanderung haben die Toutonen und Tiguriner vermutlich in Süddeutschland gewohnt. Die Namen der Völkerschaften im schweizerischen Mittelland sind für diese frühe Zeit noch nicht bekannt; sie werden hier Süd-Protohelvetier genannt und in eine östliche und westliche Gruppe unterteilt.

Faktor angesprochen. Damit ist aber gesagt, dass die Wanderungswelle gegen Ende des 2. Jahrhunderts v. Chr. zumindest ein Anlass für den Wegzug gewesen ist. Leider überliefert uns Poseidonios die genauen Wohnsitze der beiden namentlich genannten helvetischen Teilstämme nicht. Die Toutonen können wir nach dem oben angeführten Grenzstein am ehesten unmittelbar südlich des Maines lokalisieren. Dieser Stamm verschwindet nach der Schlacht von Aquae Sextiae aus der Weltgeschichte. Anders die Tiguriner. Ihre alten Wohnsitze sind unbekannt, aber am ehesten auch in Süddeutschland zu suchen. Wenn die unter S. 81 genannten Münzen aus dem Vercellese für diese Frage auswertbar sind, ist an den damals dicht besiedelten Neckarraum mit dem grossen Oppidum Heidengraben am Rande der Schwäbischen Alb bei Stuttgart zu denken. Später finden wir die mächtigen Tiguriner in der Westschweiz mit Aventicum als Zentrum. Es ist möglich, dass sie bald nach der von ihren Wandergenossen bei Vercellae verlorenen Schlacht diesen neuen Wohnsitz aufgesucht haben. Hier fanden die Tiguriner nicht einfach leeres Siedlungsland vor. Es gibt Hinweise, dass die Sequaner ihren Machtbereich zeitweise bis ins Mittelland ausgedehnt hatten[163]. Vielleicht haben die Tiguriner die Sequaner aus dem Mittelland vertrieben oder deren Oberherrschaft gebrochen.

Insgesamt geben die schriftlichen Quellen nur dürftige Schlaglichter auf die Vorgänge in der Zeit um 100 v. Chr. Zahlreiche Fragen stehen deshalb in diesem Zusammenhang, wie es F. Fischer zu Recht betont hat, offen[164]. Im Folgenden wird der Versuch gewagt, anhand der keltischen Münzfunde Näheres zu den Volksverschiebungen in Erfahrung zu bringen[165]. Fundmünzen sind aufgrund ihrer differenzierten typenmässigen Erfassung und genau begrenzbaren Verbreitung den übrigen Bodenfunden in den historischen Aussagemöglichkeiten oft überlegen. Vorbedingung ist eine klare Chronologie. Nach einer langen Zeit kontroverser Datierungen können für die Keltenmünzen seit neuester Zeit verlässliche Datierungen angegeben und auch historisch ausgewertet werden[166]. Allgemein zeigen die schweizerischen Münzfunde, dass zum Main-Neckar-Raum und zu Nordostfrankreich inklusive dem Hochrheingebiet starke Verbindungen bestanden haben. Das Dreieck Mittelland/Südostfrankreich/Südwestdeutschland steht deshalb im Vordergrund der Betrachtungen.

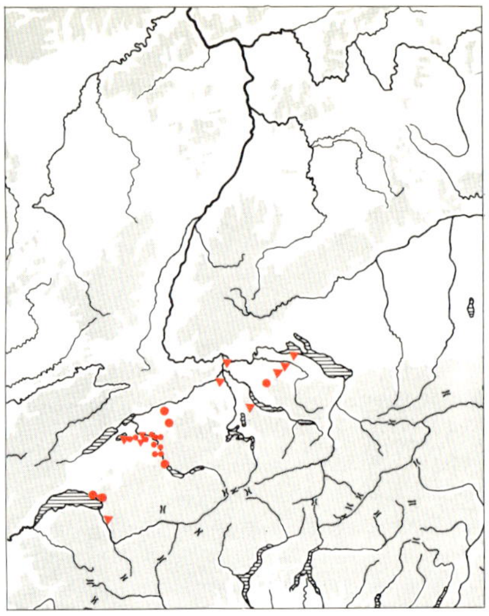
120

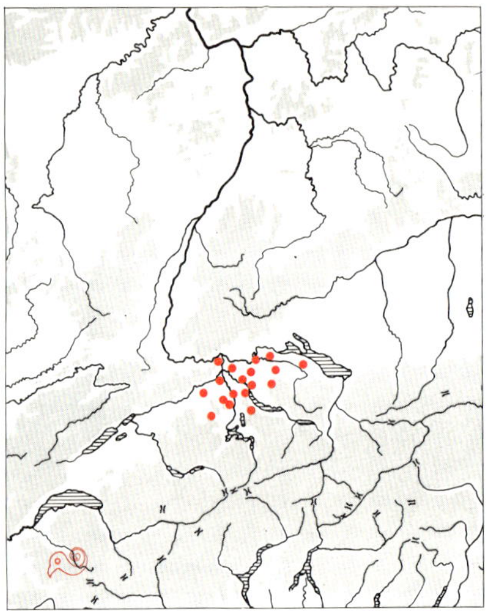
121

Protohelvetier und ihre Münzen

Zwischen der Zeit des Poseidonios und derjenigen von Cäsar (100–44 v. Chr.) ist in Bezug auf die Helvetier sehr viel geschehen. Beide nennen denselben Namen, bezeichnen damit aber Verschiedenes. So überliefert Poseidonios drei helvetische Teilstämme, Cäsar aber deren vier. Poseidonios hatte mit seinen Helvetiern sicher auch rechtsrheinische Teilstämme (vielleicht sogar ausschliesslich?) im Auge, Cäsar nur die linksrheinischen Bewohner. Wir halten uns für das Folgende begriffsmässig an die besser bekannten Helvetier der Zeit Cäsars und bezeichnen die zeitlich davor liegenden Früh-Helvetier als Protohelvetier. Die letzteren zerfallen in eine nördliche rechtsrheinische Gruppe in Süddeutschland (Nord-Protohelvetier) und in eine südliche, linksrheinische Gruppe im schweizerischen Mittelland. Diese Region hat sich als uneinheitliche frühgeschichtliche Kulturlandschaft herausgestellt. Schon für die frühe Hallstattzeit können zwischen dem östlichen und westlichen Mittelland Typenunterschiede festgestellt werden[167]. Wir führen diesen Wechsel auf eine Kulturschwelle im Napfgebiet und nördlich davon, fortan kurz «Napfscheide» genannt, zurück. Davon wird noch die Rede sein. Für die frühkeltische Zeit ist im schweizerischen Mittelland nördlich des Napfmassives eine deutliche Fundlücke zu erkennen[168]. In der Phase der mittleren Latènezeit, für die L. Berger eine Typengrenze eruieren konnte, gilt das noch ausgeprägter[169]. Westlich der Napfgrenze wurden von den Frauen grossgliedrige, östlich davon feingliedrige Gürtelketten getra-

120, 124–125
Verbreitungskarte der grossgliedrigen (●) und feingliedrigen (▼) Gürtelketten in der Schweiz mit je einem Beispiel solcher Frauengürtel (nach L. Berger).

121 und 126
Verbreitungskarte der ost-protohelvetischen Goldmünze vom Typ Unterentfelden und ein Exemplar dieses Typs mit Kopf und Wagengespann. Typisch ist das Beizeichen unter dem Pferd in Form eines Rolltieres mit Vogelkopf (nach H.-J. Kellner).

122–123
Vermutlich west-protohelvetische Goldmünzen mit liegendem S als Beizeichen. Gefunden in Auvernier und Estavayer.

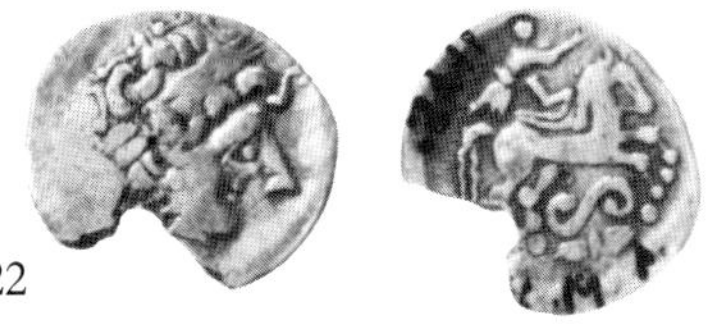
122

123

124

125

126

gen. Dieser metallische Teil der Frauentracht lässt vermuten, dass sich die nicht erhaltene Tracht selbst auch wesentlich unterschieden hat. Wir geben den westlich der Napfgrenze wohnenden Kelten des Mittellandes mit ihren Siedlungsschwerpunkten um Bern und in der Westschweiz den Namen West-Protohelvetier, den östlich davon nachgewiesenen entsprechend Ost-Protohelvetier.

Die West- und Ost-Protohelvetier waren wie gesagt im 3. Jh. v. Chr. bei der Übernahme der ersten Goldmünzen Philipps II. führend. Ähnlich frühe Nachprägungen finden sich am Oberrhein und im angrenzenden französischen Gebiet. Die Schweiz war Teil der «Philipperzone». In Süddeutschland hingegen treffen wir zu dieser Zeit noch keine Goldmünzen an, für Bayern ist ein völlig anderer Münztyp nach römischem Vorbild bezeichnend. Im 3. Jh. v. Chr. zeigt also das schweizerische Mittelland nach den Münzen kaum Verbindungen zu Südwestdeutschland, sondern eher zum Nordwesten jenseits des Juras.

Mit dem 2. Jahrhundert v. Chr. folgt die Zeit der regionalen Münzprägungen nach dem Vorbild des Staters Philipps II., der jetzt in eigener keltischer Art umgewandelt wird. D. F. Allen hat einen gewissen Bruch (der Prägestätten?) zwischen den frühesten Münzen und diesen lokalen Geprägen festgestellt[170]. Dabei kann es sich jedoch nicht um eine bevölkerungsmässige Diskontinuität handeln. Die Gräberfelder zeigen Kontinuität. Die bekannteste regionale Münzprägung der Schweiz ist der sogenannte Typ Unterentfelden, eine Münze der Ost-Protohelvetier. Das Verbreitungsgebiet reicht von der Suhr im Westen bis zum Bodensee im Osten und vom Rhein im Norden bis zum Zürichsee[171]. Im Zentrum liegen das untere Reuss- und Limmattal. Der Viertelstater weist gewichtsmässig den vierten Teil eines Vollstaters auf. Die bekannten Vertreter des Typs Unterentfelden liegen fast alle in der engen Spanne zwischen 1.80 und 1.93 g. Zweimal, in Langdorf TG und Horgen ZH ist dieser Münztyp in Gräbern der ersten Hälfte des 2. Jh. v. Chr. festgestellt worden. Diese Münzen, die etwa dem Wert eines Schafes entsprachen, kommen nur in reichen Gräbern vor. In seiner Art einzigartig ist das Grab von Horgen mit wertvollen Edelmetallbeigaben und Importstücken. Die Tote muss der obersten Gesellschaftsschicht angehört haben; man denkt an eine im Rahmen der von der Oberschicht geübten Heiratspolitik eingeheiratete fremde Aristokratentochter[172]. Die Goldmünze vom Typ Unterentfelden zeigt auf der Vorderseite einen Kopf nach rechts, der noch deutlich an das makedonische Vorbild erinnert. Neu hinzugekommen ist ein aus dem Pferdekopf herauswachsendes, halbmondförmiges Gebilde und das für diesen Münztyp bezeichnende Beizeichen zwischen den Pferdefüssen in Form des Rolltieres mit Vogelkopf.

Die entsprechenden Münztypen der West-Prohelvetier sind unter der grossen Fundmenge noch nicht alle identifiziert. Dazu gehört wohl der abgebildete Viertelstater mit S-Volute, von dem je ein Exemplar in Estavayer FR und in Auvernier NE gefunden wurde[173]. Es gab auch Vollstatere. Solche wurden zum Beispiel in Bern oder in la Tène gefunden[174]. Ein ausserordentlicher Fund ist der Münzstempel aus Avenches oder Umgebung[175]. Dargestellt ist ein typisch entwickelter «Philipperkopf» mit charakteristischem Doppelwirbel im Haar (S. 51). Merkwürdigerweise wurden bisher keine mit diesem Stempel ausgeprägten Münzen gefunden, obwohl damit Hunderte oder sogar Tausende von Münzen geschlagen worden sind. Die Stempelgravur zeigt deutliche Abnützungserscheinungen. Um weitere gute Münzbilder erzielen zu können, ist die Zeichnung nachgeschnitten worden.

Die S. 88 abgebildete Münze geht auf einen Stater Alexanders des Grossen zurück. Die Stilisierung ist so weit vorangeschritten, dass keine Ähnlichkeit mehr zum ursprünglichen Original besteht. Dieser schon genannte Münztyp ist hauptsächlich im westlichen Mittelland verbreitet[176]. Mit dem schriftlosen «Alexanderstater» sprechen wir eine

Münzgruppe an, die auf die Verbindungen der West-Protohelvetier zum alpinen Raum hinweist. Die Existenz eigener Münzprägungen im schweizerischen Mittelland lässt Rückschlüsse auf eine gefestigte politische und wirtschaftliche Struktur zu. Noch wurden die Münzen ausschliesslich für grössere Zahlungen verwendet, kleinere Nominalien sind noch nicht nachweisbar.

Während im linksrheinischen Gebiet zahlreiche weitere regionale Philippernachprägungen auftreten, sind solche im rechtsrheinischen Gebiet zu dieser Zeit sehr selten. In Süddeutschland kommen im 2. Jh. v. Chr. die sogenannten Regenbogenschüsselchen auf. Es sind stark schüsselförmig gebogene Münzen, die ihren Namen von der alten Volksmeinung haben, dass diese Geldstücke dort entstehen würden, wo der Regenbogen die Erde berührt. In Tat und Wahrheit wurden solche Münzen oftmals in den frisch gepflügten Äckern nach starken Regenwettern gefunden. Diese Regenbogenschüsselchen tragen verschiedene Symbolzeichen, die als keltische Eigenschöpfungen zu bezeichnen sind. Wahrscheinlich haben die Nord-Protohelvetier Regenbogenschüsselchen geprägt[177]. Damit ist jedoch das von Poseidonios gebrauchte Attribut «goldreich» kaum nur darauf zu beziehen, da auch die südlichen Protohelvetier wie die meisten Kelten in diesem Bereich Goldmünzen ausgegeben haben. Die Regenbogenschüsselchen weisen Verbindungen zu den sogenannten boiischen Prägungen auf, welche weiter östlich, vor allem in Böhmen, vorkommen, und bilden mit diesen im Gegensatz zu den Philippernachprägungen ein eigenes Goldmünzensystem. Strahlen die süddeutschen Münzen nach Süden aus, gibt es ein sekundäres Verbreitungsgebiet der süddeutschen Regenbogenschüsselchen in der Schweiz? Die Fundzahlen sind relativ klein, nämlich 15 schweizerische Funde gegenüber 175 Stück aus Baden-Württemberg[178]. Die schwersten und damit ältesten Regenbogenschüsselchen überhaupt wiegen um 8 g, das Durchschnittsgewicht liegt bei 7,5 g[179]. In der Schweiz gibt es keine Regenbogenschüsselchen über 7,8 g, das Durchschnittsgewicht liegt eher unter dem allgemeinen Wert. Die Gewichtsverminderung geht bei den keltischen Goldmünzen mit der Verschlechterung des Goldgehaltes einher. Münzen mit mehr als 75% Goldgehalt (= 18 Karat) sind bei den Regenbogenschüsselchen als ältere Münzen anzusehen. Dieser hohe Anteil wird von den im Schweizerischen Landesmuseum untersuchten schweizerischen Regenbogenschüsselchen nicht erreicht. Die hier eingefügte Tabelle gibt einige Werte an, die zudem die gleichzeitige Gewichtsabnahme dokumentieren[180].
Vier schweizerische Regenbogenschüsselchen zeigen, dass parallel zur Gewichtsabnahme auch der Goldgehalt absinkt:

	Gold %	Silber %	Kupfer %	Gewicht in g
Fund von Mitlödi, GL	70,5	21,5	8	7,78
Fund von Wauwil, LU	59,5	31,5	9	7,73
Fund aus der «aargauischen Rheingegend»	55,5	31,5	13	7,34
Fund von Lausanne, VD	13	82	5	5,82

Einen extremen Wert weist der zu einer späten Gruppe gehörende Fund von Lausanne auf. Insgesamt zeichnet sich also die Tendenz ab, dass in der Schweiz Regenbogenschüsselchen aus dem chronologischen Mittelfeld und der Spätzeit vorkommen. Demnach ist wie bei den noch zu behandelnden Büschelmünzen an ein sekundäres Verbreitungsgebiet zu denken. Die Goldmünzen stammen zu einem guten Teil aus Schatzfunden, stellen also teilweise Opferfunde dar und spiegeln damit den tatsächlichen Geldumlauf nur bedingt wider. Verschiedene Faktoren können hier mitspielen. Dies hat die Analyse des Goldschatzes von Saint-Louis bei Basel gezeigt[181]:

127
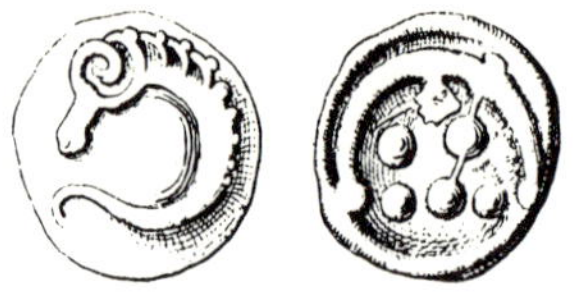

128
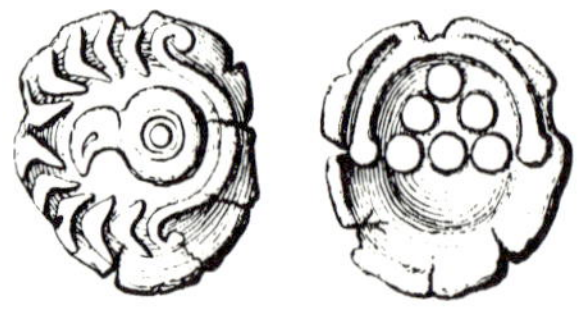

129
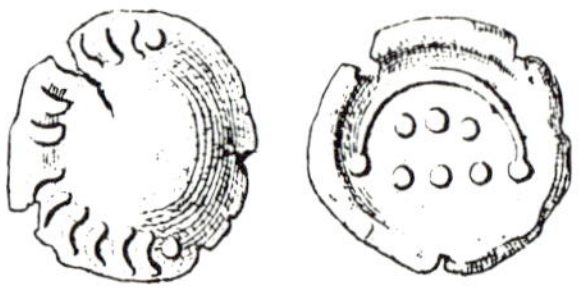

127–129
Verschiedene Regenbogenschüsselchen mit Rolltier, Vogelkopf und anderen Darstellungen.

130
Hauptverbreitungsgebiet der Regenbogenschüsselchen in Süddeutschland und Fundpunkte in der Schweiz.

131
Verbreitungsgebiet der süddeutschen Kreuzmünzen und der Büschelmünzen mit den Fundpunkten der «schweizerischen Serien» in der Schweiz und in Frankreich (●). Die Konzentration im Schweizerischen Mittelland ist umrandet (nach D.F. Allen).

132–134
Drei Gruppen von silbernen Büschelmünzen. 132: frühe, schwäbische Serien mit noch kenntlichem Kopf auf der Vorderseite, 133: bayerische Serien mit wirbelförmigen Haarbüscheln, 134: schweizerische Serien mit palmbaumartig angeordneten Büscheln. Diese Vorderseitendarstellungen sind ein gutes Beispiel für die vielseitigen Entwicklungsrichtungen der auf keltischen Münzen dargestellten Bilder und Symbole.

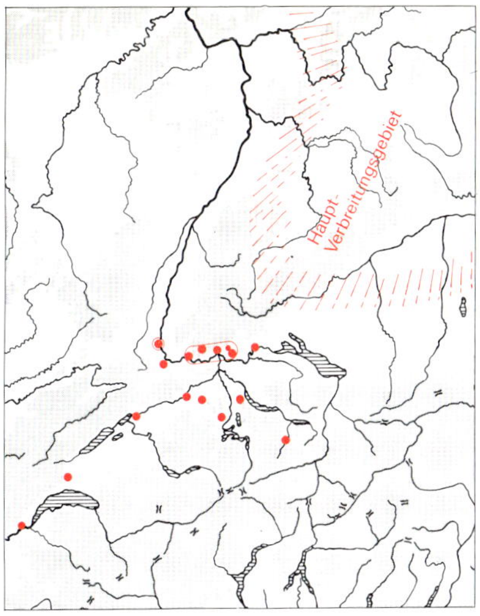

130

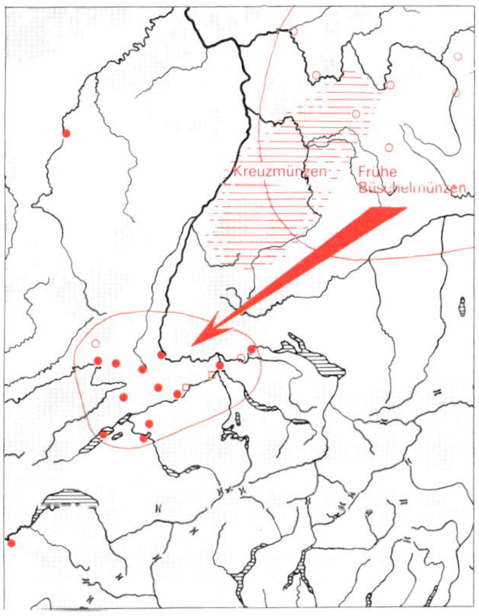

131

Im Jahre 1883 haben zwei Arbeiter unterhalb der Stadt Basel im Bereich der Landesgrenze zu Frankreich in der Nähe von Saint-Louis bei Reparaturarbeiten am Rheinbord einen Goldschatz aus der Zeit um 100 v. Chr. entdeckt, der einen Armring und Fragmente von zwei Halsringen enthielt (S. 83). Dabei lagen über hundert Münzen, vorwiegend Regenbogenschüsselchen sowie boiische Münzen und wenige andere Münztypen. Robert Forrer hat diesen Fund zusammen mit ähnlichen Schatzfunden in Frankreich, vor allem demjenigen von Tayac bei Bordeaux, mit den Zügen der Kimbern und Toutonen in Zusammenhang gebracht[182]. Diese Theorie ist auf Kritik gestossen[183]. Vergleichende Untersuchungen zum Goldschatz von Saint-Louis bei Basel haben gezeigt, dass die Kombination von Ringschmuck mit bestimmten Münztypen wie Regenbogenschüsselchen, boiischen Typen und anderen, mit bestimmten Symbolen oder glatten Oberflächen versehenen Münzen ein allgemeines Phänomen in Europa darstellt. Solche Funde gibt es in der Gegend von Bonn im Norden bis nach Norditalien im Süden. In diesen Schatzfunden, die nicht selten aus Gewässern stammen, treten wiederholt ortsfremde Münzen auf. Der Opfercharakter dieser Schatzfundgruppe ist unverkennbar. Es fragt sich nur, warum diese Opfer mit teilweise fremdem Gut genau dort niedergelegt worden sind. Opferung von Gastgeschenken, fremden Völkern abgenommene Kriegsbeute oder das Opfer eines wandernden Stammes von eigenem Gut? Hier berührt sich die Theorie R. Forrers mit den neuen Untersuchungen. Nachdem sich nämlich aufgrund der neuen Datierungen gezeigt hat, dass von R. Forrer für die Kimbern- und Toutonenzüge in Anspruch genommene Schatzfunde durchaus in die in Frage stehende Zeit fallen können, darf ein solcher Zusammenhang nicht rundweg ausgeschlossen werden. Wanderungen können zu einer vermehrten Opfertätigkeit geführt haben, zumal wandernde Völker bekanntermassen ihre Reichtümer mitgeschleppt haben. Für die Verbindung gewisser Regenbogenschüsselchenfunde mit dem Kimbern- und Toutonenzug ist ein gewichtiges Argument hinzugekommen. In der Gegend von Vercelli, dem Ort der vernichtenden Niederlage der Kimbern in Oberitalien, sind völlig isoliert zahlreiche Regenbogenschüsselchen gefunden worden[184]. Nach D. Mannsberger vertreten 35 Exemplare davon Typen, wie sie in der Umgebung des nord-protohelvetischen Oppidums Heidengraben auftreten[185]. Die Tiguriner, deren frühen Wohnsitz wir in dieser Gegend suchen, sind mit den Kimbern nach Oberitalien gezogen, haben sich mit diesen einen Winter lang dort aufgehalten und sind dann nur knapp der Vernichtung entgangen.

Abwanderung der Nord-Protohelvetier aus Süddeutschland

132 ○

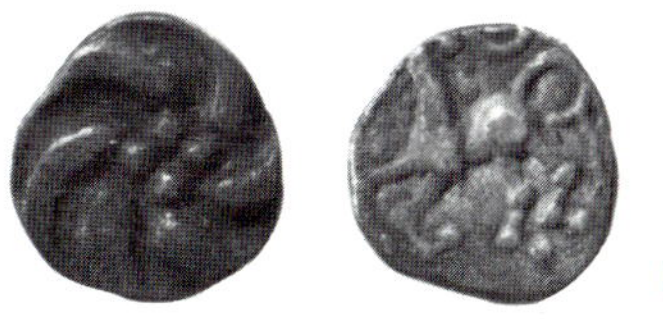

133 □

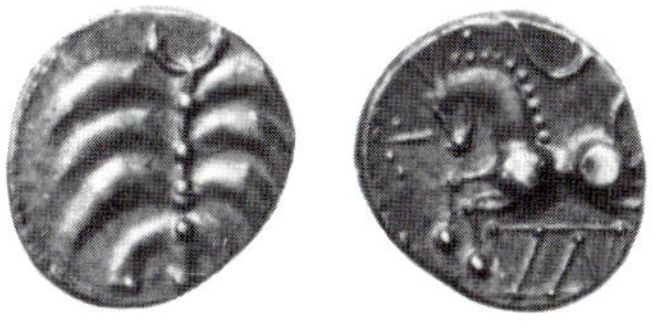

134 ●

Mit dem Ende des 2. Jh. v. Chr. nähern wir uns der für die Frage der Abwanderung der Nord-Protohelvetier interessanten Zeit. Neben den Regenbogenschüsselchen kommen im südwestdeutschen Bereich Silbermünzen vor. Das ist erstaunlich, befinden wir uns doch hier an sich in der westkeltischen «Goldzone». Zwei Typen von Silbermünzen treten hauptsächlich auf, Büschelmünzen und Kreuzmünzen. Die süddeutschen Kreuzmünzen gehen auf südgallische Münzen zurück, die ihrerseits Münzen der griechischen Tochterstadt Rhoda in Spanien imitieren. Originale südgallische Kreuzmünzen kommen in der Schweiz nur sehr vereinzelt vor. Es existiert also keine direkte «Brücke» zwischen den südgallischen und süddeutschen Kreuzmünzen. Wie kamen diese fremdartigen Münztypen nach Süddeutschland? Ein Schlüssel zu dieser Frage liegt in der rückseitigen Aufschrift der Münze auf S. 82 aus der Umgebung des vermutlich nord-protohelvetischen Oppidums Heidengraben. Sie lautet VOLC(AE), und trägt damit den Namen eines südgallischen Keltenstammes. Auf dieses Volk geht Cäsar ein. Demnach ist es von Südfrankreich, aus der Gegend von Toulouse, ins rechtsrheinische Gebiet eingewandert und hat sich hier bald assimiliert. Diese Kreuzmünzen – es gibt in Südwestdeutschland nur wenige Dutzend – gehen wohl auf einen Teil der Auswanderer zurück[186]. Unter dem Hercynischen Waldgebirge versteht Cäsar den ganzen Gebirgsgürtel vom Schwarzwald bis zu den Karpaten. Der Beginn der süddeutschen Kreuzmünzen ist in der Zeit nach 150 v. Chr. anzunehmen[187]. Sie sind wie die folgenden Büschelmünzen parallel mit den Regenbogenschüsselchen umgelaufen und kommen zum Teil in denselben Schatzfunden vor.

Die Büschelmünzen sind für die Geschichte der Helvetier von grösster Wichtigkeit. Das Vorbild, vielleicht eine griechische Münze, wurde im Laufe der Zeit stark umgewandelt. Die wohl im Main-Neckar-Raum entstandenen keltischen «Prototypen» der Büschelmünzen zeigen auf der Rückseite ein Pferd und auf der Vorderseite einen Kopf nach rechts mit lockigem Haar. Dieser Haarschopf tritt im Laufe der Zeit immer stärker hervor, bis er schliesslich eine eigenständige Gestalt bekommt. Es ist der sogenannte Palmbaum, in dem frühere Forscher das Abbild von Mistelzweigen gesehen haben. Derek F. Allen hat die Büschelmünzen in drei Hauptserien eingeteilt[188]. Erstens die schwäbischen Serien mit noch kenntlichem Kopf, zweitens die bayerischen Serien mit wirbelförmigen Büscheln und drittens die schweizerischen Serien mit meist axial-symmetrisch angeordneten Büscheln. Die Vertreter der schweizerischen Serien gehören typologisch und gewichtsmässig zu den jüngeren Typen. Dank der Verknüpfung von Büschelmünzen in zwei Schatzfunden mit anderen Münzen kann heute der Beginn der frühen Büschelmünzen (vor allem der schwäbischen Serien) noch in die zweite Hälfte des 2. Jh. v. Chr. datiert werden, die späteren schweizerischen Serien in die Zeit seit der ersten Hälfte des 1. Jh. v. Chr.[189]. Wenn wir annehmen, dass diese Münzen aus Süddeutschland nicht allein, sondern mit einer entsprechenden Trägerschaft ins Schweizerische Mittelland gekommen sind, ergeben sich zur Frage der Abwanderung der Protohelvetier aus Süddeutschland interessante Überlegungen. Die Münzverschiebung könnte die Verlagerung der Nord-Protohelvetier von Süddeutschland ins schweizerische Mittelland widerspiegeln.

Die Analyse der Münzen hat für Süddeutschland ein Nebeneinander verschiedener Münztypen in der Zeit zwischen 150 bis 50 v. Chr. ergeben, das auf die Existenz verschiedener Volksgruppen in diesem Gebiet schliessen lässt:
- Splitter der literarisch und numismatisch bezeugten Volcae Tectosages
- Spuren der epigraphisch und literarisch bezeugten protohelvetischen Toutonen
- Hinweise auf andere literarisch bezeugte Protohelvetier
- Einflüsse der numismatisch bezeugten Boier.

Dieses Nebeneinander könnte zu einem Unruheherd geführt haben, der sich am kimbrischen Durchzug entzündet und bestimmte Gruppen zum Abzug veranlasst hat. Offenbar sind in dieser Zeit und in diesem Raum, der in römischer Zeit wieder ein Sammelbecken verschiedenster Gruppen geworden ist, sehr dynamische und komplizierte Prozesse abgelaufen. Diese sind heute im einzelnen nicht mehr nachvollziehbar; es besteht ein breites Spektrum von Erklärungsmöglichkeiten, wie Überschichtungen, Einschmelzungen, Abspaltungen von Teilstämmen oder ad-hoc-Zusammenschlüsse verschiedener Stammessplitter zu einem gemeinsamen Auszug[190]. Für die Helvetierfrage ist aufgrund der Münzen jedoch einiges deutlicher geworden: Seit dem 2. Jh. v. Chr. sind Beziehungen zwischen dem Mittelland und Süddeutschland, obwohl verschiedenen Münzsystemen angehörend, festzustellen. Diese verstärken sich in der Zeit um 100 v. Chr., wobei Süddeutschland mehrheitlich der gebende und das Mittelland der nehmende Teil gewesen ist. Das sekundäre Auftreten von Regenbogenschüsselchen und Büschelmünzen im Mittelland lässt die Vermutung auf Abwanderung von Nord-Protohelvetiern ins Gebiet der West- und Ost-Protohelvetier zu. Wenn die Abwanderung

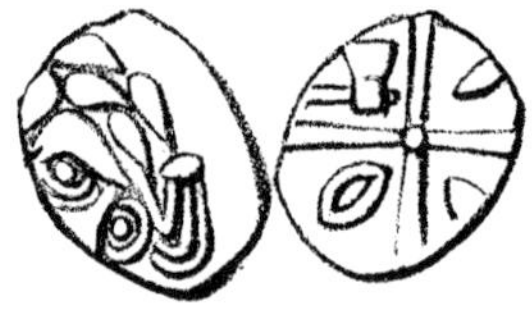
135

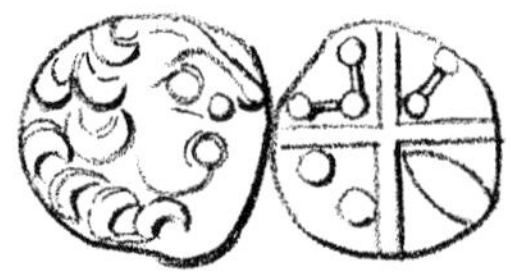
136

Cäsar, bell. Gall. VI 25:
«Es gab vorher eine Zeit, da die Gallier die Germanen an Tapferkeit übertrafen, sogar angriffen und wegen Überbevölkerung und Landmangel über den Rhein Kolonisten schickten. Und so besetzten die Volker-Tectosagen (Volcae-Tectosages) die fruchtbarsten Gegenden Germaniens und das Hercynische Waldgebirge!»

137 

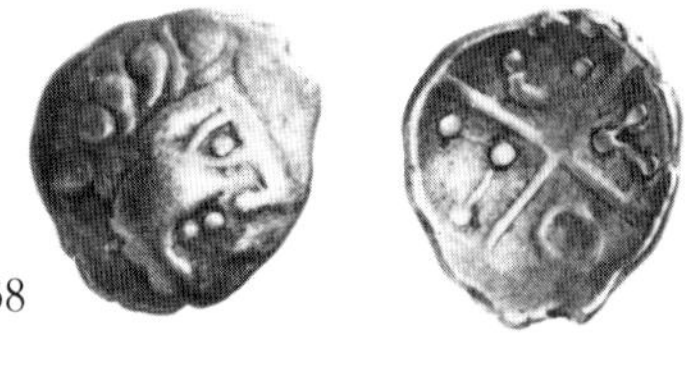
138

135–136
Bei Genf und Nyon gefundene Kreuzmünzen aus Silber.
137
VOLC. Umschrift der folgenden Silbermünze, die auf den Stamm der Volcae Tectosages zurückgeht.
138
Münze aus der Umgebung des Oppidums auf dem Heidengraben bei Stuttgart mit den Schriftzeichen VOLC.
139
«Goldschatz von Saint-Louis» bei Basel aus der Zeit um 100 v. Chr. Dieser Goldschatz, vermutlich ein Weihefund, bestand aus zahlreichen Münzen, einem Armring, kleinen Ringen sowie Teilen von zwei grossen Halsringen.

Poseidonios:
Da nämlich der Lauf der Flüsse winkelige Biegungen macht und das Wasser im Anprall an die vorgeschobenen Berghänge grosse Stücke derselben abreisst, so führt es vielen goldhaltigen Sand mit sich fort. Diesen fangen die damit Beschäftigten auf und mahlen ihn oder zerstampfen die Schollen, welche ihn enthalten; dann lassen sie das Wasser die erdigen Teile herauswaschen und geben das Übriggebliebene in die Öfen zum Schmelzen. Auf diese Weise gewinnen sie grosse Massen Goldes, dessen sie sich dann zum Schmucke bedienen, und zwar nicht nur die Weiber, sondern auch die Männer: Um die Handwurzeln und Arme tragen sie Spangen und um den Nacken dicke Ketten von massivem Golde, dazu noch ansehnliche Fingerringe und sogar goldene Panzer. Auffallend und bewundernswert ist, was im oberen Keltenlande in den Götterheiligtümern zu geschehen pflegt. In den Tempeln nämlich und Heiligtümern im Lande, die den Göttern geweiht sind, liegt viel Geld offen umher, das den Göttern als Geschenk dargebracht ist, und keiner der Eingeborenen wagt aus Götterfurcht daran zu rühren, obgleich die Kelten sonst über die Massen geldgierig sind.

Zu den auf S. 87 abgebildeten Amuletten bemerkte J.Ch. Ginzrot schon im Jahre 1817: «Diese halbmondförmigen Schildchen waren ebenfalls von allerley Metall gemacht, und dienten als Verzierungen, sowohl an den Zäumen und Sattelzeugen der Reitrosse als an der Beschirrung der Wagenpferde, aber fast immer hieng eines auf der Mitte der Brust. In den ältesten Zeiten gab es schon dergleichen aus zwey ausgezeichnet grossen wilden Eber Hauern zusammen gesetzt, die in der Mitte mit einer zierlichen metallenen Zwinge vereinigt waren, und so einen halben Mond bildeten; und selten fehlte dieser Zierath an den Jagdpferden. Ein jeder Jäger sammelte dergleichen grosse Hauer, und liess die schönsten zu diesem Gebrauche einfassen. Calpurnius sagt: ‹Dort wo der schwebende Hauer eines Ebers sitzt und die Brust mit schneeigem Monde theilet.› Vielleicht lag hiebey eine religiöse Ursache zum Grunde, der Diana zu Ehren.»

139

aus Süddeutschland um 100 v. Chr. von grösseren Gruppen der Bevölkerung mitgemacht worden ist, muss dies dort zu verlassenen oder minder belegten nord-helvetischen Siedlungsplätzen geführt haben. Dafür gibt es Hinweise[191]. So erlebte das schon genannte Oppidum Heidengraben bei Stuttgart die Ankunft der Römer nicht. Für eine sichere Datierung des Endes schon um 100 v. Chr. reichen die Funde allerdings auch nicht aus. Unter Berücksichtigung der kürzlich höher angesetzten Münzdatierungen ist eine deutliche Verminderung des Fundniederschlages, vor allem der Münzen, ab 100 v. Chr. jedoch durchaus möglich. Genauere chronologische Aussagen sind für das kürzlich entdeckte Heiligtum etwa 40 km nördlich des Heidengrabens bei Fellbach-Schmiden möglich[192]. Dieses liegt ebenfalls im Neckarraum und damit im vermuteten Tigurinergebiet. Der darin entdeckte Schacht wurde nach der dendrochronologischen Datierung im Jahre 123 v. Chr. oder kurz danach ausgezimmert. Dieser Schacht ist nach den Untersuchungen von Dieter Planck vor der Mitte des 1. Jh. v. Chr. mit Schutt gefüllt worden, der vom Abbrennen der Anlage zeugt. Während die darin gefundene Grobkeramik eher in das Neckarmündungsgebiet weist, hat das Muster eines bemalten Gefässes seine bisher einzige gute Parallele in der schweizerischen Fundstelle von Basel-Gasfabrik[193].

Was für den Heidengraben gesagt wurde, gilt auch in bezug auf das Oppidum Finsterlohr im Taubertal zwischen Jagst und Main im vermuteten Toutonengebiet[194]. Auch hier ist ein Siedlungsende um 100 v. Chr. nach dem Fundbestand möglich, aber nicht beweisbar. Wie der Heidengraben ist dieses im Umfang fast 5 km messende Oppidum mit einer Pfostenschlitzmauer geschützt und auf dem Vorsprung einer halbinselartigen Hochebene angelegt worden.

140

141

140–141
Zwischen dem Muster eines Gefässes aus dem Kultbezirk von Fellbach-Schmiden bei Stuttgart (141) und jenem eines Fundes aus der Siedlung «bei der alten Gasfabrik» in Basel (140) bestehen Ähnlichkeiten. In das grobmaschige geometrische Rautennetz sind von oben und unten her Halbbogen derart eingezeichnet, dass sie sich zu sphärischen Vierecken vereinigen und so ein raffiniertes, vielschichtiges Muster entsteht.

142–143
Die Verbreitungskarte zeigt eine deutliche Konzentration der Potinmünzen vom Zürcher Typ in Zürich und Umgebung. Das Bild der Vorderseite wird auf der folgenden Seite besprochen, auf der Rückseite ist ein steinbockähnliches Fabelwesen wiedergegeben.

Vermischung im schweizerischen Mittelland?

In der Zeit nach 100 v. Chr. verschwinden die Regenbogenschüsselchen bald aus dem Münzumlauf. Das schweizerische Mittelland gehört jetzt zur «römischen» Denarzone mit Silbergeld. Die bisher verwendeten Silbermünzen werden neben den neu hinzugekommenen Büschelmünzen weiter verwendet und entwickeln sich wie die übrigen Münzen weiter. Dies trifft auch für die sogenannten Kaletedou-Quinare zu, so benannt nach ihrer griechischen Legende. Die Münze selbst geht jedoch auf eine römische Prägung aus der Zeit des 2. Jh. v. Chr. zurück[195]. Diese Münze kommt in Süddeutschland vergleichsweise selten vor und hat ihren Schwerpunkt in Ostfrankreich, weshalb wir darin einen westlichen Einfluss auf das Gebiet der südlichen Protohelvetier sehen möchten. Im Jahre 1850 wurde bei Nunningen SO eine grosse Menge solcher Münzen gefunden. Hier ist wohl ein Schatzfund zerpflügt worden, wobei die dortigen Bauern daraus stammende Münzen so oft fanden, dass sie ihnen einen eigenen Namen, «Nunniger Ärbsli», gegeben haben[196]. Für die Station la Tène sind über 50 solche Quinare belegt. Eine ähnliche Verbreitung haben die neu auftretenden Potinmünzen vom sogenannten Sequaner-Typus. Hier handelt es sich erstmals um «Kleingeld». Als Potin bezeichnet man eine zinnreiche Bronze, die gegossen und nicht geprägt worden ist.

Ein weniger grosses Verbreitungsgebiet zeigt die Potinmünze vom Zürcher Typ, die auf der Vorderseite ein ankerförmiges Symbol, auf der Rückseite ein steinbockähnliches Fabelwesen trägt. Ihr Schwerpunkt liegt in Zürich und Umgebung. Dieses Verbreitungsbild erinnert an das Ausdehnungsgebiet der älteren Viertelstatere vom Typ Unterentfelden und weist auf das Weiterbestehen des alten Gefüges im 1. Jh. v. Chr. bei einer gleichzeitig stärkeren Öffnung des ehemals geschlosseneren Gebietes hin[197]. Auch im westlichen Mittelland entstehen regionale Potintypen. Dazu gehört der von D. F. Allen herausgestellte Typ la Tène[198]. Damit sind wir im fortgeschrittenen 1. Jh. v. Chr. angelangt. Als «Rauracer-Quinar» wurde die Silbermünze mit Legende NINNO

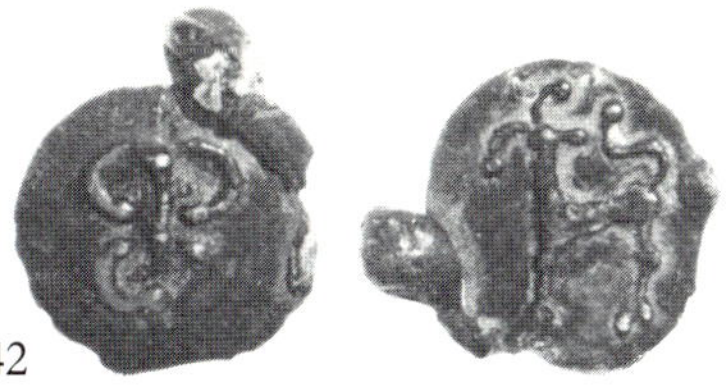

142

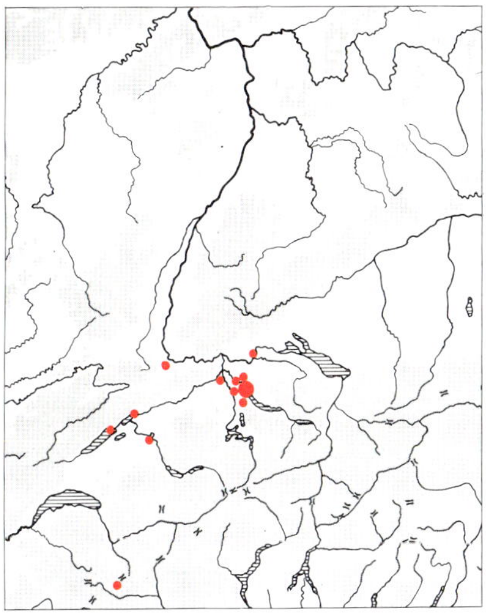

143

144

145

144
Silbermünze aus dem Schatzfund von Balsthal. Entdeckung 1939/40: «Ein Bauer von Balsthal war nämlich im Winter in der Nähe der Stadt mit Holzschlitten beschäftigt und stiess an einem Abhang durch Zufall mit seinem Schlitten auf einen irdenen rohen Topf, der nun zerbrach und aus welchem viele kleine Silbermünzen herausfielen. Es waren deren eine sehr grosse Zahl, welche bald an die Liebhaber in der Schweiz und im Ausland verkauft wurden.»

145
Im Jahre 1890 wurde beim Umbau der alten Zürcher Börse an der Bahnhofstrasse 3 dieser Münzklumpen von 75 kg Gewicht gefunden. Darin sind in zusammengeschmolzener Form über 15 000 Münzen enthalten! Die Hauptmasse besteht aus Vertretern des Zürcher und des Sequaner Typs. Dieser ausserordentliche Fund zeugt von der gleichzeitigen Verwendung beider Typen im östlichen Mittelland. Unter welchen Umständen dieser ausserordentliche Fund in den Boden gekommen und angeschmolzen worden ist, entzieht sich unserer Kenntnis.

(manchmal auch ONNIN geschrieben) und MAUC bezeichnet. Ihr Münzbild ist von zwei römischen Denaren des Jahres 78 v. Chr. kopiert. Demnach kann die keltische Nachprägung nicht älter sein[199]. Die bis heute nicht erklärbare Legende ist ein keltischer Zusatz. Aufgrund des Vorkommens dieses Münztyps im neuen Schatzfund von Langenau D ist dieser Münztyp in die Zeit gegen die Jahrhundertmitte und später anzusetzen[200]. Zahlreiche Exemplare liegen aus dem 1839/40 entdeckten Schatzfund von Balsthal SO vor, der eine abenteuerliche Entdeckungsgeschichte hinter sich hat[201]. Einige Dutzend Münzen sind heute noch erhalten. Neben den Ninno-Quinaren sind Büschelmünzen belegt, die vor allem den schweizerischen Serien angehören, sowie Quinare des Docirix. Die Verbreitungskarte zeigt, dass Ninno-Quinare mit zwei Ausnahmen im westlichen Mittelland und im benachbarten Frankreich vorkommen. Die westlichen Helvetier haben auch nach der Zuwanderung der Nord-Protohelvetier eigene Münzen geprägt, die wie schon früher Beziehungen zu Ostfrankreich offenlegen. – Im westlichen Mittelland gab es auch lokale Silbermünzen. In nur zwei Exemplaren ist bisher der Quinar mit Legende Vatico aus der nächsten Umgebung von Avenches bekannt (S. 86).

Der vermutete Zusammenschluss der südlichen Protohelvetier mit ihren Nachbarn, den Nord-Protohelvetiern Süddeutschland im schweizerischen Mittelland hat zu Veränderungen im Münzverlauf geführt. Bei den westlichen Helvetiern bleibt die bis anhin deutlich spürbare wirtschaftliche Verflechtung mit der französischen Nachbarschaft – Derek F. Allen hat bei der Besprechung der Münzen von la Tène bezeichnenderweise vom «western link» gesprochen – nur in abgeschwächter Form erhalten[202]. Es ist also eine gewisse Angleichung über die Napfscheide hinweg festzustellen. Neben den neuen, aus dem Norden gekommenen Münzen entwickeln sich die alten Münztypen des Mittellandes weiter, wobei die bekannten Unterschiede zwischen West und Ost weiterhin fassbar sind. Aber wir finden die für den Westen typischen Münzen jetzt regelmässig in einigen Exemplaren auch im Osten und umgekehrt.

Schon die Philipperstatere wiesen Monogramme auf, welche auf die Münzstätten hinweisen. Die keltischen Münzen tragen meistens kleine Symbole, sogenannte Beizeichen. Ein solches stellt das Rolltier mit Vogelkopf auf dem Viertelstater vom Typus Unterentfelden dar. Rolltier und Vogelkopf treten auf Regenbogenschüsselchen häufig auf, immer aber in getrennten Darstellungen (Abb. 147). Auf Regenbogenschüsselchen sind auch Bogenkränze anzutreffen, die an die Vorderseitendarstellung der Büschelmünzen erinnern[203] (Abb. 149). Die Bedeutung dieses «Palmbaumes» der Büschelmünzen ist bis heute ungeklärt. Vom senkrechten Mittelsteg gehen beidseitig Bogen ab. Der Mittelsteg wird oben von einem feiner gravierten, nach oben offenen Halbbogen mit Kugelenden gekrönt (Abb. 148). Dies ist bei den jüngeren, schweizerischen Serien fast durchweg der Fall. Zahlreiche Büschelmünzen der anderen Serien tragen dieses Zeichen auf der Rückseite über dem Pferd. Derselbe Bogen mit Kugelenden findet sich jeweils vierfach und den sogenannten Anker bildend auf der Vorderseite der Potinmünze vom Zürcher Typ (Abb. 151). Auch im rückseitigen Steinbock könnten solche Bogen gesehen werden, nämlich in den «Hörnern» und in einigen Fällen auch in den Hufen. Isoliert treffen wir den Bogen mit Kugelenden auf dem von Henri de la Tour den Helvetiern zugeschriebenen Goldstater an[204] (Abb. 152). Dasselbe gilt für einen von Hans-Jörg Kellner vorgestellten «Helvetierstater» von Bern-Engehalbinsel[205]. Diese Summierung von Halbbogen mit Kugelenden auf helvetischen oder protohelvetischen Münzen dürfte kein Zufall sein, denn diese Art Symbol ist sonst auf keltischen Münzen Ostgalliens nicht sehr geläufig. Dementsprechend finden wir den Bogen mit Kugelenden auf den bis in die Schweiz ausstrahlenden Sequanermünzen wie etwa den Tocirix- oder Cantorix-Münzen und den späten Sequaner-Potin nicht, hingegen auf gewissen Kaletedou-Münzen beim Pferd, wobei der Bogen meistens mit Punkten oder Strichen kombiniert ist. Möglich ist eine Verwandtschaft des Bogens mit Kugelenden mit dem zuweilen stark geöffneten «Torques» auf den Regenbogenschüsselchen (Abb. 150).

Das Zeichen des Bogens mit Kugelenden scheint, nachdem es zunächst weiter verbreitet und nicht nur auf protohelvetisches Gebiet beschränkt war, im Laufe des 1. Jh. v. Chr. zu einem bevorzugten Merkzeichen für helvetische Münzen geworden zu sein. Die Bedeutung dieses Symbols kennen wir leider nicht. Der Halbbogen mit Kugelenden tritt einerseits als isoliertes Beizeichen auf, wurde aber auch in typisch keltischer Art in verschiedene Darstellungen eingebaut, kombiniert und versteckt, wobei hier eine eindeutige Bestimmung noch schwieriger wird. Die Vorderseite des Zürcher Typs zeigt ein aus vier Bogen zusammengesetztes «Anker»-Gebilde und erinnert an den Caduceus, den Heroldstab. Solche finden sich auf dem ältesten römischen Geld und auf massaliotischen Prägungen, von denen in Windisch bei Brugg Vertreter gefunden wurden[206]. Der Caduceus war das Prädikat von Mercur, dem gallischen Hauptgott und Gott des Handels. Eine innere Verwandtschaft dieses Handelssymbols zum Anker des Zürcher Typus scheint deshalb möglich, zumal auf anderen keltischen Münzen ähnliche Standarten belegt sind, die etwa durch zwei Halbmonde gekrönt sind[207]. In der figürlichen Kunst treffen wir mehrfach auf Bogen mit Kugelenden. So etwa beim Ring von Port oder wiederholt in Form von Hörnern auf Tierköpfen wie etwa beim Feuerbock von Wauwil. Diese Darstellungen kommen jedoch bei schweizerischen Funden nicht unbedingt gehäuft vor. Es mag ein innerer Zusammenhang zu den Münzdarstellungen bestehen, aber beweisbar ist er nicht. Hier behindert die keltische Kunst mit ihrer verspielten und kombinierten, oft vexierbildhaften Darstellung eine klare Sicht. Der Fall ist leider nicht überall so deutlich wie beim «Anker» des Zürcher Typs, wo offenbar durch geschickte Komposition von Einzelsymbolen ein neuer Sinngehalt entstanden ist. Halten wir hier

146

147

148

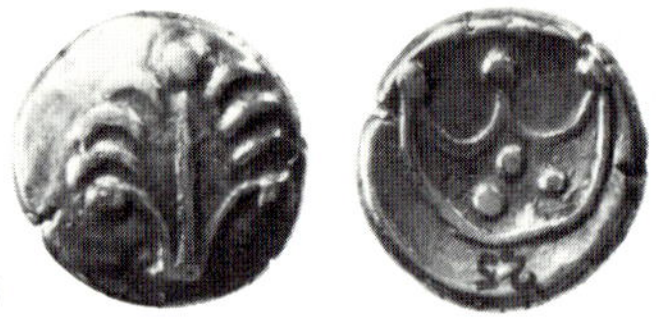

149

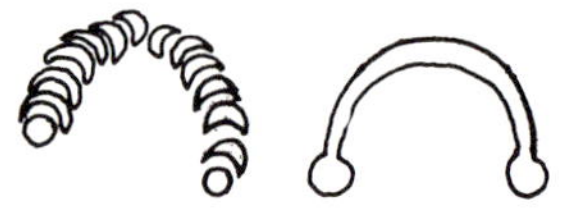

150

151

152

146
Helvetische Silbermünze des VATICO mit Kopf und Pferd. Die beiden Exemplare aus Avenches und vom Bois de Châtel sind bisher die einzigen Belege dieses seltenen Münztyps.

147
Das tierförmige Beizeichen auf den protohelvetischen Münzen vom Typus Unterentfelden erinnert an das Rolltier und den Vogelkopf auf den Regenbogenschüsselchen.

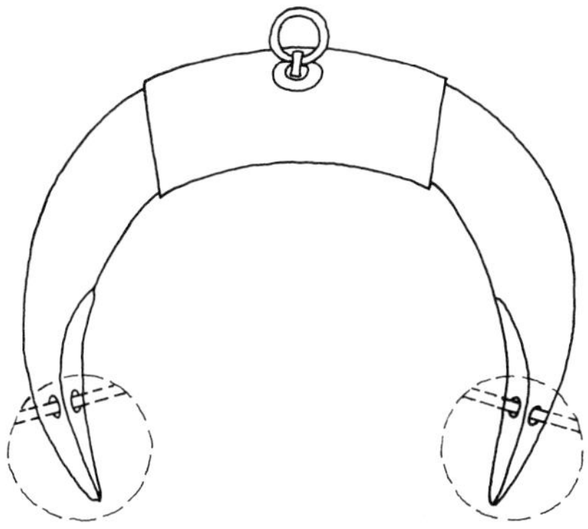

153

154

148–152
Münzen mit Darstellungen von in Kugeln endenden Halbbogen. 148: «Palmbaum» der Büschelmünzen mit krönendem Halbbogen. 149 und 150: Regenbogenschüsselchen mit ähnlichen Kompositionen. 151: Ähnliche Bogen sind auf den nord-protohelvetischen Münzen vom Zürcher Typ vierfach anzutreffen. 152: Halbbogen mit Kugelenden vor dem Mund des Kopfes auf einer vermutlich helvetischen Goldmünze.

153–154
Römerzeitliche Pferdegeschirr-Amulette, deren Form an die vorgestellten Halbbogen erinnert. 153: Rekonstruktion eines Eberzahnanhängers aus dem Legionslager von Dangstetten D mit bisher nicht erklärten durchlochten Enden, die hier als zur Aufnahme von Stiften gehörig gedeutet werden. Damit könnten Endkugeln fixiert gewesen sein. 154: Bronzeamulett aus Augst mit ringförmig geschlossenem Halbmond und kleinen Kugelenden (vergrössert. Vgl. S. 12 und Text S. 83).

deshalb nur fest, dass erstens zwischen den auf süddeutschen und schweizerischen Münzen dargestellten Symbolen Ähnlichkeiten festzustellen sind und zweitens der Halbbogen mit Kugelenden zum bevorzugten Symbol auf helvetischen Münzen geworden ist.

In römischer Zeit gibt es zahlreiche Varianten von Bogen oder Halbmonden mit kugelartigen Enden. Kürzlich hat Gerhard Fingerlin auf eine Gruppe von Pferdegeschirranhängern aufmerksam gemacht, die von den Pferden der im römischen Dienst stehenden keltischen Reiter wohl auf der Brust als Abwehrzeichen getragen worden sind[208]. Sie bestehen aus zwei halbmondförmig montierten Eberzähnen, die an den Enden jeweils eine Durchbohrung unbekannter Funktion aufweisen. Könnten damit aufgeschobene Kugeln aus organischem Material mittels Stiften fixiert gewesen sein? Dann wären unsere Bögen mit Kugelenden auch als Amulett möglich. Nur fanden sich bisher aus rein keltischem Zusammenhang im helvetischen Gebiet keine genau solchen Eberzahnpaare[209]. Neben weiteren Fundorten liegt auch vom Auerberg im Allgäu ein spätes Bronzeamulett in Halbmondform mit Kugelenden und zusätzlichen Phalloi vor[210]. Damit kann die Kombination von Halbbogen mit Kugelenden auch in anderer Form belegt werden. In der römischen Koloniestadt Augst wurden ähnliche Anhänger hergestellt[211]. Eine genaue Abgrenzung zu ähnlichen und weit verbreiteten Anhängern des römerzeitlichen Pferdegeschirrs ist aber zurzeit nicht möglich (vgl. S. 83).

Zusammenfassung

Wir haben versucht, aufgrund von Münzen, ihrer Typologie und ihres Verbreitungsbildes Hinweise zur Entstehungsgeschichte der Helvetier zu gewinnen. Dabei darf nicht übersehen werden, dass die ethnische Deutung von Fundtypen grundsätzlich ein gewagtes Unternehmen ist. Die Analyse der Münzen hat wenigstens erste Hinweise gegeben. Die frühen Typen der Büschelmünzen kommen in Süddeutschland vor, jüngere Varianten vorzugsweise in der Schweiz. Es scheint naheliegend, in diesem Verbreitungsbild einen Niederschlag von um 100 v. Chr. aus Süddeutschland in das schweizerische Mittelland Zugewanderten zu sehen. Dazu kommt ein ähnlicher Befund bei den Regenbogenschüsselchen. Leider können diese Resultate aber noch nicht an anderen archäologischen Materialien überprüft werden. «Die Helvetier» sind jedenfalls in einem langen und vielschichtigen Prozess entstanden, dessen fein verästelte Entstehungsgeschichte heute nicht mehr genau nachzuvollziehen ist. Wir können uns höchstens einigen wichtigen Schritten in diesem Prozess annähern. Bisher wurden hauptsächlich die Unterschiede zwischen den nördlichen und südlichen Protohelvetiern betont. Dies war für die Unterteilung nötig, darf aber nicht darüber hinwegtäuschen, dass zwischen beiden starke innere Kulturverwandtschaften bestanden haben dürften. Solche Verwandtschaften bildeten wahrscheinlich mit eine Grundlage zum relativ schnell vor sich gegangenen Zusammenschluss beider Gruppen in der Schweiz. Wie sich Nord- und Süd-Protohelvetier ethnisch gesehen zueinander verhalten, ist schwer zu beantworten. Eine gemeinsame Wurzel ist möglich.

Nach dem Altmeister der keltischen Namenforschung, Alfred Holder, weist der Name der Helvetier, der Elv-et-ii, auf eine Abspaltung hin[212]. In der Zwischensilbe steckt ein keltischer Diminutiv. Demnach verkörpern die Helvetier einen Zweig, der sich von einem alten Verband namens Elvii gelöst hat. Von der Frühgeschichte der Elvier oder Helvier wissen wir sehr wenig; ein Stamm solchen Namens sass im 1. Jh. v. Chr. als Nachbarvolk der Volcae am unteren Rhonelauf im heutigen Departement Ardèche. Der interessante Hinweis A. Holders wirft neue Fragen auf. Gibt es überhaupt einen direkten Zusammenhang zu den südfranzösischen Elvii des 1. Jh. v. Chr.? Oder hiessen die südlichen Protohelvetier ähnlich, haben sich davon die Elvetii (= Nord-Protohelvetier) abgespalten und schliesslich diesen Namen zurückgebracht? Wenn der Name der Helvetier wirklich auf die südfranzösischen Helvii zurückgeht, dürfte der Übertragungsvorgang am ehesten mit dem grossen Stammesverband der Volcae zusammenhängen. Sicher scheint, dass die Protohelvetier des schweizerischen Mittellandes, für die wir eine lange Kontinuität zu belegen imstande sind, nicht als abgespaltener Teilstamm in frühgeschichtlicher Zeit eingewandert sein können. Die Namensübertragung muss aber nicht auf einen vollständigen Bevölkerungswechsel zurückgehen. Falls der Name Elvetii wirklich auf einen abgelösten Zweig hindeutet, ist diese Bezeichnung eher mit dem um 100 v. Chr. zugewanderten Teil in die Schweiz gekommen. Es ist vielleicht kein Zufall, dass sich die frühen geographisch zuweisbaren Überlieferungen des Helvetiernamens (Helvetiereinöde, helvetische Toutonen) auf Süddeutschland und nicht auf die Schweiz beziehen. Eine bis zu einem gewissen Grad vergleichbare Situation besteht gut 500 Jahre später in der Westschweiz. Dort werden nach 443 n. Chr. Burgunder aus der Gegend von Worms angesiedelt, die einen neuen Namen mitbringen, deren Kultur und Sprache hier aber von den Einheimischen trotz ihrer führenden Rolle bald aufgesogen, assimiliert und integriert werden (S. 148). Die «Neuen» (Nord-Protohelvetier) sind offenbar im Mittelland politisch bald tonangebend geworden. Die Tiguriner, deren vermutliche Heimat wir mit F. Staehelin in Süddeutschland, im Neckargebiet, gesucht haben, spielten im westlichen Mittelland bald eine führende Rolle. Ihr Fürst Divico sprach im Jahre 58 v. Chr. im Namen aller Helvetier.

Wie schlägt sich die angenommene Zuwanderung der Nord-Protohelvetier um 100 v. Chr. ins Mittelland ausser in den Münzen nieder? Einerseits bestehen grosse Oppida weiter. Dazu gehört Bern-Engehalbinsel. Andererseits geht der Fundniederschlag in Gräberfeldern wie etwa Münsingen-Rain oder in der grossen Opferstelle von la Tène deutlich zurück und hört bald ganz auf, findet aber in Port eine Fortsetzung. Wahrscheinlich entstehen in dieser Zeit mehrere neue Oppida. Ein radikaler Bruch ist sicher nicht anzunehmen.

Die Diskussion über den «Stammbaum» der Helvetier hat zu folgender Modellvorstellung geführt, die noch der Bestätigung durch weitere Forschungen bedarf: Auf den autochthonen Stamm der südlichen Protohelvetier wurden neue, teilweise verwandte Elemente aufgepfropft. Aus diesen Verbindungen heraus entstanden im 1. Jh. v. Chr. neue starke Triebe. Zu Anfang dieses Jahrhunderts haben sich offenbar vier pagi, wohl zwei west- und zwei osthelvetische, zu einem Vierstaatenbund zusammengeschlossen, den wir im Sinne Cäsars und Ciceros als helvetische civitas, als «Helvetier», ansprechen können.

Haben die Helvetier nach ihrer Vereinigung im schweizerischen Mittelland bald ein inneres Gleichgewicht gefunden? Der wenig später im Jahre 58 v. Chr. erfolgte Auszug könnte dagegen sprechen. Vielleicht war diese zweite Wanderungswelle eine indirekte Folge der vorangehenden Verschiebungen. Die Ereignisse um Orgetorix, der sich mit seiner Gefolgschaft gegen die Volksversammlung stellte, könnte für eine innere Spaltung sprechen, die über eine reine Adelsverschwörung hinausgeht (S. 97).

Die Nachbarn der Helvetier

Die keltischen Helvetier hatten im Norden und Westen Keltenstämme als Nachbarn, im alpinen Osten und Süden hingegen mit den Lepontiern und Raetern andersartige Völker. Diese letzteren bildeten zusammen mit den Salassern im Südwesten und den Venetern im Südosten, die bis an das adriatische Meer reichten, im Schutze der Alpen einen Gürtel von Sonderkulturen zwischen den Kelten im Norden und den Besiedlern des südlichen Alpenvorlandes.

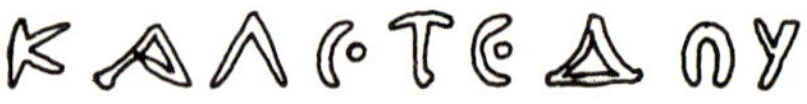

155

156

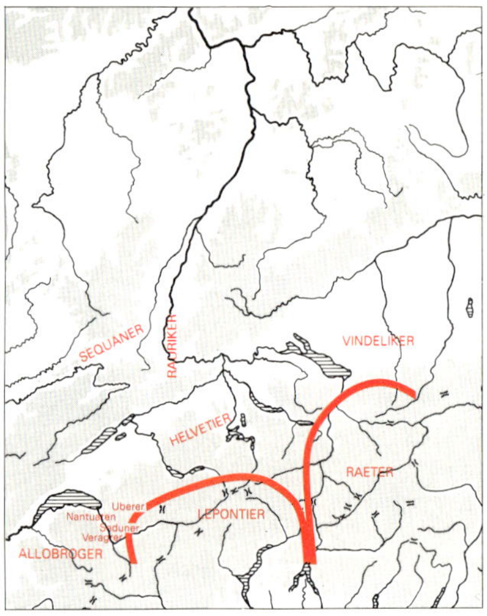

157

155
Griechische Legende ΚΑΛΕΤΕΔΟΥ von Münztypen, wie sie ganz rechts abgebildet sind. Die Bedeutung dieser Legende ist bis heute nicht befriedigend erklärt.

156
Goldmünzen der West-Protohelvetier mit stark stilisiertem Kopf auf der Vorderseite.

157
Die wichtigsten Nachbarn der Helvetier.

158–161
Potinmünzen der Sequaner und Leucer, gefunden in der Basler Siedlung «bei der alten Gasfabrik». 158–159: Kopf und Fabeltier. 160–161: Kopf mit stilisierten Haarlocken und Eber.

162
Silbermünzen aus dem während des letzten Jahrhunderts in einem Acker bei Nunningen SO entdeckten Schatzfund. Diese «Nunninger Ärbsli» sind römischen Münzen mit behelmtem Kopf auf der Vorder- und Pferd auf der Rückseite nachempfunden und tragen doch eine griechische Legende (vgl. links).

158

159

160

161

162

Kerngebiet der Lepontier war der heutige Kanton Tessin nördlich des Monte Ceneri. Im Livinental, der Valle Leventina, lebt der Name der Lepontier bis heute weiter[213]. Die Lepontier hatten eine eigene Sprache, das Lepontische, das zum Indogermanischen zu zählen ist und wahrscheinlich eine frühe Sonderform des Keltischen mit stark mediterranem Substrat darstellt. Sie verwendeten auch eine eigene Schrift, das sogenannte Alphabet von Lugano, eine Abart des «Nordetruskischen». Darunter versteht man eine Vielzahl von verschiedenen, am Alpensüdfuss verwendeten Alphabeten, die ursprünglich auf das etruskische Alphabet zurückgehen[214]. Die Etrusker sind im 6. und 5. Jh. v. Chr. über den Apennin nach Norden vorgestossen, dorthin sind im 4. Jh. v. Chr. auch Kelten gelangt. Die Lepontier haben im Norden über den Alpenkamm bis ins Reuss- und ins Hinterrheintal hinübergegriffen[215]. Bei Raschlinas wurde am Heinzenberg eine lepontische Inschrift gefunden. Auch gegen Westen strahlten die Lepontier aus. Die Uberer, die Besiedler des Oberwallis, gelten als Lepontier. Entsprechend ihrer Sprache und ihrem archäologischen Fundgut, auf das sogleich einzugehen ist, sind die Lepontier als Kelten mit stark mediterranem Einfluss zu bezeichnen. Ihnen war eine blühende Kultur eigen; das zeigt der reiche Fundstoff deutlich, der besonders aus Gräbern stammt[216]. Diese konzentrieren sich in der Umgebung von Bellinzona und Locarno, kommen aber auch im Misox vor. Darin wurde vorwiegend keltisches Material, mit einigen deutlichen Sonderformen von Fibeln oder Bronzegefässen, gefunden. In frühkeltischen Gräbern des Tessins treten oft bronzene Schnabelkannen vermutlich mittelitalischer Provenienz auf, die in Einzelstücken auch jenseits der Alpen belegt sind. Zwei etruskische Bronzekannen wurden im annähernd 200 Gräber umfassenden Gräberfeld von Castaneda bei der Einmündung des Calancatales ins Misox gefunden. Diejenige aus Grab 53, einer Bestattung vom Ende des 5. oder Anfang des 4. Jh. v. Chr., weist eine Henkelattache in Form einer Palmette auf, über die sich zwei Schlangen winden[217]. Auch in jüngeren Gräbern treffen wir auf reiche Funde[218]. So etwa Silberschmuck aus gedrehten Silberstäben, den wir dem Drahtstil zuordnen können. Im Gegensatz zu den Lepontiern ist die ethnische Zuordnung der Raeter schwieriger. Nach antiken Quellen (Livius,

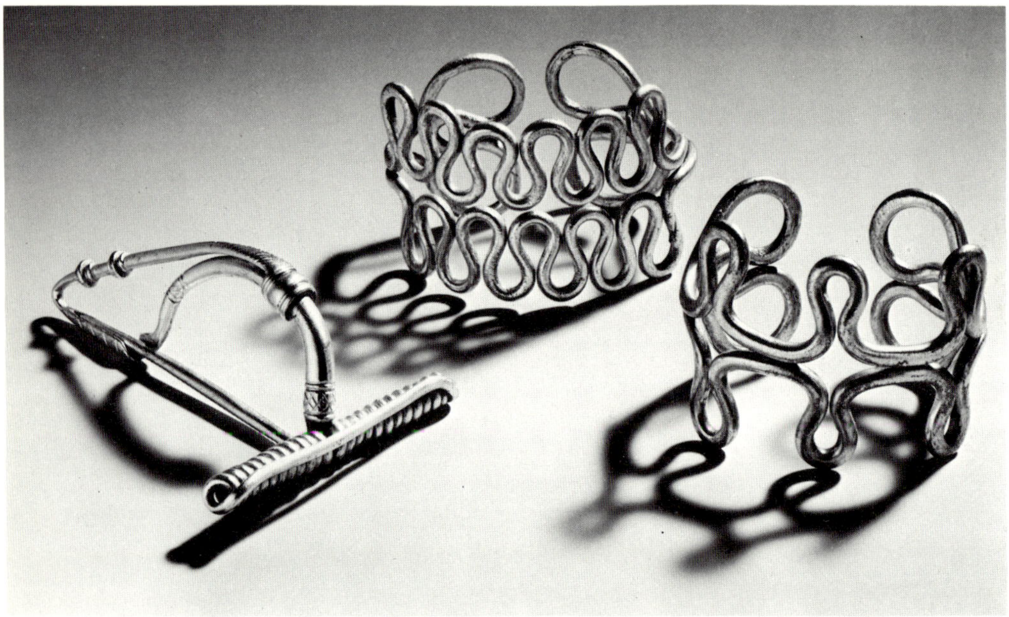

163

164

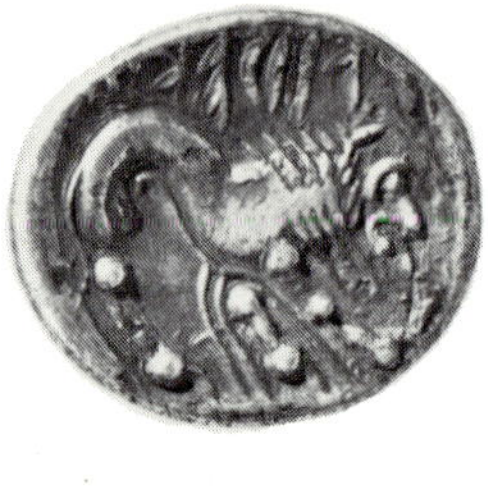

165

166

167

Plinius der Ältere und Pompeius Trogus) waren die Raeter Abkömmlinge der Etrusker[219]. Die Raeter verwendeten das sogenannte nordetruskische Alphabet in verschiedenen Ausprägungen und etruskische Namenbildungen wie diejenige auf Endung -enna (Bsp. Clavenna = Chiavenna). Schon F. Staehelin hat auf die Ähnlichkeit von in Graubünden gefundenen Helmen, ähnlich dem Neufund von Carschlingg, mit etruskischen Helmen aufmerksam gemacht[220]. Andererseits kann von archäologischer Seite im raetischen Gebiet seit der späten Bronzezeit eine autochthone Entwicklung verfolgt werden. Die raetische Sprache zählt nicht zu den indogermanischen Sprachen, sondern scheint mit dem Etruskischen verwandt zu sein[221]. Allerdings gibt es im Gebiet der heutigen Schweiz keine raetischen Inschriften. Diese kommen erst weiter östlich im raetischen Hauptverbreitungsgebiet vor. Der heutige Kanton Graubünden östlich des St. Galler-Rheintales gehörte zur Randzone des raetischen Gebietes. Im Rheintal treffen wir eine raetisch-keltische Mischkultur an. Offenbar wurden die alpinen Sonderkulturen im Laufe der Zeit von den grösseren Nachbarkulturen immer stärker durchdrungen, wobei die Frage von Völkerverschiebungen ungeklärt ist[222]. Aus Graubünden liegt eine ganze Anzahl von gut keltischen Funden vor, die vom Vorstoss der keltischen Kultur in diesen Bereich Zeugnis ablegen. Keltisch ist das Gräberfeld von Trun-Darvella, das hauptsächlich im 3. Jh. v. Chr. belegt war[223].

Zu den keltischen Funden gehört auch der Schatzfund von Cunter/Burvagn im Oberhalbstein[224]. Er dürfte in Zusammenhang mit der Julierroute zu sehen sein und geht auf das Ende des 2. Jh. v. Chr. oder vielleicht etwas spätere Zeit zurück. Leider ist der grösste Teil des reichen Fundinventars eingeschmolzen worden. Deshalb ist auch der Fundcharakter so schwer zu bestimmen. Die Kombination von Ringschmuck und Münzen könnte wiederum für eine kultische Niederlegung sprechen, doch wirkt der Fundbestand, Gold und Silber sowie ganz verschiedene Münztypen, sehr uneinheitlich. Jakob Bill hat an einen Verwahrfund von räuberischen Alpenbewohnern nach einem Zug in die Lombardei gedacht. Tatsächlich vereinigt der Fund in seltener Art Münzen aus dem nord- und südalpinen Raum. Aus dem Norden kommen ein Regenbogenschüsselchen sowie zwei NINNO-Quinare. Der grösste Teil der Münzen besteht aus Nachahmungen von massaliotischen Silberdrachmen. Es sind Vertreter der bekannten Nachprägungen von Münzen aus Massalia, die in der nördlichen Poebene bis an den Südalpenfuss weit verbreitet waren[225]. Dieser Münztyp wurde auch von den Lepontiern

163
Aus Gräbern von Giubiasco TI stammen diese schlichten und doch kunstvoll gefertigten Armringe und die Fibel mit überlanger Spirale aus Silber.

164–167
Zahlreiche Silbermünzen aus dem Schatzfund von Cunter/Burvagn gehören einem Typ an, der auf Silberdrachmen aus Massalia/Marseille zurückzuführen ist. Aus dem Löwen auf deren Rückseite (164) wurde im Laufe der Zeit eine skorpionartige Tiergestalt (167).

168
«Walliser Ringe» aus Bronze, die wahrscheinlich einem Depotfund aus Conthey VS entstammen. Diese Ringe könnten auch als eine Art Vorgeld benützt worden sein.

169
Etruskische Schnabelkanne aus der Zeit um 400 v. Chr., gefunden in Castaneda GR in einem Grab. Die einheimischen Schriftzeichen auf der Mündung – die bisher älteste Inschrift der Südschweiz – konnten bis heute nicht sicher gelesen werden.

168

169

benützt und wohl geprägt. Auf etwa der Hälfte der Münzen aus Cunter/Burvagn findet sich die in nordetruskischem Alphabet geschriebene Inschrift PIRAKOS. In der Entdekkungsüberlieferung ist auch von wie Schlangen gearbeiteten Armbändern die Rede.

Ebenfalls mit vielen Fragen verbunden ist der bekannte Fund von Gutenberg bei Balzers im Fürstentum Liechtenstein[226]. Hier am Schlosshügel führte die alte Rheintalstrasse vorbei. Der Fundort der Bronzefiguren befindet sich auf diesem seit alters besiedelten Hügel am Osthang unter einem als Brandopferplatz bekannten, vorkragenden Felskopf. Je eine Statuette von Eber und Hirsch, beides heilige keltische Tiere, stehen sieben anthropomorphen Figuren gegenüber. Deren Helme erinnern an den vorgestellten Typ, auch der Lederpanzer des grossen Kriegers weist in südliche Richtung. Hier liegt eine im kultischen Bereich anzusiedelnde Figurengruppe vor, welche keltische und alpine südliche Einflüsse in sich vereinigt. Von den Römern wurden die Raeter der Spätzeit als räuberisches Volk beschrieben. Dieses Bild ist aber weitgehend auf einseitige Propaganda Roms zurückzuführen. Im Jahre 15 v. Chr. ist das ganze raetische Gebiet in einem kurzen Feldzug erobert worden. Bald danach treten Raeter als bewährte Kampftruppe im römischen Heer auf.

Zusammen mit den Raetern sind im Jahre 15 v. Chr. auch die Vindeliker unterworfen worden, welche den Römern auf dem Bodensee ein Seegefecht geliefert haben[227]. Die Vindeliker waren die östlichen Nachbarn der Helvetier. Ihr Name lebte in Augusta Vindelicum, Augsburg, weiter.

Wie bereits erwähnt, wird der im Oberwallis belegte Stamm der Uberer zu den Lepontiern gerechnet. In der Gegend von Sitten lebten die namengebenden Seduner, bei Martigny die Veragrer und im Unterwallis die Nantuaten. Die Geschichte des Wallis ist eng mit dem Pass des Grossen Sankt Bernhard verbunden. Er hiess in keltischer Zeit nach einem einheimischen Gott Poeninus, deshalb wurden die Stämme des Wallis in römischer Zeit auch als poeninische Stämme bezeichnet. Im Jahre 57 v. Chr. hatte Cäsar durch seinen begabten Offizier Galba versucht, den Pass in römische Hand zu bringen[228]. Doch konnte das in Martigny, Octodurus, liegende römische Heer von den Einheimischen vertrieben werden. Erst im Jahre 25 v. Chr. ist dann unter Augustus nach der brutalen Vernichtung der Salasser auf der Südrampe des Grossen Sankt Bernhard der Poeninus unter römische Kontrolle gebracht worden. Bisher sind keine frühen militärischen Spuren der Römer in Martigny gefunden worden. Dafür konnte der Nachweis eines keltischen Heiligtums erbracht werden. Dabei wurden zahlreiche keltische Münzen gefunden, die von einer eigenen Münzprägung in dieser Gegend zeugen[229]. Die Walliser Keltenstämme wiesen in ihrer Kultur wie die übrigen Alpenvölker gewisse Eigenheiten auf, die zum Teil altertümlich wirken. Zu diesem Lokalstil gehören Bronzearmringe mit Würfelaugenmuster.

Am Südende des Genfersees begann das Gebiet der Allobroger. Dieser starke keltische Stamm wurde im Jahre 121 v. Chr. nach einem längeren Kampf von den Römern unterworfen und der römischen Provincia Gallia Narbonensis einverleibt. Auf die allobrogische Grenzstadt Genava, Genf, kommen wir noch zu sprechen.

Die mächtigsten keltischen Nachbarn der Helvetier waren die Sequaner im Gebiet der Franche Comté mit Vesontio, Besançon, als Hauptstadt. Sie hatten in der Zeit um 100 v. Chr. in einem grösseren Gebiet Galliens eine Führungsrolle inne. Ihre Geschichte ist eng mit derjenigen der Helvetier verknüpft. Es waren die Sequaner, welche Ariovist über den Rhein geholt und damit den Gallischen Krieg im 1. Jh. v. Chr. ausgelöst haben. Im Gebiet der heutigen Schweiz, in der Ajoie, liegt das Oppidum auf dem Mont Terri bei Cornol JU, bei dem es sich wahrscheinlich um ein sequanisches Oppidum handelt[230]. Auf diesem topographisch gut geschützten Berg sind verschiedene Funde gemacht worden, darunter zahlreiche Fibeln und Münzen. Diese zeigen auch Verbindungen zum helvetischen Gebiet. – Am Oberrhein und im westlich anschliessenden Juragebiet lebten die Rauriker. Die politische Position dieses kleineren Stammes zwischen den grösseren Stammesverbänden der Sequaner und Helvetier ist nicht ganz klar. Einerseits bestanden deutliche kulturelle Verbindungen zu den Sequanern, mit denen zusammen sie später auch Dienst im römischen Heer leisteten, andererseits haben sich die Rauriker dem Auszug der Helvetier im Jahre 58 v. Chr. angeschlossen. Das Siedlungszentrum der Rauriker lag am Rheinknie von Basel, in dessen Nähe später die nach ihnen benannte Colonia Raurica entstanden ist (S. 124).

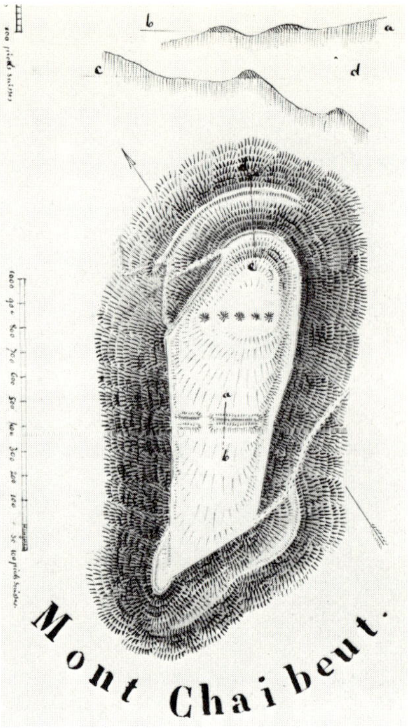

171

170

170
Fibel in Form eines Pferdchens aus Castaneda GR (vergrössert).

171
Auf dem Mont Chaibeut südlich von Delsberg JU sind schon im letzten Jahrhundert Befestigungsspuren entdeckt worden. Nachdem dort kürzlich keltische Funde sichergestellt wurden, ist auch dieser Berg in die Reihe möglicher Oppida aufzunehmen.

172
Der Schlosshügel von Gutenberg bei Balzers FL, Fundort der darunter abgebildeten Statuetten.

173
Der fein verzierte Bronzehelm von Carschlingg GR ist etruskischen Helmformen nachempfunden.

174
Statuettengruppe von Gutenberg bei Balzers FL. Während der Sinngehalt der stark abstehenden Ohren nicht bekannt ist, dürften die deutlich markierten männlichen Genitalien, auch zusammen mit der Andeutung von weiblichen Brüsten, mit einem Fruchtbarkeitsglauben zusammenhängen.

172

173

174

175

Der Zusammenprall mit Cäsar

Johannes von Müller zur Schlacht von Agen im Jahre 107 v. Chr.:
«Die Römer, um den Feind von Italien zu entfernen, sandten über die hohen Alpen den Consul Lucius Cassius; er trug den Krieg in das Land Helvetien. Da wagten die Tiguriner ohne die Cimbern wider den Consul zu streiten. Sie fanden den Feind an dem Lemanischen See und rückten an einander, der Consul zu Bewahrung seines Landes, die Tiguriner, angeführt von Diviko, einem heldenmüthigen Jüngling, zu Rettung des ihrigen.... Die Tiguriner erhielten einen vollkommenen Sieg; es fiel der Consul Cassius, L. Piso sein Legat, mit ihnen die Blüthe des Heers; Cajus Popillius, der andere Legat, floh in das Lager. Da er aber in diesen Pässen sowohl die Zufuhr als den Rückzug leicht verlieren konnte, übergab er das Heer dem Willen der Helvetier. Sie nahmen die Hälfte von Tross und Rüstung; die Römer gaben Geisel und giengen unter das Joch.»

175
Gemälde von Charles Gleyre aus dem Jahre 1858 «Die Helvetier zwingen die Römer unter dem Joch hindurch», das an den Sieg der Tiguriner im Jahre 107 v. Chr. erinnern soll. Damals lokalisierte man diese Schlacht von Agen noch in der Nähe des Genfersees. Manche Details wie der Krieger vorne rechts mit dem Kettenpanzer, der an Objekte aus dem damals soeben bekannt gewordenen «Massenfund» bei Bern erinnert, zeigen, dass sich der Maler näher mit den Helvetiern auseinandergesetzt hat. Das Bild mit den sich ehrfurchtsvoll duckenden Römern strömt den für das 19. Jh. bekannten pathetischen Stolz aus (vgl. S. 158).

«Die Helvetier brachten ihren Tross an einen Ort. In dichtester Aufstellung warfen sie unsere Reiter zurück, bildeten ihre Phalanx und gingen gegen unsere erste Kampflinie vor». So begann nach Cäsar die Schlacht bei Bibracte im Jahre 58 v. Chr., der Höhepunkt im Konflikt zwischen Cäsar und den Helvetiern. Der Zufall hat ihnen die verhängnisvolle Rolle zugespielt, als erstes Keltenvolk gegen Cäsar im Gallischen Krieg antreten zu müssen. Die Kelten waren ein ernst zu nehmender Gegner Roms. Nachdem sie erfolgreich über die Alpen vorgestossen waren, wurden sie jedoch seit dem 3. Jh. v. Chr. vom expandierenden Römischen Reich Schritt um Schritt zurückgeworfen. Ende des 2. Jh. v. Chr. griff das imperialistische Rom mit der Gründung der Provincia Gallia Narbonensis («Provincia» = Provence), die von Südfrankreich bis Genf reichte, sogar in altes keltisches Stammland ein. Damit war eine Basis für das weitere Vorgehen geschaffen und der kommende Konflikt bereits vorprogrammiert. Von jetzt an waren die gallischen Völker in ihrer Bewegungsfreiheit, zum Beispiel in ihren Wanderungen, eingeengt. Das sollten auch die Helvetier zu spüren bekommen. Dazu kam, dass in Rom zu jener Zeit ein begabter und ambitiöser Politiker unter Einsatz aller ihm zur Verfügung stehenden Mittel ein hoch gestecktes Ziel anstrebte.

Gaius Iulius Cäsar

Roms Regierungssystem darf als ausgesprochene Oligarchie bezeichnet werden[231]. Im 2. Jh. v. Chr. war die Macht des von der Aristokratie bestimmten Senats auf dem Höhepunkt angelangt. Gleichzeitig begannen sich aber auch Schwächen des Systems abzuzeichnen. Die regierende Nobilität war den stetig gewachsenen Aufgaben, die sich durch die fortschreitende Aneignung von neuen Provinzen stellten, allmählich nicht mehr gewachsen. So kam es im Laufe des 1. Jh. v. Chr. im Senat wiederholt zu chaotischen Szenen wegen gewissen Politikern, welche die Schwächen des Systems schamlos ausnützten und ein frivoles Possenspiel mit der Verfassung trieben[232]. Dazu gehörte auch Gaius Iulius Cäsar. Um 100 v. Chr. als Spross einer vornehmen Familie geboren, hatte er keinen geringeren Onkel als Gaius Marius, den Sieger über die Kimbern und Teutonen.

Der talentierte und eine dämonische Anziehungskraft auf seine Umgebung ausstrahlende Cäsar war in verschiedener Hinsicht eine schillernde Persönlichkeit. Schon früh profilierte er sich als ausgezeichneter Redner, als schneidiger Offizier, und führte ein ausschweifendes Leben. Seine Extravaganzen und seine Verschwendungssucht trieben ihn bald in hohe Schulden. Diese Schuldenlast schob er vor sich her, bis er im Jahre 65 v. Chr. Statthalter der Provinz Spanien wurde. In gut römischer Manier presste er dort viele Millionen Denare aus diesem Land heraus und nützte die ihm anvertraute Provinz für

176

sein persönliches Streben aus. Dabei operierte er sehr geschickt. Vom Cäsar-Biographen Matthias Gelzer stammt der Satz «...man kann immer wieder beobachten, dass Cäsar ein sicheres moralisches Gefühl besass, sobald die Politik es erforderte». Schon in Spanien erwies er sich als genialer Feldherr. Zum Triumph kam er aufgrund eines Sieges über spanische Stämme, die seinen Umsiedlungsanweisungen nicht Folge leisten wollten. Mit dieser Aktion zielte er bereits auf Wirkung in Rom. Die Folge: Cäsar wurde im Jahre 60 v.Chr. für das kommende Jahr zu einem der beiden Konsuln, dem höchsten Amt in Rom, gewählt. In diesem Jahr kündigte sich der Helvetierauszug an. Cicero schrieb am 15. März 60 v.Chr. an seinen Freund Atticus: «die Helvetier stehen ohne Zweifel unter Waffen (sunt in armis) und führen Ausfälle (excursiones) in die Provinz». Rom reagierte eingedenk der Kimbern- und Toutonenkriege sofort. Drei Senatoren leiteten bei den romfreundlichen gallischen Völkern erste diplomatische Schritte ein, zudem wurden Truppen ausgehoben. Cäsar erhielt für die Zeit nach seinem Konsulat neben Illyrien und dem südalpinen Gallien auch die Provincia als Statthalter zugesprochen und damit einen erfolgversprechenden Kriegsschauplatz, auf den sich bereits ein anderer, überraschend verstorbener Konsul gefreut hatte. Cäsar war geschickt genug, sich vor der Abreise von Rom durch einen Pakt mit Pompeius und Crassus (Triumvirat) abzusichern und seine Aktionen unter dem Zeichen der Beschützung Roms anlaufen zu lassen. Seine Absicht jedoch stand fest. Was war lohnender als der Kampf gegen ein mit dem ganzen Hab und Gut auf Wanderschaft befindliches und deshalb sehr verletzliches, «goldreiches» Volk?

Cäsar war nicht nur ein glänzender Redner, sondern auch ein brillanter Schriftsteller. Davon zeugt sein Kriegsbericht über den Gallischen Krieg. Dessen ursprünglicher Titel ist nicht erhalten, man kennt sein Hauptwerk unter dem Namen «Commentarii

176
Der Feldherr und spätere Alleinherrscher Roms, Gaius Iulius Cäsar, auf einer zeitgenössischen Münze.

Cäsar, bell. Gall. I 1:
Gallia est omnis divisa in partes tres, quarum unam incolunt Belgae, aliam Aquitani, tertiam qui ipsorum lingua Celtae, nostra Galli appellantur. hi omnes lingua institutis legibus inter se differunt. Gallos ab Aquitanis Garunna flumen, a Belgis Matrona et Sequana dividit. horum omnium fortissimi sunt Belgae, propterea quod a cultu atque humanitate provinciae longissime absunt minimeque ad eos mercatores saepe commeant atque ea, quae ad effeminandos animos pertinent, important proximique sunt Germanis, qui trans Rhenum incolunt, quibuscum continenter bellum gerunt. qua de causa Helvetii quoque reliquos Gallos virtute praecedunt, quod fere cotidianis proeliis cum Germanis contendunt, cum aut suis finibus eos prohibent aut ipsi in eorum finibus bellum gerunt.

de bello Gallico» (abgekürzt bell. Gall.). Dank seiner klaren Sprache und knappen Berichterstattung ist dieses Werk bis heute ein Stück Weltliteratur geblieben, mit dem im Lateinunterricht die Lektüre der alten Schriftsteller beginnt. Cäsar hat diesen Bericht auf Reisen in der Sänfte oder in seiner Kriegskanzlei diktiert, wobei er gleichzeitig mehrere Schreiber beschäftigt haben soll. Diese Kommentarien, sieben Bücher über sieben Kriegsjahre (58–52 v. Chr.), waren in erster Linie an den Senat in Rom als Rechenschaftsbericht und Rechtfertigungsschrift gedacht und sollten auch den Gegnern in Rom, die seinen Gallienfeldzug für unnötig hielten, Wind aus den Segeln nehmen. «Cäsar schreibt hier Geschichte, wie er sie verstanden haben will» hat es G. Walser formuliert[233]. Dies ist ihm gelungen. Da nur sehr beschränkt unabhängige Parallelberichte anderer Schriftsteller zu denselben Ereignissen zur Verfügung stehen, müssen wir heute «zwischen den Zeilen lesen», um von der damals üblichen, tendenziösen Berichterstattung an den historischen Kern zu gelangen.

Trotz verschiedener Vorbehalte ist Cäsars Bericht ein hervorragendes Zeugnis für die Geschichte der Gallier im 1. Jh. v. Chr. Er beginnt (bell. Gall. I 1): «Gallien ist in drei Hauptteile gegliedert. Den einen bewohnen die Belger, den zweiten die Aquitaner, den dritten die Stämme, die in ihrer eigenen Sprache ‹Kelten›, in unserer ‹Gallier› heissen. Sie alle unterscheiden sich durch ihre Sprache, Gebräuche und staatlichen Einrichtungen. Die Garonne trennt die Gallier von den Aquitanern, die Marne und Seine von den Belgern. Unter all diesen sind die Belger die tapfersten. Sie wohnen nämlich am weitesten entfernt von der Kultur und Zivilisation der römischen Provinz. Sodann kommen zu ihnen ganz selten Kaufleute, die verweichlichende Luxusgegenstände einführen. Sie sind auch unmittelbare Nachbarn der rechtsrheinischen Germanen und liegen mit diesen ständig im Krieg. Aus dem gleichen Grund überragen auch die Helvetier die übrigen Gallier an Tapferkeit. Sind sie doch in fast tägliche Kämpfe mit den Germanen verwikkelt, wenn sie diese von ihren Grenzen abwehren oder selbst in deren Land Krieg führen.»

Kaum ein Geschichtsabschnitt eines anderen keltischen Stammes wird so eingehend behandelt wie der Zusammenprall Cäsars mit den Helvetiern. Der «Bellum Helvetiorum» bildet zusammen mit dem darauf folgenden Kampf gegen Ariovist den Inhalt des ersten Buches. Zum Teil greift Cäsar auch auf ältere Darstellungen zurück, so offenbar bei der Flächenangabe des helvetischen Territoriums. Die angegebene Länge von 240 und Breite von 180 römischen Meilen (à ca. 1,5 km) lässt sich mit der Grösse des schweizerischen Mittellandes nicht in Übereinstimmung bringen und dürfte Teile Südwestdeutschlands miteinbeziehen.

Orgetorix

Einer der Kunstgriffe Cäsars ist die Zurückführung des Helvetierauszuges, einer der zahlreichen keltischen Wanderungen, auf die Person des Orgetorix (bell. Gall. I 2)[234]: «Bei den Helvetiern war der bei weitem vornehmste und begütertste Mann Orgetorix. Er zettelte im Konsulatsjahr des Marcus Messala und Marcus Piso (61 v. Chr.) aus Machtgier eine Verschwörung des Adels an und überredete seine Stammesgenossen, mit all ihrer Habe auszuwandern. Da sie alle anderen an Tapferkeit überträfen, sei es ganz leicht, die Herrschaft über das gesamte Gallien an sich zu reissen. Dazu überredete er sie um so leichter, als die Helvetier auf allen Seiten durch natürliche Grenzen eingeengt sind, auf der einen Seite durch den sehr breiten, tiefen Rhein, der das helvetische Gebiet von dem der Germanen trennt, auf der zweiten durch den hoch ansteigenden Jura, der sich zwischen dem sequanischen und helvetischen Land hinzieht, auf der dritten durch den Genfer See und die Rhone, den Grenzstrom zwischen unserer Provinz und Helvetien.»

Der Auswanderungsbeschluss konnte weder von einer einzigen Person noch von den helvetischen Magistraten allein gefasst werden. Hierzu war höchstwahrscheinlich das oberste Organ, die Volksversammlung, zuständig; ein ähnlich grosser Kreis also wie derjenige, der sich laut Cäsar kurze Zeit später gegen Orgetorix ausgesprochen hat[235]. Offenbar hat aber Orgetorix, übersetzt «König der Totschläger», seine Chance erkannt und als Anführer der grossen Wanderung persönlichen Nutzen aus dieser Situation gezogen. Wenn Cäsar sagt, «als Leiter des Unternehmens wurde Orgetorix bestimmt», ist damit wahrscheinlich ein spezielles Amt gemeint, vielleicht das Imperium, eine zeitlich befristete Sonderstellung in der Art des «Heerkönigtums», das an den nur in Kriegszeiten berufenen Diktator der frühen griechischen Demokratie erinnert. Dieses Amt war aber an fest umschriebene Machtbefugnisse gebunden[236]. Orgetorix scheint seinen Kompetenzbereich überschritten zu haben. Nach Cäsar soll er auf Gesandtschaftsreisen – offenbar war ihm auch die aussenpolitische Vorbereitung übertragen – Fürsten der Sequaner und Häduer dazu überredet haben, die Herrschaft über ihre Stämme an sich zu reissen, dies sei auch seine eigene Absicht. Zusammen, meinte demnach Orgetorix, könnten die Helvetier, Sequaner und Häduer die Herrschaft über ganz Gallien erringen. Zur Vertiefung der Beziehungen bediente sich Orgetorix auch der Heiratspolitik, indem er seine Tochter dem Häduerfürsten Dumnorix zur Frau gab.

Der Plan des Orgetorix gehört in die Reihe der bekannten Adelsverschwörungen. Gallien befand sich im 1. Jh. v. Chr. verfassungsmässig in einem labilen Gleichgewicht[237]. Nachdem einige Königsfamilien unter dem Druck der äusseren Umstände gewisse Vorrechte wie etwa das Erbkönigtum abgegeben hatten, kam es zu verschiedenen Erneuerungsversuchen des Königtums. Einen solchen Usurpationsversuch hat Orgetorix angezettelt. Wenn dieser erfolgreich gewesen wäre und Orgetorix sich die – für diese Zeit jedoch kaum vorstellbare – Vorherrschaft über ganz Gallien hätte sichern können, wäre ein geeintes Gallien für Rom tatsächlich zu einer ernsten Gefahr geworden. So weit ist es aber nicht gekommen. Die Kompetenzüberschreitungen des Orgetorix sind den Helvetiern verraten worden. Trotz Aufbietung seiner ganzen Klientel von an die 10 000 Menschen konnte der «Obertöter» gegen das Gesetz und die behördentreue Versammlung nichts ausrichten und fand schliesslich unter nicht geklärten Umständen den Tod. Danach gingen die Auswanderungsvorbereitungen ungehindert weiter. Womit wir belegen können, dass Orgetorix nicht der Urheber der Auswanderungsbewegung, sondern in diesem Zusammenhang nur eine Begleiterscheinung gewesen ist.

Wiederholt wurde darauf hingewiesen, dass Volksauswanderungen in der keltischen Kultur nichts Ungewöhnliches waren. Die vergleichsweise rasche Bereitschaft zur Wanderung hing auch mit religiösen Vorstellungen der Kelten zusammen. Bezeichnenderweise teilte das Orakel in der schon genannten, durch Livius überlieferten Auswanderung das Ziel mit. Bei den Helvetiern wurde der Aufbruchstag auf den Tag nach der Tag- und Nachtgleiche im Frühjahr gelegt. In der Heldenliteratur Irlands, die auf keltische Mythen zurückgeht, symbolisiert die Wanderschaft das Leben der Seele und den Zyklus der Erfahrungen, dem sie ausgesetzt ist. Wenn die traditionell begründete Bewegungsfreiheit der Kelten stark von religiösen Momenten durchsetzt war und es vielleicht darauf beruhende Durchzugsrechte und ähnliches gegeben hat, wurden Wanderungen auch mit sehr profanen Mitteln durchgesetzt. Wie uns wieder die Livius-Legende zeigt, galt im Ernstfall das Recht des Stärkeren. Aus dieser Sicht waren die Helvetier für Rom Friedensbrecher, aus der Sicht der Helvetier aber mischten sich die Römer in innergallische Angelegenheiten ein.

Warum sind die Helvetier ausgewandert? Neben den im einzelnen nicht erfassbaren irrationalen Beweggründen haben zwei Entwicklungen jener Zeit mitgewirkt. Wir sahen, dass die Helvetier des schweizerischen Mittellandes vor etwa zwei Generationen

Cäsar, bell. Gall. I 2:
Apud Helvetios longe nobilissimus fuit et ditissimus Orgetorix. is M. Messala M. Pisone consulibus regni cupiditate inductus coniurationem nobilitatis fecit et civitati persuasit, ut de finibus suis cum omnibus copiis exirent: perfacile esse, cum virtute omnibus praestarent, totius Galliae imperio potiri. id hoc facilius eis persuasit, quod undique loci natura Helvetii continentur: una ex parte flumine Rheno latissimo atque altissimo, qui agrum Helvetium a Germanis dividit, altera ex parte monte Iura altissimo, qui est inter Sequanos et Helvetios, tertia lacu Lemanno et flumine Rhodano, qui provinciam nostram ab Helvetiis dividit.

177

Zuzug aus dem Norden bekommen hatten. In der Zwischenzeit – gewisse Hinweise könnten für eine Bevölkerungsvermehrung sprechen – hat sich das Land zwischen Jura und Alpen vielleicht als zu klein erwiesen, so dass deren Bevölkerungsgruppen untereinander kein dauerhaftes Gleichgewicht finden konnten und sie sich nicht schnell genug zu einer Einheit verschmelzen liessen. – Schon die Entleerung Süddeutschlands («Helvetiereinöde») dürfte auf eine allgemeine, im grösseren Rahmen begründete Bewegung von Osten nach Westen zurückzuführen sein, die sich auch jetzt in der Zeit um 60 v. Chr. wieder konkret bemerkbar machte. Cäsar stellt dieses Ereignis als isoliertes Phänomen hin und hat es vielleicht auch so gewertet. Die Helvetier-Wanderung ist jedoch eher als ein einzelner Schritt im Rahmen einer weiträumigen und längerfristigen Entwicklung zu sehen. Darauf deuten neue Untersuchungen des kürzlich verstorbenen bayerischen Bodendenkmalpflegers, Rainer Christlein, hin[238]. Demnach ist in Süddeutschland gegen die Jahrhundertmitte durch Abwanderung ein Leerraum entstanden, der in Bayern von neuen Gruppen in Besitz genommen worden ist, erstens von einer keltischen Bevölkerungsgruppe aus dem Thüringischen Becken und zweitens von einer germanischen Traditionsgemeinschaft. Das Nachstossen fremder Bevölkerungsteile kann also archäologisch nachgewiesen werden. Auch die Übersiedlung des Sueben Ariovist mit einer grossen Gefolgschaft in linksrheinisches Gebiet wird in einem solchen grösseren Zusammenhang zu sehen sein.

177
Blick auf die innere Seite der Befestigung auf dem Mont Vully FR mit Resten einer angeschnittenen Brandschicht in der Bildmitte. Diese mit Holzkohle durchsetzte Schicht könnte auf das absichtliche Niederbrennen der helvetischen Siedlungen im Jahre 58 v. Chr. zurückgehen.

Cäsar beginnt seinen Bericht über den Gallischen Krieg mit den Helvetiern und kommt erst nachher auf Ariovist zu sprechen. Schon Hans Delbrück ist aufgefallen[239]: «Solange er von dem helvetischen Krieg erzählt, ist es, als ob Ariovist nicht existierte». Wir bringen hier die Kausalitäten in der uns richtig erscheinenden Reihenfolge[240].

Der von den Sequanern in ihr Land gerufene Ariovist ist mit dem Volk, also mit Frauen und Kindern, wohl in den siebziger Jahren des 1. Jh. v. Chr. über den Rhein gekommen. Als Gegenleistung unterstützten die gefürchteten germanischen Sueben die Sequaner im Kampf gegen die mächtiger werdenden Häduer. In eingehenden Untersuchungen hat der Berner Althistoriker Gerold Walser gezeigt, dass Cäsar die Germanengefahr überbetont und ein verzerrtes Germanenbild gezeichnet hat[241]. Es wurde schon darauf hingewiesen, dass eine so starke Trennung zwischen Germanen und Kelten, wie sie Cäsar suggeriert, im Oberrheingebiet zu dieser Zeit nicht bestanden haben kann. Die mehrere Zehntausend zählenden und sich während Jahrzehnten im Sequanerland – man denkt hauptsächlich an das Unterelsass – aufhaltenden Germanen sind denn auch archäologisch nicht nachweisbar. Hier hat wohl das Phänomen der schlechten archäologischen Nachweisbarkeit von nicht oder erst seit kurzem sesshaften Völkern mitgewirkt. Es ist aber auch möglich, dass sich diese Neusiedler kulturell von der einheimischen Bevölkerung nur wenig unterschieden.

Die überragende Führerpersönlichkeit des Ariovist ist mit seiner kampfstarken Truppe den Sequanern bald über den Kopf gewachsen. Sie bezahlten das Erreichen ihres Zieles, den Sieg über die Häduer, mit dem Verlust ihrer Eigenständigkeit. Im Jahre 61 oder 60 v. Chr. fand eine Entscheidungsschlacht statt, bei der die Häduer mit einem Zuzug von vielen anderen gallischen Stämmen, darunter wohl auch Helvetiern, eine empfindliche Niederlage erlitten haben. Diese Schlacht von Magetobriga war auch in Rom Tagesthema. «Was den Staat betrifft, so ist, für den Augenblick wenigstens, das Wichtigste die Angst vor dem Gallischen Krieg. Denn die Häduer, unsere Verbündeten, haben vor kurzem in einer Schlacht schlecht abgeschnitten ...»[242]. So schrieb am 15. März 60 v. Chr. Cicero in demselben Brief, in dem im nächsten Satz von der genannten Mobilmachung der Helvetier berichtet wird. Ariovist hat offenbar Bewegung in das durch die drei stärksten Stämme – Häduer, Sequaner und Helvetier – gebildete Machtdreieck Ostgalliens gebracht. Auf die von ihm beigebrachte Niederlage reagierte jeder Stamm auf seine Weise. Während die Sequaner vorerst zum Nichtstun verurteilt waren, rüsteten die Helvetier im Hinblick auf die in Aussicht genommene Auswanderung auf und die Häduer suchten Hilfe bei Rom. Ihr Fürst und Druide Diviciacus reiste nach Rom und war dort Gast bei Cicero. Gleichzeitig machte sich der Sieger Ariovist bei den Römern durch Geschenke beliebt. Wie reagierte Rom? Im Jahre des Konsulats von Cäsar wurde nicht dem Bittgesuch der verbündeten Häduer entsprochen, sondern der Senat verlieh Ariovist auf Betreiben Cäsars den Ehrentitel eines Freundes (amicus) des römischen Volkes! Damit begann wohl schon das rücksichtslose Spiel Cäsars. Es wird vermutet, dass durch die Verleihung dieses Titels an Ariovist für Cäsar, den designierten Provinzstatthalter, die Sache in der Schwebe gehalten werden sollte, bis die Möglichkeit des Eingreifens zum eigenen Vorteil gekommen war[243]. Dafür war die Zeit nach dem helvetischen Krieg im Jahre 58 v. Chr. reif. Der in falsche Sicherheit gewiegte Ariovist wurde von Cäsar durch ultimative Forderungen zum Kampf gedrängt, bald danach vernichtend geschlagen und über den Rhein zurückgeworfen. Damit war der Unruheherd aus der Welt geschaffen, der wesentlich zum Auszug der Helvetier beigetragen hatte.

Nach diesem zeitlichen Vorgriff kommen wir wieder auf den Grund des Helvetierauszugs zurück. Cäsar sagt wohl, dass der Germanendruck mitentscheidend für die Aus-

Jeremias Gotthelf «Der Druide» (Auszug):
Auf mässiger Höhe über des Sees linkem Ufer stand eine moosigte Hütte und vor ihr ein mächtiger Greis, silberhaarig, hundertjährig; düster war sein Wesen, dunkel und träumend sein Auge, dem dunkeln See zu seinen Füssen gleich. Zwei Hunde lagen vor ihm im Grase; wild wälzte sich zwischen beiden ein Kind.
Männer brachen herauf, voran ein Held in glänzendem Schmucke des Krieges. Gold funkelte an seiner Rüstung, silbern glänzten seine Waffen, aber weiss bereits wallten über die breiten Schultern die schweren Locken. Ehrerbietig schwiegen die Hunde, still barg sich hinter den Greis das Kind; der Held aber trat zum Greis, bot ihm die Hand und sprach: «Du noch hier, Schwito? Sieh, schon dunkelt es auf dem See, es steigen die Nebel, der Mond säumt das finstere Wolkenband, welches über den Bergen liegt. Die Opferstunde naht, die Opfer müssen fallen, die Zeichen erforscht werden, und du säumst? bist noch nicht im Haine?» «Ich gehe nicht hin, ich bleibe.» «Du bleibst? Reihe noch einmal der Priester Scharen, reihe die Opfer, rufe zu den Göttern am Opfersteine. Schwito, komm!» «Nein, Diviko», sprach der Greis, «ich komme nicht. Ein anderer steht an meiner Stelle. Mein Arm ist zu schwach geworden, mein Opfermesser trifft die Opfer nicht mehr gut, und meine Augen sind dunkel geworden, sie sehen in den Opfern nicht mehr was junge Augen sehen, jetzt noch weniger als vor drei Jahren. Aus meinen Gliedern ist die Wärme gewichen, es friert sie im kühlen Haine, und meine Ohren sind auch alt geworden, sie vernehmen die Gesänge nicht mehr. Am Opfersteine steht jetzt ein anderer, seine jungen Augen sehen in den Herzen der Tiere eure Wünsche, der Opfer fliessend Blut raucht ihm wie Römerblut, und wie Feindesflucht tönet ihm des Haines Rauschen. Geh nur, am Steine steht er schon, und, was ihr wünscht, das wird er sehen.»

wanderung gewesen ist, teilt aber nicht mit, ob damit die linksrheinischen – also Ariovist – oder die rechtsrheinischen Germanen gemeint sind. Erst nach dem Bericht über den helvetischen Krieg werden die Karten aufgedeckt. Der Häduer Diviciacus stellt in seiner Rede an Cäsar einen eindeutigen Kausalzusammenhang zwischen der Bedrohung durch Ariovist und dem Helvetierauszug her (bell. Gall. I 31): «Wenn nicht bei Cäsar und dem römischen Volke Hilfe zu erwarten sei, dann müssten alle Gallier dasselbe wie die Helvetier tun, nämlich auswandern und neue, von den Germanen entfernte Wohnsitze suchen». Von der Forschung wird aufgrund dieser Stelle der Helvetierauszug seit längerer Zeit mit Ariovist in Verbindung gebracht[244]. Die Helvetier waren durch ihre lange Grenze zu den Sequanern besonders bedroht, da sie in ihrem eingeengten Gebiet wie in einem Sack gefangen waren und nicht ausweichen konnten. Wir unterstellen hier kein Komplott der Häduer mit Ariovist gegen die Helvetier, wie es Camille Jullian getan hat[245], oder einen Bund der Helvetier mit den Häduern gegen Ariovist[246]. Aber: Hätten Auswanderung und Krieg der Helvetier auch stattgefunden, wenn die Gefahr des Ariovist vorher aus der Welt geschaffen worden wäre? Man muss sich fragen, warum Cäsar den Gallischen Krieg nicht mit der Vertreibung Ariovists begonnen, sondern den Kampf mit den Helvetiern vorgezogen hat. Es ist möglich, dass die Helvetier nicht so leicht von ihrem bald nach der Schlacht von Magetobriga gefassten Beschluss der Auswanderung abzubringen waren, auch wenn Rom sein Vorgehen gegen Ariovist angekündigt hätte. Aber die Tatsache, dass die Helvetier, ohne bei Bibracte eine totale Niederlage erlitten zu haben, später doch zurückgekommen sind, und vor allem die geschickte Berichterstattung Cäsars mit der Darstellung scheinbar unabhängig aufeinander folgender Ereignisse lässt eher an einen raffinierten Plan denken. Bei näherem Zusehen werden die Vorteile bei dem von Cäsar gewählten Vorgehen für seine Strategie deutlich: 1. Die Aufstellung eines grossen Heeres für den Helvetierkrieg war gegenüber dem Senat leichter zu rechtfertigen als die Mobilisierung gegen einen soeben ernannten amicus populi Romani. 2. Mit dem gegen die Helvetier aufgestellten Heer konnte Ariovist – nach einer vorgängigen diplomatischen Kehrtwendung Cäsars – überrascht werden. Ariovist spricht in den Verhandlungen mit Cäsar bezeichnenderweise den Satz aus, dass Cäsar sein Heer nur unterhalte, um ihn zu überwältigen. 3. Vor der Schlacht bei Bibracte hatten nur wenige Legionen Cäsars Kampferfahrung. Nach Bibracte war das aus sechs Legionen bestehende römische Heer mit der Kriegsführung in Gallien vertraut. Dies war für die Schlacht gegen Ariovist, eines der gewagtesten Unternehmen Cäsars im Gallischen Krieg, äusserst wichtig. Tatsächlich hat Cäsar in der Anfeuerungsrede an sein Heer vor der Schlacht gegen Ariovist selbst zweimal daran erinnert, dass seine Truppe nach dem Helvetierkrieg kampferprobt sei. Es dürfte Cäsar also willkommen gewesen sein, dass er nicht zuerst gegen den Hauptgegner und Hauptverursacher der Unruhen, Ariovist, ins Feld ziehen musste, sondern mit dem Kampf gegen die mit Frau und Kind auf Wanderschaft befindlichen Helvetier beginnen konnte. Diese erste militärische Auseinandersetzung trägt demnach wesentliche Züge eines Vorbereitungskrieges. Unter diesem Blickwinkel betrachtet wird auch Cäsars Verhalten gegenüber den Helvetiern nach der Schlacht bei Bibracte verständlicher (S. 116).

178

178
Drei Meter grosse Statue aus Eichenholz, gefunden im Bereich des antiken Hafengeländes von Genava/Genf. Die in der Zeit um 80 v. Chr. entstandene Statue lässt trotz der starken Abwitterung noch erkennen, dass eine menschliche Gestalt mit Kapuzenmantel dargestellt ist.

Auszugsvorbereitungen der Helvetier

Die Helvetier haben ihre Wanderung sorgfältig vorbereitet. Neben den schon genannten Verhandlungen mit den Nachbarstaaten wurden während zweier Jahre möglichst viele Zugtiere und Wagen beschafft und das Land im Hinblick auf haltbare Vorräte bebaut. Der bevorstehende Exodus war sicher ein einschneidendes Ereignis, hat aber diese Kultur nicht unvorbereitet getroffen. Die keltischen Häuser waren wie die Befestigungen nicht aus Stein, sondern unter Verwendung von viel Holz und somit nicht «für die Ewigkeit» gebaut. Holzbauwerke bedurften der regelmässigen Erneuerung, die Stadtmauern etwa alle 20 Jahre.

Ziel der Auswanderung war das Land der Santonen, die heutige Saintonge nördlich der Garonnemündung. Wir haben auf ältere Beziehungen der Helvetier zum Südwesten Frankreichs bereits hingewiesen. Die Volcae Tectosages stammen von dort. An der Garonne hatten sich die Tiguriner vor etwa 50 Jahren länger aufgehalten und siegreich eine Schlacht gegen die Römer geschlagen. Offenbar sind die Verbindungen zu diesem Gebiet nie ganz abgerissen. Das scheint sich auch in den Münzen niederzuschlagen. In der Schweiz wurden einige Münzen aus diesen südlichen Gebieten gefunden[247]. Umgekehrt finden sich in der Saintonge, im benachbarten Poitou und in der Vendée Münzen aus dem helvetischen Bereich[248]. Die Saintonge wies ein günstiges Klima auf und lag an der «Zinnstrasse» zwischen dem Golf du Lion und Cornwall einerseits und an einer wichtigen Ost-West-Verbindung andererseits[249]. Die Atlantikküste war im 1. Jh. v. Chr. noch nicht so intensiv besiedelt wie die gallischen Kerngebiete, zu denen auch das alte Helvetierland gehörte.

Nach Cäsar wurden die Rauriker, Tulinger, Latobiker und Boier von den Helvetiern zur Teilnahme am grossen Treck überredet. Die Rauriker sassen wohl schon vor Cäsar am Basler Rheinknie, denn die vorcäsarische Siedlung bei der alten Gasfabrik weist ein sehr ähnliches Fundmaterial wie die nachher gegründete Siedlung auf dem Basler Münsterhügel auf[250]. Hingegen kennen wir weder von den Latobikern noch von den Tulingern die genauen Siedlungsräume. Für die rechtsrheinischen Boier präzisiert Cäsar, dass sie sich schon auf Wanderschaft befunden hätten! Hier stossen wir abermals auf ein Glied in der Kette der grossen Wanderungswelle. Nach der genannten Theorie von R. Christlein muss die Zahl der aus Süddeutschland abziehenden Kelten erheblich gewesen sein. Darunter waren vielleicht neben den Boiern auch bis zu diesem Zeitpunkt in Süddeutschland verbliebene, unter germanische Oberherrschaft (?) geratene, rechtsrheinische Helvetier[251].

Am Schluss des bellum Helvetiorum erwähnt Cäsar in griechischer Schrift geschriebene Verzeichnisse der Auswanderer, in denen die Waffenfähigen namentlich und die Kinder, Greise und Frauen zahlenmässig erfasst waren: 263 000 Helvetier, 36 000 Tulinger, 14 000 Latobiker, 23 000 Rauriker und 32 000 Boier; total 92 000 Waffenfähige. Diese Zahlen sind übertrieben[252]. Auch wenn man die Tatsache mitberücksichtigt, dass sich die Aufzählung wie die Landangabe wahrscheinlich auf ein älteres, grösseres Helvetier-Gebiet bezieht, bleiben diese Zahlen unglaubwürdig. Allgemein ist für die keltische Zeit nur ein Bruchteil der heutigen Bevölkerungsdichte anzunehmen. Die Zahlen der Waffenfähigen erscheinen weit überzogen. Ein Heer von über 60 000 Helvetiern ist nach dem späteren Schlachtverlauf kaum denkbar. Die Zahl der Krieger entspricht genau einem Viertel des Gesamttotals. Demnach dürfte die Gesamtmenge hochgerechnet und im gleichen Mass übertrieben sein. In anderen antiken Überlieferungen werden tatsächlich niedrigere Zahlen genannt[253]. Massive Übertreibungen von gegnerischen Heeren haben in den römischen Feldherrenrapporten Parallelen[254]. Dies ist verständlich. Der eigene Sieg wird stets umso bedeutender eingeschätzt, je grösser die Zahl der geschlagenen Gegner ist. Gegen eine zahlenmässige Minderheit hat nach den eigenen Berichten ein römischer Feldherr selten gekämpft. Nach H. Delbrück hat aber gerade die zahlenmässige Überlegenheit von Cäsars Gallienheer wesentlich zu dessen Erfolg beigetragen. Derselbe Autor nimmt sehr tiefe Zahlen für die Helvetier an[255]. Wir gehen von einer Schätzung von um die 160 000 Auswanderer, davon etwa 40 000 Kriegern, aus.

Cäsar sagt nirgend ausdrücklich, dass alle Helvetier mitgezogen sind, impliziert das aber verschiedenen Orts wie etwa dort, wo es um das Abbrennen der Siedlungen geht

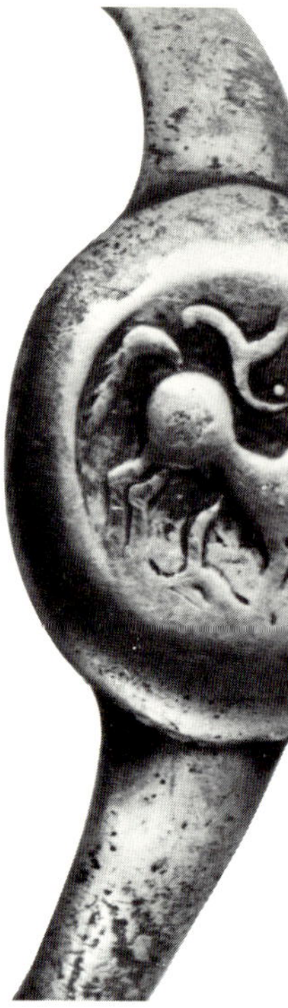

179

179
Silberner Fingerring aus Oberhofen BE mit goldplattiertem Medaillon, auf dem neben zwei Dreiwirbeln ein pferdchenartiges Tier dargestellt ist.

Cäsar, bell. Gall. I 5:
Ubi iam se ad eam rem paratos esse arbitrati sunt, oppida sua omnia numero ad duodecim, vicos ad quadringentos, reliqua privata aedificia incendunt, frumentum omne, praeter quod secum portaturi erant, comburunt, ut domum reditionis spe sublata paratiores ad omnia pericula subeunda essent.

(bell. Gall. I 5): «Sobald sie sich hierfür (für die Auswanderung, der Verf.) bereit glaubten, zündeten sie alle ihre Städte – an die zwölf – ungefähr vierhundert Dörfer und dazu die Einzelgehöfte an und verbrannten alle Getreidevorräte mit Ausnahme derer, die sie mitnehmen wollten, um, wenn erst einmal die Hoffnung auf eine Rückkehr genommen sei, desto entschlossener alle Gefahren auf sich zu nehmen». Das Abbrennen erinnert an die von den Galliern nachweislich geübte Taktik der verbrannten Erde, wie sie zum Beispiel in der neueren Geschichte auch die Russen gegen Napoleon angewendet haben. Diese Taktik hat allerdings nur Sinn, wenn etwas vor einem vorrückenden Gegner geschützt werden soll. Was sollte für wen im entleerten Helvetierland geschützt werden? Die Nachbarstämme können als Nutzniesser dieser Massnahme wohl ausser Diskussion gelassen werden. Eher ist daran zu denken, dass ein Teil der Bevölkerung zurückgeblieben ist und zu deren Schutz die verlassenen Landstreifen verödet wurden. Nach Cäsars Wortlaut müssen nicht alle Siedlungen und Einzelhöfe verbrannt worden sein. Auch ist an die Teilung in West- und Osthelvetier zu denken. Zweifellos mitgezogen sind die von Cäsar genannten Teilstämme der Verbigener und der Tiguriner. Von diesen können wir die letzteren sicher zuweisen, sie gehören zu den Westhelvetiern. Bei den Verbigenern ist dasselbe zu vermuten[256]. Es ist vielleicht kein Zufall, dass Cäsar beim Auszug nur die beiden vermutlich westhelvetischen Gaue namentlich nennt. Die Aufteilung der Helvetier in vier Teilstämme erinnert an eine ähnliche Unterteilung der kleinasiatischen Kelten[257]. Die zu einer Art «Vierstaatenbund» zusammengeschlossenen Teilstämme waren autonom und konnten zum Beispiel allein Krieg führen. Bei der von Cäsar für die Helvetier genannten Anzahl von 12 Oppida und ungefähr 400 Dörfern fällt auf, dass diese Zahlen durch 4 teilbar sind. Vielleicht liegen diesen Angaben nur grobe Schätzungen von je drei Oppida und je 100 Dörfern pro Teilstamm zugrunde. Wenn wir für die Westhelvetier zwei Teilstämme annehmen, ist es naheliegend, die beiden anderen im flächenmässig etwa gleich grossen östlichen Mittelland zu suchen.

Aus dem westhelvetischen Bereich stammt neben zwei anderen Spuren der erste sichere archäologische Hinweis auf verbrannte Siedlungen. Auf dem Mont Vully FR über dem Murtensee konnte in den vergangenen Jahren eine ausgedehnte Verteidigungsanlage freigelegt werden. Von dieser Holz-Erde-Konstruktion wurden auf der Innenseite deutliche Brandreste beobachtet (S.99), die nach den zugehörigen Funden in die Zeit um 58 v. Chr. gehören können[258]. Das westhelvetische Oppidum Bern-Engehalbinsel erhielt wohl nach 58 v. Chr. einen neuen Wall, und die raurikischen Siedlungen von Basel und Breisach wurden verlegt. In einigen Siedlungsplätzen liegt aber auch Kontinuität vor (wobei ein Unterbruch von einigen Monaten kaum nachweisbar ist), so im Oppidum von Altenburg-Rheinau und im Kleinoppidum von Windisch, beide im osthelvetischen Bereich gelegen. Auch dies ist vielleicht kein Zufall. Nach dem heutigen Kenntnisstand muss man deshalb die Möglichkeit offen lassen, dass sich die Osthelvetier nicht in demselben Mass am Auszug beteiligt haben wie die Westhelvetier.

Für die gut hunderttausend Auswanderer wurde als Sammelplatz das Ufer der Rhone bei Genf bestimmt, eine Stelle am äussersten Rand des helvetischen Gebietes. Die Durchführung der Auswanderung lässt auf eine grosse organisatorische und logistische Leistung schliessen. Sicher gab es vorausgehende Pioniertruppen, welche die Wege freimachten und Strassen ausbesserten, eine kampfstarke Vor- und Nachhut, bewegliche Truppen für die Nahrungsbeschaffung, Transportwagen für öffentliches Gut, Kriegsmaterial und vieles andere mehr. Sodann ist an die privaten Wagen mit der ganzen Fahrhabe, Zelten für die Übernachtung, Vorräten sowie Saatgut zu denken. Dazu kam Notvorrat für die Tiere und Viehherden. Grosse Lasten wurden auch von Tieren mit Packsätteln getragen. Die Packwagen dürften hauptsächlich von Ochsen gezogen worden sein und konnten deshalb nur im Schritt gefahren werden. Kaiser Napoleon III., der noch mit solchen Transporten vertraut war, hat Berechnungen zur Länge des Helvetiertrecks angestellt[259]. Wir reduzieren seine Zahlen auf die uns realistisch erscheinende Auswanderermenge: Transport der Nahrungsmittel (auf Wagen von 4000 kg Nutzlast und mit 1300 kg Zugkraft pro Zugtier) = 2000 Wagen und 8000 Zugtiere, Transport des Gepäcks (15 kg pro Person) = 800 Wagen und 11 200 Zugtiere. Das gibt ein Total von 2800 Wagen und 11 200 Zugtieren. Wenn diese Gefährte hintereinander liefen und man pro Gefährt mit einem Abstand von nur 15 m rechnet, ergibt das eine Länge von 42 km. Zusammen mit den mitmarschierenden Menschen, Herden sowie Truppen resultiert daraus eine rechnerische Zuglänge von 50 bis 100 km! Dieser riesige Zug wollte am 28. März aufbrechen und über die Brücke von Genava/Genf den direktesten Weg in den Süden einschlagen. Hier griff Cäsar ein (bell. Gall. I 7): «Als Cäsar erfuhr, dass sie durch die römische Provinz ihren Weg zu nehmen versuchten, reiste er schleunigst aus Rom ab, eilte möglichst schnell in die Provinz und erschien vor Genf. Der gesamten Provinz befahl er, eine möglichst grosse Truppenmenge zu stellen – im jenseitigen Gallien lag insgesamt nur eine Legion –, und liess die Brücke bei Genf abreissen. Sowie die Helvetier von seiner Ankunft erfuhren, schickten sie zu ihm die Edelsten des Stammes, geführt von Nammeius und Verucloëtius, als Gesandte mit der Erklärung, sie beabsichtigten lediglich, ohne jede Gewalttat den Weg durch die Provinz zu nehmen, weil sie keinen anderen hätten. Sie bäten um sein Einverständnis. Da Cäsar jedoch nicht vergessen hatte, dass die Helvetier den Konsul Lucius Cassius getötet und sein Heer geschlagen und unter das Joch geschickt hatten, glaubte er, die Genehmigung nicht geben zu dürfen. Auch nahm er nicht an, dass sich diese feindlich gesinnten Menschen der Rechtsverletzung und Gewalttaten enthalten würden, wenn ihnen erst einmal die Gelegenheit gegeben werde, durch die Provinz zu ziehen. Um aber Zeit zu gewinnen, bis die neu einberufenen Mannschaften einträfen, erwiderte er den Gesandten, er werde sich Bedenkzeit nehmen. Wenn sie etwas wünschten, sollten sie sich am 13. April wieder einfinden.»

Cäsar, bell. Gall. I 7:
Caesari cum id nuntiatum esset eos per provinciam nostram iter facere conari, maturat ab urbe proficisci et quam maximis potest itineribus in Galliam ulteriorem contendit et ad Genvam pervenit. provinciae toti quam maximum potest militum numerum imperat – erat omnino in Gallia ulteriore legio una –; pontem, qui erat ad Genvam, iubet rescindi. ubi de eius adventu Helvetii certiores facti sunt, legatos ad eum mittunt nobilissimos civitatis, cuius legationis Nammeius et Verucloetius principem locum obtinebant, qui dicerent sibi esse in animo sine ullo maleficio iter per provinciam facere, propterea quod aliud iter haberent nullum; rogare, ut eius voluntate id sibi facere liceat. Caesar, quod memoria tenebat L. Cassium consulem occisum exercitumque eius ab Helvetiis pulsum et sub iugum missum, concedendum non putabat; neque homines inimico animo data facultate per provinciam itineris faciendi temperaturos ab iniuria et maleficio existimabat. tamen, ut spatium intercedere posset, dum milites quos imperaverat convenirent, legatis respondit diem se ad deliberandum sumpturum; si quid vellent, ad idus Apriles reverterentur.

Mit der Schlacht gegen Lucius Cassius meint Cäsar die erwähnte Niederlage von Agen im Jahre 107 v. Chr. Die von ihm ausbedungene Bedenkzeit war eine reine Finte. Cäsar brauchte diese Zeit dringend, um ein schlagkräftiges Heer heranzuführen.

Genava, ein Oppidum der Allobroger, gehörte zum äussersten Zipfel der Provincia. Das fünf Hektar grosse Plateau zwischen See, Rhone und Arve war durch einen Wall befestigt und gegen Norden durch Gräben abgesichert[260]. Genf verfügte nicht nur über eine wichtige Brücke, sondern auch über einen bekannten Hafen; die Helvetier dürften dort noch die drei Meter grosse Holzstatue einer keltischen Gottheit gesehen haben, die im Jahre 1908 entdeckt worden ist[261].

Cäsars Befestigungen bei Genf

Im ganzen Gallischen Krieg haben die Schanzarbeiten der Römer wesentlich zu ihrem Erfolg beigetragen. Die römischen Legionäre mussten zum Beispiel für jede Nacht ein befestigtes Feldlager anlegen. Diese bewährte Taktik treffen wir bei Cäsar schon beim ersten Feindkontakt an (bell. Gall. I 8): «Inzwischen liess er von der Legion, die er mit sich führte, und den in der Provinz eingezogenen Mannschaften vom Genfer See, der in die Rhone abfliesst, bis zum Jura, der das Gebiet der Sequaner von dem der Helvetier scheidet, einen 19 Meilen langen und 16 Fuss hohen Damm und einen Graben ziehen. Nach Fertigstellung dieser Anlage verteilte er Wachtposten und liess feste Türme errichten, um die Helvetier leichter aufhalten zu können, wenn sie gegen seinen Willen den Durchzug versuchen sollten. An dem mit den Gesandten vereinbarten Termin stellten sich diese wieder bei ihm ein. Er erklärte, er könne nach dem herkömmlichen Brauch des römischen Volkes niemandem den Durchzug durch die Provinz gestatten, und gab

180
Verschanzungen von Cäsars Truppen aus dem Jahre 58 v. Chr. bei Genf nach den Felduntersuchungen M. Stoffels. Die zahlreichen Schnitte a-a bis p-p haben besonders bei h-h Spuren von Gräben ergeben, welche die Helvetier an der Überwindung der Uferböschung hindern sollten. Nach M. Stoffel handelt es sich bei den rot eingetragenen Befestigungsspuren um solche aus der Zeit Cäsars.

181
Plan des Allobroger-Oppidums Genava/Genf auf der colline de Saint-Pierre, darunter das Hafengelände und die im Jahre 58 v. Chr. von Cäsar abgebrochene Brücke über die Rhone.

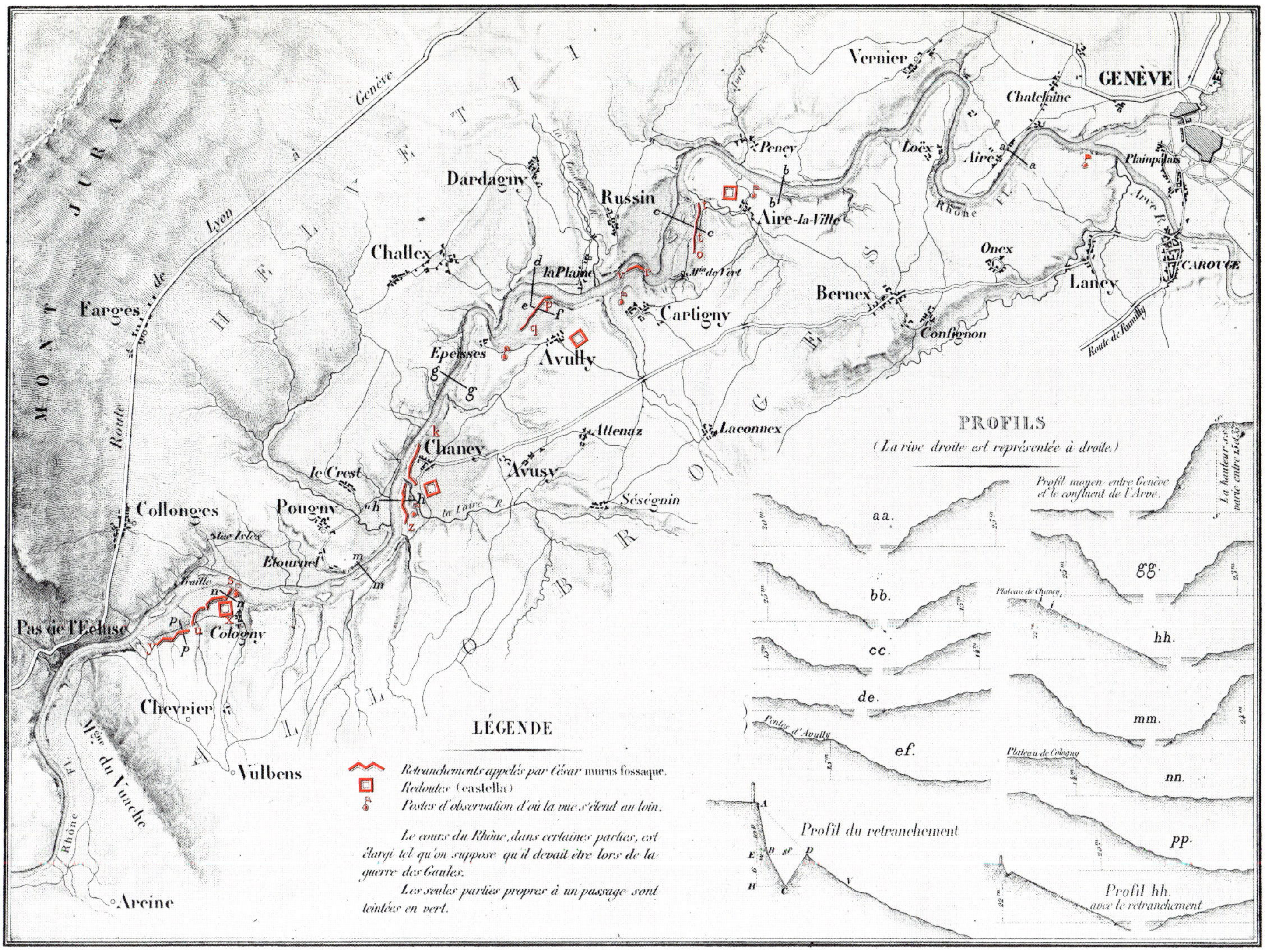

180

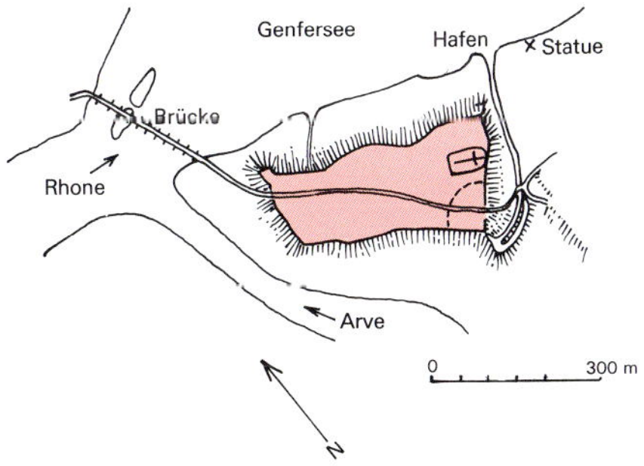

181

ihnen zu verstehen, dass er sie, falls sie Gewalt anzuwenden versuchten, daran hindern werde. Um ihre Hoffnung betrogen, versuchten die Helvetier, auf zusammengebundenen Schiffen und mehreren zusammengeschlagenen Flössen, teils auch durch die Furten der Rhone, dort, wo der Fluss am seichtesten war, bisweilen am Tage, häufiger bei Nacht den Durchbruch, gaben aber dann, durch die Befestigung, die anrückende Truppe und durch Beschuss abgewiesen, diesen Versuch auf.»

Napoleon III. hat im Jahre 1861 für den Nachweis dieser Befestigungen in Zusammenhang mit dem von ihm vorbereiteten Werk über Cäsar an den damals 74jährigen General Dufour, seinen ehemaligen Lehrer an der Offiziersschule in Thun, geschrieben[262]. H. Dufour hatte sich schon vorher mit dieser Materie beschäftigt und darüber das Manuskript «Retranchement de César sur les bords du Rhône» verfasst. Darin wehrte er sich gegen die Meinung eines kilometerlangen zusammenhängenden Grabens, der weder vom Arbeitsaufwand möglich noch von der Topographie her nötig gewesen wäre. H. Dufour hat auf Napoleons Anfrage hin trotz seines hohen Alters das fragliche Gelände selbst inspiziert. In seiner Antwort vom 29. September 1861 kommt er zur folgenden Feststellung: «Tout cela me porte à croire que ces retranchements n'ont dû être élevés que sur les parties les plus abordables du fleuve et que, s'il en reste encore quelques traces, c'est seulement en ces endroits qu'il faut les chercher. Or ces points se trouvent dans les caps, ou presqu'îles que forme le Rhône entre Epeisses sous Avully et Loex.»

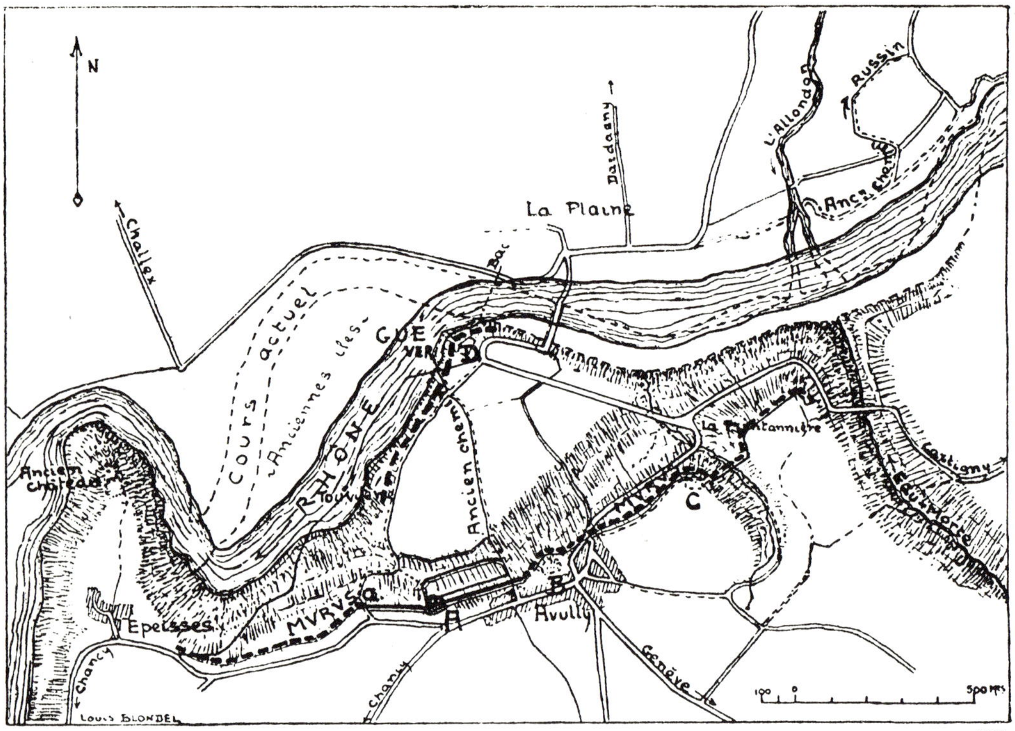

182

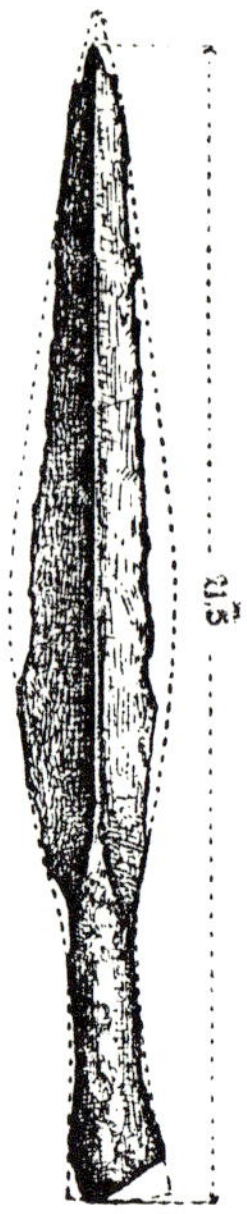

183

H. Dufour und seine lokalen Gewährsmänner konnten keine Spuren im Gelände finden. Der General schreibt: «Ces renseignements, Sire, ont rien de satisfaisant, mais ils sont sûrs et j'ai dû vous les transmettre tels quels.» Napoleon III. hat sich damit nicht begnügt, wie man dem folgenden Text aus seiner «Histoire de Jules César» entnehmen kann[263]: «... et j'ai pensé que murus pouvait s'entendre d'un escarpement naturel, rendu plus roide par un léger travail. Pénétré de cette idée, j'ai chargé M. le commandant d'artillerie baron Stoffel d'aller inspecter les lieux, et le résultat de ses recherches a pleinement confirmé mes suppositions». Darauf folgt ein längerer Bericht M. Stoffels und als Illustration die S.105 reproduzierte Karte. Diese zeigt, dass M. Stoffel das ganze Gelände zwischen Carouge und Cologny einer eingehenden Prüfung unterzogen hat. Er kam zum Schluss, dass zwischen Genf und dem Jura an fünf wichtigen Stellen römische Befestigungen vorhanden sein müssen, die zusammen eine Länge von 5000 Metern aufweisen. M. Stoffels Feldbeobachtungen sind ernst zu nehmen. Das haben eingehende Recherchen von Joël Le Gall anhand ähnlicher Untersuchungen in Alesia ergeben[264]. Im Gelände wurde zur Zeit M. Stoffels sorgfältig vorgegangen und die vorgefundenen Reste genau eingemessen. Nach den heutigen Massstäben können hingegen nicht alle von ihm als cäsarische Befestigungswerke in Anspruch genommenen Spuren sicher in die Zeit Cäsars datiert werden, da die zugehörigen Funde fehlen. Die Untersuchungen und Kartenaufnahmen sind aber trotzdem von grösster Wichtigkeit, weil sie in einer Zeit durchgeführt worden sind, wo der natürliche Lauf der Rhone noch weitgehend erhalten war.

Am Ende des Zweiten Weltkrieges hat der Genfer Louis Blondel in Avully erneut den Spaten angesetzt[265]. Diesem Forscher kommen grosse Verdienste zu, aber nachträgliche Untersuchungen haben gezeigt, dass seine Interpretationen zuweilen mit Vorsicht aufzunehmen sind. L. Blondel hat unmittelbar nördlich von Avully zwei Befestigungslinien entdeckt, die mit denjenigen M. Stoffels nicht übereinstimmen.

Nach der Meinung von H. Delbrück ist das römische Verteidigungswerk entlang der Rhone von den Helvetiern nicht richtig attackiert worden. Dies wäre einer Grenzverletzung der römischen Provinz gleichgekommen und deshalb in Cäsars Bericht

182–183
Rekonstruktion der Verschanzungen von Cäsars Truppen beim Dorf Avully nach den Untersuchungen L. Blondels im Jahre 1944. Die vielleicht in spätkeltische Zeit zu datierende Lanzenspitze wurde schon früher bei Aire-la-Ville entdeckt.

184
Weg des Helvetiertrecks im Jahre 58 v. Chr. von Genf bis zur Schlacht bei Bibracte. Zwischen Jura und Saône hat sich die Wanderkolonne stark in die Breite gezogen.

185, nächste Doppelseite:
Rekonstruktionsversuch: Die Helvetier und ihre Verbündeten setzen über die Saône. Nach den Zeitangaben Cäsars ist die ganze Marschkolonne kaum allein auf Fährschiffen übergesetzt worden. Deshalb wurde hier eine Überquerung mit Hilfe einer (den Kelten wohl bekannten) Schiffsbrücke dargestellt. Krieger decken die Überquerung, können aber nicht verhindern, dass Cäsar den auf der Gegenseite verbliebenen Tigurinern durch einen Überraschungsangriff eine empfindliche Niederlage beibringt. Zeichnung A. Rapin.

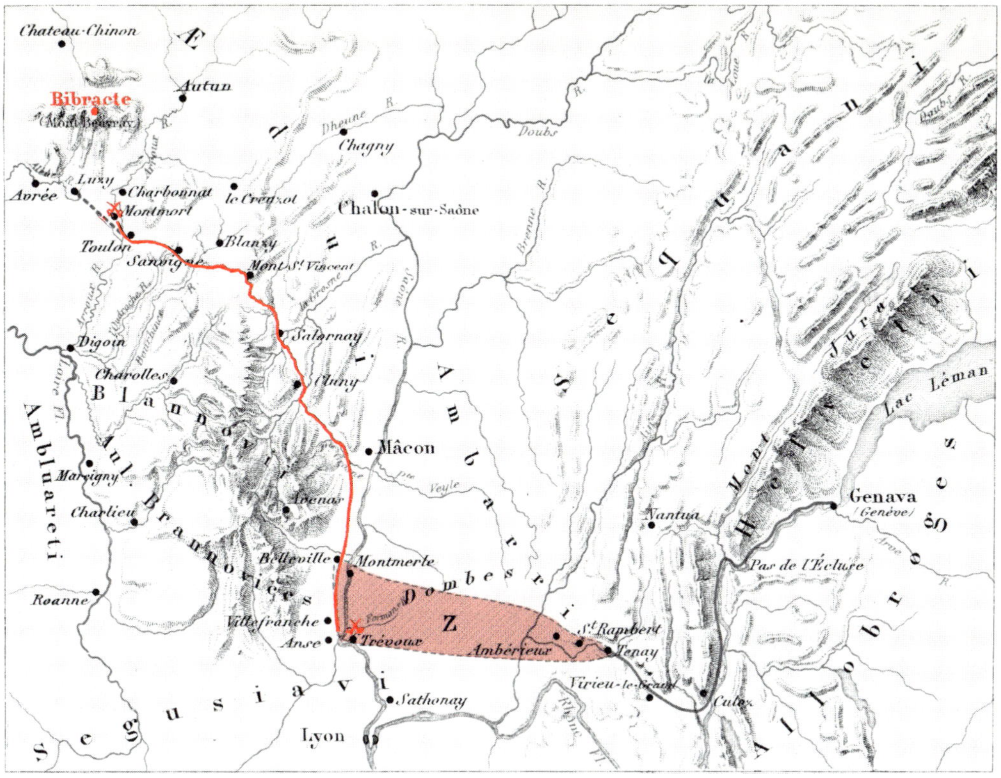

184

erwähnt worden. Der römischen Defensivtaktik scheint jedenfalls ein voller Erfolg beschieden gewesen zu sein. Nachdem die Helvetier nach längeren Versuchen eingesehen hatten, dass eine Überquerung der Rhone mit dem ganzen Tross unmöglich war, mussten sie nach einer anderen Route suchen. Es blieb ihnen nur der beschwerliche Weg dem rechten Rhoneufer entlang und über den Pas de l'Ecluse. Hier begann das Gebiet der Sequaner, die den Helvetiern in einem Vertrag das Durchzugsrecht zubilligten. Die Helvetier und Sequaner tauschten als Garantie für gegenseitiges Wohlverhalten Geiseln aus. Ausserhalb des sequanischen Gebietes liess die strenge Zucht der Helvetier nach. Cäsar räumt den diesbezüglichen Klagen der Häduer in seinem Bericht ein ganzes Kapitel ein. Diese Beschwerden lieferten ihm den willkommenen Anlass zum sofortigen Eingreifen ausserhalb seines Provinzterritoriums. Dazu war er jetzt auch imstande. In einer wohl schon lange vorher gut vorbereiteten Gewaltsleistung hatte er mittlerweile in wenigen Wochen in Oberitalien zwei neue Legionen ausgehoben, wozu an sich die Erlaubnis des Senats nötig war, und drei weitere aus dem Winterquartier bei Aquileia herangeführt. Jetzt verfügte er über insgesamt sechs Legionen, rund 30 000 Mann. Dazu kamen die von den verbündeten Galliern gestellten Hilfstruppen, vor allem Reiterei. Mit diesem Heer konnte er den Kampf gegen die Helvetier wohl aufnehmen.

Der Infanterietruppenkörper einer Legion bestand seit deren Einführung unter Marius aus 6000 Mann, wobei dieser Bestand bald abgenommen hat. Eine Legion setzte sich aus 10 Kohorten (à je 600 Mann) zusammen. Jede Kohorte war in 3 Manipel à 2 Centurien gegliedert. Die aus hundert Mann bestehende Centurie wurde von einem Centurio befehligt, was etwa dem Rang eines heutigen Hauptmanns entspricht.

Inzwischen hatten die Helvetier nach acht Wochen mühsamer Vorwärtsbewegung endlich die Saône erreicht und mit deren Überquerung auf Flössen und zusammengekoppelten Einbäumen begonnen. Das typisch keltische Fährboot bestand aus zwei Einbäumen und einer darauf festgemachten Plattform[266]. Im helvetischen Heimatland sind bei Wetzikon ZH und in Bevaix NE solche Einbäume gefunden worden[267]. Bei einem ungefähren Eigengewicht von 450 kg konnte ein Einbaum eine Nutzlast von ca. 300 kg tragen. Die genaue Stelle, wo die Helvetier die Saône überquert haben, ist nicht bekannt. Napoleon III. hat sie aufgrund von Grabhügeln, die sich aber als hallstattzeitlich herausgestellt haben, bei Trévoux lokalisiert.

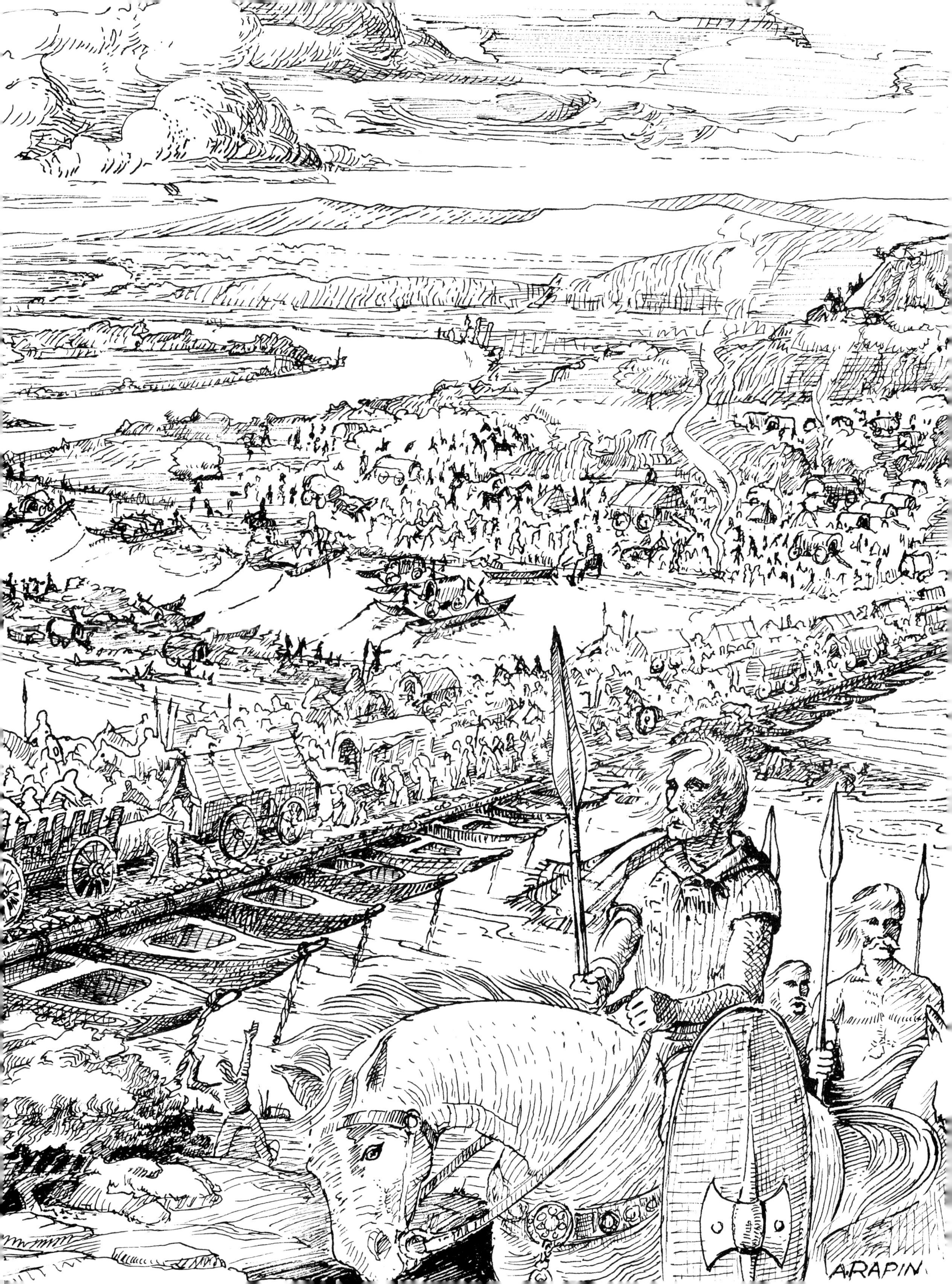
A.RAPIN

Jetzt schlug Cäsar überraschend zu. Die Helvetier hatten einen Angriff zu diesem Zeitpunkt nicht erwartet. Sie waren ja gemäss der Weisung Cäsars ausgewichen und hatten einen anderen Weg eingeschlagen. Cäsar, bell. Gall. I 12/13: «Sowie Cäsar durch Kundschafter Meldung erhielt, dass sie (die Helvetier, der Verf.) bereits drei Viertel ihrer Truppen über den Fluss gesetzt hatten und nur noch ein Viertel diesseits der Saône zurückgeblieben sei, brach er noch in der dritten Nachtwache mit drei Legionen auf und stiess auf den Rest, der noch nicht übergesetzt war. Diese behinderten und nichts ahnenden Leute überrumpelte er und liess die meisten niedermachen. Die Überlebenden ergriffen die Flucht und versteckten sich in den nächstgelegenen Wäldern. Dieser eine Stammesteil – er hiess der tigurinische; ganz Helvetien war in vier Bezirke oder Gaue geteilt – hatte nach seinem Aufbruch aus der Heimat zur Zeit unserer Väter den Konsul Lucius Cassius getötet und sein Heer unter das Joch geschickt. So geschah es durch Zufall oder nach dem Ratschluss der unsterblichen Götter, dass der Teil des helvetischen Stammes, der dem römischen Volke eine empfindliche Niederlage beigebracht hatte, auch als erster dafür büsste. Hierbei rächte Cäsar nicht nur die dem Staat zugefügte Schmach, sondern auch eine persönliche Kränkung, weil die Tiguriner den Grossvater seines Schwiegervaters Lucius Piso, den Legaten gleichen Namens, in der Schlacht, in der Cassius gefallen war, getötet hatten.

186

Nach dieser Schlacht liess Cäsar, um der restlichen Truppen der Helvetier habhaft zu werden, eine Brücke über die Saône schlagen und konnte so das Heer übersetzen. Über sein plötzliches Erscheinen bestürzt, schickten die Helvetier Gesandte zu ihm. Denn sie sahen, dass er an einem einzigen Tage fertiggebracht hatte, was sie selbst mit Mühe und Not erst in 20 Tagen zuwege gebracht hatten, nämlich den Fluss zu überschreiten. Haupt dieser Gesandtschaft war Divico, welcher bereits im Cassianischen Kriege die Helvetier geführt hatte. Dieser verhandelte mit Cäsar folgendermassen: Wenn das römische Volk mit den Helvetiern Frieden schliesse, würden sie in die Gegend ziehen und dort bleiben, wo Cäsar sie ansiedeln und haben wolle. Wenn er jedoch auf dem Krieg gegen sie bestehe, solle er an die alte Niederlage des römischen Volkes und die alterprobte Tapferkeit der Helvetier denken. Wenn er unvermutet einen Stammesteil überfallen habe, während die, welche bereits über den Fluss gesetzt seien, ihren Landsleuten keine Hilfe bringen konnten, so solle er deswegen nicht allzusehr auf seine Heldentat pochen, noch sie selbst unterschätzen. Von ihren Vätern und Ahnen hätten sie gelernt, mehr durch Tapferkeit etwas zu erreichen als sich auf Tücke und Hinterlist zu verlassen. Er solle es daher nicht dazu kommen lassen, dass der Ort, wo sie ständen, von einer Niederlage des römischen Volkes und dem Untergang seines Heeres einen Namen erhalte und in der Nachwelt weiterlebe.»

Dies muss eine eindrückliche Rede des Divico gewesen sein (vgl. die Zeichnung rechts). Cäsars Art der Kriegsführung mit Überraschungsangriffen ohne Vorankündigung war den Galliern eher fremd. Sie waren es gewohnt, die Schlachten im offenen Feld nach formellen Ankündigungen und verbalem Schlagabtausch zu beginnen. Umso erstaunlicher erscheint in dieser Situation das Friedensangebot des Divico. Es illustriert unserer Meinung nach die oben erwähnte Vermutung, dass der Hauptgrund der Auswanderung der Wegzug aus dem von Ariovist bedrohten Gebiet war und nicht Kampf um jeden Preis. Cäsar, der offenbar längst zum Kampf entschlossen war, verlangte aber als Voraussetzung für eine diplomatische Lösung Reparationszahlungen an die verbündeten Häduer und Allobroger sowie Geiselstellung. Darauf kam die stolze Antwort (bell. Gall. I 14): «Divico antwortete, die Helvetier seien von ihren Vätern so erzogen worden, dass sie Geiseln zu empfangen, nicht zu stellen pflegten; dies könne das römische

186
Rekonstruktion eines römischen Legionars zur Zeit Cäsars mit Helm, Panzer, Schild und Pilum (nach H.R. Robinson).

187
So sah der Historienmaler K. Jauslin Ende des letzten Jahrhunderts die von Cäsar beschriebene Szene nach der Schlacht an der Saône, bei welcher der alte Helvetier Divico – hier mit wallendem Bart und Helmputz – Cäsars Forderungen kurz und bündig abschlug.

187

Volk bezeugen. Mit dieser Antwort entfernte er sich.» Am nächsten Tag brachen die Helvetier auf. Cäsar schickte seine gallische Reiterei, gegen 4000 Mann, zur Beobachtung nach. Dabei kam es zum Kampf mit der helvetischen Nachhut, wobei nicht mehr als 500 berittene Helvetier Cäsars Reiter in Panik versetzten und ihnen eine empfindliche Niederlage beibringen konnten. Darauf hielt sich Cäsar zwei Wochen lang in einem Abstand von etwa fünf Meilen zurück und musste den helvetischen Räubereien tatenlos zusehen.

In dieser Zeit stockte der vertraglich von den Häduern zugesicherte Nachschub an die Römer. Cäsar, auf einer Erklärung beharrend, wurde darüber informiert, dass der Bruder des römerfreundlichen Diviciacus, Dumnorix, insgeheim gegen die Römer und für die Helvetier agieren würde. Dumnorix habe einen gewichtigen Einfluss bei den Häduern und unterhalte eine grössere Privatarmee. Dieser hatte offenbar im vorangehenden Reitergefecht gegen die Helvetier, auf seiten der Römer kämpfend, absichtlich mit zur Panik der Reitertruppe beigetragen.

Die Helvetier waren inzwischen von der Saône nach Westen abgebogen. Sie wollten wohl nicht auf der direkten Linie über die bergige Auvergne in die Saintonge, sondern suchten die Berge zu umgehen, um dem Loireübergang bei Nevers zuzustreben. Diese flachere Route wurde von der Pferdepost nach Bordeaux noch im 18. Jh. benützt[268]. Von Nevers an war der Weg durch die Landschaft des Berry nicht mehr so beschwerlich.

Cäsar kannte diesen Plan sicherlich und wusste, dass der Helvetiertreck in der hügeligen Landschaft leichter angegriffen werden konnte. Deshalb suchte er jetzt die Entscheidung. Ein erster geplanter Zangenangriff schlug fehl, die Helvetier zogen ungehindert weiter. Nun kam Cäsar durch die weiterhin ausbleibende Verpflegung für seine sechs Legionen in Bedrängnis. Der von den Häduern bereitgestellte Proviant blieb in ihrer grössten Stadt, Bibracte, liegen. Im Tal des Arroux angelangt, gab Cäsar die Verfolgung auf und lenkte seine Legionen nordwärts auf Bibracte, den Mont Beuvray bei Autun, zu.

Die Schlacht bei Bibracte

Den Helvetiern war die Richtungsänderung des römischen Heeres nicht unbemerkt geblieben. Ermutigt durch den fehlgeschlagenen Angriff Cäsars vor zwei Tagen und aus Furcht vor einem Überholmanöver, das zur Blockierung des Loireübergangs bei Nevers hätte führen können, begannen die Helvetier Cäsars Nachhut anzugreifen[269]. Das war der erste Schritt zur Entscheidungsschlacht. Wir drucken zunächst den Wortlaut Cäsars ab und kommentieren nachher die drei entscheidenden Schlachtetappen A bis C (bell. Gall. I 24–26): «Sowie Cäsar dies bemerkte, führte er seine Truppen auf die nächste Anhöhe und liess die Reiterei zur Abwehr des feindlichen Angriffs ausschwärmen. Inzwischen stellte er auf halber Höhe die vier altgedienten Legionen in dreifacher Formation und auf dem Berggipfel die zwei kürzlich in Oberitalien ausgehobenen und alle Hilfstruppen auf, so dass er über sich die ganze Höhe mit Truppen dicht besetzte. Tross und Gepäck liess er an einem Platz zusammenbringen und von den Truppen, die weiter oben in Kampfstellung gegangen waren, durch Schanzen sichern. Die Helvetier, die mit allen ihren Wagen gefolgt waren, brachten ihren Tross an einen Ort. In dichtester Aufstellung warfen sie unsere Reiter zurück, bildeten ihre Phalanx und gingen gegen unsere erste Kampflinie vor.

Cäsar liess zuerst sein Pferd, dann die aller anderen ausser Sichtweite führen – dadurch, dass er die Gefahr für alle gleich machte, wollte er den Fluchtgedanken ausschalten –, feuerte die Truppe in einer Ansprache an und begann den Kampf. Seine Soldaten schleuderten von oben ihre Pila und durchbrachen leicht die feindliche Angriffsfront. Als diese gesprengt war, gingen sie mit gezückten Schwertern vor. Die Gallier behinderte beim Kampfe folgendes sehr: Mehrere Schilde waren zugleich von einem einzigen Pilum durchbohrt und aneinandergeheftet worden. Da sich die Eisenspitze umgebogen hatte, konnten die Feinde das Pilum weder herausziehen noch infolge der behinderten Linken richtig kämpfen. Daher zogen es viele, nachdem ihr Arm lange hin und hergezerrt worden war, vor, ihn wegzuwerfen und mit ungedecktem Leib zu kämpfen. Endlich von Wunden erschöpft, begannen sie zurückzuweichen und sich auf eine ungefähr eine Meile entfernte Höhe zurückzuziehen. Als diese besetzt war und wir nachdrängten, griffen uns die mit ungefähr 15 000 Mann die feindliche Nachhut bildenden und das Ende des Zuges deckenden Bojer und Tulinger gleich vom Marsche aus auf der ungedeckten Flanke an und schlossen uns ein. Sowie dies die bereits auf die Höhe zurückgewichenen Helvetier beobachteten, drangen sie erneut vor und griffen wieder in den Kampf ein. So mussten wir nach zwei Seiten kämpfen: die erste und zweite Kampflinie, um den schon besiegten und zurückgedrängten Feinden Widerstand zu leisten, die dritte, um die Anrückenden abzuschlagen.

So kämpfte man lange und hart nach zwei Seiten. – Als die Feinde unseren Angriffen nicht mehr länger standhalten konnten, zog sich der eine Teil, wie er bereits begonnen hatte, auf den Berg zurück, der andere begab sich zum Tross und zur Wagenburg. Während der ganzen Schlacht nämlich konnte niemand auch nur einen der Feinde fliehen sehen, obwohl der Kampf von der siebenten Stunde (Mittag, der Verf.) an bis zum

Cäsar, bell. Gall. I 24–26:
Postquam id animadvertit, copias suas Caesar in proximum collem subducit equitatumque, qui sustineret hostium impetum, misit. ipse interim in colle medio triplicem aciem instruxit legionum quattuor veteranarum ita, uti supra se in summo iugo duas legiones, quas in Gallia citeriore proxime conscripserat, et omnia auxilia conlocaret ac totum montem hominibus compleret; interea sarcinas in unum locum conferri et eum ab iis qui in superiore acie constiterant muniri iussit. Helvetii cum omnibus suis carris secuti impedimenta in unum locum contulerunt; ipsi confertissima acie reiecto nostro equitatu phalange facta sub primam nostram aciem successerunt.
Caesar primum suo, deinde omnium ex conspectu remotis equis, ut aequato omnium periculo spem fugae tolleret, cohortatus suos proelium commisit. milites e loco superiore pilis missis facile hostium phalangem perfregerunt. ea disiecta gladiis destrictis in eos impetum fecerunt. Gallis magno ad pugnam erat impedimento, quod pluribus eorum scutis uno ictu pilorum transfixis et conligatis, cum ferrum se inflexisset, neque evellere neque sinistra impedita satis commode pugnare poterant, multi ut diu iactato brachio praeoptarent scutum manu emittere et nudo corpore pugnare. tandem vulneribus defessi et pedem referre et, quod mons suberat circiter mille passuum, eo se recipere coeperunt. capto monte et succedentibus nostris Boi et Tulingi, qui hominum milibus circiter XV agmen hostium claudebant et novissimis praesidio erant, ex itinere nostros «ab» latere aperto adgressi circumvenere et id conspicati Helvetii, qui in montem se receperant, rursus instare et proelium redintegrare coeperunt. Romani conversa signa bipertito intulerunt: prima et secunda acies, ut victis ac summotis resisteret, tertia, ut venientes sustineret.

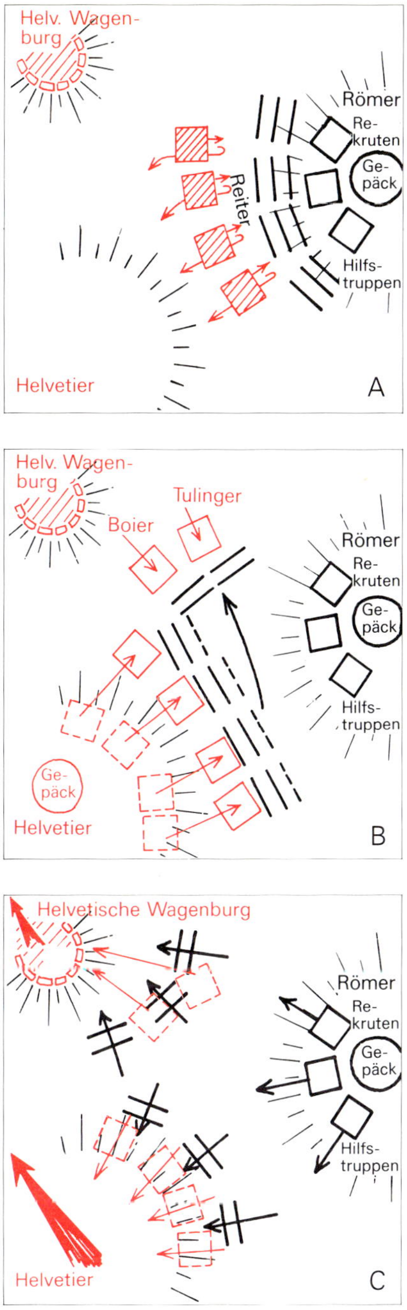

188

188
Verlauf der Schlacht bei Bibracte im Jahre 58 v. Chr. A: Die zunächst erfolgreich vorstossenden Reiter und anderen Helvetier weichen auf einen Hügel zurück. B: Nach Eintreffen der Boier und Tulinger müssen die Römer auf zwei Fronten kämpfen. C: Die Helvetier ziehen ab, die Wagenburg wird noch lange umkämpft und fällt schliesslich in römische Hand.

Abend getobt hatte. Bis in die tiefe Nacht kämpfte man noch beim Tross. Die Feinde hatten nämlich ihre Wagen als Schutzwehr aufgestellt und schleuderten von oben herab auf die anrückenden Römer ihre Wurfspiesse. Manche schossen zwischen den Wagen und Rädern ihre Speere und Spiesse und verwundeten die Römer. Erst nach langem Ringen nahmen diese den Tross und das Lager. Dort wurde auch des Orgetorix Tochter und einer seiner Söhne gefangengenommen. Nur ungefähr 130000 Mann überlebten diese Schlacht und waren die ganze Nacht auf dem Marsch. Ohne die Flucht auch nur für ein paar Stunden der Nacht zu unterbrechen, gelangten sie am vierten Tag in das Gebiet der Lingonen, da die Römer, wegen der Verwundeten und wegen der Bestattung der Gefallenen drei Tage festgehalten, ihnen nicht folgen konnten. Cäsar schickte zu den Lingonen Boten mit dem schriftlichen Verbot, ihnen mit Lebensmitteln oder sonstwie zu helfen. Er werde diejenigen, die sie unterstützten, genau so behandeln wie die Helvetier selbst. Er selbst folgte nach den drei Tagen dem Feinde mit allen Truppen.»

Wir fassen die drei Hauptetappen der Schlacht bei Bibracte mit den Bewegungen der beiden Heere zusammen:

A Helvetischer Angriff:
Die auf der römischen Seite kämpfenden Reiter vermögen der helvetischen Kavallerie nicht standzuhalten. Erst der Pilum-Einsatz schafft ein Gleich- oder Übergewicht. Die Helvetier weichen zurück auf einen nahen Hügel. Taktischer Rückzug? Durch die Verlagerung der Front gegen den Hügel mit dem helvetischen Lager hin entsteht im Norden der Römer eine ungeschützte Flanke, die von den zurückkommenden Boiern und Tulingern attackiert wird.

B Langer verlustreicher Kampf auf beiden Seiten:
Die Römer kämpfen mehrere Stunden auf zwei Fronten. Nach Cäsar wurden die beiden frisch aufgestellten Legionen und die Hilfstruppen zunächst nicht eingesetzt, sondern auf dem Hügel belassen. H. Delbrück denkt an die vorsorgliche Rückendeckung gegen einen allfälligen Häduerangriff[270]. Ein wesentlicher Trumpf auf der Seite der Helvetier war sicher ihre Reiterei, die den Kampf eröffnet hatte. Deren Kampfstärke war bekannt und auch der Grund, wieso noch im 1. Jh. n. Chr. die Helvetier mit zu den besten Kavalleristen Galliens gezählt wurden (S. 131). Dieser Reiterei konnte Cäsar keinen adäquaten eigenen Verband gegenüberstellen, da das römische Legionsheer berittene Kampftruppen kaum kannte und Cäsars gallische Verbündete, wie schon gezeigt, wenig zuverlässig waren. Hingegen dürften die diszipliniert kämpfenden römischen Infanterieeinheiten vor allem vom taktischen Einsatz her den Galliern überlegen gewesen sein. Nach dem Abschuss der Fernwaffen, Pilum hier und Wurflanze dort, folgte der Kampf Mann gegen Mann. Die Römer fochten mit dem halblangen, auch zum Stoss geeigneten Gladius, die Gallier mit dem langen Hiebschwert[271].

C Rückzug und Abzug des helvetischen Heeres:
Getrennter Rückzug in die Wagenburg (Boier und Tulinger) und auf den Hügel mit dem Lager (wohl Helvetier). Bei der Wagenburg leisteten die Gallier länger Widerstand. Dies ist wohl so zu verstehen, dass das Hügellager zuerst geräumt und der Abzug von der Wagenburg aus gedeckt wurde. Die Wagenburg konnte zuletzt von den Römern mitsamt dem dort verbliebenen Besatzungsrest genommen werden.

Die von Cäsar angegebenen Verlustzahlen sind stark übertrieben. Nach seiner Rechnung hätte (bei etwa ausgeglichener Kampfstärke) jeder kämpfende Römer etwa sechs Gallier umgebracht[272]. Beide Seiten haben erhebliche Verluste davongetragen. Das zeigt die Tatsache, dass Cäsar drei Tage auf dem Schlachtfeld verbleiben musste, um die Toten zu begraben und die Verwundeten zu pflegen.

Der rein militärische Ausgang der Schlacht wird unterschiedlich beurteilt. Die Bewertung geht vom unzweifelhaften Sieg Cäsars[273] bis zum militärischen Patt[274]. Tat-

189

sächlich ist der Schlachtausgang nicht eindeutig. Ein grosser Teil der Helvetier konnte das Schlachtfeld ungehindert verlassen, die Römer waren zur Verfolgung nicht imstande. Die militärische Leistung der Helvetier war beachtlich, die Römer verfügten aber über den Vorteil, dass sie frei operieren konnten und nicht durch einen grossen Tross in ihren Aktionen behindert waren. Ein Sammeln im Hinterland und Wiedervorstoss am darauf folgenden Tag war den Helvetiern nicht möglich, ohne den ganzen Tross preisgeben zu müssen. Offenbar haben sich die Helvetier auch deshalb zum gedeckten Abzug entschlossen. Militärischer Ausgang hin oder her: Die Schlacht bei Bibracte hat die Auswanderung der Helvetier in andere Bahnen gelenkt. Wenn sie und ihre Verbündeten in nur vier Tagen bis in die Gegend von Langres kommen konnten, dann sind offenbar die schweren Ochsengespanne zurückgelassen und das nächste Etappenziel, der Loireübergang bei Nevers, aufgegeben worden.

Über die Schlacht bei Bibracte gibt es zahlreiche Abhandlungen. Wir haben uns hier weitgehend auf die Untersuchungen von M. Stoffel, die von H. Bircher modifiziert worden sind, gestützt[275]. Aufgrund der Distanzangabe Cäsars, dass die Schlacht 18 Meilen (27 km) vor Bibracte stattgefunden habe, hat M. Stoffel im Jahre 1863 als «missionaire archéologique» im Auftrag von Napoleon III. das ganze westlich und südlich vom Mont Beuvray liegende Gelände im Kreis von 27 km exploriert. Aufgrund der Geographie und

190

189
Beginn des Kampfes der Helvetier gegen die Römer bei Bibracte nach K. Jauslin. Das Bild gibt einen Eindruck von den riesigen Heeren, welche an dieser Entscheidungsschlacht beteiligt waren. Im Hintergrund formiert sich der zurückkehrende Helvetiertross auf einer Anhöhe zur Wagenburg, rechts oben ist die römische Reserve stationiert. Die keltische Wurflanze erreichte eine Reichweite von fast 100 Metern, das römische Pilum hatte eine kürzere Reichweite, dafür aber eine stärkere Durchschlagskraft.

190
Umgebung des Schlachtfeldes bei Bibracte nach H. Bircher. Das Schlachtfeld ist unten in der Bildmitte durch zwei gekreuzte Schwerter markiert. Dort teilt sich der Weg. Cäsar lenkte nach dem Nachtlager am Arroux seine Legionen auf den Höhenweg Richtung Norden auf Bibracte zu. Darauf kehrten die Helvetier um und begannen die Schlacht mit einem Reiterangriff. A bezeichnet das Feldlager der Römer auf einem Hügel bei Montmort und Armecy, C das Feldlager der Helvetier auf einem gegenüberliegenden Hügel und B die Wagenburg auf einer Erhebung zwischen den sich unterhalb davon vereinigenden Bächen la Meurette und Ruisseau d'Auzon.

Topographie kam er zum Schluss, dass der Schlachtort nur bei Montmort zu suchen sei, einem Dorf 5,5 km nordwestlich von Toulon-sur-Arroux. Napoleon III. selbst hat eine andere Meinung vertreten. Nach 24 Jahren – Napoleon war inzwischen gestorben – ist M. Stoffel auf seine Lokalisierung zurückgekommen. Im Jahre 1886 liess er auf dem als Standort des römischen Kampflagers vermuteten Hügel südöstlich von Montmort nachgraben. «Nous retrouvâmes les fossés des retranchements romains», hat er den Befund zusammengefasst und drei entsprechende Profile abgebildet. Leider stehen die Originaldokumente zur Nachprüfung nicht zur Verfügung. Nach M. Stoffels Beschreibung waren die Gräben von sehr unregelmässiger Form, was er auf die grosse Hast der Legionäre zurückführt. Sonst fanden sich im vermuteten Schlachtfeldbereich keine nennenswerten oder gut datierbaren Reste. Hingegen wurden im Jahre 1889 Grabfunde von den Abhängen desselben Hügels gemeldet. Etwa 15 Gräber sind untersucht worden[276]. Ausser Keramik waren die meisten Gräber beigabenlos, die Knochen zu dürftigen Resten vergangen. Drei Gräber enthielten keltische Waffenbeigaben, worunter zwei zusammengefaltete Schwerter. Der letzte Bearbeiter dieses Materials, Jean-Paul Guilleaumet, hat sicher Recht, wenn er sagt, dass diese Funde keinen sicheren Beweis für die Lokalisierung der Schlacht darstellen. Gegen eine Verbindung mit der Schlacht spricht das Alter der Funde, die nach der typologischen Einreihung einige Jahrzehnte früher als 58 v. Chr. anzusetzen sind. Zudem machen die beigabenführenden Gräber eher den Eindruck von «regulären» Bestattungen. Das Zusammenfalten der Schwerter tritt im Keltischen wiederholt auf. Für eine Verbindung der Gräber mit der Schlacht spricht jedoch die Bestattung von Kriegern. Zudem sind Waffengräber dieser Zeit dort nicht häufig und eine zur Grabgruppe gehörende Siedlung wurde trotz manchen Sondierungen in dieser Gegend nicht entdeckt. Unser Schluss: Die Gräber geben keinen eindeutigen Beweis ab, sind aber aus der Diskussion um die Lokalisierung der Schlacht bei Bibracte nicht auszuklammern[277]. Das nahe Dorf trägt den Namen Montmort, also «Hügel der Toten». Eine direkte Zurückführung auf die Schlacht ist kaum möglich. Wenn sich aber als richtig erweisen sollte, dass ein Teil der genannten Gräbergruppe gestört war und früher weitere Gräber gefunden worden sind und demnach ein grösseres Gräberfeld vorliegen muss, könnte das Dorf seinen Namen von solchen frühen Grabfunden erhalten haben. Ein grosses Gräberfeld wiederum könnte – angesichts einer fehlenden Siedlung in der Umgebung – wiederum für die Verknüpfung dieses Ortes mit der Schlacht sprechen.

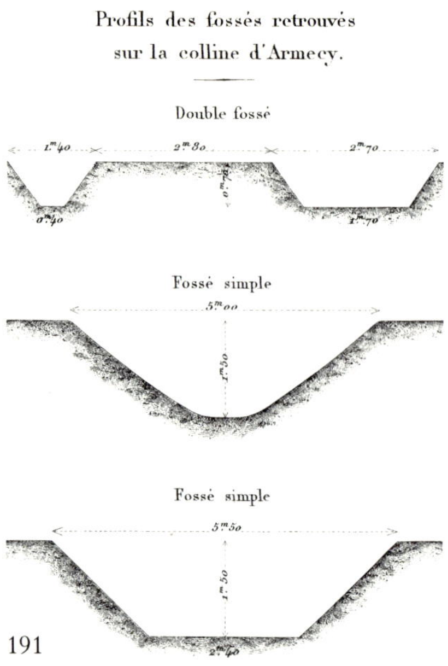

191

Rückkehr der Helvetier und Bündnis mit Rom

Die Helvetier hatten den Zug ihres von der Schlacht abgezogenen Heeres Richtung Norden gelenkt. Der Weg zurück Richtung Süden und nach Westen war ihnen durch die Flüsse Arroux und Loire versperrt. In vier Tagen legten sie über 60 km zurück und erreichten das Gebiet der Lingonen auf dem Plateau von Langres. Dort hatten sich die Helvetier nach dem Verlust ihres Trosses offenbar Hilfe erhofft, die aber nach scharfen Androhungen Cäsars an die Lingonen ausgeblieben ist. Darauf Cäsar, bell. Gall. I 27: «Infolge ihres Mangels an allem schickten die Helvetier Gesandte zu Cäsar, um zu kapitulieren. Als diese ihn auf dem Marsch antrafen, sich ihm zu Füssen warfen und ihn flehentlich unter Tränen um Frieden baten, befahl er ihnen, an der Stelle, wo ihre Stammesgenossen damals standen, sein Eintreffen abzuwarten. Da fügten sie sich. Als Cäsar dort eingetroffen war, forderte er Geiseln, die Waffen und übergelaufenen Sklaven.»

Hierauf folgt die Episode der 6000 Mann vom helvetischen Teilstamm der Verbigener, welche sich der Kapitulation nicht fügen wollten und an den Rhein in Richtung ihrer alten Wohnstätten flüchteten. Sie wurden jedoch eingeholt und «als Feinde behandelt». Damit ist wohl die Abgabe der Waffen und ganzen Habe sowie die Versklavung gemeint. Die übrigen Auswanderer wurden anders behandelt (bell. Gall. I 28): «Als Geiseln, Waffen und Überläufer ausgeliefert waren, nahm er die Unterwerfung aller übrigen an. Den Helvetiern, Tulingern, Latobikern und Raurakern befahl er, in ihr verlassenes Land wieder zurückzukehren. Weil nach Verlust der ganzen Ernte zu Hause nichts mehr vorhanden war, um eine Hungersnot überstehen zu können, beauftragte er die Allobroger, ihnen Getreide zu liefern. Sie selbst liess er die eingeäscherten Städte und Dörfer wieder aufbauen. Dies tat er vor allem deswegen, weil er nicht wollte, dass das von den Helvetiern verlassene Gebiet unbewohnt bleibe, damit nicht etwa die rechtsrheinischen Germanen wegen der Fruchtbarkeit des Landes aus ihrem Gebiet in das der Helvetier übersiedelten und unmittelbare Nachbarn der Provinz und der Allobroger würden. Auf Bitte der Häduer gestattete er, die Boier, weil sie als hervorragend tüchtig bekannt waren, in ihrem Gebiet anzusiedeln. Sie gaben ihnen Land und später volle Gleichberechtigung und Unabhängigkeit, wie sie selbst sie besassen.»

Wenn man die von Cäsar gegenüber den Helvetiern getroffenen Massnahmen mit der Behandlung anderer im Gallischen Krieg besiegten Stämme vergleicht, fällt die ausserordentliche Milde auf. Dafür muss es gewichtige Gründe gegeben haben. Die Helvetier haben sich nach der Überlieferung Cäsars formell unterworfen; der von Cäsar ver-

Cäsar, bell. Gall. I 28:
...reliquos omnes obsidibus, armis, perfugis traditis in deditionem accepit. Helvetios, Tulingos, Latobicos, «Rauracos» in fines suos, unde erant profecti, reverti iussit et, quod omnibus frugibus amissis domi nihil erat, quo famem tolerarent, Allobrogibus imperavit, ut iis frumenti copiam facerent; ipsos oppida vicosque, quos incenderant, restituere iussit. id ea maxime ratione fecit, quod noluit eum locum, unde Helvetii discesserant, vacare, ne propter bonitatem agrorum Germani, qui trans Rhenum incolunt, suis finibus in Helvetiorum fines transirent et finitimi Galliae provinciae Allobrogibusque essent. Boios petentibus Haeduis, quod egregia virtute erant cogniti, ut in finibus suis conlocarent, concessit; quibus illi agros dederunt quosque postea in parem iuris libertatisque condicionem, atque ipsi erant, receperunt.

Cicero, 56 v. Chr.:
Etenim quaedam foedera exstant, ut Cenomanorum, Insubrium, Helvetiorum, Iapudum, nonnullorum item ex Gallia barbarorum, quorum in foederibus exceptum est, ne quis eorum a nobis civis recipiatur.

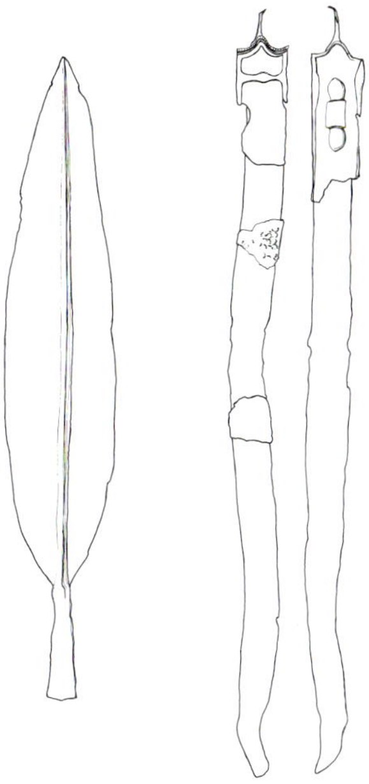

192

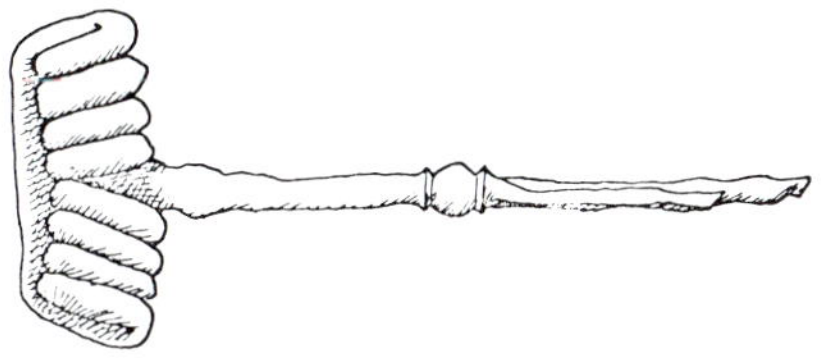

191
Profile von Gräben, die M. Stoffel im Bereich des römischen Feldlagers entdeckt hat und mit den von Cäsar erwähnten Verschanzungen in Verbindung brachte.

192
Lanzenspitze, Schwert und Scheide sowie Fibel aus einem der keltischen Kriegergräber im Bereich des vermuteten römischen Feldlagers bei Bibracte (unterschiedliche Massstäbe).

wendete Begriff der Dedition bedeutet an sich die bedingungslose Kapitulation. Offenbar ist aber der Friedensvertrag nicht einfach einseitig diktiert worden, sondern bei Verhandlungen eine gegenseitig akzeptierte Lösung zustandegekommen. Das Hab und Gut wurde nicht eingezogen und sogar noch Getreide gestellt. Den Helvetiern scheinen auch Waffen belassen oder diese zurückerstattet worden zu sein, damit sie den Germanen nicht wehrlos ausgesetzt waren. Den Schutz gegen die Germanen, als «Wacht am Rhein» bekannt, führt Cäsar als Hauptgrund für die entgegenkommende Behandlung an. Zwei aus verständlichen Gründen nicht erwähnte Faktoren dürften mit dazu beigetragen haben: die verbliebene militärische Potenz der Helvetier sowie das von Cäsar bereits zu diesem Zeitpunkt geplante Vorgehen gegen Ariovist. Der römische Feldherr strebte offenbar eine schnelle und doch sichere Lösung an. Man kann weitergehen und fragen, ob Cäsar die Helvetier in sein Dispositiv gegen Ariovist aktiv miteinbezogen hat. Die Truppen des Ariovist waren als gute Reiter bekannt. Dasselbe galt für die Helvetier, für welche von Cäsar ausdrücklich auf ihre Kampferfahrung mit den Germanen hingewiesen worden ist. Es ist kaum denkbar, dass Cäsar gegen die 6000 bestgeschulten Reiter Ariovists den Kampf ohne eine starke Reiterei auf seiner Seite aufgenommen hat. Die Germanen waren und blieben auch die Hauptgegner der Helvetier, deshalb scheint eine helvetische Beteiligung am folgenden Feldzug erwägenswert. In bezug auf Ariovist deckten sich die Interessen Cäsars und der Helvetier. Wenn man annimmt, dass sich bei den Kapitulationsverhandlungen im Lingonenland ein energisches und sofortiges Vorgehen gegen den gemeinsamen Feind abgezeichnet hat, würde auch verständlich, warum sich die Helvetier so leicht zu einer Rückkehr ins alte Land bewegen liessen; durch den geplanten, konzentrierten Kampf gegen Ariovist war die Ausschaltung der Hauptbedrohung in Aussicht gestellt. Dass Cäsar in seinem folgenden Bericht über den Feldzug gegen Ariovist nichts von einer helvetischen Beteiligung vermeldet, will nichts besagen. Auch die übrigen gallischen Verbündeten werden kaum oder nur am Rande und nicht namentlich erwähnt[278]. Cäsar deutet bei der Beschreibung der Schlacht gegen Ariovist im Elsass an, dass die verbündeten Reitertruppen mit aufgestellt wurden. Dies geschah nach seinen Worten nur «zur Täuschung» (ad speciem)[279]. Von dem (anzunehmenden) tatsächlichen Einsatz in der Schlacht wird kein Wort gesprochen... Die Schlacht gegen Ariovist war eben «sein Sieg», ein römischer Sieg.

Die Kehrtwendung Cäsars gegenüber den Helvetiern – zuerst Feinde, dann Verbündete – erklärt wohl auch, warum sich Cäsar unvollständig über die auf die Unterwerfung folgenden Abmachungen ausdrückt. Deren Publikation hätte wohl seine Zugeständnisse an den Tag gebracht und auch ein anderes Licht auf den Sieg über die Helvetier geworfen. Auf ein offizielles Bündnis zwischen Rom und den Helvetiern für die Zeit nach 58 v.Chr. ist aufgrund des folgenden Zitats von Cicero aus dem Jahre 56 v.Chr. zu schliessen[280]: «Es bestehen nämlich gewisse Bündnisverträge zum Beispiel mit den Cenomannen, Insubriern, Helvetiern und Iapuden, in welchen ausdrücklich zugestanden ist, dass kein Angehöriger dieser Völker von uns als Bürger aufgenommen werden dürfe.» Bei diesem als einzigem überlieferten Vertragspunkt des Helvetierfödus handelt es sich um eine Art Nichteinmischungsklausel. Rom hat damit den Helvetiern das Recht zur «Nichtromanisierung» zugesagt. Dieses Zugeständnis wird als für die Helvetier sehr günstig bewertet[281]. Auch aus einer anderen Stelle geht hervor, dass die Helvetier nicht zu den der römischen Befehlsgewalt Unterstellten gehörten, sondern nur zu den unterworfenen Völkern[282]. Zum Foedus im ursprünglichen Sinn gehörte die Pflicht, der verbündeten Macht, also Rom, im Kriegsfalle Truppen zu stellen, die in der Regel unter eigenem Kommando standen. So etwa könnte man sich eine helvetische Beteiligung an Cäsars Feldzug gegen Ariovist vorstellen. In jüngster Zeit ist von Regula Frei-Stolba die Verbindung dieses Foedus mit den Ereignissen im Jahre 58 v.Chr. in Zweifel gezogen worden[283]. Ihre Hauptargumente: Das Foedus wird bei Cäsar nicht erwähnt und die im Cicero-Text mitgenannten Stämme sind im Laufe des 2. Jh. v. Chr. unterworfen worden, weshalb auch das Helvetierbündnis dannzumal geschlossen worden sein dürfte. Das Foedus passe schlecht in die spätrepublikanische Aussenpolitik und sei im 1. Jh. v. Chr. kaum mehr geschlossen worden. Von R. Frei-Stolba wird deshalb das Helvetierbündnis eher in der Zeit des 2. Jh. v. Chr., im Zusammenhang mit den Toutonen und Tigurinern, gesetzt. Bei diesem Sachverhalt müsste man aber erwarten, dass Cäsar die Helvetier – wie etwa die Häduer – zu Beginn seiner Schilderungen als Foederati nennt. Cäsar betont aber im Gegenteil wiederholt die alten Feindschaften aus der Zeit der kimbrischen Wanderungen! Wenn das Bündnis inzwischen aufgelöst worden wäre, hätte dies zumindest auf die Formulierung abfärben müssen. Dazu kommt die bereits geäusserte Vermutung, dass es den helvetischen Staatenbund im Sinne Cäsars in der Zeit vor 100 v. Chr. wohl gar noch nicht gegeben hat. Neben diesem ungelösten staatsrechtlichen Übertragungsproblem ist auch der historische Kontext für einen Vertragsabschluss in der Zeit um 100 v. Chr. mit Rom nicht einsichtig. Zum Argument der Nichterwähnung des Foedus durch Cäsar ist zu sagen, dass ein solches Bündnis nicht von Cäsar selbst, sondern vom Senat abgeschlossen worden sein dürfte, weshalb Cäsar dies im Kriegsbericht nicht erwähnen musste oder noch gar nicht konnte. Das Argument des Unzeitgemässen ist mehr ein allgemeiner Hinweis als ein stichhaltiges Argument für den Einzelfall. Zur Anwendung eines eher veralteten Vertragswerkes könnten verschiedene Faktoren beigetragen haben. So wäre etwa denkbar, dass die Helvetier auf eine ähnliche Rechtsstellung gegenüber Rom wie andere gallische Völker, zum Beispiel die Häduer, Wert gelegt haben. Alles in allem spricht nach unserer Ansicht mehr für die bisherige Datierung des Helvetierfödus in die Zeit nach 58 v. Chr.

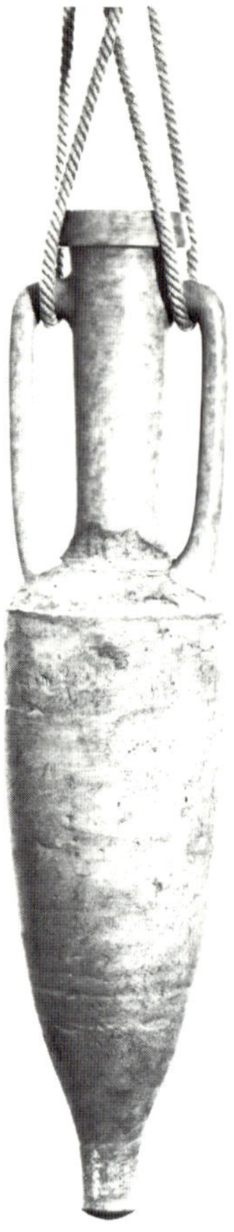
193

Nach der Schlacht bei Bibracte wird es in den literarischen Quellen für einige Jahrzehnte still um die Helvetier, die wohl kräftig mit dem Wiederaufbau ihrer Siedlungen beschäftigt waren. Nach der Schlacht gegen Ariovist war die Germanengefahr für lange Zeit gebannt. – Cäsar selbst führte in den folgenden Jahren einen unerbittlichen Kampf gegen die Gallier und besiegte Volk um Volk. Im Jahre 52 v. Chr. bäumte sich Gallien zum letzten Mal unter Leitung des Vercingetorix zu einem gemeinsamen Kampf gegen Cäsar auf. Die Helvetier und Rauriker schickten, wie die meisten übrigen gallischen Stämme, Hilfskontingente an Vercingetorix, nämlich 8000 und 2000 Mann. Demnach haben diese Stämme noch immer über ein beträchtliches Kriegerpotential und Waffenarsenal verfügt. Schliesslich konnte im Jahre 52 v. Chr. Cäsar in der Schlacht von Alesia den Kampf für sich entscheiden und nach Rom zurückkehren. Er war nicht zuletzt durch den Gallischen Krieg der einflussreichste Mann in Rom geworden. Seine Siege hatten ihm hohes Ansehen verschafft, das Gallienheer war eine Armee, wie es nie zuvor ein römischer Staatsmann besessen hatte, und durch die riesige Beute war er ein schwerreicher Mann geworden[284]. Allein für den Bau eines neuen Forums in Rom konnte er 100 Millionen Denare aufbringen, eine riesige Summe gemessen am Jahressold eines Legionärs von gut 100 Denaren. Dieses Geld kam aus Gallien, vor allem in Form von Gold aus den Tempelschätzen, die Cäsar nach Sueton ohne Skrupel ausgeraubt hat. Zur Zeit des Gallischen Krieges ist so viel Gold nach Rom gekommen, dass gegenüber dem Silber- der Goldpreis eine Baisse von 25% erfuhr[285]. Der aus dem Gallischen Krieg stammende Reichtum hat mit dazu beigetragen, dass Cäsar im Jahre 45/44 v. Chr. Diktator auf Lebenszeit werden konnte.

Das nordalpine Gallien war von jetzt an römische Provinz. Das Helvetierland lag jedoch am äussersten Rand der römischen Interessensphäre. Deshalb können wir für den folgenden Abschnitt noch nicht von der «römischen Zeit» sprechen. Nach den archäologischen Funden nahm in dieser Periode – wie wir sogleich sehen werden – der römische

193
In solchen Amphoren wurde auch nach der Rückkehr von der Schlacht bei Bibracte Wein aus Italien in das Land der Helvetier und Rauriker transportiert. Fund aus der Siedlung «bei der alten Gasfabrik» in Basel (oberer Teil ergänzt).

194–195
Jüngere Potinmünzen von dem in Abb. 158/9 wiedergegebenen Typ, die in der Zeit nach der Rückkehr von der Schlacht bei Bibracte häufig benützt worden sind.

194

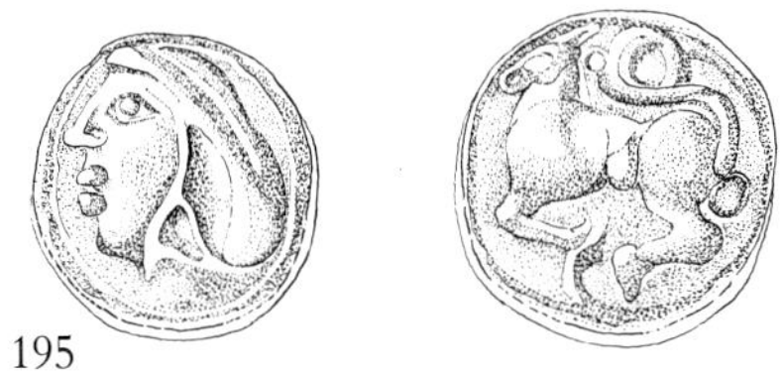

195

Poseidonios:
Das Getränk der Reichen ist Wein, der aus Italien oder Massalia kommt; man trinkt ihn aber *unvermischt* oder setzt, gelegentlich, nur ein wenig Wasser zu. Die Geringeren trinken dagegen ein aus Weizen und Honig gebrautes Bier und zwar *pur*, das man «Korma» nennt. Sie schlürfen zusammen aus einem einzigen Gefäss, Zug um Zug, nicht mehr ein jeder als einen Kyathos auf einmal (0,045 l), das dann jedoch dafür um so öfter. Dem Weintrunk sind sie *über die Massen ergeben*... und trinken *in ihrer Gier so reichlich,* dass sie infolge des Rausches in Schlaf oder *wahnsinnsähnliche Zustände* verfallen. ... Auch geschieht es bei ihren Gastmählern oft, dass sie um irgendeines unbedeutenden Anlasses willen in Wortstreit geraten, der bis zur Herausforderung und zum Zweikampf führt.

M. Terentius Varro, 36 v. Chr., in seinem Werk über Landwirtschaft II 4,10: «Nun werden auch Jahr für Jahr aus Gallien Schinken, Würste, Speck und Hammen eingeführt.»

Einfluss kaum spürbar zu. Die Helvetier haben sich ihre kulturelle Eigenständigkeit weiterhin bewahrt. Ihre staatsrechtliche Stellung zu Rom ist nicht genau bekannt, insbesondere bleibt eine gewisse Unsicherheit, inwieweit das Foedus nach der Beteiligung am Aufstand von 52 v. Chr. weiter bestanden hat[286]

Zwei frühe römische Kolonien im Gebiet der heutigen Schweiz

In den vierziger Jahren des 1. Jh. v. Chr. wurden im Gebiet der heutigen Schweiz mit der Colonia Raurica (Augst) und der Colonia Iulia Equestris (Nyon) zwei römische Kolonien gegründet. Solche Kolonien in den Aussengebieten sind von Rom in erster Linie als militärische Vorposten in strategisch wichtigen Regionen angelegt worden. Auf welche Strategie geht die Gründung der beiden Kolonien zurück? Konrad Kraft konnte mit einleuchtenden Argumenten zeigen, dass diese als Sperren gegen die Helvetier geplant worden sind[287]. Sie sollten die römischen Operationen in Gallien vor einem möglichen störenden Eingriff der Helvetier absichern. Nyon deckt die Öffnung westlich, und Augst diejenige östlich des Juras. Zu jeder Kolonie, genauer dem Koloniezentrum, der eigentlichen Stadt, gehörte ein grösseres Territorium, das vom Helvetier- und Raurikerland ausgeschieden wurde. Dies könnte mit ein Vertragspunkt im Foedus gewesen sein. In den Kolonien wurden gewöhnlich Veteranen des römischen Heeres angesiedelt. Der Name Equestris deutet auf Reiter hin. Offenbar wurde hier – als römisches Gegengewicht zur bekannten helvetischen Reiterei speziell für die relativ seltenen berittenen Römer – eine Kolonie vorgesehen. Das Konzept der Koloniegründungen scheint also klar, nicht aber deren tatsächliche Belegung. Es fehlen nämlich in beiden Orten die entsprechenden cäsarischen und voraugusteischen Funde. Demnach muss angenommen werden, dass beide Städte wohl auf dem Papier gegründet worden, aber in der Zeit vor Augustus nicht zum Blühen gekommen sind. (Zu einer Kolonie gehörte ein grösserer Beamtenapparat mit entsprechenden Bauten, die nachzuweisen wären). Diese Feststellung fügt sich in die allgemein bekannte politische Entwicklung ein; durch den Tod Cäsars erlitt sein ambitiöses Romanisierungsprogramm einen empfindlichen Rückschlag. Die Wirren des folgenden Bürgerkrieges banden die Kräfte in Rom. Erst unter Augustus (27 v. Chr. bis 14 n. Chr.) kam es in Gallien wieder zu einer systematisch betriebenen Aussenpolitik. Während dessen Regierungszeit wurde die Colonia Raurica neu gegründet, deshalb der neue Name Colonia Augusta Raurica[288].

Keltische Nachblüte

Das Schicksal der erst in augusteischer Zeit erblühten römischen Kolonien im Gebiet der heutigen Schweiz zeigt deutlich, dass in der zweiten Jahrhunderthälfte des 1. Jh. v. Chr. die alte helvetische Eigenständigkeit zunächst erhalten geblieben ist, ja in dieser Zeit sogar eine eigentliche keltische Nachblüte stattgefunden hat. Das reichliche Fundmaterial zeigt, dass das keltische Kunsthandwerk florierte. Auch der Fernhandel gedieh weiter. Im Falle des Raurikeroppidums von Basel kann aufgrund der Auszählung von Amphorenbruchstücken gezeigt werden, dass der Weinimport eher zugenommen hat. Zum italischen Weinimport kamen jetzt erstmals Amphoren aus Spanien, aus der Gegend von Barcelona, hinzu[289]. Die Importe lassen auf eine ungebrochene keltische Exportfähigkeit und entsprechende Kaufkraft schliessen. Weiterhin zirkulierten keltische Münzen, die jetzt ganz von den nach römischen Vorbildern geprägten Silberdenaren («Zehner») dominiert wurden. Auch kleinere Nominale nahmen zu, wahrscheinlich waren die Potinmünzen die gallischen Gegenstücke zum römischen As («Einer»). Bronzemünzen wurden jetzt vermehrt geprägt. Die späten keltischen Münzen tragen

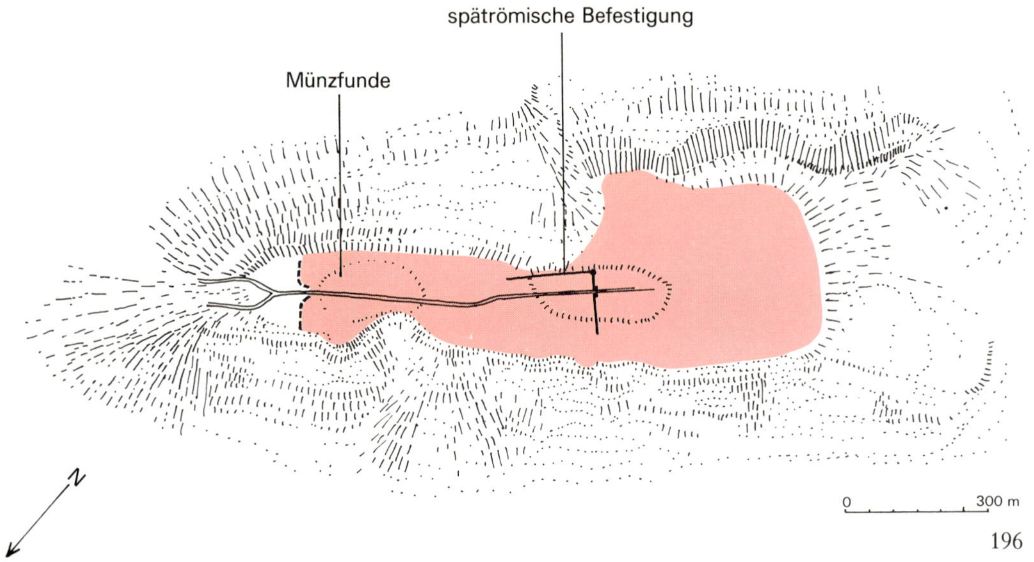

196

198

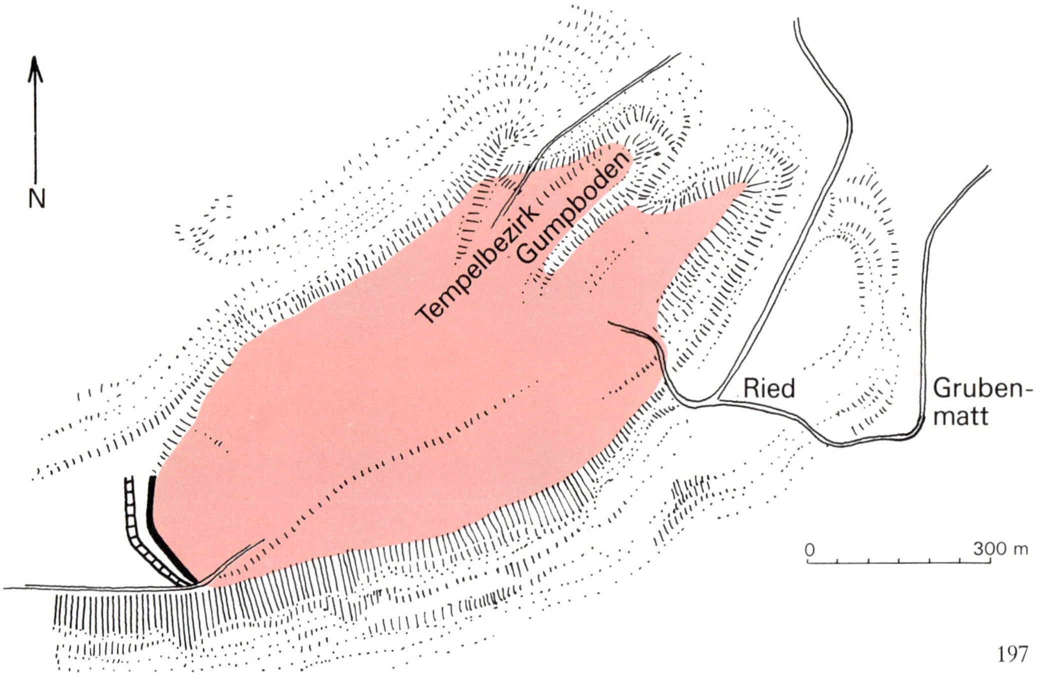

197

199

häufig Fürstennamen; wir haben weiterhin mit einer starken Aristokratie zu rechnen.

Gut geschützte Siedlungen sind ein wichtiges Merkmal der keltischen Spätzeit. Offenbar bestand nach dem Gallischen Krieg weiterhin ein gesteigertes Sicherheitsbedürfnis. Die grossen weitläufigen Oppida mit riesigen, unbebauten Innenflächen gehörten der Vergangenheit an. Jetzt wurden die Städte kleiner. Damit ging vermutlich ein weiterer Schritt in Richtung Stadtwerdung einher. Im Schatten der mächtigen Befestigungen war das auf engen Raum zusammengerückt, was vorher nebeneinander bestanden hatte. Worauf das erhöhte Sicherheitsbedürfnis zurückzuführen ist und gegen wen die Befestigungsanlagen gedacht waren, ist noch ungewiss. Die Römer selbst, keltische Stämme, rechtsrheinische Germanen und andere Gruppen sind als potentielle Gegner möglich. Die Gallier wollten offenbar eine Wiederholung von Vorgängen, wie sie es im Gallischen Krieg erlebt hatten, vermeiden. Für die Realisierung dieses Ziels war ein grosser Aufwand an Material und Arbeitskräften nötig. Die Macht- und Wirtschaftsstrukturen müssen demnach intakt gewesen sein.

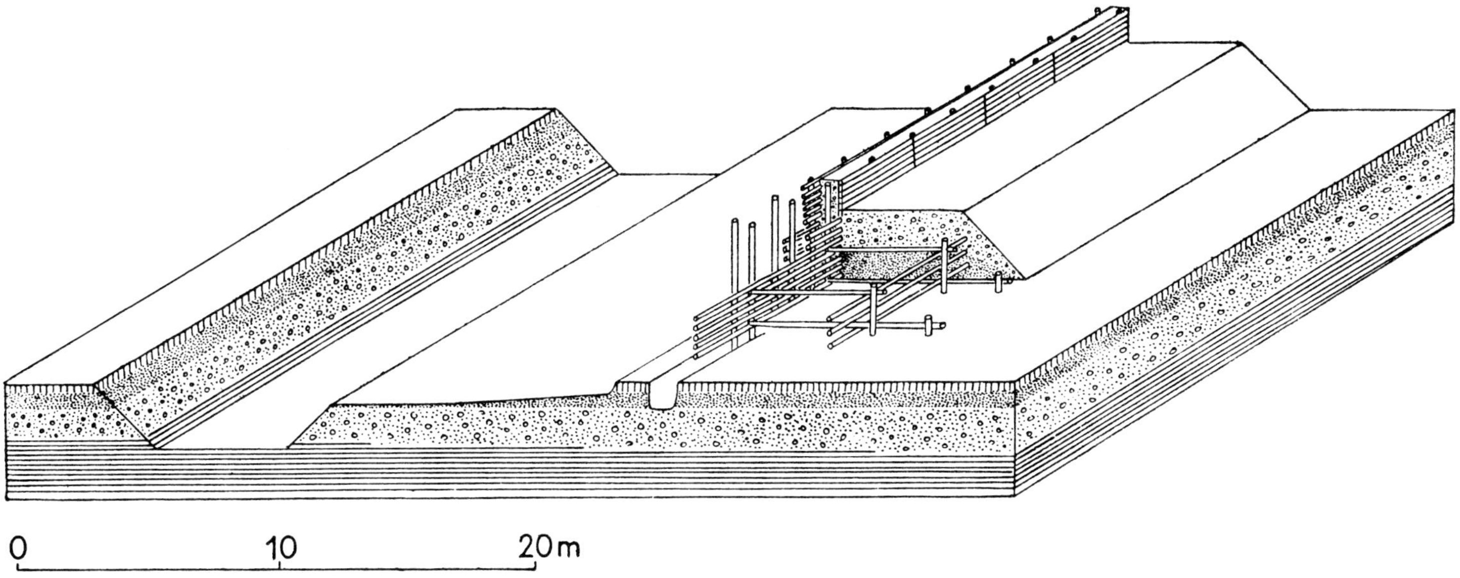

200

Späte Befestigungen

196, 198
Plan des Oppidums auf dem Bois de Châtel bei Avenches. Neben Büschelmünzen wurde dort eine Silbermünze des Vatico gefunden (vgl. Abb. 146). Dieses Oppidum könnte unmittelbar nach der Rückkehr von der Schlacht bei Bibracte angelegt worden sein. Von vermutlich im Kern keltischen Befestigungen zeugen noch heute mächtige Wallreste im Wald auf der Hochfläche.

197
Plan des Oppidums auf dem Jensberg bei Studen BE in der Nähe von Biel mit dem mächtig erhaltenen «Keltenwall». Der Hügel wurde auch in römischer Zeit weiter benützt. Auf dem Gump boden und in der Flur Ried sind bedeutende Spuren von gallorömischen Tempelanlagen (vgl. Abb. 244) und in der Grubenmatt eine römerzeitliche Toranlage freigelegt worden.

199
Vom inneren Südwall auf der Engehalbinsel bei Bern überdecktes Urnengrab mit Tonschale als Deckel.

200
Wohl in der Zeit nach der Schlacht bei Bibracte erhielt das Oppidum auf der Engehalbinsel eine neue Befestigung (vgl. Abb. 73). Blockdiagramm dieses «inneren Südwalles» mit Holzverstärkung, vorgelagertem Sohlgraben und breiter, dazwischenliegender Berme (nach H.-J. Müller-Beck).

Im grossen Oppidum auf der Berner Engehalbinsel wurde wahrscheinlich in der Zeit nach 58 v. Chr. eine neue Stadtmauer angelegt. Die Wallschüttung kam über ältere Siedlungsschichten zu liegen und überdeckte ein Urnengrab[290]. Der neue Wall halbiert die Fläche des alten Oppidums und begrenzt die Innenfläche auf die nördliche Aareschlinge mit dem Reichenbachwald. Die Stelle des neuen Haupttores liegt unmittelbar an der westlichen Hangkante. Vom Tor aus geht die Mauer in südöstlicher Richtung ab und winkelt dort, wo sie auf die Hangkante trifft, ab, um der natürlichen Böschung bis zum Engemeisterfeld zu folgen. Hier ist wie bei anderen keltischen Stadtbefestigungen die Anpassung an das Gelände mit einem ausspringenden Winkel kombiniert. Die verteidigungstechnisch gute Linienführung gab dem von Süden Kommenden auch visuell den Eindruck einer starken Bastion. Dieser innere Südwall hat sich im Winkelbereich gut erhalten und konnte in den Jahren 1956–1961 von Hansjürgen Müller-Beck sorgfältig untersucht werden[291]. Vor dem acht bis neun Meter breiten Wall lag eine breite Berme mit davorliegenden Sohlgraben. Im torseitigen Teil des Walles wurde in der Front eine doppelte Reihe von Pfosten, die gegen das Wallinnere mit Queranker verbunden waren, entdeckt. Die Queranker wiederum waren mit längsseits verlegten Balken verzargt oder vernagelt. Das innere Oppidum wurde zudem an den Stellen mit Randwällen geschützt, wo die Böschung der Aare ungenügend Schutz bot und die alten Wälle aus der Zeit des grossen Oppidums verstärkt oder erneuert werden mussten. Das scheint beim Wall im nördlichsten Teil der Fall gewesen zu sein, wo von O. Tschumi eine ähnliche Konstruktion wie beim inneren Südwall festgestellt worden ist. Dort muss sich im Bereich des heutigen Wegeinschnittes das Nordtor befunden haben, das durch zusätzliche Vorwerke geschützt war. Wohin führte dieses Tor? Noch heute verkehrt in diesem Bereich über die Aare eine Fähre zum Dorf Reichenbach. Für die Oppidumszeit sind ähnliche Einrichtungen oder eine Furt bei Niederwasser anzunehmen. Auch eine keltische Holzbrücke ist nicht ausgeschlossen. Der Hauptstrassenzug führte in einem grosszügigen Bogen durch das Südtor in das Innere des jüngeren Oppidums und verlief dann geradlinig zum Nordtor. Ein ähnlicher Verlauf wurde für die römische Strasse nachgewiesen und hat sich bis heute erhalten.

Eine andere grosse Befestigungsanlage findet sich auf dem Bois de Châtel, einem markanten Höhenrücken südlich von Avenches. Seit dort im Jahre 1983 ein Quinar des

201

202

203

204

201–204
Bau der Befestigung auf dem Basler Münsterhügel. 201: Die Vogelschau lässt die auf einer demontierbaren Brücke über den Graben führende Zugangsstrasse erkennen. Das eigentliche Tor ist zurückversetzt, so dass anstürmende Angreifer von der Toranlage herab seitlich in die Zange genommen werden können. 202: Die Balkenverstrebungen im Wallinneren werden an den Kreuzungspunkten miteinander vernagelt. 203: Ein Schmied stellt an Ort schwere Nägel her. 204: Der rechte Teil der Torfront ist fertig, links wird noch emsig gebaut (Modell von M. Rappo im Historischen Museum Basel).

Vatico und drei Büschelmünzen gefunden worden sind, ist die Wahrscheinlichkeit erheblich gestiegen, hier ein zweites wichtiges Spätoppidum der Westhelvetier lokalisieren zu können[292]. Der Bois de Châtel liegt nur einige Kilometer vom grossen Oppidum Mont Vully entfernt, das wahrscheinlich um die Mitte des 1. Jh. v. Chr. aufgegeben worden ist. Zudem liegt der Bois de Châtel nahe Aventicum, dem späteren Hauptort der Helvetier. Es ist deshalb naheliegend, im Bois de Châtel das siedlungsmässige Zwischenglied zu suchen, zumal dieser Berg deutliche Merkmale nachcäsarischer Oppida aufweist. Er liegt topographisch gut geschützt, ist mit ca. 20 Hektar deutlich kleiner als das vermutliche Vorgängeroppidum und weist eine mächtige Verteidigungsanlage auf. Von dieser ist noch heute im Nordwestteil der mehrere Meter hohe Rest eines trichterförmigen Zangentores zu erkennen. Der Waldweg führte, wie der Plan zeigt, noch lange mitten durch diese alte Torstelle. Dicht dahinter wurden die genannten Silbermünzen gefunden. Leider ist der Wall selbst noch nicht archäologisch untersucht und deshalb nicht sicher datiert. Es ist zu hoffen, dass diese wichtige Frage in der kommenden Zeit mit ähnlicher Sorgfalt wie auf dem Mont Vully durch G. Kaenel abgeklärt werden kann.

Für die Westhelvetier sind weitere späte Oppida zu vermuten. Dazu gehört wohl die Hochfläche des Jensberg bei Studen in der Nähe von Biel, der manche Ähnlichkeiten mit dem Bois de Châtel aufweist[293]. Hier wurde ebenfalls ein Höhenrücken als Siedlungsplatz ausgenützt und ganz ähnlich befestigt. Moderne Grabungen haben noch nicht stattgefunden, obwohl auch diese Wallanlage durch ihre Grösse imponiert. Nur eine Begehung an Ort kann eine richtige Vorstellung davon vermitteln. Der «Keltenwall» auf dem Jensberg schnürt den Ostteil an einer engen, sich gegen Westen senkenden Hochfläche ab. Der Wall ist stellenweise noch bis fünf Meter hoch erhalten, davor liegt eine ähnlich breite Berme wie beim inneren Verteidigungssystem von Bern-Engehalbinsel, und schliesslich folgt ein breiter und noch bis zu fünf Meter tiefer Graben. Ältere Grabungen gaben Hinweise auf Holzanker und Tuffsteinmauerwerk im Wallinneren. Die Hauptfront beschreibt wie beim Berner Südwall einen vorspringenden Winkel, der hier allerdings viel stumpfer ausgefallen ist. – Die römerzeitliche Weiternutzung des Jensberges weist auf keltische Besiedlung bis unmittelbar an die Römerzeit hin, was einen frühen Siedlungsbeginn in vorcäsarischer Zeit auf vielleicht grösserer Fläche nicht ausschliesst.

Das zuletzt entdeckte westhelvetische Oppidum liegt in der Nähe von Yverdon beim Dorf Sermuz VD. Dessen Wall ist in spektakulärer Art noch über sechs Meter hoch erhalten. Die spätkeltische Konstruktion sitzt auf einer älteren Wallruine auf und schnürt einen etwa sieben Hektar grossen Sporn ab[294]. Auch Yverdon selbst besitzt eine spätkeltische Siedlung, bei der aber bis heute keine Befestigung entdeckt werden konnte[295].

Im osthelvetischen Bereich sind bis jetzt keine Neugründungen aus der Zeit nach der Schlacht bei Bibracte festgestellt worden. Im grossen Oppidum von Altenburg-Rheinau wurde bis zum Beginn der römischen Okkupation intensiv weiter gesiedelt. Offene Flachsiedlungen, die sicher in die Zeit nach dem Gallischen Krieg datiert werden können, fehlen ebenso. So scheint die Siedlung bei Marthalen ZH vorher aufgegeben worden zu sein[296]. Dasselbe trifft für das sogenannte Töpferdorf in Sissach BL im Raurikerland wie für die ältere Siedlung beim Basler Rheinknie zu[297].

Siedlungswechsel in den Raurikersiedlungen von Basel

An dem von den Raurikern besiedelten Basler Rheinknie sind zwei spätkeltische Siedlungsstellen entdeckt worden, nämlich eine offene Flachsiedlung am Rhein «bei der alten Gasfabrik» unterhalb der Altstadt und das befestigte Oppidum auf dem Münster-

Cäsar, bell. Gall. VII 23:
Die gallischen Mauern haben alle etwa folgende Bauart: Balken werden rechtwinklig zur Mauerrichtung in einem Abstand von zwei Fuss, gleichmässig in dieser Richtung verlaufend, auf den Boden gelegt. Dann werden sie nach der Innenseite fest verankert und mit einer Erdschicht belegt. Die Abstände aber werden auf der Aussenseite mit grossen Steinen ausgefüllt. Sind diese fest zusammengestampft und zusammengefügt, wird eine zweite Schicht daraufgelegt, so dass derselbe Zwischenraum bleibt und die Balken sich nicht berühren, sondern, einzeln in gleichen Zwischenräumen gelegt, durch die dazwischengelegten Steine ohne Spielraum festgehalten werden. So wird das ganze Werk nacheinander gleichmässig aufeinandergeschichtet, bis die richtige Mauerhöhe erreicht ist. Wie ein solches Mauerwerk einerseits im Aussehen und in seiner Mannigfaltigkeit bei dem Wechsel von Balken und Steinen, die in geraden Linien geordnete Reihen bilden, nicht hässlich ist, so hat das andrerseits vor allem den sehr grossen Vorteil, höchst praktisch und ein sicherer Schutz zu sein, da die Steine die Balken vor Feuer und die Balken diese gegen die Mauerbrecher schützen. Meistenteils durch 40 Fuss lange durchlaufende Querbalken stadteinwärts verankert, können sie weder eingestossen, noch auseinandergerissen werden.

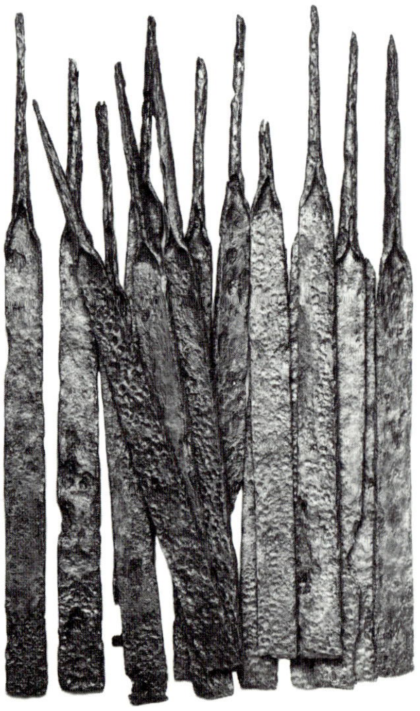

205

206

hügel im Kern der mittelalterlichen Stadt. Dank günstiger Voraussetzungen kann hier der Siedlungswechsel von der 12 Hektar grossen, älteren Flachsiedlung auf das 1,5 km entfernte und gut befestigte, ca. 5 Hektar grosse Hügeloppidum gut nachvollzogen werden[298]. In der unteren keltischen Schicht auf dem Münsterhügel kommen Fundtypen vor, wie sie in der Flachsiedlung noch nicht anzutreffen sind. Dazu gehören grosse Vorratsgefässe, sogenannte Dolien, die wohl auf fremde Vorbilder zurückgehen. Bei den Fibeln kündigt sich ein neuer Stil an. Die aus Eisen oder Bronze geschmiedeten, eher schlicht gestalteten und noch dem Drahtstil verpflichteten Gewandhaften werden allmählich zugunsten von reicheren Formen aufgegeben, die jetzt mehrheitlich gegossen sind. Auch bei den Münzen lässt sich ein Wandel erkennen, wie die Zeichnungen zeigen[299]. Der genaue Vergleich des reichen Fundmaterials von Basel-Gasfabrik und Basel-Münsterhügel hat zahlreiche weitere Detailunterschiede bei der Keramik und anderen Fundgattungen gezeitigt. Deshalb kann heute der Wechsel der Basler Siedlungen mit einiger Wahrscheinlichkeit in die Zeit um 58 v.Chr. gesetzt und die hier gewonnenen Resultate auf andere Siedlungen übertragen werden. Eine gute Entsprechung zur Situation in Basel liegt im einige Dutzend Kilometer unterhalb Basels liegenden Breisach D vor. Dort wurde ebenfalls um die Jahrhundertmitte eine am Rhein gelegene Flachsiedlung zugunsten der Höhensiedlung auf dem nahen Münsterberg aufgegeben[300].

Das Oppidum auf dem Basler Münsterhügel wies in der Mittelachse eine grosszügige Strasse auf. Das Strassenbett konnte im Inneren des Münsters nachgewiesen werden[301]. Es war über 10 Meter breit und bestand aus fest gestampftem und gefahrenem Kies. Beidseits der Strasse stiess man auf Siedlungszonen. Die zahlreichen Pfostenlöcher, Gruben, Herdstellen und anderen Konstruktionsspuren lassen auf eine dichte Überbauung des Oppiduminneren mit Pfostenhäusern schliessen. Mitten in der Strasse, die im Laufe

205
Schwertförmige Eisenbarren aus der Limmat (stark verkleinert).

206
Ausgezeichnet, aber nur auf einer kurzen Strecke erhaltener keltischer Wall des Oppidums von Sermuz VD. Die Grabung des Jahres 1983 hat ergeben, dass die Helvetier ihre Befestigung auf einen noch älteren Wall aufgesetzt haben.

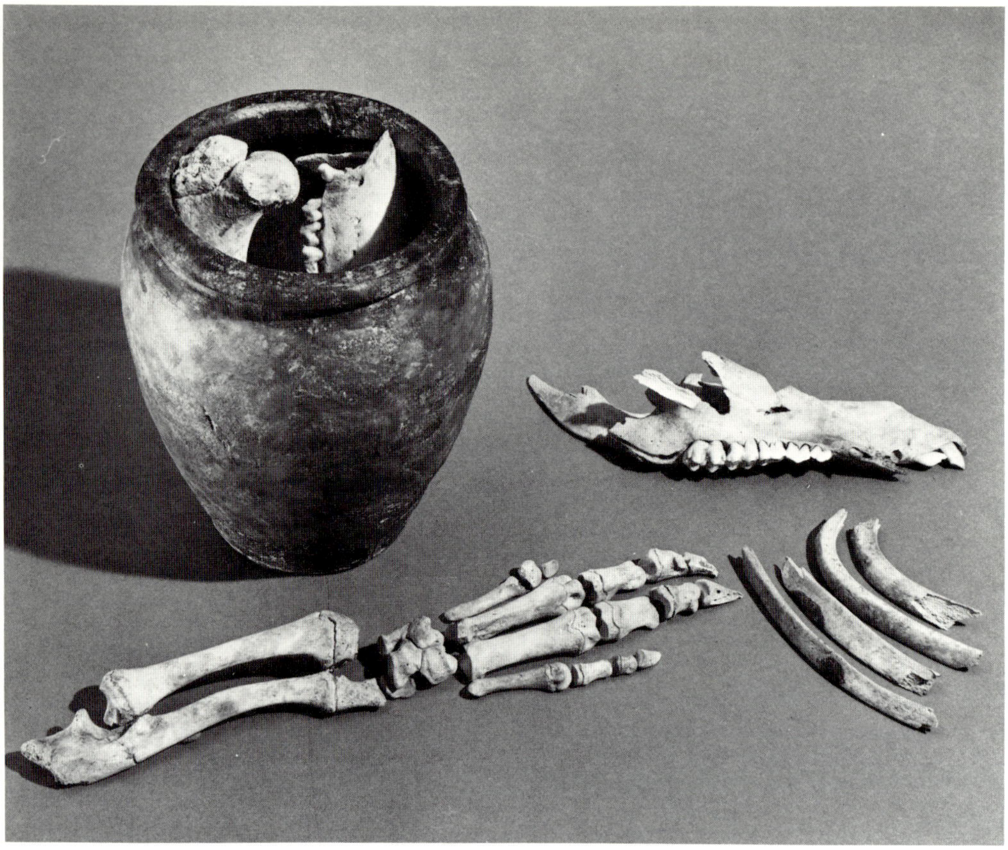

207

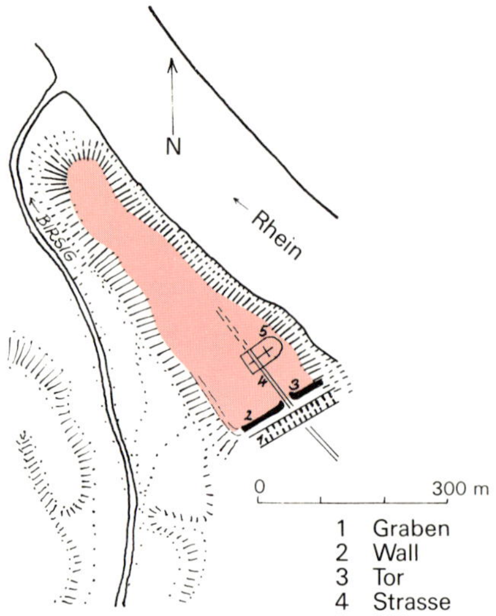

208

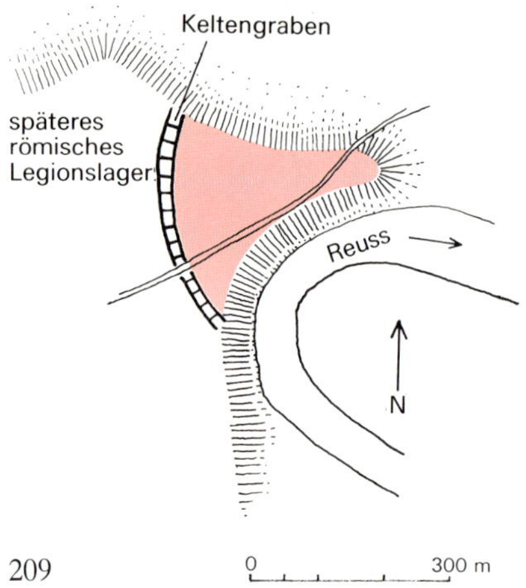

209

der Zeit aufgeschottert und in zwei Fahrbahnen verbreitert worden war, sind die Reste eines Pfostenbaues gefunden worden, bei dem es sich aufgrund seiner zentralen Lage um ein öffentliches Gebäude handeln dürfte; wenn man in keltischer Zeit durch das Tor in das Oppidum eintrat und der breiten geraden Hauptstrasse folgte, stiess man auf diesen Bau. Vielleicht wurde dieser auch als Tempel genutzt. Auf Opferhandlungen könnte die im Inneren des Grundrisses festgestellte Grube zurückgehen, in der neben dem üblichen Fundmaterial Reste eines Rinderschädels und ein grosses Eisenmesser gefunden worden sind. Gut erforscht ist die keltische Stadtmauer des Münsterhügels, die in der Art des Murus Gallicus konstruiert war. Aufgrund mehrerer Grabungskampagnen kann dieses Bauwerk genau rekonstruiert werden (S.122/3). Zum Oppidum gehörten Hafenanlagen am Rheinufer, die im Bereich der Birsigmündung gesucht werden, sowie ein Rheinübergang. Eine Fähre mit langen Zugangsstegen, eine Schiffsbrücke oder gar eine feste Brücke liegen im Bereich des Möglichen. Aufgrund der guten topographischen und strategischen Lage ist Basel nicht nur von den Kelten, sondern auch von den Römern als Siedlungsplatz ausersehen worden. Der Basler Münsterhügel ist eine der seltenen Fundstellen Mitteleuropas, wo der Übergang in die römische Zeit, die im folgenden Kapitel behandelt wird, durch übereinanderliegende Fundschichten archäologisch greifbar wird.

207
Vorratstopf mit Knochenresten vom eingesalzenen Schweinefleisch. Gefunden auf dem Basler Münsterhügel in der obersten keltischen Schicht. Bei der nicht friedlich verlaufenen Besetzung durch römische Truppen ist dieser Vorratstopf in Brüche gegangen und wohl deshalb im Boden verblieben.

208–209
Späte, in römische Militäranlagen umgewandelte keltische Oppida. 208: Oppidum auf dem Münsterhügel in Basel mit der S. 122/3 abgebildeten Befestigungsanlage. 209: Oppidum auf dem Sporn von Windisch bei Brugg AG, wo bald nach der römischen Besetzung das grosse Legionslager angelegt worden ist.

Römische Besetzung und Weiterleben der keltischen Kultur

Kaiser Augustus war nicht der grosse Eroberer wie Cäsar, er suchte den Bestand zu wahren und die Grenzen des stark gewachsenen Imperium Romanum abzurunden. In Gallien waren die von Cäsar eroberten Gebiete während der Zeit des Bürgerkriegs weitgehend sich selbst überlassen geblieben. Unter Augustus zog die nominelle Zugehörigkeit oder bündnismässige Verbindung zum Römischen Reich wieder effektive römische Präsenz nach sich. Gegen Osten wurde zunächst der Rhein als Grenze des direkten Einflussbereiches angesehen. Die Alpen ragten als noch unerobeter Keil in das römische Gebiet. Augustus liess im Jahre 25 v. Chr. durch einen brutal geführten Feldzug die Salasser vernichten und den Zugang zum Grossen St. Bernhard freimachen. Im Jahre 16 v. Chr. und dem folgenden Jahr wurde im Ostteil der Schweizer Alpen gekämpft. Mit der Unterwerfung der Räter und Vindeliker waren auch die Bündner Pässe unter römische Kontrolle gebracht. Diese Feldzüge sind auf einen Stufenplan des Augustus zurückzuführen[302]. Dieser sah vor, zunächst die Verhältnisse in Gallien zu konsolidieren, dann die Truppen am Rhein bereitzustellen und schliesslich die Germanengefahr mit der Vorverlegung der Grenze an die Elbe zu bannen.

Römische Besetzung des Helvetiergebietes

In Zusammenhang mit der Offensive des Augustus kamen erstmals grössere römische Truppenverbände in das Gebiet der heutigen Schweiz. Von diesem ersten römischen Okkupationshorizont zeugen frühe Funde am Walensee, in Zürich (Lindenhof), Windisch bei Brugg und Basel[303].

Wie sind die römischen Truppen vorgegangen? Literarische Hinweise zur Beantwortung dieser Frage gibt es kaum. Lassen wir deshalb die archäologischen Zeugnisse sprechen. Im Basler Münster wurde über der spätkeltischen Siedlungsschicht eine frührömische festgestellt, welche in die erste römische Besetzungszeit gehört. Darin wechselt das Fundmaterial schlagartig. Anstelle der bunt bemalten einheimischen Keramik treten jetzt die glänzende, rotbraune Terrasigillata und manch andere neue Fundgattungen auf. Zwischen den beiden Schichten wurde ein Aschehorizont festgestellt. Die Brandschicht überdeckte auch den abgebildeten Topf, in dessen Inneren sich zahlreiche Knochen eines etwa sechs Monate alten Schweines, Reste von eingesalzenem Fleisch, befanden. Dieser wegen der Kühlhaltung im Boden eingegrabene Vorratstopf ist deshalb nicht gehoben worden, weil er offenbar wie vieles andere bei der Besetzung des Oppidums in Brüche gegangen ist. Die Brandspuren zeigen, dass in diesem Bereich die keltischen Bauten abgebrannt worden sind. Anstelle der keltischen Häuser wurden danach römische Militärbauten errichtet. Im Bereich des Münsters kam über den vermutlichen keltischen

Tempel eine grosse Holzhalle zu stehen. Aus dem Oppidum wurde ein Militärkastell. Was mit der Bevölkerung geschehen ist, wissen wir kaum. Ein Teil dürfte in der nahen, soeben neu gegründeten Colonia Augusta Raurica (Augst) angesiedelt worden sein.

Wie der Übergang in die römische Zeit andernorts stattgefunden hat, kann nicht gesagt werden. Die römische Besetzung bedeutete jedenfalls einen scharfen Einschnitt in der Geschichte der Helvetier und ihrer Nachbarn. Das Oppidum Altenburg-Rheinau wurde verlassen. Das Kleinoppidum von Vindonissa hat dasselbe Schicksal wie Basel, das heisst die Umwandlung in eine Militärstation, erlebt. Dort entstand wenig später das bekannte Legionslager. Die Römer scheinen mit harter Hand und ohne Rücksicht auf die einheimische Siedlungsstruktur vorgegangen zu sein. Besonders die Macht der einheimischen Zentren, der befestigten Siedlungen, dürfte systematisch getilgt worden sein. Bei den Westhelvetiern geschah der Übergang wohl weniger abrupt. In augusteischer Zeit entstand dicht neben dem Bergoppidum Bois de Châtel in der darunterliegenden Ebene die grosse Siedlung von Aventicum. Vielleicht hat es im westlichen Mittelland eine schnellere Annäherung zwischen Römern und Helvetiern gegeben. Wir treffen hier relativ früh auf römische Keramikformen, und die lokale Produktion von Geschirr nach römischer Art setzt bald ein[304]. – Das zweite grosse Oppidum der Westhelvetier, dasjenige auf der Engehalbinsel bei Bern, ist die einzige bis heute bekannte Grossiedlung der Helvetier, wo die Belegung an Ort weiterging. Frühe römische Funde Übergangs offen bleiben muss[305]. Besonders im Reichenbachwald wurden über keltischen Resten römerzeitliche Bauten festgestellt. Auch gallorömische Tempel – in der typisch keltischen Ausrichtung – sind in der Nähe belegt. Bezeichnend ist jedoch auch hier, dass die Siedlung wohl ihre Zentrumsfunktion im handwerklichen Bereich bis zu einem gewissen Grad bewahren konnte, jedoch nominell das Oppidum zum Vicus, zum Dorf, abgesunken ist.

In der Zeit um Christi Geburt war das keltische Gebiet der Schweiz endgültig unter die Herrschaft Roms gekommen. Die römische Einflussnahme hat sich zusammenfassend in drei Hauptphasen vollzogen: Erstens die Einrichtung der Provincia um 120 v. Chr. und die damit verbundene Handelsoffensive in Gesamtgallien, zweitens die Eroberungszüge Cäsars und drittens die flächenmässige Besetzung des gesamten Territoriums unter Augustus. Die beiden letzten Etappen sind relativ rasch abgewickelt worden. – Auf die tieferen Gründe für das in kurzer Zeit erfolgte Ausscheiden der Kelten aus der Weltgeschichte als politisch-militärische Macht ist Hans Georg Wackernagel eingegangen[306]. Obwohl die Kelten durch ihre starke, das Seelenleben beherrschende Religiosität im Geistigen über die meisten Völker Europas hinausragten, haben sie dem expandierenden Rom nicht genügend Selbstbehauptungswillen gegenüberstellen können. An der Tapferkeit des Einzelnen im Kampf hat es nicht gefehlt, wir wir gesehen haben. Aber gerade die starken Fäden von der Religion zum Kriegswesen waren nach H. G. Wackernagel ein Hauptgrund für den steilen Abstieg der Kelten. Sie zeigten im Krieg wiederholt eine irrationale Verhaltensweise, die in ihrer Religion begründet zu sein schien. Zu dieser kriegerischen Unvernunft gehörte die Sitte, nackt zu kämpfen oder beim Fechten Mann gegen Mann auf Schutzbekleidung sowie auf mannigfaltige Kriegslisten wie Hinterhalte und so weiter zu verzichten. Meistens wurde der offene, «ehrliche» Kampf in der Feldschlacht gesucht, selten nützte man Terrainvorteile aus. Die reichliche Ausrüstung keltischer Heere mit grossen Feldzeichen und Musikinstrumenten erleichterte die Bewegung der Truppen nicht, half aber mit, die Krieger in ekstatische Regungen zu versetzen, die ein vernünftiges taktisches Verhalten wiederum nicht begünstigten. Nach der bald eintretenden Ermattung konnte sich das Verhalten dann ins Gegenteil kehren, wenn der Gegner kühl und hart reagierte. H. G. Wackernagel kommt zum Schluss, «dass vorzugsweise der konservierend hemmende Einfluss einer mächtigen Religion die Kelten daran

210–212
210: Blick in das Innere des Basler Münsters während der Ausgrabungen in den Jahren 1973/74. 211: Unter dem mittelalterlichen Boden hat sich das Bett der aus hellem Kies bestehenden, 10 m breiten keltischen Strasse gut erhalten. Es zieht quer durch das Mittelschiff. In der Strasse Pfostenspuren eines öffentlichen Baues mit verschiedenen Bauphasen. Am Strassenrand wurden Pfostenspuren, Gruben und Brandplätze von keltischen Holzhäusern entdeckt. 212: Blick auf den topfebenen Strassenbelag. Darüber rollten die schweren keltischen Wagen. Sie haben den Kies zu einem nagelfluhartigen Belag zusammengepresst.

210

211

212

gehindert hat, im Gegensatz zu ihrem Hauptfeinde Rom, rechtzeitig bei der Lösung der kriegerischen Krisen auf irrationale Mittel zu verzichten».

Nachdem die erste Okkupationswelle das Gebiet der heutigen Schweiz überrollt hatte, traten allmählich wieder ruhigere Verhältnisse ein. Um die Mitte des 1. Jh. n. Chr. blühte bereits städtisches Leben in Aventicum und der Colonia Raurica in Augst. In Windisch/Vindonissa lag eine Legion in Garnison. Das fruchtbare Mittelland war von einem dichten Netz von Villen überzogen, das keltische Strassensystem ausgebaut und durch Fernstrassen ergänzt. Oberflächlich gesehen könnte der Eindruck entstehen, das Helvetierland sei von völlig neuen Menschen bewohnt worden. In manchen Geschichtswerken wurde auch lange Zeit das neue römische Element stark überbetont. Zwei Hauptfaktoren haben dazu beigetragen. In der täglichen Sachkultur, die durch die Ausgrabungen hauptsächlich erfasst wird, hat sich tatsächlich ein starker Wechsel vollzogen. Neue Herstellungstechniken für Keramikgefässe sind eingeführt worden, das römische Formempfinden und die entsprechenden Moden sowie der gemörtelte Steinbau haben sich rasch ausgebreitet. Hier mag das oft beobachtete Phänomen mitgespielt haben, dass die Kultur des «Siegers» sehr schnell aufgenommen wird. In diesem Zusammenhang sei an die Zeit nach dem Zweiten Weltkrieg in Europa erinnert, die nicht nur kurzfristig amerikanischen Kaugummi und Nylonstrümpfe gebracht, sondern die langfristige Entwicklung, bis zu tiefgreifenden Änderungen im Konsumverhalten oder der Einstellung gegenüber Innovationen, mitgeprägt hat. Das Fundament der Kultur ist aber entsprechend der Bevölkerungsgrundlage dasselbe geblieben. Auch im Gebiete der heutigen Schweiz blieb der Hauptanteil der Bevölkerung in der römischen Kaiserzeit keltisch. Der Zuzug an Römern aus dem südalpinen Bereich ist nicht zu hoch einzuschätzen und hat sich im wesentlichen auf höhere Beamte, Veteranen und Legionäre beschränkt.

Poseidonios:
«In Gesprächen machen sie nicht viele Worte, vielmehr drücken sie sich rätselhaft aus und deuten vieles nur bildlich und mit halben Worten an, sprechen aber viel und überschwenglich, um sich selbst zu erheben und andere herabzusetzen. Sie drohen gern und drücken sich hochfahrend und tragisch gespreizt aus.»

Beginn der Romanisierung

In wichtigen Bereichen begann die Romanisierung ganz gezielt. So traten etwa an Stelle der Druidenschulen neue Schulen, wo vor allem der Oberschicht römisches Gedankengut nahegebracht wurde[307]. Militär war an der Romanisierung beteiligt. Unter der einheimischen Nobilität muss es bald eine starke römerfreundliche Partei gegeben haben, welche sich den römischen Sitten und Gebräuchen angepasst hat. Das lässt sich anhand von Personennamen zeigen. Die Gallier trugen gewöhnlich nur einen persönlichen Namen, die Römer hingegen deren drei. Nehmen wir als Beispiel Gaius Iulius Cäsar. Gaius ist der Vorname, Iulius der Gentilname, eine Art Geschlechtername, und Cäsar der Beiname. Anhand von verschiedenen Inschriften lässt sich am Beispiel einer Familie aus Genava, Genf, die Romanisierung des gallischen Namens genau verfolgen[308]:

Troucetes	Rein keltischer Name.
Trouceteius Vepus	Sein Sohn hiess Vepus und stellt seinem Namen den latinisierten Vaternamen mit Possessivsuffix als nähere Bezeichnung voraus.
P. Decius Esunertus	Dessen Sohn hat das römische Bürgerrecht erhalten und führt jetzt in römischer Art Vor- und Gentilnamen, hat aber als Cognomen noch den keltischen Namen «Esunertus».
Sextus Decius	Dem Namen seines Sohnes sieht man dessen gallische Herkunft nicht mehr an.

Dieser Stammbaum zeigt deutlich, wie schnell (über nur vier Generationen) der Wechsel erfolgen kann. Esunertus ist für das Jahr 8 v. Chr. überliefert. In Genf ist die Romanisierung wohl gesamthaft gesehen früher erfolgt als in Helvetien, wo wir noch lange Zeit gut keltische Namen antreffen. Licinus, Rufus, Cattaus Iulius Ingenius, Clau-

213

dius Novanus hiessen helvetische Reiter, welche in römischem Dienst gestanden haben. Sie werden auf ihren Grabsteinen stolz «Helvetius», «natione Elvetius» oder «cives Elvetius» genannt. Es ist schon auf die von K. Kraft herausgearbeitete Tatsache hingewiesen worden, dass helvetische Reiter von den Römern besonders geschätzt worden sind[309]. Das hängt mit der Kampfkraft der helvetischen Kavallerie zusammen, welche die Römer selbst zu spüren bekommen hatten. Wenn im Helvetierland weiterhin Reiter ausgehoben werden konnten, zeigt dies, dass die alte Tradition weiter gepflegt worden ist. Dahinter muss eine grössere Infrastruktur mit eigenen Gestüten, Trainingsplätzen und entsprechenden Spezialisten gestanden haben. Der Helvetier Rufus ist schon in augusteischer Zeit in römischen Dienst eingetreten[310].

Während der ganzen römischen Zeit wurde weiterhin keltisch gesprochen[311]. Manche Ortsnamen, welche keltische Endungen aufweisen, mögen auf diese Zeit zurückgehen: -dunum (keltisch «Zaun»), -magus (keltisch «Feld»), -briga (keltisch «Hügel»). Grosse Teile der Bevölkerung müssen zweisprachig gewesen sein. Die Situation war vielleicht ähnlich wie noch im Elsass mit Französisch als Amts- und Deutsch als Umgangssprache. Zweisprachigkeit führt zu Mischworten und zu hybriden Namen wie Iuliomagus (Schleitheim), das aus dem römischen Iulio- und dem keltischen -magus gebildet ist. Die Übersetzung der keltischen Wörter ist dank dem Inselkeltischen möglich, vor allem in Irland hat sich vieles vom Altkeltischen bewahrt.

In Vindonissa wurde der hier abgebildete 20 mm grosse Silberfingerring gefunden. Er trägt die vermutlich keltische Inschrift AVO MIO TOC NAI IXV TIO VDR VTO[312]. Offenbar ist der Ring von einem römischen Legionar (als Beutestück?) getragen und verloren worden. Die Inschrift konnte bisher nicht übersetzt werden; keltisch avo(t) heisst «er machte». Vielleicht handelt es sich um eine mit keltischen Namen verbundene Widmung. Im handwerklichen Bereich lässt sich das Weiterleben der keltischen Kultur besonders gut nachzeichnen, so etwa im Schiffereiwesen. Auf die keltischen Einbäume wurde bereits verwiesen. Ähnliche Boote haben sich auf den schweizerischen Seen bis ins 19. Jh. gehalten[313]. Die Helvetier haben auch aus Planken zusammengesetzte Kähne gebaut. Typisch keltisch ist die Vernagelung der Spanten. Das 1972/73 gehobene Schiff von Bevaix NE stammt aus der 1. Hälfte des 1. Jh. n. Chr. und stellt eine Weiterentwicklung des Einbaumes dar[314]. Zwischen einen geteilten Einbaum, der die Seiten bildet und das ganze Boot versteift, sind Bodenplanken eingesetzt. Der Bug läuft spitz zu. Das ebenfalls aus dem 1. Jh. n. Chr. stammende Lastschiff von Yverdon weist mit dem schweren Heck und dem leichten offenen Bug ebenfalls typische Merkmale keltischer Bauweise auf[315]. Durch die offene Bugpforte konnten schwere Waren verladen werden. Das Rudern und Steuern geschah durch ein Stossruder am Heck und ein zweites Ruder am Bug[316]. Ganz ähnlich konstruierte, auf keltische Bootstypen zurückgehende Schiffe verkehrten noch im Mittelalter und sogar bis in die Neuzeit. Sie sind etwa auf dem Rhein noch heute anzutreffen. Das keltische Schiffereiwesen hat in römischer Zeit weiterhin eine erhebliche Rolle gespielt. Davon zeugt die Inschrift der Aare-Flussschiffer aus Avenches/Aventicum[317]. Wahrscheinlich wurde der ganze Lauf der Aare von Koblenz über Solothurn und Bern bis Thun genutzt sowie das Seengebiet mit Murten-, Neuenburger und Bielersee befahren. Dies entspricht der in der Antike üblichen Art, für den Transport von schweren Waren die Wasserwege so weit als möglich auszunützen. Dazu gehörte auch der Transport von Eisenbarren. Im Jahre 1977 wurden 16 Barren dicht beieinander im Lauf der alten Zihl bei Schwadernau BE gefunden[318]. Die Barren von doppelpyramidenförmiger Gestalt wiegen um 6 kg. Diese Form war seit der Hallstattzeit gebräuchlich. Die 16 Barren, welche zusammen über 94,5 kg wiegen, also etwa 300 römischen Pfund (à 327 g) oder 150 galloromischen Pfund entsprechen, müssen als Bündel geschnürt ins Wasser geraten sein[319].

213
Silberner Fingerring aus Vindonissa/Windisch mit der vermutlich keltischen Inschrift AVO MIO TOC NAI IXV TIO VDR VTO. Eine sichere Lesung war bis heute nicht möglich. Zwei Auflösungen wurden vorgeschlagen: Die Inschrift beginnt mit dem Namen AVOMIO, vielleicht auch AVO; oder avo ist als avot «er machte» zu lesen. Dann könnte die Inschrift heissen «Drutos machte mich für Ixutios Tocna».

Im helvetischen Gebiet wurde bald die neue römische Keramik, vor allem die rot glänzende Terrasigillata, nachgeahmt. Schon im 1. Jh. n. Chr. treffen wir in der Schweiz auf lokale Erzeugnisse, die etwa mit den Namen Vepotalus, der schon zur Zeit des Augustus in Lausanne-Vidy gearbeitet hat, oder Villo gestempelt sind[320]. In der mittleren Kaiserzeit wurde auch Reliefsigillata produziert. Nach den Untersuchungen von K. Roth-Rubi und E. Ettlinger kann dabei eine West- und eine Ostgruppe unterschieden werden, wobei im Verbreitungsbild wiederum die Napfscheide spürbar wird[321]. Offenbar können wir darin zwei Handelsgebiete erkennen, deren Zentren im Westen Lausanne, Avenches und Bern-Engehalbinsel und im Osten Augst, Baden und Vindonissa waren.

Das Helvetierland gehörte mit weiten Teilen Mittelgalliens zur römischen Provinz Gallia Belgica (später zur Germania superior und noch später zur Provinz Maxima Sequanorum)[322]. Graubünden war hingegen Teil von Rätien. In Pfyn bei Frauenfeld lebt die Grenze im Namen (ad fines) weiter. Die Helvetier hatten sich innerhalb ihrer Verwaltung eine gewisse Selbständigkeit bewahrt. Das Staatswesen war weiterhin nach der alten Volksgemeinde (civitas) aufgebaut mit der Aufteilung in vier Teilstämme (pagus). Der pagus Tigorinus ist in mehreren römerzeitlichen Inschriften überliefert. Die helvetische Gemeinde regelte etwa das Steuerwesen selbst und stellte eine eigene Miliz, welche für den Grenzschutz und für Ruhe und Ordnung im Inneren sorgte. Oberflächlich gesehen ergibt sich für das 1. Jh. n. Chr. ein ruhiges Bild der Koexistenz und der allmählichen Verschmelzung von alten einheimischen und neuen römischen Elementen im Helvetiergebiet. Dass diese neue Ordnung noch sehr zerbrechlich war, zeigen die von Tacitus überlieferten Ereignisse im Dreikaiserjahr, durch welche die alten Gegensätze wieder unvermittelt aufbrachen[323].

Letzter offener Kampf gegen die Römer in den Jahren 68/69 nach Christus

Nach dem Tode Neros im Jahre 68 n. Chr. unterstützten die Helvetier den neuen Kaiser Galba, die Legionen des germanischen Heeres aber den Oberbefehlshaber der niederrheinischen Heeresgruppe, Vitellius. Schliesslich wurde Galba in Rom erschlagen und Otho als Kaiser aufgestellt. Darauf bereiteten sich die rheinischen Legionen zum Marsch auf Rom vor, um ihrer Wahl Nachdruck zu verschaffen. Auch die in Vindonissa stationierte 21. Legion, genannt Rapax, die «Räuberische», gehörte zur Rheinarmee. Angehörige dieser Legion hatten in rechtswidriger Art einen von der helvetischen Hauptstadt an ein Kastell der helvetischen Miliz gerichteten Geldtransport überfallen. Im Gegenzug nahmen die Helvetier eine römische Offizierspatrouille gefangen. In diesem Moment kam Caecina mit dem obergermanischen Heer über den Bözberg nach Vindonissa und liess sofort hart durchgreifen. Seine Soldaten und besonders die Angehörigen der 21. Legion waren zu allem fähig. Sie verheerten das Helvetierland in grösserem Umkreis und legten den Badeort Aquae Helveticae (Baden) in Trümmer. Die Helvetier wehrten sich. Von der Hauptstadt Aventicum aus wurden Truppen ausgeschickt. Der Widerstand war aber erfolglos. Die alten Befestigungsmauern der Kastelle waren teilweise zerfallen, und es fehlte an einer wirksamen militärischen Führung. Tausende von Helvetiern wurden erschlagen und nach Kriegsrecht als Sklaven verkauft. Schliesslich rückten die Römer mit ihren Hilfstruppen sogar gegen die helvetische Hauptstadt Aventicum, den Sitz der helvetischen Administration, vor. Die Stadt musste kampflos kapitulieren. Iulius Alpinus, ein angesehener Helvetier, wurde als Rädelsführer hingerichtet. Dank der Überredungskunst des Claudius Cossus wurde wenigstens die Stadt vor der Zerstörung durch die gereizten und beutehungrigen Legionäre bewahrt. Furchtbar sind die Verheerungen für die Helvetier gewesen, aber das Schlimmste konnte abgewendet werden. Die rheini-

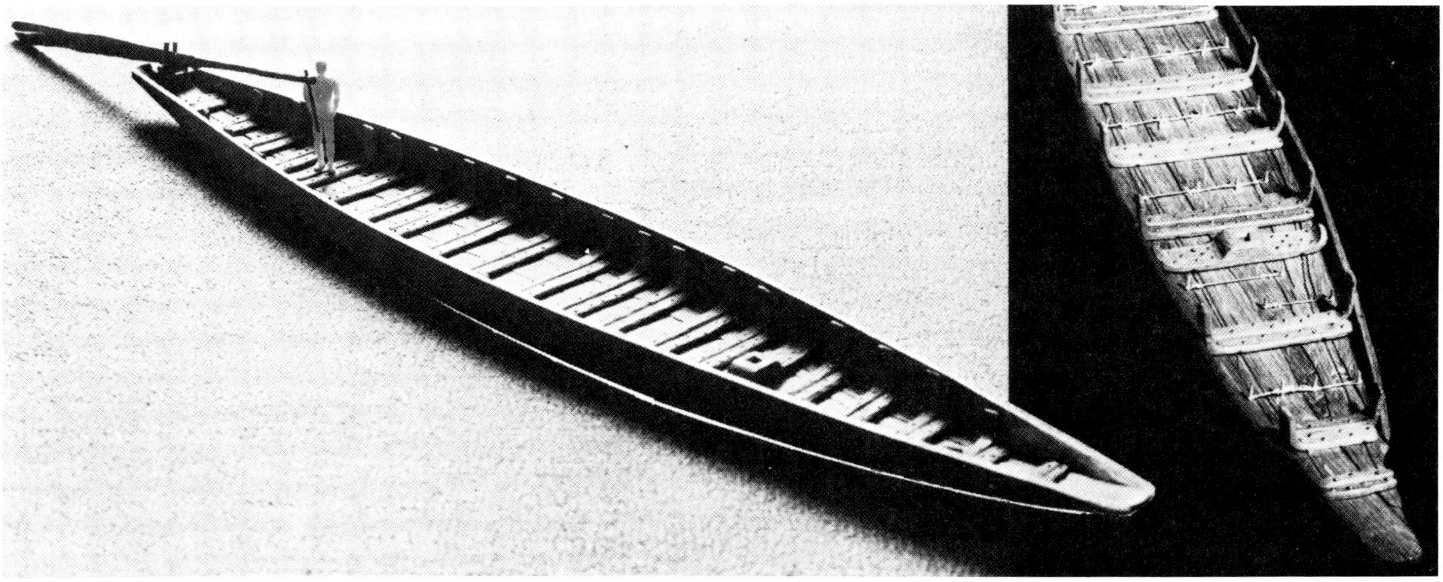

214

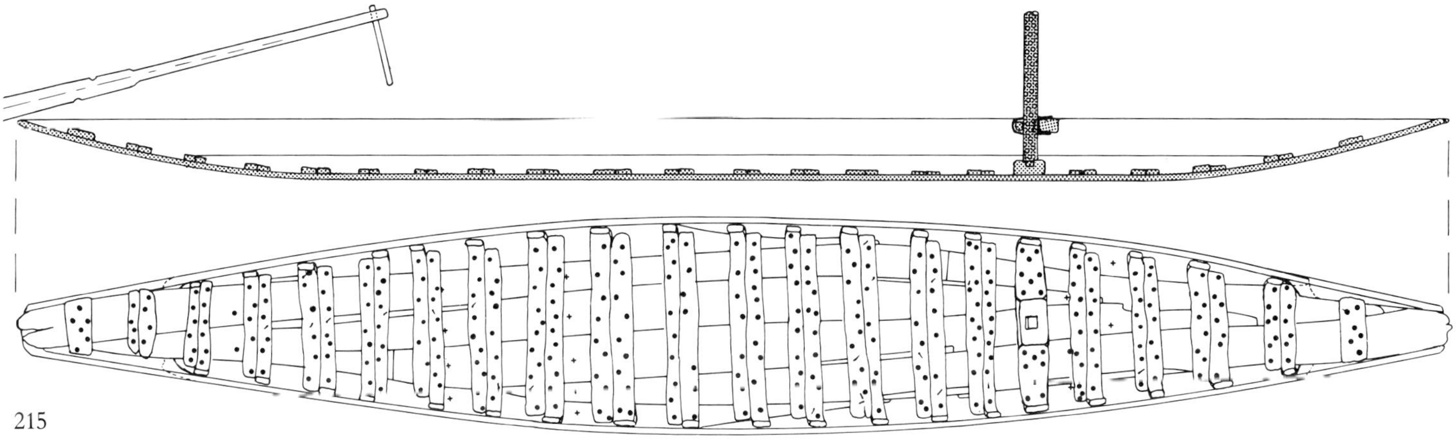

215

schen Legionen zogen schliesslich mitten im Winter über den Grossen St. Bernhard weiter und konnten tatsächlich Vitellius auf den Thron heben. Vitellius starb aber bald darauf. Sein Nachfolger wurde Vespasian (69–79 n. Chr.). Wohl als Folge der Unruhen wurde Aventicum in eine Kolonie umgewandelt und damit der römische Einfluss auf diese helvetische Stadt verstärkt. Ihr voller Name hiess jetzt Colonia Pia Flavia Constans Emerita Helvetiorum Foederata. Dort lebten fortan römische Kolonisten («Emerita») neben den Einheimischen. Beide hatten ihre eigenen Verwaltungen. Die alte Stammesorganisation bestand weiter. Die Helvetier hatten im allgemeinen das römische Bürgerrecht nicht, nur einzelnen bevorzugten Personen wurde es verliehen. Der Beiname «Foederata» drückt wohl mehr als eine historische Reminiszenz an das alte Helvetierfoedus aus und dürfte auf das formelle Weiterbestehen dieses Vertrages hinweisen.

Interpretatio Romana

Auf kulturellem Gebiet sind die Römer geschickt vorgegangen, insbesondere im religiösen Bereich. Die einheimische Religion ist nicht einfach verboten und der neue Kaiserkult aufgezwungen worden, sondern sie wurde langsam umgewandelt und an die römische Art angepasst. Den einheimischen Göttern wurden entsprechende römische Götternamen vorangestellt (aus dem helvetischen Kampfgott Caturix entstand Mars Caturix), oder man ersetzte sie ganz durch das römische Äquivalent (Iuppiter für Taranis).

214–215
Rekonstruktion des in den Jahren 1972/73 gehobenen Bootes aus Bevaix NE. Das Schiff aus dem 1. Jh. n. Chr. ist nach einheimischer Technik gebaut.

216

216
Inschrift eines Altars mit einer Weihung an den Schutzgeist des tigurinischen Gaues aus Aventicum/Avenches. Die helvetischen Teilstämme verehrten eigene göttliche Schutzmächte. Lesung: GENIO PAG(i) TIGOR(ini) P GRACCIVS PATERNVS T(estamento) P(oni) I(ussit) SCRIBONIA LUCANA H(eres) F(aciendum) C(uravit). Übersetzung: Dem Genius des tigurinischen Gaues hat Publius Graccius Paternus dies durch Testament aufzustellen angeordnet, Scribonia Lucana, seine Erbin, hat es ausführen lassen.

217
Aquarell des 18. Jahrhunderts mit dem «Tornallaz» genannten Turm und Resten der Stadtmauer von Aventicum. Avenches wurde in römischer Zeit zum Vorort der Tiguriner und zur Hauptstadt der Helvetier und hat spätestens zur Zeit der Umwandlung in eine römische Kolonie im 1. Jh. n. Chr. eine repräsentative Stadtmauer erhalten. Im Hintergrund der Murtensee.

217

Diesen Vorgang nennt man nach Tacitus «interpretatio Romana». Die wichtigste göttliche Dreiheit war Mars, Apollo und Minerva. Merkur, respektive die entsprechende Gottheit einheimischen Namens, scheint der bedeutendste Gott geblieben zu sein. Der neuen Colonia Raurica in Augst könnte die wohl religiös-astronomisch begründete Ausrichtung der Hauptachsen des nahen Raurikeroppidums zugrunde gelegt worden sein[324]. Die Einbeziehung der einheimischen Religion durch die Römer hatte aber auch ihre Grenzen. Die mächtige und von aussen nicht durchdringbare einheimische Priesterschaft der Druiden war den Römern schon mehrfach gefährlich geworden. Augustus untersagte den römischen Bürgern die Teilname an der «religio Druidarum». Schliesslich wurde das Druidenwesen von Tiberius ganz verboten und das Verbot von Claudius erneuert. Die Druiden scheinen aber im Untergrund durch die ganze römische Zeit hindurch weitergewirkt zu haben. In der späteren Zeit ist auch von Druidinnen die Rede.

Die alte keltische Zurückhaltung gegenüber der schriftlichen Fixierung lockerte sich unter dem römischen Einfluss allmählich. Jetzt treffen wir in verschiedenen Inschriften und Bildwerken auf eine Vielzahl von alten Gottheiten, die vorher nicht bild- oder namhaft gemacht werden konnten[325]. Dazu gehört der gallische Radgott (wohl Taranis), der mit dem römischen Iuppiter zu vergleichen ist. Rädchenamulette waren weiterhin geläufig und wurden zum Beispiel in Augst hergestellt[326]. Keine guten Entsprechungen im römischen Kult finden sich zu gallischen Fruchtbarkeitsgöttinnen und zur Epona. Die Pferdegöttin Epona (epo- = keltisch «Pferd») wird in zahlreichen Inschriften und Skulpturen der Schweiz genannt und dargestellt. Diese wurden vor allem an wichtigen Verkehrswegen gefunden. Der Hammergott Sucellos («der gut zuschlägt») wurde in zahlreichen Bronzestatuetten verewigt, die in manchen römerzeitlichen Haustempelchen gestanden haben müssen. Zwei Gottheiten sind auf Statuetten des bekannten Fundes von Muri bei Bern namentlich genannt, nämlich die dea Naria und die dea Artio[327]. Der helvetische Kriegsgott (Mars) Caturix, der Spender von Sieg und Beute, wurde im 2. Jh. n. Chr. auch von einer helvetischen Truppe am Limes verehrt. Bei den Lokalgottheiten waren manche mit Bergen und Flüssen verbunden[328]. So gab es Alpen- und Weggöttinnen sowie in Aventicum eine dea Aventia und in Genf eine Genava. Jede grössere Siedlung hatte wohl eine örtliche Gottheit. Zur bekanntesten Lokalgottheit der Schweiz ist der Poeninus geworden, welcher dem Grossen St. Bernhard seinen Namen gegeben hat[329]. Auf dem Hospiz wurden bei einem kleinen Tempel neben zahlreichen keltischen Münzen einige Dutzend diesem Gott geweihte Votivtäfelchen gefunden[330]. An alten Opferstätten wurde in römischer Zeit weiter geopfert, so etwa in Port, wo ein gut erhaltener römischer Helm gefunden worden ist.

218

In der keltischen Vorstellungswelt gab es verschiedene Wesen, welche an Feen und andere Schutzgeister erinnern. Dazu gehören die Sulevien, die zum Beispiel in einem Tempelchen auf der Engehalbinsel bei Bern verehrt worden sind[331]. Stark verbreitet waren auch die Muttergottheiten (matres, matronae). Diese göttlichen Heilmütter halfen nach O. Tschumi bei der Geburt mit und beschützten das Heranreifen der Kinder[332]. Nicht ganz sicher sind verschiedene Identifikationen von Göttern mit Ortsnamen. Dazu gehört Tarnaiae (Massongex bei St. Maurice) von Taranis und Biel von Belenos. Von den Kelten wurden auch die Gestirne, vor allem Sonne und Mond, verehrt. Für bestimmte Gottheiten fehlen Personifizierungen, es ist auch mit Tabuisierungen zu rechnen. Trotz der besseren römerzeitlichen Überlieferung kennen wir deshalb nur einen Ausschnitt aus der einheimischen Götterwelt. Neben Eber und Hirsch ist der dreigehörnte Stier als heiliges keltisches Tier mehrfach belegt. Allgemein sind die keltischen Gottheiten nicht so gut wie die römischen zu charakterisieren, weil ein- und dieselbe Gottheit mehrere Zuständigkeitsbereiche vereinigen und sich auch im Laufe der Zeit wandeln konnte. Erstaunlicherweise ging die Bedeutung einheimischer Götter nicht zurück, sondern trat im 2. Jh. n. Chr. wieder stärker hervor.

219

Die romanisierten Helvetier in der römischen Blütezeit des 2. Jh. n. Chr.

Das zweite Jahrhundert wurde zur Blütezeit der «römischen Schweiz». Das Zeitalter der starken römischen Militärpräsenz war vorbei, die Garnison aus Vindonissa abgezogen und die Grenze gesichert. In den grösseren Siedlungen, vorab in Augst und Avenches, blühte städtisches Leben, wobei von Südwesten, also vom Gebiet nahe der Provincia, nach Nordosten ein deutliches Romanisierungsgefälle bestand. Die grossen, nach südlichem Vorbild errichteten Steinbauten zeugen von schnellem Wachstum und einer blühenden Wirtschaft. Dabei ist mehr beim Alten geblieben, als man vermuten könnte. Die Verwaltungssprache war zwar das Lateinische, aber Keltisch blieb Umgangssprache. Auch die alten Ainheimische Trachten wurden von einer Vielzahl von Bewohnern weiter getragen. Eine vollständige Bevölkerungsumschichtung hat nicht stattgefunden, nur ein kleiner Prozentsatz bestand aus Nichteinheimischen[333]. Noch deutlicher als in den Städten war der einheimische Einfluss auf dem Lande. Die meisten Siedlungen behielten, wie die Menschen, ihre alten Namen. Römische Bauten lassen sich wegen des neu eingeführten Steinbaues ungleich viel besser nachweisen als die einheimischen Holzbauten. Deshalb ist der Nachweis von keltischen Vorgängerbauten zu den römerzeitlichen Anlagen sehr schwer zu erbringen. Neben den Dörfern, die sich eine gewisse Eigenverwaltung bewahren konnten, gab es zahlreiche Einzelgehöfte, villae rusticae. Bis heute sind aus der Schweiz weit über 300 dieser Villen bekannt. Sie lagen vor allem im fruchtbaren Mittelland, wobei interessanterweise die Napfscheide im Ver-

220

221

222

218
Merkur, die nach Cäsar von den Galliern am meisten verehrte Gottheit, in römischem Gewande. Bronzestatuette aus Augst.

219
Bruchstück eines Weihetäfelchens vom Grossen Sankt Bernhard mit der Darstellung eines Maultieres mit Packsattel.

220
Der einheimische Gott Sucellus («der gut zuschlägt») war in römischer Zeit weit verbreitet. Bronzestatuette aus Augst mit stark keltischen Zügen (langgezogener Schnurrbart). Der grosse Hammer in der Rechten ist abgebrochen.

221
Rädchenamulette aus der keltischen Siedlung «bei der alten Gasfabrik» in Basel, wie sie noch in römischer Zeit in ganz ähnlicher Art hergestellt und getragen worden sind.

222
Statuettengruppe der DEA ARTIO, der Bärengöttin, aus Muri bei Bern. Der genaue Sinngehalt der dargestellten Dreiheit, Baum-Tier-Menschengestalt, ist nicht sicher zu ergründen. Die stark römisch beeinflusste Frauenfigur mit Früchten im Schoss ist vom Bild der römerzeitlichen Fruchtbarkeitsgöttinnen geprägt, während der Baum, wohl eine Eiche, und der Bär (keltisch artos) einheimisch-keltisch wirken. Es könnten verschiedene Versinnbildlichungen ein- und derselben Gottheit dargestellt sein.

223

224

225

breitungsbild weiterhin als lockere Zone in Erscheinung tritt[334]. Für Rudolf Laur-Belart entsprach die villa rustica «dem Charakter der römischen Landnahme, die eine planmässig geleitete Kolonisation darstellt und auf dem Begriff der Ackerverteilung an Veteranen und auf der Zenturiation (Vermessungsnetz, der Verf.) aufgebaut ist»[335]. Ob hier die «einheimische gallische Bevölkerung als proletarisierte Landarbeiter» gewohnt hat, darf füglich bezweifelt werden. Die weite Verbreitung der Villen lässt sich angesichts des geringen Anteils an der Bevölkerung kaum allein auf die Römer zurückführen. Auch treffen wir Villen keineswegs nur im Bereich der vom Helvetierland ausgeschiedenen Kolonieterritorien an. Wir müssen deshalb ernsthaft in Erwägung ziehen, dass die römerzeitlichen Landvillen die Fortsetzung der von Cäsar überlieferten helvetischen Einzelhöfe, der privata aedificia, darstellen. Sicher hat es auch ausserhalb der Kolonieterritorien Villen gegeben, die in römischen Besitz gekommen oder völlig neu angelegt worden sind, wobei aber auch bei grösseren Anlagen an die Oberschicht der Helvetier als Erbauer und Bewirtschafter zu denken ist. Nach einem allgemeinen Phänomen eignen sich gerade Exponenten einer aufstrebenden Führungsschicht fremdes Kulturgut schnell und nicht selten in einem übersteigerten Mass an. Es ist deshalb durchaus denkbar, dass sich romanisierte Helvetier Villen nach italischem Vorbild bauen und diese im Inneren mit Mosaiken, Bädern und so weiter ausstatten liessen. Bestimmte Villentypen zeigen noch deutliche architektonische Verbindungen zu keltischen Einzelhöfen. An der Oise bei Verberie F konnte kürzlich erstmals ein spätkeltischer Einzelhof vollständig ausgegraben werden[336]. Das erstaunlichste daran ist seine grosse Innenfläche von 23 m auf 12 m. Es handelt sich um einen Pfostenbau mit komplizierter, teilweise noch nicht ganz geklärter Dachkonstruktion. Zwei mächtige Firstsäulen trugen – wohl indirekt – den langen Firstbaum. Damit trägt diese Konstruktion wesentliche Teile des auch im Mittelland bekannten Hochstudhauses der Neuzeit in sich. Die keltischen Häuser waren in Agrargebieten mit Stroh gedeckt. Die Dachsparren des Hofes von Verberie müssen über 10 m lang gewesen sein. Wohl zur Stabilisierung der Sparren dienten die im 240 m^2 grossen Inneren festgestellten Pfosten. Ähnliche Pfostenreihen treffen wir im Innern eines

223
Bronzekopf von Prilly VD. Das Bild eines vornehmen, romanisierten Kelten? Dieser höchst qualitätvolle Porträtkopf zeigt Züge, die auf eine einheimisch-keltische Inspiration hinweisen.

224–225
Tonskulpturen aus römerzeitlichen Brandgräbern auf der Engehalbinsel bei Bern. Pferdchen und tellerförmiges Gebilde mit aus der Mitte herauswachsender Frauenbüste. Deren voluminöse Frisur (?) erinnert an die auf frühkeltischen Darstellungen anzutreffende «Blattkrone».

226
Römerzeitliche Bronzestatuette der keltischen Pferdegöttin Epona von Muri bei Bern nach einem Kupferstich des 18. Jahrhunderts. «Un paysan labourant en 1712 un champ... deterra la Statue de Bronze...» heisst es dazu in der ersten Publikation von L. de Bochat.

226

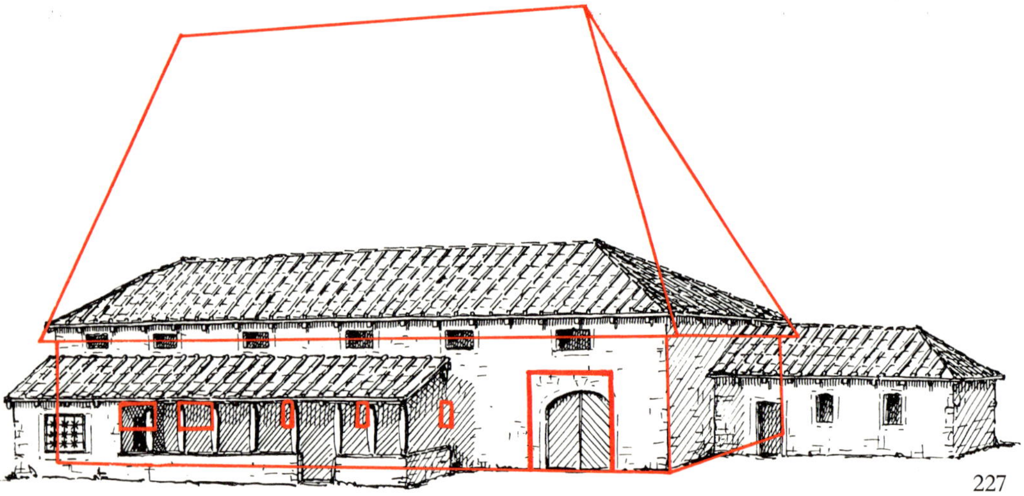

227

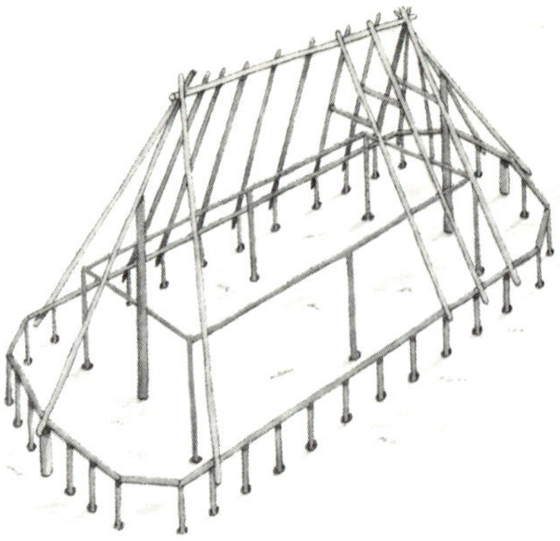

228

«römischen» Villentypus an, der in der Schweiz gut belegt ist und im wesentlichen aus einer grossen «Halle» besteht. Dieser Hallentypus – der, wie schon Rudolf Fellmann erkannt hat, die Umsetzung eines einheimischen Baus in Stein darstellt – steckt in zahlreichen kleineren Landvillen, aber auch als Kern in der grossen Anlage von Seeb ZH[337]. Meist sind diese Villen durch den Anbau von Bädern und anderer Gebäude erweitert worden. So ist es auch bei der Villa von Hölstein geschehen[338]. Der Wohnteil lag ursprünglich im Südteil der Halle, der Rest war wohl Wirtschaftszone. Die Dächer der römischen Villen werden stets mit schwach geneigtem Dach ergänzt, da die grossen, schweren römischen Ziegel eine solche Dachkonstruktion verlangen. Wenn hingegen unsere Verbindung zum neuen französischen Befund richtig ist, muss man den ursprünglichen Hof vom «Hallentypus» mit strohgedecktem Steildach rekonstruieren und kann damit die bis heute nicht einleuchtend gedeuteten Pfeilerreihen als innere Stützkonstruktion erklären. Es ist wohl möglich, dass in einem fortgeschrittenen Stadium das Strohdach durch ein flaches Ziegeldach ersetzt und das innere, «unrömische» Gerüst dafür sekundär weiterverwendet worden ist. Zukünftige Untersuchungen werden zeigen, ob die einheimischen Villen im freien Gelände bevorzugt die typisch um die 20°/30° von der Nord-Süd-Achse abgedrehte Orientierung aufweisen, wie sie für einzelne Villen belegt werden kann. Für die römische Zeit haben wir jedenfalls im Helvetiergebiet mit einer sehr unterschiedlichen «Dachlandschaft», neuen flachen Ziegeldächern neben den weitverbreiteten einheimischen Steildächern, zu rechnen. Die letzteren sind nie ganz verdrängt worden, auch die alte einheimische Grundrissgestaltung nicht. Hier handelt es sich wohl um Frühformen des bis in die Neuzeit im Mittelland dominierenden Dreisässenhauses, bei dem Wohnteil, Stall und vor allem die Lagerung des Getreides mit dem Dreschplatz (Winterarbeit) unter einem Dach vereinigt waren und sind.

Auf verschiedenen Gebieten hat auch die keltische Kultur die römische nachhaltig beeinflusst. Die in der Technik des Murus Gallicus gebauten keltischen Stadtmauern sind schon Cäsar aufgefallen. Die Kelten beherrschten, wie die grossen Siedlungsbauten zeigen, die Holzarchitektur ausgezeichnet. Deshalb ist es nicht erstaunlich, dass wir in frühen römischen Lagern und Kastellen Umwehrungen finden, die ähnlich wie die einheimischen Befestigungsanlagen konstruiert waren[339]. Auch auf den Gebieten der Waffentechnik und des Wagenbaues wurde keltische Technologie übernommen. Davon zeugen verschiedene keltische Bezeichnungen im Lateinischen[340]. Wie heute im deutschen Sprachgebrauch in der aus Amerika übernommenen Computertechnik englische Fachausdrücke dominieren, entliehen die Römer vor allem im Sprachbereich von Pferd und Wagen sowie bei den Waffen keltische Wörter. So stammt gladius «das Schwert»

227–228 und 230
Rekonstruktionsversuch der gallorömischen Villa von Hölstein BL. Der zum einheimischen Hallentypus gehörige Grundriss (230) weist Ähnlichkeiten mit dem in der Mitte abgebildeten keltischen Gehöft von Verberie an der Oise F auf (228). Wohn- und Wirtschaftsteil befinden sich jeweils unter einem Dach. Auch die Villa von Hölstein könnte zuerst mit einem steilen Strohdach (rote Linien) gedeckt gewesen sein. Im Laufe der Zeit wurden dem einheimischen Bau weitere Räume nach römischer Art und Technik, darunter ein Bad, angefügt.

229
Die auf dem Gebiet der Wagenbaukunst führenden Kelten statteten ihre Wagen, wie uns Plinius der Ältere lehrt, mit prächtigen Beschlägen aus. Der Wagen- oder Jochbeschlag in Eberform stammt von einem römerzeitlichen Wagen aus Augst.

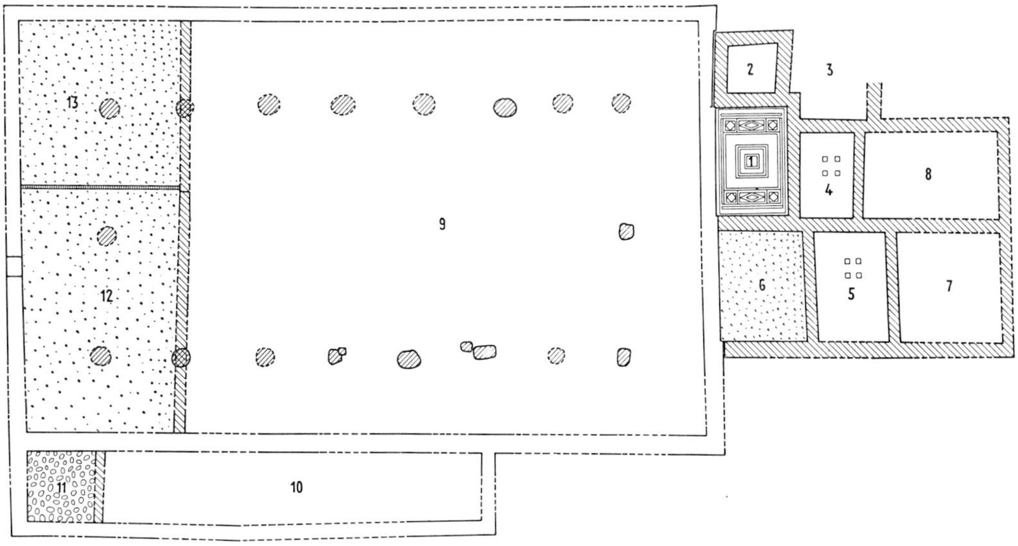

230

A. Radnoti 1960, 183f.:
«So dürfen wir den Eberzahn als ein Element der keltischen religiösen Vorstellung auf Wagen und Jochvorrichtungen bis zum grossen Aufschwung der keltischen Kultur, also bis um 400 v.Chr., zurückverfolgen. Die Tatsache, dass dieses kultische Element sich auch nach sechshundert Jahren als mindestens ebenso fester Bestandteil des Jochbeschlags beobachten lässt, zeigt keinesfalls nur ein Durchschimmern einheimischer Motive in der Kunst der westlichen Provinzen der Kaiserzeit, sondern stellt einen Beitrag der einheimischen Kelten zur zivilisatorischen und kulturellen Entwicklung des (römischen, der Verf.) Weltreiches dar. Die Römer haben solche Elemente nicht nur absorbiert, sondern haben ihnen, wenn sie in Verbindung mit praktischen Errungenschaften auftraten, eine weite Verbreitung ermöglicht.»

aus dem Keltischen. Das Wort für Wallach/Pferd, caballus, gehört ebenso hierzu wie manche Namen für Wagen, von denen es bei den Kelten die verschiedensten Typen gegeben hat. Sie hiessen benna, carpentum, carrus, cisium, colisatum, covinnus, essedum, petorritum und reda. Die Namen der zweirädrigen benna mit geflochtenem Wagenkasten und des carrus leben heute in den mundartlichen Worten «Karre» und «Bänne» oder «Penne» fort.

Auch archäologisch lässt sich das Weiterleben keltischer Wagenbaukunst im Römischen anhand der erhaltenen Metallbeschläge von Wagen und Geschirr nachweisen. Aus der grossen römischen Villa von Seeb und aus Augst stammen Bronzebeschläge, die zu kunstvoll verzierten Wagen und Jochen gehört haben[341].

Neben der keltischen Holzarchitektur wurde auch die alte einheimische Holzskulptur weitergepflegt. In Eschenz TG, dem antiken Tasgaetium, wurde im Jahre 1977 im Kastellvicus eine Holzstatue entdeckt[342]. Die einfache Arbeit erinnert an ähnliche Skulpturen von der Seinequelle im Burgund, die eindeutig als Ex-voto zu interpretieren sind. Eine Funktion als Weihgabe wird auch für diese Statue erwogen. Eschenz liegt am Ausfluss des Rheins aus dem Bodensee, wo eine Brücke über den Fluss führte.

«Keltische Renaissance» in der römischen Kaiserzeit

Im Verlaufe des 2.Jh. n.Chr. bahnte sich eine neue Entwicklung an. Die Vorrechte der römischen Kolonisten gegenüber den Einheimischen wurden immer geringer, was im Jahre 212 n.Chr. zu einer nominellen Gleichstellung führte[343]. Schon im 2.Jh. n.Chr. ist im Helvetierland ein verstärktes Wiedererstarken keltischer Elemente festzustellen. Das äussert sich konkret in der Aufgabe der Meilenzählung. Im ganzen Imperium Romanum wurde einheitlich nach der römischen Meile (= 1,48 km) gemessen. Nur in Gallien und in den germanischen Provinzen hat sich die Leugenzählung bei den Einheimischen neben dem offiziellen Masssystem zäh gehalten. Die gallische Leuge entsprach $1\frac{1}{2}$ römischen Meilen (= 2,22 km). Um 200 n.Chr. musste die kaiserliche Regierung die offizielle Wiedereinführung der Leuge zulassen. Seither gab es im Helvetiergebiet keine neuen Meilensteine mehr, sondern nur noch Leugensteine. Nur im Osten der Schweiz, das zu Raetien gehörte, im Koloniegebiet von Nyon sowie im Wallis wurde weiter in Meilen gerechnet. Auch im kunsthandwerklichen Bereich verstärkte sich das einheimische Element, bei der Keramik wurden etwa alte Formen und Techniken häufiger. In diesem Zusammenhang sei auf die von Ludwig Berger bearbeiteten

229

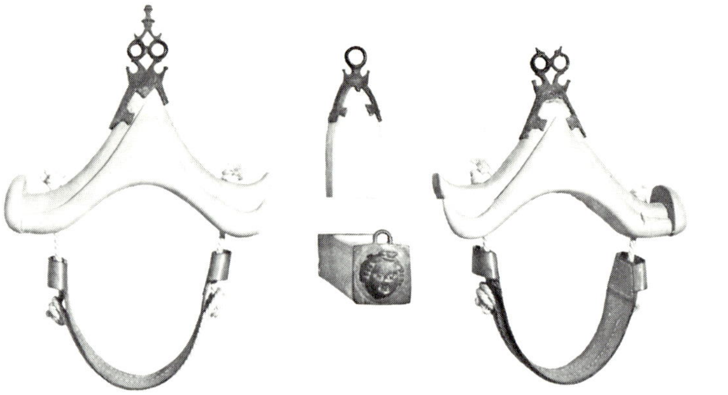

231

232

233

Beschläge des Gemellianus hingewiesen, der in Baden AG gearbeitet und seine Produkte neben seinem Namen mit der Ortsbezeichnung AQVIS HE(elveticis) signiert hat[344]. Diese Messerfutterale aus Bronze sind in Durchbrucharbeit reich verziert, wobei zuweilen der alte Latènestil durchaus noch spürbar ist. Einzelne am Limes gefundene Stücke zeigen neben dem Rankenwerk vielleicht nicht ganz zufällig die oben besprochenen Kompositionen von Bögen mit Kugelenden.

Auch im kultischen Bereich gewann das einheimische Element wieder an Boden, so mehren sich jetzt die Zeugnisse des weitergepflegten Epona-Kultes[345]. Ein Tempelbezirk ist innerhalb des früheren Oppidums auf dem Jensberg bei Studen entdeckt worden, für den in einem römischen Strassenverzeichnis der Name Petinesca überliefert ist[346]. Der in den Jahren 1937–39 ausgegrabene Tempelbezirk liegt auf der markanten, gegen Norden vorspringenden länglichen Terrasse namens «Gumpboden». Der S. 145 vorgestellte Zustand stammt aus dem 1. und 2. Jh. n. Chr., geht jedoch auf ältere, wohl aus Holz gebaute Konstruktionen zurück, von denen bislang nichts bekannt ist. Die ganze Anlage erinnert lebhaft an den Typ der bereits behandelten Viereckschanze, die hier in die römerzeitliche Steinbautechnik umgesetzt erscheint. Nach den Ziegelfunden muss der Umfassungsmauer auf der Innenseite wenigstens stellenweise ein Vordach angeschoben gewesen sein. Im Inneren war der erhöhte Westteil frei von Bauten; hier wäre wohl noch manches zu entdecken (zum Beispiel Brandplätze oder Spuren von mächtigen Bäumen?). Im gegen Osten abfallenden Teil befanden sich insgesamt 10 Bauten sowie eine mit Tuffsteinen ausgekleidete Zisterne von 2 m Durchmesser und 4 m Tiefe. Die sechs grossen quadratischen Grundrisse gehören zu den sogenannten gallorömischen Umgangstempeln. Deren innere Mauern werden gewöhnlich als erhöhte Cella mit einem Dach rekonstruiert. Wenn man hingegen keine flache Ziegelbedachung annimmt, die etwa beim Tempel von Martigny sicher nicht vorhanden gewesen ist, sondern Strohdächer, drängen sich andere Ergänzungen, etwa in Form von Steildächern, auf. Alle Tempel auf dem Gumpboden weichen in ihrer Orientierung um etwa 20 Grad von der Nord-Süd-Achse gegen Westen ab, womit einmal mehr die alte einheimische Ausrichtung belegt ist. Unter den Funden fallen neben einigen Münzen reiche Fibeln auf. In kultische Richtung weisen die Funde eines vielleicht Merkur verkörpernden Hahnköpfleins, eine zierliche Eisenspeerspitze und weitere Miniaturobjekte wie Löffelchen und Glöcklein. Dazu kommen kleine Hufschuhe, die O. Tschumi mit der Göttin Epona in Verbindung brachte. Vielleicht sind einige dieser Funde auch in Zusammenhang mit der vermuteten Haltung von geheiligten Tieren in solchen Anlagen zu erklären. Der Tempelbezirk auf dem Jensberg ist die bisher einzige gut bekannte Anlage dieser Art im Helvetierland. Sie wurde wohl während Hunderten von Jahren bis zum Ende der römischen Zeit benützt. Für Martigny ist neuerdings eine ähnlich langlebige Anlage bekannt geworden. Dort hat man neben verschiedenen Amuletten und Miniaturwaffen

234

235

236

231
Reich beschlagenes Joch aus Seeb ZH (Holz- und Lederteile ergänzt).
232
Zur Zeit des Kaisers Marc Aurel aufgestellter Leugenstein von Solothurn. Dessen Inschrift besagt, dass die Distanz bis zum Nullpunkt in Aventicum 26 Leugen (à 2,22 km) beträgt. Die Leuge ist im Gegensatz zur römischen Meile eine keltische Masseinheit.
233
In römischer Zeit war die einheimische göttliche Tiergestalt des dreigehörnten Stieres weit verbreitet. Bronzestatuette aus Baden AG.
234–235
Bronzeteile von Messerfutteralen. Die Art dieser Durchbruchsarbeiten verraten zuweilen noch keltisches Stilempfinden. Funde von Oberwinterthur ZH (235) und Mandeure F (234) mit der Schrift AQUIS HE(lveticis) GEMELLIANVS, womit ein in Baden (Aquae Helveticae) tätiger Meister namens Gemellianus gemeint ist (nach L. Berger).
236
61.5 cm hohe Holzskulptur aus einem römerzeitlichen Abwasserkanal in Eschenz TG. Bei der einfach geschnitzten Figur mit langem Mantel und eingerollter Kapuze dürfte es sich um eine verschleppte Votivfigur handeln.

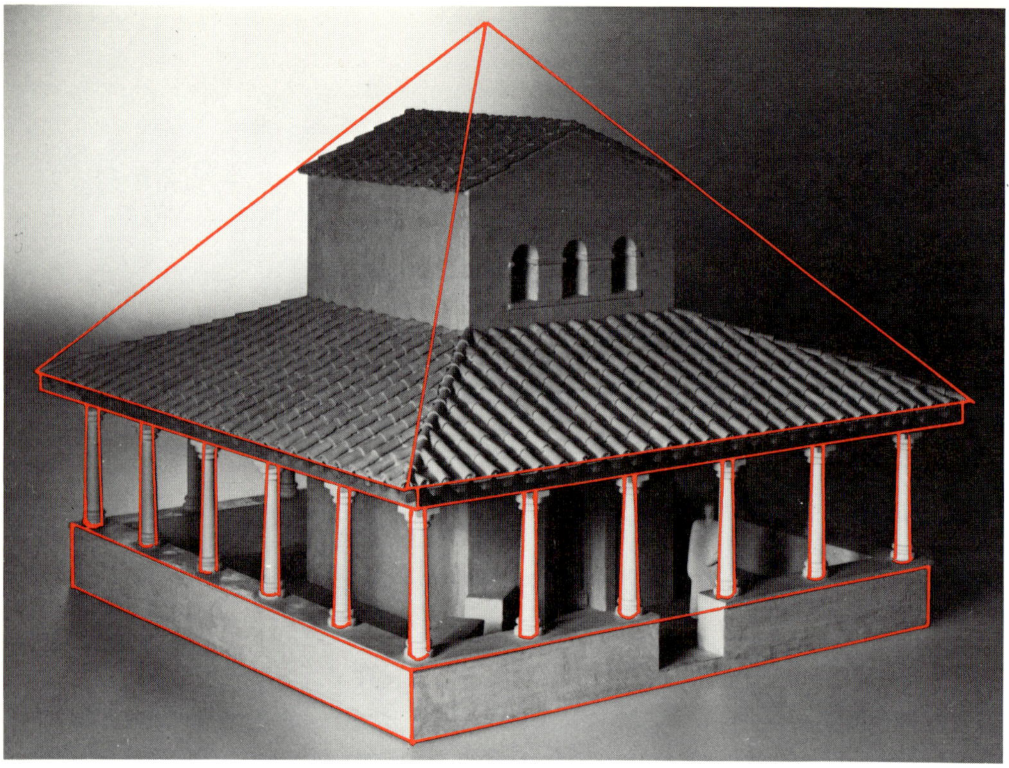

237

238

239

240

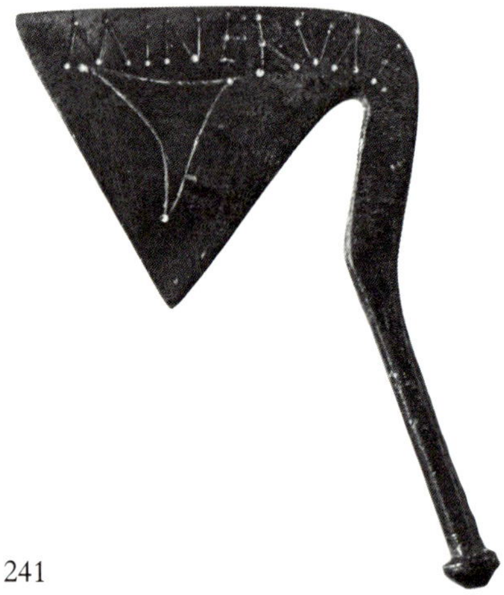

241

242

auch einen kleinen Merkurstab gefunden[347]. In der Flur Ried, zwischen dem Tempelbezirk Gumpboden und der «Strassenstation» in der Grubenmatt, wurden im Jahre 1964 von Hans Grütter zwei weitere Tempel entdeckt[348]. Mitten in einem Tempelgrundriss stiessen die Ausgräber auf eine Opfergrube, welche neben Asche und Keramikfragmenten eine interessante Tierfigur aus Bronze enthielt (S. 147).

Im Tempelbezirk Gumpboden ist schon im Jahre 1870 ein Votivbeilchen gefunden worden; vom Jensberg sind insgesamt vier oder fünf Exemplare bekannt. Die Votivbeilchen, mit denen sich Robert Forrer eingehend beschäftigt hat, sind in der Regel 5 bis 10 cm lang und bestehen aus Eisen, Bronze oder Silber[349]. Am Ende ist der Holm meist kugelartig verdickt, das dreieckförmige Klingenblatt trägt entweder dreieckförmige oder quadratische Symbolzeichen und oft eine Inschrift. Als Götternamen sind Minerva, Merkur, Neptun, Iuppiter sowie die keltischen Matres und Matronen belegt. Neben diesen Inschriften weisen auch die Fundorte eindeutig auf den Votivcharakter hin. Sie wurden zusammen mit Götterstatuetten gefunden (Lindberg bei Oberwinterthur), in einem Heiligtum (Allmendingen bei Thun), in Gewässern (Solothurn, aus der Aare; Yverdon, aus dem Neuenburgersee beim Zihleinfluss; Zürich, aus dem See) oder in einem Tempel (Avenches, Temple du Cigognier). Durch Neufunde wie demjenigen aus dem Heiligtum von Martigny kann dies bestätigt werden. Das Verbreitungsgebiet der Votivbeilchen weist offenbar einen Schwerpunkt im Helvetierland auf, ist aber nicht darauf beschränkt. Ein Eisenbeilchen ist schon für die keltische Station la Tène belegt. Die Axt wurde offenbar im keltischen Kult verwendet. Darauf könnten die vielen Funde von la Tène hinweisen wie auch die Axt mit aufgeschobenem Bronzering von Port. Der früheste Fund von solchen Votivbeilchen ist im Jahre 1709 auf dem Lindberg bei Oberwinterthur gemacht worden. Der Fundort liegt etwa 20 m unterhalb des Gipfels bei einem Eichenwald und nahe einer Quelle oder eines Sumpfes[350]. Lind- geht auf das keltische Wort für «Wasser» zurück. Der grossartige Lindberg-Fund besteht aus insgesamt sechs Beilchen und zehn Statuetten, wovon drei den gallischen Hauptgott Merkur mit dem Flügelhelm und der Geldbörse verkörpern. Hier sind in bezeichnender Art einheimische Votivformen, alte heilige Tiere und neue Bilder von Gottheiten in einem Fund miteinander vereinigt (s. 146).

Auch Naturheiligtümer lebten weiter, so etwa der Tempel auf der imposanten Schauenburgerfluh bei Frenkendorf BL. Die dort gefundenen Münzen reichen bis ins 4. Jh. n. Chr.[351]. Die Westmauer des leicht trapezoidalen Grundrisses weicht von der Nordachse um 23° ab und gehört damit zum mehrfach festgestellten alten Orientierungsbereich. Mit diesem Tempel ist ein interessanter Volksbrauch verbunden (S. 153).

Der Anfang vom Ende der römischen Herrschaft

Bereits in der Zeit um 200 n. Chr. wird der allmähliche Niedergang der römischen Herrschaft spürbar. Missregierung, innere Zerrissenheit und wirtschaftliche Schwierigkeiten, verbunden mit einer schnellen Inflation, breiten sich aus. Die römische Zentralregierung kann in der Folge den im Norden durch den Limes zurückgehaltenen Alemannen nicht mehr genügend Kraft entgegenstellen. Im Jahre 259/60 überrennen die Alemannen den Limes endgültig und stossen Richtung Süden vor. Von der Furcht der Bevölkerung zeugen Münzschätze dieser Zeit; ob die Helvetierstadt Aventicum tatsächlich verheert worden ist, bleibt umstritten[352]. Jedenfalls musste die römische Grenze an den Rhein zurückgenommen werden. Erst in der Zeit um 300 n Chr. bekamen die römischen Kaiser die Situation wieder in den Griff. Durch starke militärische Präsenz am Rhein – jetzt sahen die Einheimischen wieder grössere fremde Truppenverbände in ihrem Land – konnte der endgültige Niedergang um ein volles Jahrhundert hinausgezögert werden. Erst im 5. Jh. n. Chr. sind die Völker an der Nordgrenze des Imperiums sich selbst überlassen worden. Früher hat man in den Alemannen, gemäss der römischen Propaganda und Überlieferung, die wilden Horden gesehen. Heute gilt ein differenzierteres Bild. Die Alemannen waren Germanen, also Vertreter jenes Volkes, das in der Frühzeit kaum von den Kelten zu unterscheiden ist. Sie stiessen aus demselben Raum vor, den gut 300 Jahre zuvor die Nord-Protohelvetier selbst besiedelt hatten. Um die Sueben (Schwaben) hatte sich seit dem 3. Jh. ein staatsartiger Zusammenschluss verschiedener Gruppen gebildet, dessen innere Kraft schliesslich über das morsch gewordene römische Gefüge nördlich der Alpen obsiegen sollte[353]. Das Verhältnis dieser Germanen zu der romanisierten kelti-

243

237
Modell eines gallorömischen Tempels mit erhöhter Cella und Umgang. Die roten Linien deuten eine andere Rekonstruktionsmöglichkeit an, welche mit ihrem strohgedeckten Steildach einheimische Techniken berücksichtigt.

238–240 und 242
Funde aus dem Tempelbezirk Gumpboden auf dem Jensberg: Glöckchen, Bronzebeschlag, schiffsförmige Fibel und Eulenfibel mit farbigen Emaileinlagen.

241
Acht Zentimeter grosses Miniaturbeilchen mit Inschrift MINERVAE aus dem Tempelbezirk von Thun-Allmendingen BE.

243
Merkurstab (caduceus) in Miniaturgrösse aus dem Tempelbereich eines einheimischen Heiligtums in Martigny VS.

244
Plan des gallorömischen Tempelbezirkes Gumpboden auf dem Jensberg (vgl. Abb. 197). Der Grundriss der Umfassungsmauer erinnert an keltische Viereckschanzen. Im Innern wurden neben kleineren Bauten, einem Brunnen und einem «Priesterhaus» Reste von insgesamt sechs Umgangstempeln festgestellt.

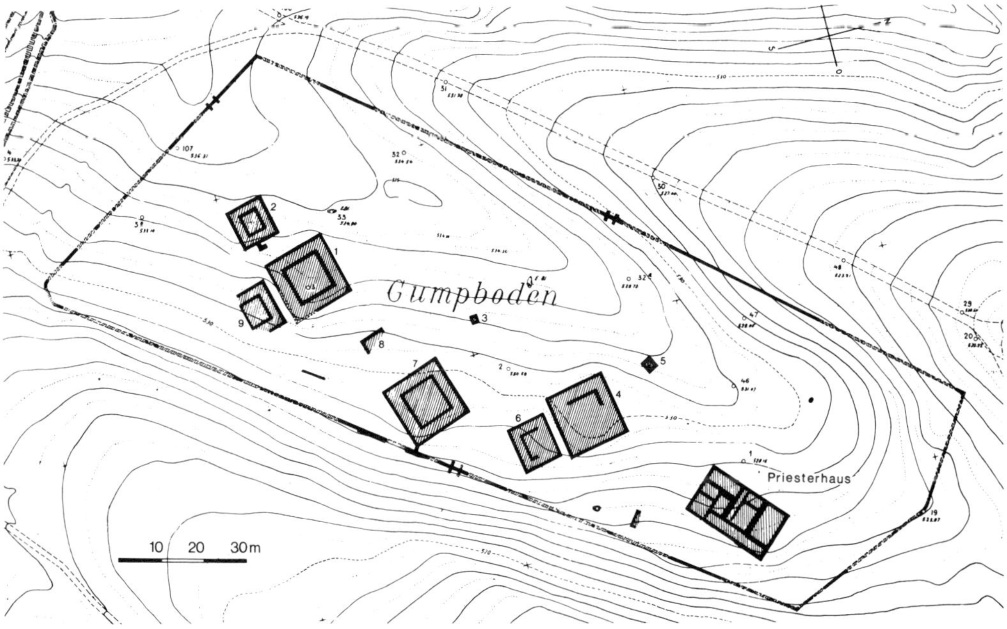

244

245

246

247

schen Bevölkerung ist noch kaum erforscht, und deshalb sind hier noch einige Überraschungen zu erwarten. Vom Sachgut her bestehen manche Ähnlichkeiten; die Alemannen kämpften wie ehedem die Kelten mit dem grossen, mit Buckel versehenen Schild, mit der Lanze sowie mit dem zweischneidigen Langschwert. Die Krieger wurden mit ihrer ganzen Bewaffnung bestattet. Gewisse Übereinstimmungen mit keltischen Objekten frappieren; bei den Alemannen treffen wir zum Beispiel Armringe an, die zum Verwechseln ähnlich sind mit dem keltischen Armringtyp, wie wir ihn im Fund von Schalunen angetroffen haben. – Der Beginn des alemannischen Staates fällt in die Zeit der römischen Krise und in die Phase des oben besprochenen Wiedererwachens der einheimischen keltischen Kultur. Dasselbe Phänomen ist nicht nur im Gebiet der heutigen Schweiz, sondern in ganz Gallien zu beobachten. Dies äussert sich etwa im Fallenlassen von römischen Städtenamen und der Neueinführung von Namen mit alten nationalen Bezeichnungen. Aventicum wird in einem spätrömischen Verzeichnis civitas Helvetiorum geheissen. Auf einem in der Notitia Dignitatum des 5. Jh. n. Chr. überlieferten Amtssignum eines hohen Beamten treffen wir das bekannte keltische Rolltier wieder an[354]. Vielleicht ist es kein Zufall, dass damals in der Schweiz alte keltische Zentren wie der Bois de Châtel bei Aventicum oder der Basler Münsterhügel neben der Colonia Raurica wieder besiedelt und befestigt worden sind. Sicher ist, dass die Auflösungserscheinungen im 3. Jh. n. Chr. nicht nur auf Druck von aussen zurückzuführen sind, sondern dass auch tiefgreifende innere Spannungen mitgewirkt haben. Im Gegensatz zu den germanischen Alemannen haben aber die einheimischen, jetzt romanisierten Gallier bezeichnenderweise nicht die Kraft gefunden, einen eigenen, dauerhaften Staat zu gründen. Ihre Kultur lebte zwar weiter und ihre Gemeinschaften wurden von den Alemannen lange Zeit respektiert. Nachdem sich aber offenbar die einheimische Bevölkerung immer mehr verdünnt hatte, stiessen die Alemannen unter weitgehender Schonung der gallorömischen Siedlungsinseln im 6. und 7. Jh. n. Chr. über den Rhein vor und begannen mit der Besiedlung des ursprünglich keltischen Gebietes. So ist es nach der römischen Zeit zu einer zweiten, andersartigen Überschichtung gekommen.

245
Statuettenfund vom Lindberg bei Oberwinterthur (die Nummern 1 und 20 bis 25 stammen von anderen schweizerischen Fundorten). Darin sind in seltener Art traditionell-keltische heilige Tiere und Symbole mit Gottheiten (Merkur) nach neuer, römischer Art miteinander vereinigt.

246–247
Die Fundamente zweier gallorömischer Tempel in der Flur Ried am Südabhang des Jensberges. In der vorne sichtbaren Grube wurde die kleine Bronzestatuette des rolltierartigen Fabelwesens gefunden.

248

Nach der 400jährigen römischen Herrschaft konnte aus den Resten der alten eigenen Kultur keine neue lebensfähige Grundlage mehr erwachsen. Das zeigt sich auf dem Gebiet der Religion deutlich. Im 4. Jh. n. Chr. bildete sich das Christentum als stärkste Kraft heraus und wurde zur wichtigsten kulturellen Klammer zwischen Spätantike und Frühmittelalter. Mit der Erhebung des Christentums zur Staatsreligion ist wohl ein weiteres Stück einheimischen Religionsgutes aufgegeben worden. Ganz verschwunden ist es nicht. Gerade in der Zeit des Frühmittelalters, wo schliesslich die schriftliche Überlieferung fast ganz aussetzte und der Gebrauch der Schrift stark zurückging, konnten vielleicht in begrenzten Kreisen alte, auf mündlicher Tradition beruhende Lehren leichter überleben als die schriftlich fixierten. Möglicherweise hat sich manches von dem, was wir im späten Mittelalter in veränderter Form als Hexenwesen, Sagen und Märchen wieder antreffen, so tradiert. Naturgemäss sind solche Zusammenhänge jedoch nicht nachweisbar. Die Möglichkeiten der mündlichen, ungeschriebenen Tradition dürfen nicht unterschätzt werden. Dies sei an einem Beispiel aus einem anderen Bereich illustriert. Die heute da und dort noch geübte Sitte des jährlichen Bannumganges von Dorfgrenzen zeigt, dass es genügend Mittel und Wege gibt, auch ohne schriftliche Fixierung eine feste Ordnung aufrecht zu erhalten.

Nach dem Jahre 443 n. Chr. wurden im ehemals westhelvetischen Gebiet Burgunder aus der Gegend von Worms angesiedelt. Deren Kultur und Sprache wurde von der einheimischen Kultur bald aufgesogen[355]. Für den grössten Teil der Bevölkerung ist sonst Kontinuität von der gallorömischen Zeit bis ins Frühmittelalter anzunehmen. In diese Richtung weisen neueste anthropologische Untersuchungen von westschweizerischen Skelettfunden[356]. Das zeigen auch sprachliche Belege. Nach dem Hinweis des Kirchenfürsten Hieronymos aus dem 4. Jh. n. Chr., wonach die Landbevölkerung um Trier ähnlich gesprochen habe wie die kleinasiatischen Galater, und aufgrund anderer Belege nimmt man an, dass die keltische Sprache – allerdings stark durchmischt – die römische Zeit überdauert hat[357]. Das haben für das Gebiet der heutigen Schweiz die Forschungen von Johann Ulrich Hubschmied bestätigt. Er konnte eine ganze Gruppe von Wörtern nachweisen, die von der keltisch sprechenden Bevölkerung direkt in die neue germanische Sprache eingeflossen sind[358]. Dazu gehören die folgenden schweizerdeutschen Bezeichnungen: Chris oder Gris für Tannenreisig von keltisch krisso-n «das Abgeschnittene», Nidel oder Nidle für die Haut auf der gekochten Milch von keltisch (s)nita/(s)nitlo «das Tuch», Gol für Geröll von keltisch komlo- «Schutt», oder Gufe/Gulfe für die Stecknadel von keltisch gulba, gulva «Stachel». Solche Bezeichnungen haben sich besonders in den abgeschiedenen Alpentälern erhalten. Diese dienten in der Geschichte unseres Landes wiederholt als Rückzugsgebiet für in Bedrängnis geratene Menschen und Kulturen. Deshalb finden sich hier gegenüber dem Mittelland immer wieder verspätete Kulturerscheinungen. So wie sich keltische Bevölkerungsteile vor den Römern hierhin abgesetzt hatten, zogen sich lateinisch sprechende Gruppen vor den Alemannen in die Bergtäler zurück. Auf diese Weise hat sich das hier relativ spät festgesetzt, was wir heute als rätoromanische Sprache kennen.

Relikte der keltischen Sprache sind nicht allzu selten. Für die romanischen Sprachen hat darauf Rudolf Thurneysen schon im Jahre 1884 hingewiesen[359]. Die keltische Sprache weist die Eigentümlichkeit auf, dass der Satz im allgemeinen mit dem Verb begonnen wird und direkte Formen gerne umschrieben werden oder die Hauptaussage erst im Nebensatz zu finden ist[360]. Diese für uns komplizierte Ausdrucksweise findet sich im Französischen in den Frage- «est-ce que...» und Antwortformeln «c'est moi qui l'a dit» wieder. Manches keltische Wort lebt im Französischen weiter. So das Längenmass der

249

250

248
Der gallorömische Tempel auf der Schauenburgerfluh bei Frenkendorf BL könnte auf ein altes keltisches Naturheiligtum zurückgehen. Bis in spätrömische Zeit wurden hier Opfer dargebracht. Auch ein bis in die neueste Zeit ausgeübter Volksbrauch ist für diesen Ort bekannt (S. 153).
249
Frühmittelalterliche Zierscheibe aus Augst mit Verzierungen in keltischer Art (Dreiwirbel), die wohl von den britischen Inseln stammt (nach M. Martin).
250
Auch in der Buchmalerei haben sich keltische Stilelemente bis weit ins Frühmittelalter erhalten. Oberer Ausläufer eines Initialen aus dem Evangeliar Cod. 51 des 8. Jh. in St. Gallen. Im allgemeinen wird irländische Herkunft dieser Handschrift angenommen, aber auch eine Entstehung an Ort – das Kloster St. Gallen war eine irische Gründung – ist nicht ganz auszuschliessen (nach G. Haseloff).

Leuge in lieue, davon abgeleitet ist banlieue. In Gewässernamen treten alte keltische Bezeichnungen besonders häufig auf. Reuss kommt vom keltischen Riusia «die Mächtige», Zihl von keltisch Tela. Auch Aare (Arura), Rhein (Rhenus), Limmat (Lindimacus) tragen keltische Namen. Die oben behandelte Versinnbildlichung von Flüssen mit göttlichen und dämonischen Wesen schlägt sich auch in den Sprachbezeichnungen nieder[361]. So haben die matres, die Mütter, zahlreichen Flüssen den Namen gegeben. Eine weisse Göttin sieht J. U. Hubschmied in der Arve von Genf, die er von keltisch alba «weiss» ableitet. Das Gegenstück ist der Doubs, die Schwarze, von keltisch dubo- «schwarz». Flüsse waren auch Grenzen. Keltisch morga hiess «Grenze» (verwandt germanisch Mark), deshalb die Flussnamen Murg, Morges und auch die zahlreichen Marbäche. Keltisch lindo-n «Gewässer», «See» finden wir in der Linth wieder. Mit dem keltischen Wort lokwa für «See» hängen nach J. U. Hubschmied Lauerz am Lauwerzersee und der alte deutsche Name Lowens für Lugano zusammen. Der Ortsname Belp kommt von keltisch pelpa für «Windung» oder «Kehre», Wohlen wahrscheinlich von keltisch waulo- «Gehege», Brig von spätkeltisch brigwa «Brücke». Auch bei den Tiernamen haben sich keltische Bezeichnungen gehalten[362]. Von keltisch ank- «Haken» kommt die Anke, eine Seeforelle. Die in Basel und Zürich benützte Bezeichnung «Hagge» für den männlichen Lachs könnte eine Lehnübersetzung sein. Der Fischname «Laugeli» geht auf keltisch leuka «die Weisse» zurück. Dies ist nur eine kleine Auswahl von Beispielen. Alle diese sprachlichen Zeugen sprechen gegen scharfe Unterbrüche im Kulturfluss und für eine sich langsam und kontinuierlich wandelnde Bevölkerung und Kultur auch durch die unruhige Zeit des Frühmittelalters.

Nur vereinzelt ist das Weiterleben alten Gedankenguts fundmässig effektiv nachweisbar. So etwa in der alten keltischen Opferstätte von Port, wo im Frühmittelalter wieder Schwerter in den Fluss geopfert worden sind. Auffallend sind gewisse Übereinstimmungen in der Münzkunst zwischen der keltischen und frühmittelalterlichen Zeit. Frühmittelalterliche Münzbilder wurden in ähnlicher Art wie die keltischen aufgelöst und stilisiert[363]. Bei Darstellungen auf mittelalterlichen Brakteaten hat man sogar an eine Zurückführung auf keltische Münzstempel gedacht.

Die britischen Inseln waren wichtige keltische Rückzugsgebiete vor dem römischen Vordringen. Von dort strahlte später Keltisches wieder auf den Kontinent zurück. In Zusammenhang mit einer solchen Rückstrombewegung ist wohl eine frühmittelalterliche Scheibenfibel des 8. Jh. n. Chr. zu sehen, die in Augst BL gefunden worden ist und nach den Untersuchungen von Max Martin von den britischen Inseln stammen muss[364]. Sie zeigt einen Dreiwirbel, wie er in der keltischen Kunst gebräuchlich war und in die frühmitelalterliche Kunst Eingang gefunden hat. Auf dem Gebiet der figürlichen Kunst ist auf die vorwiegend der romanischen Zeit angehörenden Steinskulpturen hinzuweisen, die in ihren einfachen und stark stilisierten Darstellungen an keltische Bildwerke erinnern. Manch einem Begutachter in Museen sind schon solche Skulpturen als vermutlich keltische Kunstwerke vorgelegt worden. Oftmals kann mehr aufgrund des Steinmaterials, der Erhaltung und der Steinbearbeitungstechnik als mit Hilfe des Stils eine Zuweisung vorgenommen werden (S. 151).

Zeitübergreifende Kulturerscheinungen sind oft wenig erforscht. Das ist mit ein Grund, wieso beim Thema des Nachlebens der keltischen Kunst kaum auf entsprechende Einzelforschungen zurückgegriffen werden kann; die hier gegebene Darstellung kann deshalb nicht mehr als eine beschränkte Beispielsammlung mit verschiedenen Einzelhinweisen sein.

In manchen Bereichen erinnern Erscheinungen des Mittelalters an vorrömische Zustände, ohne dass ein Kausalzusammenhang zu belegen wäre. Wir erinnern hier an das Lehenswesen im Mittelalter. Auch die ritterlichen Kämpfe mit ihrer starken Ritualisierung, den Zweikämpfen und Duellen gehören in diesen Zusammenhang. H.G. Wakkernagel hat auf ähnliche Verhaltensmuster in Schlachten des Mittelalters und in der Keltenzeit hingewiesen, etwa auf das Verweilen auf dem Schlachtfeld während dreier Tage nach dem Sieg, wie es schon für Kelten des 4. Jh. v. Chr. überliefert ist und es auch die Eidgenossen nach den Schlachten von Sempach, Grandson und Dornach gehalten haben[365]. Sie nahmen dabei in Kauf, dass ihr militärischer Sieg nicht im vollen Mass politisch ausgenützt werden konnte. Auch die Selbstaufopferung in der Art der Winkelriedtat hat in beiden Kulturen Parallelen. In der Kriegführung haben die Eidgenossen Urtümliches bewahrt, wobei die Verehrung der Altvorderen und die Religion eine bedeutende Rolle spielten. – Bei den zahlreichen mittelalterlichen Kirchen und Kapellen in unwegsamem Gelände fragt man sich, ob für die Platzwahl nicht alte Vorstellungen mitentscheidend waren oder diese zuweilen gar an den Platz oder in die Nähe eines alten Naturheiligtums gesetzt worden sind. Heute ist man in dieser Frage zu Recht sehr vorsichtig geworden, nachdem sich die früher oft postulierte Rückführung von christlichen Kirchenbauten auf heidnische Tempel oft als unzutreffend erwiesen hat. Es wäre aber ebenso falsch, diese Möglichkeit gänzlich auszuschliessen. Auf der Berner Engehalbinsel lag über einem gallorömischen Tempel die im Jahre 1537 abgerissene Aegidiuskapelle[366].

251

Bis in die neueste Zeit weiterlebende Reste der keltischen Kultur

Wiederholt wurde auf die hier so genannte Napfscheide als «Kulturschranke» zwischen der Bewohnerschaft des westlichen und östlichen Mittellandes hingewiesen. Dazu lässt sich zusammenfassend sagen: Das Napfmassiv zwischen kleiner und grosser Emme springt zwar vom Alpenmassiv gegen Norden vor, engt aber das Mittelland nicht allzu stark ein. Ein heute von Ost nach West in der Eisenbahn oder auf der Autobahn Reisender spürt kaum eine Veränderung. Der Napf und das nördlich vorgelagerte Gebiet müssten vom Naturraum her gesehen keine Kulturgrenze sein[367]. Das nördlich an den Napf anschliessende Gebiet ist ebenso fruchtbar wie die östliche und westliche Nachbarschaft und wurde im Mittelalter auch intensiv genutzt; die Karte der Städte bis 1500 zeigt denn auch hier ein ähnlich dichtes Netz von Städten wie in der Umgebung[368]. In keltischer Zeit war dies anders. Schon für die Hallstattzeit kann – wie gesehen – eine schweizerische Ost- und Westgruppe unterschieden werden, deren Grenze im Napfbereich liegt. Die vorgestellte Karte der Wagengräber lässt zwei getrennte Herrschaftsbereiche vermuten, einen im Westen mit Zentrum im Seeland und dessen Umgebung und den anderen im Osten zwischen Suhr und Limmat. Noch in frühkeltischer Zeit splitterten sich die grossen Herrschaften in kleinere Einheiten auf, wobei offenbar die beiden Hauptpole erhalten geblieben sind. So erklären wir uns die im Napfbereich festgestellte Kulturscheide der Mittellatènezeit, die anhand der Verbreitungskarten von Gürtelketten, Münzen und Glasschmuck sichtbar gemacht werden kann. Die vermutete Zuwanderung von neuen Bevölkerungsteilen, den Nord-Protohelvetiern, in der Zeit um 100 v. Chr. verwischte die alte Kulturscheide etwas, indem hie wie dort neue Münzen auftreten; aber die alten Gegensätze blieben durchaus bestehen, wie regionale Münzprägungen zeigen. Die Helvetier wurden in Westhelvetier jenseits und Osthelvetier diesseits der Napflinie aufgeteilt. Beide dürften je zwei Teilstämme des helvetischen «Vierstaatenbundes» gestellt haben. Wir haben die Vermutung geäussert, dass sich die Osthelvetier vielleicht nicht im gleichen Masse am Auszug von 58 v. Chr. beteiligt haben wie die Westhelvetier. Während in den Siedlungen der Westhelvetier für die Zeit um 58 v. Chr. eher Diskontinuitäten feststellbar sind, war die Situation bei der römischen Okkupation um 15 v. Chr. vielleicht umgekehrt. Es gibt Anzeichen, dass bei den Westhelvetiern der Übergang in die römische Zeit weniger abrupt verlaufen ist als bei den Osthelvetiern. Haben

251
Auf frühmittelalterlichen Münzen sind die Darstellungen zuweilen in ähnlicher Art stilisiert wie auf solchen aus keltischer Zeit. Vorderseite einer in der Zeit um 600 n. Chr. in Basel geprägten Goldmünze mit Kopf nach links.

252
Gewisse einfache Steinskulpturen des Mittelalters, besonders der romanischen Zeit, erinnern an keltische Skulpturen. Lebensgrosser Sandsteinkopf aus Basel.

252

W. Sichardt (Der alpenländische Jodler und der Ursprung des Jodelns, 1939) zum Juuzen im Muotatal: «Von den bekannten Jodlertypen harmonikalen Gepräges unterscheidet sich der Altstil des Muotatals aufs schärfste. Die grossen Sprungintervalle, namentlich Sexten und Septimen, haben hier keine harmoniegezeugte, sondern eine lineare Funktion. Der Tonraum erscheint wie ausgemessen und in hohem Mass distanzmässig charakterisiert. Die Quart gewinnt als Melodieschritt, das Tetrachord als Melodierahmen und Gerüstbeziehung besondere Bedeutung. Von unverkennbarer Eigenart sind Tonbildung und Singart. Fast punktförmig, kaum durch Portamento verbunden, reihen sich die Einzeltöne aneinander. Die Tongebung selbst ist klein und fest, von eigentümlich schalmeiartiger Schärfe und Gespanntheit. In der Vokalisation überwiegt der gleichfalls schalmeihaft gefärbte ä-Klang. Sehr bezeichnend ist das rasch absteigende, urwüchsige Schlussportamento... Das vorherrschende Deszendenzmelos und mancherlei andere Stileigenheiten könnten sehr wohl von einer keltischen (helvetischen) Grundlage ausgehen.»

die letzteren ihre Schlagkraft besser bewahrt und auch eingesetzt? Hatte bei den der römischen Provinz näheren Westhelvetiern die Romanisierung bereits früher eingesetzt? In römischer Zeit sind weiterhin Unterschiede zwischen West- und Osthelvetiern spürbar. Der Westen wurde stärker romanisiert. Auf getrennte Wirtschaftsbereiche und Absatzgebiete weist das Verbreitungsbild der im Gebiet der heutigen Schweiz hergestellten Reliefsigillata hin. Die Karte der römischen Siedlungen und insbesondere der Landvillen zeigt die alte Siedlungslücke nördlich des Napfs deutlich[369]. Im Frühmittelalter wurden (nur) im ehemals westhelvetischen Gebiet die Burgunder angesiedelt. Viel später wird eine ähnliche Kulturscheide wieder konkret fassbar; der Volkskundler Richard Weiss hat den Begriff der «Brünig-Napf-Reuss-Linie» geprägt[370]. Im Rahmen der Arbeiten für den volkskundlichen Atlas der Schweiz ist er auf eine Kulturgrenze in diesem Bereich gestossen. Sie lässt sich anhand von verschiedenen Kulturäusserungen nachzeichnen. Nur im Westen sind beispielsweise Maskenbräuche an Sylvester und Neujahr sowie Sommerfeuer am 25. Juli gebräuchlich, und es fehlt hier der Fasnachtsbrauch. Nur im Osten hingegen gibt es Umzüge im Herbst mit Räben- und Kürbislichtern, und nur dort ist das Birnbrot als Neujahrsgebäck verbreitet. Ganz deutlich ist der Unterschied bei den Rinderrassen. Im Westen wird Rotfleckvieh gehalten, im Osten aber Braunvieh[371]. Auch beim bäuerlichen Erbrecht sind Unterschiede greifbar. Westlich des Napfs erbt der jüngste Nachkomme den ganzen Hof, östlich davon der älteste[372]. R. Weiss hat die Kulturgrenze im Nordwesten bis an die Reuss gezogen, wobei er in bezug auf die Grenzverläufe im Mittelland ein Schwanken konstatiert hat. Gewisse Karten zeigen auch im Norden einen Grenzverlauf im Bereich der frühgeschichtlichen Kulturscheide. Wir halten deshalb ein Nachleben der alten Kulturraumaufteilung in gewissen volkskundlichen Grenzen für möglich. R. Weiss hat schon mit dem Satz, in dem er gegen das Vorurteil der Einheit von Sprach- und Kulturraum argumentierte, in diese Richtung gewiesen[373]: «Doch gilt das in sehr viel geringerem Masse für die volkstümliche Kultur, die vielfach anderen, teilweise älteren Raumbildungen folgt als die Verbreitung der heutigen Nationalsprachen.» Dieses Beispiel zeigt, dass durch einfache Kulturäusserungen alte Grenzen sichtbar gemacht werden können, welche im Laufe der Zeit teilweise verschoben, überdeckt, aber auch wiederbelebt worden sind. So fiel etwa die Napfscheide längere Zeit mit der Ostgrenze des bernischen Einflussbereiches zusammen[374].

In der Sprache haben sich verschiedene keltische Splitter erhalten. Auf dem Umweg über das Lateinische sind Ausdrücke wie «Karren» von keltisch carrus oder der schweizerdeutsche Ausdruck «Bänne»/«Penne» von keltisch benna für «den Wagen» erhalten geblieben. Das Wagenrad von la Tène zeigt den hohen Stand keltischer Wagnerkunst an, die bis in die Neuzeit wegweisend geblieben ist. Die bis in unser Jahrhundert gebräuchlichen Heuwagen (Leiterwagen) sind dem auf S. 155 abgebildeten Typus nicht allzu weit entfernt. Dasselbe gilt für den Schiffsbau. Noch heute auf dem Rhein gebräuchliche Weidlinge erinnern an das abgebildete gallorömische Schiff aus dem Neuenburgersee. – Findet der Archäologe keltisches Eisenwerkzeug isoliert und ohne datierende Mitfunde, hat er oft grosse Mühe, dieses genau zu datieren. Die Formen der in la Tène gefundenen Sicheln, Gerteln, Äxte, Meissel und so weiter sind jüngeren Werkzeugen so ähnlich, dass eine Zuweisung oft nur aufgrund von Details oder gar nicht möglich ist. Die Kelten haben eben schon die zweckmässigsten Formen zahlreicher Werkzeuge entwickelt, und diese haben sich dort, wo die Bedürfnisse nicht wesentlich geändert haben, seither in der gleichen Art tradiert.

Einem anderen Kapitel gehören die nachträglich in keltische Funde hineininterpretierten Deutungen an. Dazu gehört die Volksmeinung der heilbringenden Wirkung von Regenbogenschüsselchen. Dem keltischen Kulturgut ähnliche Phänomene finden wir bei Geheimgesellschaften wie etwa den Rosenkreuzern und auch bei den Anthroposophen. Bei den letzteren wird die von den Kelten nachweislich als Allheilmittel verwendete Mistel wieder zur Gewinnung von Medikamenten eingesetzt[375]. Hier geht es wohl weniger um direkt tradiertes Kulturgut als um eine Wiederaufnahme von schriftlich Fixiertem und um mehr oder minder zufällige Analogien. In denselben Bereich gehört zum Beispiel auch der Jugendstil, der mit seinen stilisierten floralen Darstellungen zuweilen an keltische Kunstwerke, besonders an solche des weiter entwickelten insularen Stils, erinnert. Künstliche Neuschöpfungen sind der «Internationale Druidenorden», das «Kelten-Festival» und ähnliches. Sie zeugen vom allgemein gewachsenen Interesse gegenüber der keltischen Kultur in der neuesten Zeit.

Auf die neuzeitlichen Hochstudhäuser des Mittellandes wurde schon hingewiesen. Diese Holzbauten weisen im Inneren eine Reihe von Firstsäulen, die Hochstud, auf, welche den Firstbaum tragen[376]. Das hohe Alter dieses Haustyps ist längst erkannt und wurde mit germanischen Hausformen in Beziehung gesetzt. Die Tatsache, dass dieser Haustyp auch im schwächer «germanisierten» Westen und im alpinen Rückzugsgebiet vorkommt, wo man als Relikt des Firstträgers den «Heidenbalken» kennt, könnte für eine keltische Wurzel sprechen. Unter den grossen, mit Stroh gedeckten Walmdächern waren Stall, Tenne und Wohnteil unter einem Dach vereinigt. Der Wohnteil dieser Dreisässenhäuser ist gegenüber dem Wirtschaftsteil oft kleiner. Diese Innenunterteilung des bis nach Westfrankreich verbreiteten «Einhofs» erinnert an die römerzeitliche Villa vom Hallentyp, welche auf keltische Holzbauten zurückgeht.

Kontinuität bis in die neueste Zeit ist bei zahlreichen keltischen Strassen zu vermuten. Nur ist die keltische Linienführung der Strassen selten bekannt. Auf der Berner Engehalbinsel wurde die keltische Nord-Süd-Strasse aufgrund der Toranlagen erschlossen. Die römerzeitliche und die heutige Strasse liegen auf nur wenig verschobenen Linien. Eindeutige Kontinuität liegt in der Basler Altstadt auf dem Münsterhügel vor. Die moderne Verkehrsachse in der Linie Rittergasse–Augustinergasse liegt ziemlich genau über der keltischen Hauptstrasse. Wenn man in der Rittergasse etwa zwei Meter tief gräbt, stösst man auf das keltische Strassenniveau.

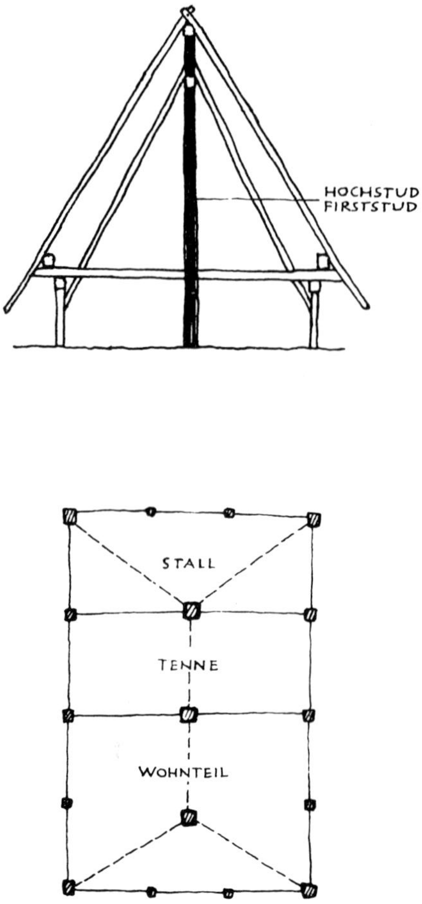

253

Volksbräuche

Im Bereich des Oppidums von Bibracte in Burgund, in dessen Nähe die Helvetier die Entscheidungsschlacht geschlagen haben, fand bis in das 19. Jh. ein grosser Markt statt, zu dem sich die Bevölkerung der Region zu versammeln pflegte[377]. Der Grund, wieso der rund 20 km von Autun entfernt liegende Bergrücken des Mont Beuvray und nicht Autun selbst Ort dieses Marktes gewesen ist, muss in der keltischen Vergangenheit dieses Platzes gesucht werden. Der Markt fand am ersten Mittwoch im Monat Mai statt und war mit religiösen Bräuchen verbunden, die trotz der Christianisierung des Ortes (eine wohl über einem keltischen Heiligtum angelegte Kapelle) noch stark heidnische Züge aufwiesen[378]. Vor Sonnenaufgang zogen Bäuerinnen und Bauern auf den Berg, tranken aus der dortigen Quelle, warfen Münzen hinein und legten Opfergaben wie Eier oder Käse nieder. Im Mittelalter hat man dort auch Recht gesprochen und Steuern eingezogen. Erst im Verlaufe der Neuzeit konnte das in römischer Zeit gegründete Autun langsam den Markt an sich ziehen. Heute ist der alte Brauch ganz verschwunden. Haben auch in der Schweiz keltische Zentren ihre starke innere Kraft über längere Zeit bewahrt und lassen sich auch hier Volksbräuche auf keltische Zeit zurückführen? Die jetzige volkskundliche Forschung ist hier sehr vorsichtig. Nachdem sich zahlreiche Forscher zu Beginn unseres Jahrhunderts bei der damals in Mode gekommenen Zurückführung von Volksbräuchen auf Germanisches zu weit vorgewagt haben, beherrscht grösste Zurückhaltung die gegenwärtige Situation. Man verweist zu Recht auf die über 1000jährige

253
Schnitt und schematischer Grundriss eines schweizerischen Hochstudhauses der Neuzeit als Vergleich zu keltischen Holzbauten. Als Hochstud bezeichnet man die dachtragenden Mittelständer (nach R. Weiss).

254
Im Floss des «Wilden Mannes» von Basel hat sich das Prinzip des keltischen Fährschiffes – eine Plattform über 2 Kähnen, hier Weidlingen – erhalten.

254

E. Hoffmann-Krayer (wie Anm. 380, 201):
«Gemeinsame Höhenbesteigungen dagegen, ‹Maiensässpartien› und ähnliches gehören mancherorts, besonders in der Ostschweiz, zur festen Überlieferung der Pfingsttage und der Himmelfahrt, wobei man sich oft zur Pflicht macht, schon vor Sonnenaufgang die Höhe erreicht zu haben. Im siebzehnten Jahrhundert scheint das von den Behörden als heidnische Sitte, als eine Art Sonnenverehrung angesehen worden zu sein; denn ein Zürcher Mandat sieht sich gezwungen, ‹wider das laufen an Uffahrtstagen uf den Hüetliberg und Kolbenhof› aufzutreten. Vielleicht nicht ganz unberechtigt; denn noch heute gilt der Aberglaube, dass die Sonne an Himmelfahrt in drei ‹Sätzen› aufgehe, ganz gleich wie es vom Ostermorgen gesagt wird.»

Cäsar, bell. Gall. VI 19 zu einem keltischen Brauch:
Die Männer legen so viel Geld, wie sie von ihren Frauen als Mitgift erhalten haben, aus eigenem Vermögen nach vorausgegangener Abschätzung mit der Mitgift zusammen. Über diese ganze Summe wird gemeinschaftlich Rechnung geführt, und die Zinsen werden gespart; wer den andern überlebt, auf den geht beider Anteil samt den Zinsen aus früheren Jahren über.

Wissenslücke zwischen der gallorömischen Zeit und dem 16. bis 18. Jahrhundert, aus denen die Volksbräuche meist erst überliefert werden, und die daraus resultierende Schwierigkeit, zwischen keltischem, römischem und germanischem Ursprung zu unterscheiden. Nachdem aber in Sprache und Sachkultur genügend Hinweise auf Kontinuität der Bevölkerung seit keltischer Zeit vorliegen und es an ausländischen Beispielen auch auf dem Gebiet der Volkskunde nicht fehlt, dürfen nach unserer Meinung die potentiellen Aussagemöglichkeiten dieses Bereichs nicht einfach ausgeklammert werden. Wir wagen deshalb einen Versuch in dieser Richtung. Dabei sei ein für allemal festgehalten, dass bis heute kein einziger Volksbrauch der Schweiz sicher auf keltische Zeit zurückgeführt werden kann.

Bei den Kelten waren astronomische Daten wichtig, so der Lauf der Sonne mit der Sommersonnenwende am (nach jetzigem Kalender) 22. Juni, der Wintersonnenwende am 22. Dezember und den Tagundnachtgleichen im Herbst am 23. September und im Frühjahr am 21. März. Nach der letzteren sind im Jahre 58 v. Chr. die Helvetier bei Genf aufgebrochen. Verschiedene astronomisch begründete Termine sind durch eine Art «interpretatio Christiana» durch christliche Feste überdeckt worden, wobei inzwischen Kalenderverschiebungen eingetreten sind, was ein Arbeiten mit präzisen Daten erschwert. So wurde etwa der Tag des Johannes auf die vermeintliche Sommersonnenwende, auf den 24. Juni, gelegt. Für diesen Termin sind verschiedene nichtchristliche Tätigkeiten überliefert[379]: Höhenbesteigungen, Höhenfeuer, Ritt auf geschmückten Pferden sowie Ämterbestellungen und Lostage. Dazu kommen Hinweise aus dem sogenannten biologisch-dynamischen Bereich; gewisse Kräuter werden erst dadurch wirksam, wenn sie an Johannis geholt werden. Eine der auch in der Schweiz zahlreich belegten Höhenbesteigung haben wir schon auf dem Mont Beuvray angetroffen. Die Zürcher zogen beispielsweise – wie der nebenstehende Text zeigt – auf den Üetliberg, den wir als frühkeltischen Fürstensitz und vermutliches Oppidum identifiziert haben[380]. Mit einem gallorömischen Heiligtum ist dieser Brauch in Frenkendorf und Pratteln BL verbunden, wo am ersten Maisonntag die Jungmannschaft auf die Schauenburgerfluh mit dem gallorömischen Tempel zog, um dort den Sonnenaufgang zu erleben[381].

Die Anwendung der biologisch-dynamischen Methode durch die Kelten wird uns am Beispiel der alles heilenden Mistel von Plinius d. Älteren in seiner Naturgeschichte überliefert. Wir geben auf S. 154 die Übersetzung aus der Mistel-Monographie von Karl von Tubeuf wieder[382]. Aus den Kantonen Luzern und Zürich sind Volksmeinungen überliefert, dass misteltragende Bäume nicht vom Blitz getroffen werden. Misteln wurden anstatt eines Wirtshausschildes über Türen von Gasthäusern aufgehängt. Auch für die Schweiz sind Volksmeinungen bekannt, welche auf die Mistel als Heilmittel hinweisen. Im Aargau herrscht ein solcher «Aberglaube», bei dem allerdings nicht klar ist, ob hier wirklich ein alter Brauch vorliegt oder ob die Vorstellung einem alten Zauberbuch entstammt, das seinerseits wieder auf dem im Mittelalter bekannten Pliniustext fusst[383]. Bis heute sind Mistelzweige zu Weihnachten weit verbreitet. Dieser Brauch geht über manche Umwege letztlich wohl auf das Keltische zurück.

Die mystische Verwendung von bestimmten Pflanzen und Bäumen ist in Volksbräuchen weit verbreitet. In diesen Bereich gehören der Maibaum sowie die «Tannenschleipfete»[384]. Auf dem bekannten Kessel von Gundestrup DK mit der Darstellung verschiedener keltischer Kultszenen ist das Tragen eines Baumes wiedergegeben[385]. Direkte Beziehungen zu neuzeitlichen Volksbräuchen sind jedoch nicht herstellbar. Dasselbe gilt für den Brauch des «Spannens» zum von Cäsar für die Gallier überlieferten Zusammenlegen des Vermögens bei der Heirat. Beim früher in der ganzen nordalpinen Schweiz verbreiteten «Spannen» wird dem auswärtigen Bräutigam vor der Vermählung der Weg versperrt. Er muss seine Braut durch Hinterlegen des doppelten Betrages als der von der

Dorfjugend präsentierten Summe herauslösen, wobei er deren Geldsumme in den eigenen Sack stecken kann und letztlich soviel zahlt, wie vorgelegt wird. Auf keltischen Münzen treffen wir merkwürdige Vogelmenschen an, ebenso auf einer Schwertschlagmarke[386]. Diese Darstellungen dürften kultische Vermummungen widerspiegeln. Vermummungen und Verkleidungen sind in der Volkskunde mannigfach belegt, so dass die Gefahr besteht, aus der Fülle des Materials das zum Keltischen Passende herausgreifen zu können, ohne dass ein innerer Zusammenhang besteht. Wir beschränken uns deshalb auf Hinweise zu früh überlieferten Bräuchen. Schon in Quellen des 4. Jh. n. Chr. wird auf dämonische Hirschverkleidungen angespielt[387]. Oben ist auf die Bedeutung des Hirsches in der keltischen Mythologie hingewiesen worden. Verschiedene Hirschdarstellungen sind auf der frühmittelalterlichen Deckplatte eines Grabes in Frick AG eingraviert[388]. Für das 16. Jh. sind Gestalten mit geierartigen Nasen («Chlungere») oder Dämonen namens «Spräggele» mit langem Schnabel überliefert; in diesem Zusammenhang sei an den auch schon für das 16. Jh. belegten Vogel Gryff in Basel erinnert. Bei diesem Brauch hat sich übrigens der Typus des alten keltischen Fährschiffes aus zwei mit einer Plattform überdeckten Booten erhalten[389].

Cäsar weist in Zusammenhang mit den keltischen Menschenopfern auf die Verbrennung von geflochtenen Puppen hin. Puppenverbrennungen, vor allem solche aus geflochtenem Stroh, sind in der Volkskunde wohl bekannt. Man kennt sie in Süddeutschland, in der Schweiz und in Frankreich. Diese Puppenverbrennungen sind eng verbunden mit den Frühlingsfeuern[390]. Zu diesen wiederum gehören je nach Gegend Fackelläufe, Scheibenschlagen oder das Rollen des Feuerrades. Diese Bräuche finden meistens in der Fasnachtszeit oder zu Ostern statt. Der älteste Beleg für das Scheibenschlagen stammt aus dem 11. Jh., wobei als Termin die Tagundnachtgleiche im Frühjahr genannt ist. Oft findet dieser Brauch am ersten Sonntag der Fastenzeit statt. Auch der Zeitpunkt der Sommersonnenwende ist hierfür belegt.

Schon früher hat man für diesen Brauch «national-heidnische Herkunft» angenommen, die «aber dem Christentum anbequemt sei», wobei noch an altdeutschen, also germanischen Ursprung gedacht worden ist. Dagegen spricht die weite Verbreitung dieses Brauches. Beim Scheibenschlagen steckt man eine runde, durchlochte Holzscheibe auf eine Rute, hält diese ins Feuer, bis der Scheibenrand brennt, und schlägt das «Rädli» auf einem schräg montierten Bock mit Schwung so an, dass die Scheibe in hohem Bogen durch die Luft fliegt und eine Leuchtspur an den Himmel zeichnet. Das Scheibenschlagen wird wie das verwandte Radabrollen auf einem Hügel durchgeführt. Das Feuerrad wird meist mit Stroh umwickelt, angezündet und einen Hang hinabgerollt, wobei zuweilen zwei Männer das Rad an einer Achse führen. Bei der Verbrennung der Strohpuppe sitzt diese oft zuoberst auf der Stange, um welche das Feuerholz aufgeschichtet ist, und zuweilen werden direkt daneben die Scheiben geschlagen. Der Ort des Rädchenschiessens gilt in gewissen Fällen als Hexentreffpunkt. Die Strohpuppe heisst auch «Hexe», das Strohverbrennen «Hexenbrennen». Das Scheibenschlagen wird von verschiedenen Sprüchen begleitet. Meistens handelt es sich um einen Segen. Auch orakelartige Weissagungen werden damit und vor allem mit dem Abbrennen der Fasnachtsfeuer verbunden. E. Hoffmann-Krayer führt für das Prättigau einen Fruchtbarkeitssegen in Verbindung mit dem Scheibenschlagen an[391]. – Bei den Puppenverbrennungen ist die wohl bekannteste der Bögg von Zürich, der ursprünglicher ist als die übrige Form des Sechseläutenumzuges. Auch das Abbrennen von hohen, unfigürlichen Strohwalzen wie der Hom Strom von Scuol gehört wohl zu dieser Kategorie[392]. Zusammenfassend halten wir es für möglich, dass das Verbrennen von Strohpuppen, das Abrollen brennender Räder und das Scheibenschlagen Relikte und Weiterentwicklungen von religiösen Bräuchen der Kelten beinhalten. Für eine Verbindung mit dem Keltischen sprechen die

Plinius d. Ält.:
«Nicht zu vergessen ist hierbei die hohe Mistelverehrung bei den Galliern. Nichts haben die Druiden – so nennen sie ihre Priester – was ihnen heiliger wäre als die Mistel und der Baum, auf dem sie wächst, zumal wenn es eine Wintereiche ist. Schon an sich suchen sie Haine von Wintereichen auf, und sie verrichten keine heilige Handlung (Opfer) ohne deren Blätter, so dass man meinen könnte, ihr Name käme aus dem Griechischen (Drys, die Eiche). Wenigstens betrachten sie alles, was auf dieser wächst, als Himmelsgabe und als ein Zeichen, dass dieser Baum von dem Gott selbst auserwählt sei. Man findet die Mistel aber nur sehr selten auf ihr, und wenn man sie findet, wird sie mit grosser Feierlichkeit geholt und vor allem am 6. Tage nach Neumond, welcher bei ihnen den Anfang der Monate und Jahre angibt und auch einen Zeitabschnitt von 30 Jahren, weil der Mond schon kräftig genug sei und doch noch nicht die Hälfte seiner Grösse erreicht habe. Sie heissen in ihrer Sprache die Mistel die ‹alles heilende›. Nachdem sie unter dem Baume die gehörigen Opfer und Mahlzeiten veranstaltet haben, führen sie zwei weisse Stiere herbei, deren Hörner dann zunächst bekränzt werden. Der Priester, mit weissem Kleide angetan, besteigt den Baum, schneidet mit goldener Sichel die Mistel ab. In einem weissen Mantel wird sie aufgefangen. Dann schlachten sie die Opfertiere mit dem Gebet, die Gottheit möge ihre Gabe denen günstig werden lassen, welche sie damit beschenkt haben. In den Trank getan, solle sie alle unfruchtbaren Tiere fruchtbar machen und ein Heilmittel gegen alle Gifte sein. So gross ist vielfach der fromme Glauben in unwichtigen Dingen.»

Cäsar, bell. Gall. VI 16:
Andere Stämme haben Gebilde von ungeheurer Grösse, deren aus Ruten zusammengeflochtene Glieder sie mit lebenden Menschen füllen; sie werden dann von unten angezündet, und die von der Flamme Eingeschlossenen erleiden den Tod.

Cäsar-Stelle, die Termine, das im Keltischen sicher nachgewiesene Symbol des Rades als Amulett und vielleicht auch die Radfunde in der Opferstelle von la Tène[393]. Näheren Aufschluss über eine sichere innere Verwandtschaft könnte wohl die systematisch und interdisziplinär durchgeführte Erforschung solcher interessanten Volksbräuche bringen.

Die letzten Seiten haben gezeigt, dass es mannigfache Hinweise auf das Weiterleben der keltischen Kultur gibt, aber für nähere Aufschlüsse noch viel Forschungsarbeit zu leisten ist. Jedenfalls ist davon auszugehen, dass die keltische Kultur stärker nachwirkt, als gemeinhin angenommen wird. Weil bis heute mit dem Deutschen und dem Französischen nur noch die Sprachen der Germanen und der Römer überlebt haben, und weil die keltischen Stammesverbände als politische Macht früh untergegangen sind, konnte der falsche Eindruck entstehen, dass die keltische Kultur wenig zu den späteren Kulturen bis hin zur abendländischen Kultur der Neuzeit Europas beigetragen hat. Heute wissen wir, dass die keltische Vergangenheit bei der Suche nach unserem Ursprung ebenso berücksichtigt werden muss wie die römische und germanische. Wir sehen in der keltischen Zeit eine kräftige Wurzel im verästelten System, aus dem die Geschichte und Kultur der Schweiz und ihrer Nachbarländer gewachsen ist. Weil diese Wurzel tiefer sitzt als die römische und die germanische und schwieriger blosszulegen ist, hat es länger gedauert, bis diese Erkenntnis gewonnen werden konnte. Das zeigt das folgende Kapitel deutlich. Der Nachholbedarf ist auf dem Gebiet der keltischen Archäologie recht gross, und es bleibt zu hoffen, dass davon in der kommenden Zeit einiges nachgeholt werden kann, bevor durch unbedachtes und rücksichtsloses Vorgehen in der heutigen schnelllebigen Zeit noch mehr Fundamente unserer Geschichte unwiederbringlich zerstört werden. Zum Selbstbewusstsein des Menschen gehört die Suche nach seiner Herkunft, und die Antwort darauf finden wir für die hier behandelte Zeit fast ausschliesslich in unserem Boden.

255

256

255
Der seit dem 16. Jh. bezeugte «Vogel Gryff» von Basel. Manche Wurzeln von Volksbräuchen könnten bis in keltische Zeit zurückreichen, doch fehlen meistens konkrete Belege für die Zeit des Mittelalters. Dies gilt auch für eine Verbindung des Vogel Gryffs mit den auf keltischen Münzen dargestellten «Vogelmännern».

256
Ausschnitt aus dem 1841 entdeckten römischen Mosaik von Orbe VD nach einer Lithographie von 1855. Mit einem Ochsengespann wird vom Fuhrmann mit dem Treibstock die gut verschnürte Ernte eingebracht. Der dargestellte Wagen weist Ähnlichkeiten mit bis in die Neuzeit benützten «Leiterwagen» auf.

257

Die Wiederentdeckung der Helvetier

258

Die sachliche Beschäftigung mit den Helvetiern nahm im 16. Jh. ihren Anfang und hat lange Zeit im Schatten der Römerforschung gestanden. Bis vor 150 Jahren stützte man sich fast ausschliesslich auf die bruchstückhaften Keltenberichte antiker Autoren, die kein objektives Bild überliefern konnten. Um 1830 begann die eigentliche archäologische (antiquarische) Forschung, die sich bis heute in atemberaubender Schnelligkeit entwickelt hat.

Die Zeit des 16. und 17. Jahrhunderts

Nach dem Ende des Mittelalters, im 16. Jh., fand zur Zeit des Humanismus die Antike hohe Wertschätzung. Die keltische Kultur wurde zwar eher als «barbarische Randerscheinung» behandelt, aber das Interesse an der Vergangenheit war geweckt. Für das Jahr 1587 wird vom bekannten Basler Humanisten Basilius Amerbach (1534–1591) in einem Verzeichnis seiner Sammlung ein «nummum barbaricum argenteum» erwähnt, also eine barbarische Silbermünze, die aufgrund der genauen Beschreibung als keltischer Quinar bestimmt werden kann[394].

In den frühen Schweizerchroniken wurden vor allem die ausführlichen Schilderungen Cäsars über den Auszug der Helvetier im Jahre 58 v. Chr. berücksichtigt. Bereits in der ersten, auf urkundlichem Fundament ruhenden, aber erst im 18. Jh. gedruckten Chronik von Aegidius Tschudi (1505–1572) wird die Geschichte der Schweiz auf die Helvetier zurückgeführt. Eine überraschend gute Kenntnis literarischer Quellen über die Helvetier finden wir in der 1548 erschienenen, auf Tschudi aufbauenden Chronik von Johannes Stumpff (1500–1577/78)[395]. Darin wird schon das von Cicero überlieferte Helvetierbündnis auf die Zeit nach Bibracte bezogen. Bei den Illustrationen zeigt sich in dieser Zeit eine – im Vergleich zu später – relativ vorurteilsfreie Bewertung, die sich darin ausdrückt, dass keltische Siedlungen als respektable Städte dargestellt werden (S. 8).

Im einleitenden Text des bekannten Kupferstichwerkes von Matthäus Merian (1593–1650) «Topographia Helvetiae, Rhaetiae et Vallesiae» von 1642 wird bereits erwähnt, dass die Helvetier gallischen Ursprungs gewesen sind. Merian grenzte sie aber gleichzeitig nicht ganz von den «Teutschen» ab, wenn er, auf die verschiedenen Meinungen hinweisend, schliesslich meint: «Glaublich aber ist es/ dass sie von den Teutschen Alemannern ihren Ursprung haben/ welche von den Schwaben aus dem jetzigen Schwabenland seyn vertrieben worden/ und sich in das nechste Land/ zu den uberbliebenen Helvetiis begeben haben».

257
Burghölzli bei Zürich. «Ein prachtvolles Schauspiel gewährt hier der Anblick der untergehenden Sonne; hier ist es auch, wo sich unter dem Schatten alter Eichen und Buchen die Todtenhügel eines längst verschwundenen Volkes erheben». So schrieb im Jahre 1841 der Ausgräber dieser Hügel, Ferdinand Keller, im ersten Heft der «Mitteilungen der Antiquarischen Gesellschaft in Zürich», worin auch diese Illustration erschien. Sie zeigt einen noch nicht ausgegrabenen Hügel in romantischer Sicht. Die dort ausgeführten Untersuchungen wurden in für jene Zeit vorbildlicher Art ausgeführt. Die Ausgrabung dieser Hügelgruppe wurde zur Geburtsstunde der wissenschaftlich betriebenen Archäologie in der Schweiz.

258
Keltische Silbermünze aus einer Sammlung des 16. Jahrhunderts.

Die Zeit des 18. Jahrhunderts

Im 18. Jh. tastete man sich auch in der Schweiz einen guten Schritt näher an die keltische Vergangenheit heran. Die schriftlichen Quellen standen weiterhin im Vordergrund. Noch waren die zeitlichen Dimensionen sehr verschwommen, was sich etwa in Zeitansätzen wie «bald nach der Sündfluth» äusserte. Der Beginn des sich allmählich vertiefenden Interesses an der Frühgeschichte der Schweiz fand in verschiedenen Spezialarbeiten über dieses Thema ihren Niederschlag. In dem dreibändigen Werk «L'Histoire ancien de la Suisse et sur les monuments d'Antiquité» von Loÿs de Bochat aus den Jahren 1747–1749 diskutierte der Autor alle damals verfügbaren antiken und neuzeitlichen Texte zu den Helvetiern. Erstmals wurde die Etymologie verschiedener Gewässer- und Ortsnamen eingehend behandelt und dabei der von Franciscus Guillimannus (um 1568–1612) schon im 16. Jh. vorgegebenen Spur nachgegangen: «Non a Romanis sed ipsis Helvetiis reparata aut aedificata (loca Helvetiae) ostendunt Celtica nomina, quibus plerumque insigniuntur.» Übersetzung L. de Bochat: «Les Noms Celtiques de la plûpart des Lieux de la Suisse, sont une preuve que ces Lieux furent bâtis ou rétablis par les Helvétiens eux-mêmes, non par les Romains.» L. de Bochat zog, nach ausländischen Vorbildern, als erster einzelne Funde heran und bildete das Eponarelief von S. 139 ab.

Zwei Strophen aus «Das Joch am Leman» von Conrad Ferdinand Meyer:
«Die einen liegen tot mit ihren Wunden,
Die andern treiben wir daher gebunden!
Den Römeraar der Zwillingslegion,
Im Männerkampf, im Rossgestampf entrissen
Der eingegarnten Wölfin scharfen Bissen,
Schwingt Divico, der Berge Sohn!»

Wir bauen nicht mit Mörtel noch mit Steinen,
Zwei Speere pflanzt! Querüber bindet einen!
Zwei Römerköpfe drauf! Es ist getan!» –
Das Joch umstehn verwegne Kriegsgesellen
Mit Auerhörnern und mit Bärenfellen
Und schauen sich das Bauwerk an.

In dem bekannten, 1780 erstmals erschienenen Buch «Geschichten Schweizerischer Eidgenossenschaft» von Johannes von Müller (1752–1809) ist das Kapitel über die Helvetier sehr quellenkritisch und lesenswert geschrieben[396]. Auch der grössere Rahmen wurde angesprochen. So hob der Autor ganz zutreffend die Wichtigkeit von Marseille für die keltische Kultur hervor. J. von Müller machte unseres Wissens erstmals eine direkte Gegenüberstellung von literarisch bekannten Tatsachen mit Feldbeobachtungen. So wurde etwa der (damals) negative Befund zu Cäsars Verteidigungswerken bei Genf vermerkt oder als Nachweis für die frühe Bewohnung der «Waldstette» ein Erdwall mit Graben «Bey Schwarzenburg» angeführt.

Napoleon I. hat sich selbst genauer mit den Kommentarien Cäsars und mit dem Bericht über den helvetischen Krieg auseinandergesetzt[397]. Die Französische Revolution bewirkte auch in der Schweiz eine neue nationale Leidenschaft, die Entdeckung der eigenen Geschichte. Das Büro für Nationalkultur der Helvetischen Republik (1798–1814) hatte das erklärte Ziel, die Schweizer über die alten Zeitverhältnisse und ihre Geschichte aufzuklären. Damit rückten auch die keltischen Vorfahren vermehrt ins Blickfeld.

Die Helvetier im Dienste des Nationalismus

Im 19. Jh. verstärkten sich nationalistische und patriotische Strömungen. Dementsprechend wurden die Helvetier als ruhmreiche Vorfahren der Schweizer dargestellt. Vor diesem Hintergrund ist das 1858 für die waadtländische Regierung gefertigte Gemälde von Charles Gleyre (1806–1874), dem Lehrmeister von Albert Anker, zu sehen (S. 94).

Das Bild sprüht förmlich patriotisches Gefühl aus; die kräftigen Römer ducken sich angesichts der mächtigen Sieger ehrfurchtsvoll unter dem Joch hindurch. Manche Details, wie etwa der Kettenpanzer am Krieger mit der Rute links, der an den Fund von der Tiefenau erinnert, zeigen, dass sich der Künstler genauer mit der Materie auseinandergesetzt hat. Feinsinnig und gefühlvoll, teilweise auch sehr pathetisch, werden die Helvetier in einer Erzählung aus dem Jahre 1843 von Jeremias Gotthelf geschildert. Im Zentrum der Novelle «Der Druide» steht ein alter Priester, der im Jahre 58 v. Chr. nicht am grossen Auszug teilnehmen will.

Ebenfalls dem Thema des Auszuges im Jahre 58 v. Chr. ist eine kleine, auch noch ganz auf der literarischen Überlieferung beruhende Studie von Jacob Burckhardt, Pfar-

259
«Auszug der Rauracher zum Heer der Helvetier». Während sich Volk und Krieger versammeln, gehen schon die Häuser in Flammen auf. Lithographie aus dem Jahre 1822. Damals standen noch keine Bodenfunde zur Verfügung, so dass die Darstellung der Häuser, Kleidung und so weiter weitgehend der Phantasie des Zeichners überlassen blieb.

260
Keltische Silbermünze des Orgetorix nach einem Kupferstich aus L. de Bochats Werk. Der darauf genannte ORCITIRIX ist, wie wir heute annehmen können, mit dem gleichnamigen Helvetierfürsten nicht identisch.

259

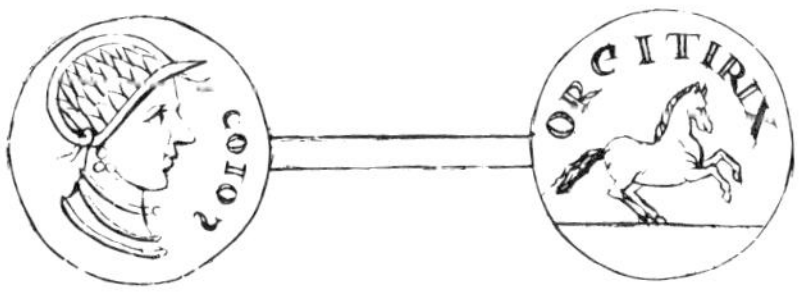

260

rer am Basler Münster und Vater des bekannten gleichnamigen Historikers, gewidmet[398]. Später hat sich vor allem Karl Jauslin als Historienmaler profiliert, von dem die auf S. 111 und 114 abgebildeten Zeichnungen stammen[399].

Beginn der wissenschaftlichen Forschung

Die Entdeckung und exakte Ausgrabung eines Grabhügels im Burghölzli bei Zürich im Jahre 1832 durch Ferdinand Keller (1800–1881) leitete den Beginn der wissenschaftlichen Forschung ein. Im gleichen Jahr wurde die «Zürcherische Gesellschaft für Erforschung und Bewahrung vaterländischer Alterthümer» kurz «Antiquarische Gesellschaft Zürich» konstituiert[400]. 1837 folgten die Gründungen der «Société d'histoire de la Suisse Romande» und 1838 die «Société d'histoire et archéologie de Genève». Den ersten Beitrag im neuen Zürcher Publikationsorgan war den «Heidengräbern» im Burghölzli gewidmet. Ein Farbbild zeigt diesen Grabhügel in romantischer Sicht. Der Text lässt jedoch keinen Zweifel an der Genauigkeit der Grabung[401]. Die späthallstattzeitlichen Grabhügel konnten damals noch nicht genauer eingeordnet werden; das Dreiperiodensystem (Stein-, Bronze- und Eisenzeit) war gerade erst entdeckt. Die Zürcher Funde wurden als Denkmäler der «Bildungsgeschichte alter Zeiten» angesehen, wie es im Vorwort des Mitteilungsblattes heisst; sie erlauben «einen Blick in das häusliche und religiöse Leben der Vorväter zu werfen». Hauptziel war «durch Hervorziehung und Erläuterung von Gegenständen aus der Vorzeit den Mangel an schriftlichen Nachrichten zu ersetzen»! Neben der bekannten Pfahlbauforschung hat F. Keller auf dem Gebiet der Keltenforschung Beachtliches geleistet. Mit seinem Artikel «Keltische Vesten...» aus dem Jahre 1853 wurde die Oppidaforschung in der Schweiz initiiert. F. Keller war der Hauptexponent der ersten Archäologengeneration der Schweiz. Dazu gehörten auch die folgenden Forscher, die sich um die Erhellung der keltischen Zeit verdient gemacht haben: Heinrich Meyer-Ochsner (1802–1871), Verfasser einer ersten, heute noch wichtigen «Beschreibung der gallischen Münzen in der Schweiz»[402]; Oberst Friedrich Schwab (1803–1869), Ausgräber von la Tène und Stifter des Museums in Biel; Wilhelm Vischer (1808–1874), Ausgräber der Grabhügel in der Basler Hard und Mitbegründer der 1836 ins Leben gerufenen Basler Historischen Gesellschaft sowie langjähriger Vorsteher der wenig später gegründeten Antiquarischen Gesellschaft[403]; Albert Jahn (1811–1900), Autor von «Der Kanton Bern, deutschen Theils, antiquarisch-topographisch beschrieben» und von Spezialarbeiten über keltische Kunsterzeugnisse[404]; Fredéric Troyon (1815–1866) «consérvateur des Antiquités du Musée cantonal» in Lausanne. Baron Gustav de Bonstetten (1816–1892), emsiger Ausgräber und Autor dreier farbig kolorierter Folio-Bände[405]; Auguste Quiquerez (1801–1882), Ausgräber zahlreicher Fundstellen im Jura und Autor verschiedener Schriften. Wie F. Keller waren alle frühen Forscher Autodidakten und kamen von den verschiedensten Berufen her zur Archäologie. Darunter finden sich wiederholt Philologen, die den Aussagewert der antiquarischen Funde neben denjenigen der alten Schriften erkannt haben.

Bei der Zuweisung der neu entdeckten Bodenfunde an literarisch bekannte, alte Völker wurde dabei bald einmal übertrieben. So entstand die sogenannte Keltomanie; Funde und Befunde verschiedenster Epochen wurden – obwohl noch nicht korrekt datiert – den Kelten zugesprochen und so in eine meist falsche historische Dimension gestellt[406]. F. Troyon bestimmte etwa frühmittelalterliche Gräber der Westschweiz als keltisch, und im ersten Pfahlbaubericht von 1854 ist von «keltischen Pfahlbauten» die Rede. – Eher auf einen grossen Nachholbedarf als auf Keltomanie weist das folgende Vorwort von J. P. Brosi aus dem Jahre 1851[407]: «Ein uraltes Volk ersteht seit einigen Jahrzehnten aus seinen Gräbern und Monumenten, in denen es seit Jahrtausenden geschlafen – ein grosses, mächtiges, gebildetes Volk, das Brudervolk des lateinischen, deutschen und griechischen, weil des gleichen Urstammes; ein Volk, das uns eben so nahe angeht, als das lateinische und griechische und das die Urbevölkerung Europa's bildete. Diess Volk, von dem wir sprechen, ist das der Kelten oder Gallier, um das sich, unbegreiflicher Weise, die Lehrbücher bisher wenig bekümmerten...».

Kaiser Napoleon III. (1808–1873) war kein Vertreter der Keltomanie, sondern hielt sich bei seinen Forschungen eng an Cäsars Darstellungen. Sein Verdienst ist die konsequente Aufspürung und Veranlassung zur Untersuchung der Schlachtfelder und Stätten des Gallischen Krieges, wie z.B. von Alesia. Dies Jahre, bevor H. Schliemann Troja anhand von Homers Schilderungen entdeckt hatte[408]! Der Artilleriehauptmann Baron Stoffel (1823–1907), Abkömmling einer schweizerischen Familie, ist Napoleon III. nicht durch seine Teilnahme an den Schlachten von Magenta und Solferino, sondern durch eine kleine Studie über Alesia aufgefallen. Bald wurde M. Stoffel als Ordonnanzoffizier zum bevorzugten «missionaire archéologique» Napoleons. Er war nicht nur ausführendes Organ, sondern ein selbständig und seriös arbeitender Wissenschaftler. Das wird durch das Urteil von H. Delbrück bestätigt, der seine Leistungen auf diesem Gebiet höher einschätzte als diejenigen Napoleon III.[409].

Die neuere Forschung

In der Zeit um 1900 war der archäologische Kenntnisstand erheblich angewachsen. Das zeigt sich etwa auf dem Gebiet der Chronologie. Nachdem sich für die jüngere Eisenzeit der Name Latènezeit durchgesetzt hatte, konnte diese Periode bald in drei Abschnitte (Früh-, Mittel- und Spätlatènezeit) unterteilt werden. Die weitere, bis heute gültige Verfeinerung der Unterteilung durch den Deutschen Paul Reinecke in vier Stufen (A bis D), wurde nach jeweils neu auftretenden Fundtypen, entsprechend den «Leitfossilien» in der Paläontologie, vorgenommen. Um einen systematischen Überblick aufgrund breiter Materialsammlung hat sich erfolgreich Jakob Heierli, Dozent in Zürich, bemüht, der das Wissen der Zeit in seiner «Urgeschichte der Schweiz» zusammengefasst hat. Er war Mitbegründer der im Jahre 1908 gegründeten Schweizerischen Gesellschaft für Ur- und Frühgeschichte, die bis heute die wichtigsten Forschungen unseres Landes in ihrem Jahrbuch und anderen Publikationen bekannt macht.

Die Jahrzehnte nach der Jahrhundertwende waren durch die sensationelle Entdekkung grosser keltischer Gräberfelder geprägt. Die meisten Nekropolen sind von den Ausgräbern selbst publiziert worden: Das Gräberfeld von Vevey durch den ersten waadtländischen «Kantonsarchäologen» Albert Naef (1862–1936), das Gräberfeld von Münsingen-Rain durch Jakob Wiedmer-Stern und das Gräberfeld von Andelfingen durch den Vizedirektor des Schweizerischen Landesmuseums, David Viollier (1876–1965). Deren Publikationen haben zusammen mit einem zusammenfassenden Werk von D. Viollier über den gesamten, nach Typen geordneten Fundstoff aus den keltischen Gräbern den guten Ruf der Schweiz auf dem Gebiet der keltischen Archäologie begründet. Zu den Grabuntersuchungen kamen seit 1911 die Ausgrabungen in der damals entdeckten Grosssiedlung «bei der alten Gasfabrik» in Basel, welche hauptsächlich von Emil Major, dem späteren Direktor des Historischen Museums Basel, publiziert worden sind. Auf dem Gebiet der Numismatik hat der Auslandschweizer Robert Forrer 1908 das Standardwerk «Keltische Numismatik der Rhein- und Donaulande» vorgelegt, das 1968 mit einem Ergänzungsband neu ediert worden ist. Entsprechend den starken kulturellen Verbindungen der Nordschweiz zu Süddeutschland wurden frühkeltische Funde aus der Schweiz von den beiden Deutschen Ruprecht Giesler und Georg Kraft bearbeitet, die beide im Zweiten Weltkrieg gefallen sind[410]. Damals wurde die Schweiz nicht nur vom Krieg, sondern auch von der nationalistischen Beeinflussung der Forschung weitgehend verschont. Nur vereinzelt ist die Archäologie in den Dienst der geistigen Landesverteidigung gestellt worden. So endet etwa eine im Jahre 1939 vom verdienten Basler Professor Rudolf Laur-Belart verfasste Broschüre mit dem Schlusssatz «Urgeschichte schafft Schweizertum».

Im heute noch unentbehrlichen Standardwerk «Die Schweiz in römischer Zeit» vom Basler Althistoriker Felix Staehelin wurde die vorrömische, keltische Schweiz hauptsächlich aufgrund der literarischen Quellen ausführlich behandelt und wegweisend interpretiert. Anders als früher Theodor Mommsen hat F. Staehelin die in römischer Zeit weiterhin deutlich fassbaren gallischen Elemente eindrücklich festgehalten. Durch die intensive Bautätigkeit seit dem Zweiten Weltkrieg ist die schweizerische Archäologie auch auf dem Gebiet der jüngeren Eisenzeit vor grosse Probleme gestellt worden. In den vergangenen vierzig Jahren ist ein riesiges Fundmaterial sichergestellt worden, das allerdings noch grösser wäre, wenn nicht ein Teil den Baggermaschinen hätte geopfert werden müssen. Den Kantonsarchäologen und übrigen Feldforschern ist ein erheblicher Fund- und Informationsanstieg zu verdanken, der auch auf verfeinerte Grabungstechniken zurückzuführen ist. Damit rückten auch die Spuren der aus Holz gebauten keltischen Hauskonstruktionen in den fassbaren Bereich. – Die Baukonjunktur brachte

261

zwangsweise eine Konzentration auf das Retten der anfallenden Funde und Befunde mit sich. Weniger Zeit und Geld blieb für breit angelegte Forschungen und grössere zusammenfassende Berichte. Das Fehlen von Überblicksarbeiten im Gesamtzusammenhang ist ein bis heute nachwirkendes Manko. Eine Forscherpersönlichkeit, die sich ständig darum bemüht hat, war Emil Vogt, Dozent und Direktor des Schweizerischen Landesmuseums in Zürich. Wichtig sind auch die von der Schweizerischen Gesellschaft für Ur- und Frühgeschichte in den siebziger Jahren unter Leitung von Walter Drack herausgegebenen Bände «Ur- und frühgeschichtliche Archäologie der Schweiz». In dem im Jahre 1974 erschienenen Band über die Eisenzeit wurden von den zuständigen Spezialisten die wichtigsten Materialien typologisch und chronologisch geordnet vorgelegt sowie unter anderem kartographisch ausgewertet. Aufschlussreiche Einblicke in die Latènekultur geben darin die aus dem chronologischen Gerüst herausgelösten Beiträge von R. Wyss. Alexander Tanner hat sich etwa zur gleichen Zeit der grossen Aufgabe angenommen, sämtliche Grabfunde der nordalpinen Schweiz zu edieren; die Ausführung und Veröffentlichung dieses Projekts hat jedoch verschiedene Schwierigkeiten gezeitigt[411].

In jüngerer Zeit ist die Aussagekraft der naturwissenschaftlichen Untersuchungen auch für die keltische Archäologie in erheblichem Masse gestiegen. Wesentliche Fortschritte sind zum Beispiel der dendrochronologischen Methode zu verdanken. Teilweise fördern naturwissenschaftliche Spezialuntersuchungen, welche gewöhnlich mit erheblichen Kosten verbunden sind und entsprechende Mittel an sich binden, aber auch die Spezialisierung auf sehr begrenzte Bereiche.

261
Ausgrabung von keltischen Gräbern in Vevey beim Boulevard Saint-Martin am 22. Februar 1898.

In letzter Zeit ist ein gewisses Unbehagen gegenüber einer weit verbreiteten Arbeitsweise spürbar, bei der in den Publikationen kaum wesentlich über Fundzusammenstellungen hinausgegangen wird; offene Probleme werden zuweilen eher durch gewundene sprachliche Formulierungen verschlüsselt als durch offene Stellungnahmen eingegrenzt und durch klar formulierte Hypothesen angegangen. L. Pauli hat sich dazu mit folgenden Worten Luft gemacht[412]: «Der nach wie vor beliebte positivistische Ausweg, sich auf die nackten Fakten zurückzuziehen, ist natürlich selbst eine ideologisch begründete Entscheidung und bedeutet keineswegs a priori eine grössere Annäherung an die geschichtliche Wahrheit im Sinne einer Rekonstruktion des tatsächlich Geschehenen oder wenigstens des Denkbaren bis Wahrscheinlichen.» Die vorsichtige und manchmal zu zurückhaltende Arbeits- und Ausdrucksweise ist auch eine Gegenbewegung zu früheren Forschungsrichtungen, bei denen oftmals über das Ziel hinausgeschossen worden ist. Andererseits hat die ältere Forschung vermehrt den Mut zu Überblicksdarstellungen gefunden, die heute nicht nur wegen der gestiegenen Materialfülle seltener geworden sind.

Fast alle Ausgrabungen der vergangenen Jahrzehnte in keltischen Fundplätzen der Schweiz waren vor der endgültigen Zerstörung durch Baueingriffe vorgenommene Notgrabungen. Darüber hinaus fehlt es an gezielten und grossflächigen Felduntersuchungen. Dieser Mangel wird gerade in der keltischen Siedlungsarchäologie offensichtlich, wo es zum Beispiel mit den Oppida grossflächige Anlagen zu untersuchen gilt. Für Fragen in solchem Zusammenhang müssen wir heute weitgehend auf ausländische Forschungen zurückgreifen. Dasselbe gilt etwa auch für Ausgrabungen von keltischen Kultplätzen mit ihren tiefen sakralen Brunnen, deren Erfassung im Rahmen normaler Notgrabungen unmöglich ist. So ist ein einseitiger Forschungsstand entstanden. Besonders deutlich wird dies etwa bei den von Cäsar überlieferten, etwa 400 helvetischen Einzelhöfen, von denen bis heute in der Schweiz kein einziger sicher nachgewiesen oder untersucht ist!

Im Ausland, vor allem im französischen Raum, sind in jüngster Zeit verschiedene zusammenfassende Werke über die Kelten entstanden[413]. Im Jahre 1981 ist von berufenen Sachkennern der Band «Die Kelten in Baden-Württemberg» herausgegeben worden, worin unter anderem von F. Fischer auch die Spuren der Helvetier in Süddeutschland nachgezeichnet werden[414]. Diese Publikationen kommen dem seit geraumer Zeit stetig gewachsenen Interesse an der keltischen Kultur entgegen. Heute wird die vorrömische Vergangenheit und besonders die keltische Kunst, der moderne Kunstwerke zuweilen nahe kommen, höher bewertet als früher. Auf einer anderen Ebene liegen die mittlerweile auch im deutschen Sprachraum weit verbreiteten Bildergeschichten von Asterix und Obelix. Eine Reise führt dieses amüsante Gallierpaar in das Land der Helvetier. Deren zeichnerische Wiedergabe erinnert aber eher an neuzeitliche bayerische Nachbarn als an unsere keltischen Vorfahren.

Zeit	Zeitstufen		Schweiz	Volk (und Sprache)	Europa	
— 700	Hallstatt-Kultur ältere Eisenzeit	Hallstatt, C		Kelten, keltisch	Troja Gründung Roms	700 —
— 600		Hallstatt, D			Etrusker überqueren Apennin Pythagoras	600 —
— 500			Fürstensitze: Châtillon und Üetliberg, mit reichen Funden		Tyrannensturz in Griechenland	500 —
— 400	Latène-Kultur (eigentliche keltische Kultur) jüngere Eisenzeit	Frühkeltische Zeit Frühlatène, A + B	Fürstengrab auf dem Üetliberg Goldschatz von Erstfeld		Demokratie in Athen Römische Republik	400 —
— 300			Grosse Flachgräberfelder, Münsingen, Vevey, Saint-Sulpice Goldmünzen		Sokrates Tod Alexanders d. Gr. von Makedonien	300 —
— 200		Mittelkeltische Zeit Mittellatène, C	Ruhige, reiche Zeit Brücke von Cornaux, 116–120 v. Chr.		Erster punischer Krieg Hannibal	200 —
— 100 v. Chr.		Spätkeltische Zeit Spätlatène, D	Sieg der Tiguriner bei Agen, 107 v. Chr. Helvetier gut fassbar Niederlage von Bibracte, 58 v. Chr.	Römer, lateinisch	Provincia Gallia Narbonensis eingerichtet Kimbern und Toutonen Caesar geboren Gallischer Krieg	v. Chr. 100 —
— Chr. Geb.	Provinzialrömische (gallorömische) Kultur	Frühe Kaiserzeit	Römischer Alpenfeldzug, 15 v. Chr. Römische Okkupation, (Vindonissa)		Kaiser Augustus	Chr. Geb. —
— 100 n. Chr.		Mittlere Kaiserzeit	Helvetischer Aufstand, 68/69 n. Chr. Blütezeit der provinzial-römischen Kultur		Pompeii zerstört «Pax Romana»	n. Chr. 100 —
— 200			«Keltische Renaissance»			200 —
— 300		Späte Kaiserzeit	Innere Unruhen und Vorstoss der Alemannen Rhein wieder Grenze		Fall des Limes Konstantin d. Gr. Christenverfolgungen	300 —
— 400	Frühmittelalterliche Zeit		Römischer Truppenabzug	französisch Alemannen deutsch	Oströmisches Reich	400 —
— 500			Koexistenz zwischen Romanen und Alemannen			500 —

Zusammenfassung

Mit der vorliegenden Arbeit wird erstmals versucht, die Geschichte, Archäologie und Numismatik der Kelten im Gebiet der heutigen Schweiz ausführlich zusammenzustellen. Im schweizerischen Mittelland, das im Zentrum der Ausführungen steht, sind schon seit Anfang der keltischen Zeit (ca. 450 v. Chr.) bedeutende keltische Funde nachweisbar. Die keltische Kultur ist nicht durch Einwanderung eines neuen Volkes, sondern aus der autochthonen Bevölkerung heraus entstanden. Dabei war wohl die Ausbreitung einer neuen Religion ein wichtiges tragendes Element. Die keltischen Kunstwerke sind vor diesem Hintergrund zu sehen. Mit dem im Jahre 1962 entdeckten Goldschatz von Erstfeld UR besitzt die Schweiz ein einzigartiges Zeugnis frühkeltischer Kunst. Die aus Gold geschmiedeten Hals- und Armringe mit ihren rätselhaften Figurenfriesen werden ausführlich besprochen. Der Goldfund stammt aus einer Zeit, wo mächtige Keltenfürsten weitreichenden Einfluss innehatten und mit fernen Gebieten in Kontakt standen. Ein Fürstensitz befand sich auf dem Üetliberg bei Zürich, wo neben Importfunden das Grab einer reichen Dame entdeckt worden ist. – Das 4. Jh. v. Chr. brachte die Aufsplitterung der Macht; die Grabausstattungen zeugen von sozialer Ausnivellierung und von einer blühenden Kultur. An der keltischen Expansion nach Oberitalien und in östliche Länder waren auch Kelten aus dem Gebiet der heutigen Schweiz massgeblich beteiligt. Anhand der Grabfunde aus dem grössten schweizerischen Gräberfeld, demjenigen von Münsingen bei Bern, sind interessante Rückschlüsse auf das Leben der hier Bestatteten möglich. So kann die Entwicklung der Frauentrachten anhand des dazugehörigen Schmuckes verfolgt werden. Im 3. Jh. v. Chr. übernahmen Kelten aus dem schweizerischen Gebiet als eine der ersten westkeltischen Völkerschaften die Münzprägung aus dem makedonischen Raum. Im folgenden Jahrhundert bildeten sich grosse stadtartige Anlagen, die Oppida, heraus. Das mit 140 Hektar grösste schweizerische Oppidum liegt auf der Engehalbinsel bei Bern.

Der mächtige Stamm der Helvetier wird in der Zeit um 100 v. Chr. in antiken Berichten erstmals erwähnt. Die Teilstämme der Tiguriner und Toutonen haben an den kimbrischen Wanderungen teilgenommen und im Jahre 107 v. Chr. an der Garonne ein römisches Heer vernichtend geschlagen. Helvetier haben ursprünglich auch in Süddeutschland gewohnt. Anhand einer Münzanalyse wird Licht in die komplizierte Entstehungsgeschichte der Helvetier zu bringen versucht. Die Nachbarn der Helvetier waren im alpinen Bereich die Räter, Lepontier und poeninischen Stämme, im Westen die Allobroger, im Norden die Sequaner und im Osten die Rauriker und Vindeliker, auf die ebenfalls eingegangen wird.

Der in einer Zeit grosser Bevölkerungsverschiebungen über den Rhein gekommene Germanenfürst Ariovist brachte im 1. Jh. v. Chr. mit seiner Gefolgschaft Bewegung in das wankende Machtgefüge der Helvetier und ihrer Nachbarstämme. Die Helvetier entschlossen sich zur Auswanderung und stiessen im Jahre 58 v. Chr. mit dem expandierenden Römischen Reich zusammen. Mit der Schlacht bei Bibracte stoppte Iulius Cäsar im Burgund den Auswanderungszug und konnte die Helvetier zur Rückkehr bewegen. Bald danach wurde Ariovist über den Rhein zurückgeworfen. Darauf kam es zu einer keltischen Nachblüte im Gebiet der heutigen Schweiz mit neuen Siedlungen. Erst unter der Herrschaft des Augustus begann die römische Zeit. Während der römischen Besetzung lebte die keltische Kultur neben den sich rasch ausbreitenden römischen Neuerungen weiter und wurde nur allmählich romanisiert. Die Hauptbevölkerung blieb keltisch und behielt auch ihre Sprache. Seit der Zeit um 200 n. Chr., als sich der Niedergang der römischen Herrschaft abzuzeichnen begann, kam es zu einer «keltischen Renaissance». Auch im Frühmittelalter sind weiterhin keltische Elemente spürbar. Die alte Kulturscheide im Napfgebiet kann bis in die Neuzeit weiter verfolgt werden. Die Helvetier haben neben den später hinzugekommenen Römern und Alemannen einen wesentlichen Grundstock zur Herausbildung unserer Gemeinschaft und Kultur gebildet. Dies wurde lange Zeit zu wenig beachtet, weil die Kelten selbst keine Geschichtsschreibung gepflegt haben und man sich lange nur auf die römischen Berichte abgestützt hat. Im letzten Kapitel wird aufgezeigt, wie sich die Forschung vor allem mit Hilfe der Archäologie langsam an die keltische Vergangenheit der Schweiz herangetastet hat, bis hin zu den neuesten Grabungen der letzten Jahre.

Anhang

Literatur und Abkürzungen

D. F. Allen 1973
The coins found at La Tène. Etudes celtiques XIII, Fasc. 2, 477ff.
D. F. Allen 1974
The Philippus in Switzerland and the Rhineland. Schweizerische Numismatische Rundschau 53, 1974, 42ff.
D. F. Allen 1978
The coins from the Oppidum of Altenburg and the Bushel Series. Germania 56, 1978, 190ff.
H. Ammann/K. Schib 1958 (Hg.)
Historischer Atlas der Schweiz. Zweite Auflage.
ASA NF
Anzeiger für Schweizerische Altertumskunde, Neue Folge.
bell. Gall.
siehe «Cäsar»
BHM
Bernisches Historisches Museum.
H. Bircher 1904
Bibracte. Eine kriegsgeschichtliche Studie.
K. Bittel et al. 1981
K. Bittel, W. Kimmig und S. Schiek (Hg.), Die Kelten in Baden-Württemberg.
Cäsar, bell. Gall.
C. Iulius Cäsar, Commentarii de bello Gallico/Der gallische Krieg. Zitiert nach von G. Dorminger herausgegebenem Text und Übersetzung (1980).
K. Castelin o. J.
Keltische Münzen. Katalog der Sammlung des Schweizerischen Landesmuseums Zürich (ohne Jahr), Band I.
K. Christ 1957
Ergebnisse und Probleme der keltischen Numismatik und Geldgeschichte. Historia VI, 1957, 215ff.
K. Christ 1960
Antike Münzfunde Südwestdeutschlands. Vestigia 3/I, 1960.
K. Christ 1979
Krise und Untergang der römischen Republik.
R. Christlein 1982
Zu den jüngsten keltischen Funden Südbayerns. Bayerische Vorgeschichtsblätter 47, 1982, 275ff.
J. Collis 1975
Defended Sites of the Late La Tène in Central and Western Europe. BAR Supl. Series 2.
B. Cunliffe 1980
Die Kelten und ihre Geschichte.
J. Déchelette 1914
Manuel d'archéologie préhistorique, celtique et gallo-romaine II, troisième partie.
H. Delbrück 1900
Geschichte der Kriegskunst im Rahmen der politischen Geschichte, 1. Teil.
G. Dobesch 1980
Die Kelten in Österreich nach den älteren Berichten der Antike.
H. Doppler 1977
Die keltischen Münzen von Vindonissa. Jahresbericht der Gesellschaft Pro Vindonissa 1977, 37ff.
W. Drack 1958–1960
Ältere Eisenzeit der Schweiz, Kanton Bern, I.–III. Teil.
W. Drack 1981
Der frühlatènezeitliche Fürstengrabhügel auf dem Üetliberg. ZAK 38, 1981, 1ff.
W. Drack/H. Schneider 1979
Der Üetliberg. Die archäologischen Denkmäler. Archäologischer Führer 10.
P.-M. Duval 1977
Les Celtes. Universum der Kunst, Band 25.
F. Fischer 1971
Der Heidengraben bei Grabenstetten. Führer zu vor- und frühgeschichtlichen Denkmälern in Württemberg und Hohenzollern, Heft 2.
F. Fischer 1975
Untersuchungen im spätkeltischen Oppidum von Altenburg-Rheinau. Ausgrabungen in Deutschland, Teil 1. Monographien des RGZM, Band 1, 1. 312ff.
F. Fischer 1982
Frühkeltische Fürstengräber in Mitteleuropa. Antike Welt 13, 1982 (Sondernummer).
R. Forrer 1908
Keltische Numismatik der Rhein- und Donaulande (Nachdruck mit Nachträgen 1968/69).
R. Forrer 1938
Die sechs keltisch-gallischen Münzströmungen der vorrömischen Schweiz. ASA NF 40, 1938, 192ff.
R. Forrer 1948
Die helvetischen und helveto-römischen Votivbeilchen der Schweiz.
B. Frei et al. 1971
B. Frei, O. Menghin, E. Meyer und E. Risch, Der heutige Stand der Räterforschung in geschichtlicher, sprachlicher und archäologischer Sicht. Schriftenreihe des Rätischen Museums Chur, Nr. 10.
R. Frei-Stolba 1975
Bemerkungen zum Helvetierfoedus. Schweizerische Zeitschrift für Geschichte 25, 1975, 127ff.
O. H. Frey et al. 1980
Die Kelten in Mitteleuropa. Salzburger Landesausstellung 1. Mai – 30. Sept. 1980 im Keltenmuseum Hallein, Österreich.
F. Fröhlich 1889
Das Kriegswesen Cäsars.
A. Furger-Gunti 1979
Die Ausgrabungen im Basler Münster I. Basler Beiträge zur Ur- und Frühgeschichte, Band 6.
A. Furger-Gunti 1981
Das keltische Basel. Führer durch das Historische Museum Basel, Heft 1.
A. Furger-Gunti/H.-M. von Kaenel 1976
Die keltischen Fundmünzen aus Basel. Schweizerische Numismatische Rundschau 55, 1976, 35ff.
A. Furger-Gunti/L. Berger 1980
Katalog und Tafeln der Funde aus der spätkeltischen Siedlung Basel-Gasfabrik. Basler Beiträge zur Ur- und Frühgeschichte, Band 7.
A. Geiser/F. Wiblé 1983

Monnaies du site de Martigny. Archäologie der Schweiz 6, 1983/2, 68ff.
M. Gelzer 1960
Cäsar, der Politiker und Staatsmann.
R. Giessler/G. Kraft 1942
Untersuchungen zur frühen und älteren Latènezeit am Oberrhein und in der Schweiz. 32. Bericht der Römisch-Germanischen Kommission 1942, 20ff.
J. Ch. Ginzrot 1817
Die Wagen und Fuhrwerke der Griechen und Römer und anderer alten Völker.
G. Graeser 1967
Aus der Ur- und Frühgeschichte des Kantons Wallis.
V. Gross 1886
La Tène un oppidum helvète.
G. Haseloff 1984
Keltische Stilzüge in der frühmittelalterlichen Kunst. In: Keltische Numismatik und Archäologie. Veröffentlichung der Referate des Kolloquiums keltische Numismatik vom 4. bis. 8. Februar 1981 in Würzburg, Part 1. BAR International Series 200 (i) 89ff.
J.J. Hatt 1978
La place de la Suisse romaine dans les cultes indigènes de Gaule. JbSGU 61, 1978, 163ff.
F.R. Hodson 1968
The La Tène cemetery at Münsingen-Rain. Acta Bernensia V.
A. Holder 1896
Alt-celtischer Sprachschatz.
Ch. Holliger et al. 1982
Kelten im Aargau. Ausstellungskatalog Vindonissa-Museum Brugg, 14. Mai bis 31. Oktober 1982.
E. Howald/E. Meyer 1940
Die römische Schweiz.
J. U. Hubschmied 1938
Sprachliche Zeugen für das späte Aussterben des Gallischen. Vox Romanica 3, 1938, 48ff.
P. Jacobsthal 1944
Early Celtic Art.
A. Jahn 1850
Der Kanton Bern, deutschen Theils antiquarisch-topographisch beschrieben.
JbSGU
Jahrbuch der Schweizerischen Gesellschaft für Ur- und Frühgeschichte.
G. Kaenel/Ph. Curdy 1983
Les fouilles du Mont Vully. Bilan intermédiaire des recherches sur l'oppidum celtique. Archäologie der Schweiz 6, 1983/3, 102ff.
G. Kaenel/S. Favre 1983
La nécropole celtique de Gempenach/Champagny (district du Lac/FR). Les fouilles de 1979. JbSGU 66, 1983, 189ff.
G. Kaenel/H.-M. von Kaenel 1983
Le Bois de Châtel près d'Avenches à la lumière de trouvailles récentes. Archäologie der Schweiz 6, 1983/2, 110ff.
H.-M. von Kaenel et al. 1980
Das Seeland in ur- und frühgeschichtlicher Zeit. Jahrbuch der Geographischen Gesellschaft Bern 53, 1977–79, 7ff.
H.-J. Kellner 1962
Die keltischen Münzen von der Engehalbinsel bei Bern. Jahrbuch BHM 41/42, 1961/1962, 259ff.
H.-J. Kellner 1968
Zur Goldprägung der Helvetier. Die Viertelstatere vom Typ Unterentfelden. Provincialia, Festschrift für Rudolf Laur-Belart, 588ff.
W. Kimmig et al. 1982
Was ist in Süddeutschland archäologisch gesehen keltisch? 2. Archäologisches Kolloquium in Heidenheim an der Brenz am 21. Juni 1980.
W. Kimmig 1983
Frühe Kelten in der Schweiz im Spiegel der Ausgrabungen auf dem Üetliberg.
Kleine Pauly
Lexikon der Antike in fünf Bänden (dtv 1979).
K. Kraft 1957
Die Rolle der Colonia Julia Equestris und die römische Auxiliar-Rekrutierung. Jahrbuch des Römisch-Germanischen Zentralmuseums 4, 1957, 81ff.
V. Kruta/E. Lessing 1978
Les Celtes.
R. Laur-Belart 1950
Römer und Germanen in der Schweiz. Congrès International de Sciences Préhistoriques et Protohistoriques Zurich 1950, 41ff.
H. Lorenz
Kommentierte Bibliographie zur Archäologie der Kelten (seit 1976/1977).
F.G. Maier 1977
Neue Wege in die alte Welt. Methoden der modernen Archäologie.
E. Major et al. 1940
Gallische Ansiedelung mit Gräberfeld bei Basel.
S. Martin-Kilcher 1973
Zur Tracht- und Beigabensitte im keltischen Gräberfeld von Münsingen-Rain (Kt. Bern). ZAK 30, 1973, 26ff.
S. Martin-Kilcher 1981
Das keltische Gräberfeld von Vevey VD. JbSGU 64, 1981, 107ff.
H. Meyer 1863
Beschreibung der in der Schweiz aufgefundenen gallischen Münzen. Mitteilungen der Antiquarischen Gesellschaft Zürich 15/1, 1863, 1ff.
J. Moreau 1958
Die Welt der Kelten.
F. Müller 1981
Die frühlatènezeitlichen Flachgräber der Kantone Baselstadt und Baselland. JbSGU 64, 1981, 73ff.
H.-J. Müller-Beck 1963/64
Die Erforschung der Engehalbinsel bei Bern bis zum Jahre 1963. Jahrbuch BHM 43/44, 1963/64, 375ff.
H.-J. Müller-Beck/E. Ettlinger 1962/63
Die Besiedlung der Engehalbinsel in Bern auf Grund des Kenntnisstandes vom Februar des Jahres 1962. 43./44. Berichte der Römisch-Germanischen Kommission 1962–1963, 107ff.
A. Naef 1898
Le Cimetière Gallo-Helvète de Vevey.
Napoleon III. 1866
Histoire de Jules César. Tome 2: Guerre des Gaules.
J.M. de Navarro 1972
The finds from the site of La Tène, Vol. I. Scabbards and the swords found in them. Part I Text, Part II Catalogue and Plates.
D. Paunier 1981
La céramique gallo-romaine de Genève. Mémoires et Documents, série IN-4, Bd. 9.
L. Pauli 1975
Keltischer Volksglaube. Amulette und Sonderbestattungen am Dürrnberg bei Hallein und im eisenzeitlichen Mitteleuropa.
L. Pauli 1978
Der Dürrnberg bei Hallein III. Auswertung der Grabfunde.
L. Pauli 1981
Die Alpen in Frühzeit und Mittelalter.
A. Pautasso 1973
Le monnayage gaulois dans l'Italie du nord. Etudes celtiques 13/2, 1973, 662ff.
H. Polenz 1982
Münzen in latènezeitlichen Gräbern Mitteleuropas aus der Zeit zwischen 300 und 50 v. Chr. Geburt. Bayerische Vorgeschichtsblätter 47, 1982, 27ff.
Poseidonios
Sein universales Geschichtswerk ist nur in verschiedenen Auszügen anderer Autoren, besonders von Diodor, erhalten. Hier wird nach der folgenden Arbeit zitiert;
K.E. Müller, Geschichte der antiken Ethnographie und ethnologischen Theoriebildung, Teil I (1972) 310ff.
A. Radnoti 1968
Zwei römische Jochbeschläge aus Augusta Raurica. Provincialia, Festschrift für Rudolf Laur-Belart, 170ff.
A. Rapin 1982
Das keltische Heiligtum von Gournay-sur-Aronde. Antike Welt 13, 1982/83, 39ff.
B. Reber 1900
In der Schweiz aufgefundene Regenbogenschüsselchen und verwandte Goldmünzen. ASA NF 2, 1900, 157ff.
T. Rice-Holmes 1911
Caesars Conquest of Gaul.
U. Ruoff 1964
Eine Spätlatènesiedlung bei Marthalen. JbSGU 51, 1964, 47ff.
K.H. Schmidt 1980
Gallien und Britannien. Die Sprachen im Römischen Reich der Kaiserzeit. Beihefte

der Bonner Jahrbücher, Band 40, 19ff.
H. Schwab 1972
Entdeckung einer keltischen Brücke an der Zihl und ihre Bedeutung für La Tène. Archäologisches Korrespondenzblatt 2, 1972, 289ff.
H. Schwab 1974
Neue Ergebnisse zur Topographie von La Tène. Germania 52, 1974, 348ff.
M. Sitterding 1965
La céramique de l'époque de La Tène à Yverdon. Fouilles de 1961. JbSGU 52, 1965, 101ff.
K. Spindler 1983
Die frühen Kelten.
F. Staehelin 1948
Die Schweiz in römischer Zeit (3. Auflage).
B. Stähli 1977
Die Latènegräber von Bern-Stadt. Schriften des Seminars für Urgeschichte der Universität Bern, Heft 3.
W.E. Stöckli 1975
Chronologie der jüngeren Eisenzeit im Tessin. Antiqua 2.
M. Stoffel 1887
Histoire de Jules César, Guerre civil. Zwei Textbände und Tafelband.
M. Stoffel 1890
Guerre de César et d'Arioviste et premières opérations de César en l'an 702.
F. Streber 1860/62
Über die sogenannten Regenbogenschüsselchen. Abhandlungen der königlich bayerischen Akademie der Wissenschaften I, Cl. IX, 1. und 2. Abt.
A. Tanner 1979
Die Latènegräberfelder der nordalpinen Schweiz. Schriften des Seminars für Urgeschichte der Universität Bern, Heft 4 (ab 1979, in verschiedenen Faszikeln).
A. Tanner 1980
Das Latènegräberfeld von Trun-Darvella. Schriften des Seminars für Urgeschichte der Universität Bern, Heft 5.
E. Täubler 1924
Bellum Helveticum. Eine Cäsar-Studie.
H. de la Tour 1892
Atlas de monnaies gauloises.
O. Tschumi 1953
Urgeschichte des Kantons Bern.
UFAS IV
Ur- und frühgeschichtliche Archäologie der Schweiz. Band IV: Die Eisenzeit (1974, Redaktion W. Drack).
UFAS V
Ur- und frühgeschichtliche Archäologie der Schweiz. Band V: Die römische Epoche (1975, Redaktion W. Drack).
D. Viollier 1912
Le cimetière gallo-helvète d'Andelfingen (Zurich). ASA NF 14, 1912, 16ff.
D. Viollier 1916
Les sépultures du second âge du fer sur le plateau suisse.
W. Vischer 1878
Kleine Schriften, 2. Band, bes. 464ff. und 566ff.
P. Vouga 1923
La Tène. Monographie de la station.
J. de Vries 1961
Keltische Religion. Die Religionen der Menschheit, Band 18.
G. Walser 1956
Cäsar und die Germanen. Studien zur politischen Tendenz römischer Feldzugsberichte. Historia, Einzelschriften, Heft 1.
R. Weiss 1959
Häuser und Landschaften der Schweiz.
R. Wenskus 1961
Stammesbildung und Verfassung.
R. Wyss 1955
Funde aus der alten Zihl und ihre Deutung. Germania 33, 1955, 349ff.
R. Wyss 1975
Der Schatzfund von Erstfeld. Frühkeltischer Goldschmuck aus den Zentralalpen.
ZAK
Zeitschrift für Schweizerische Archäologie und Kunstgeschichte.

Anmerkungen

1 J. Dierauer, in: Handbuch der Schweizer Geschichte I (1972) 23.
2 Handbuch der Schweizer Geschichte I (1972) 29.
3 H. Gutersohn, Geographie der Schweiz III/1 (1968) 9ff.
4 R. Weiss 1959, 193.
5 U. Willerding, Abh. der Akad. d. Wissensch. Göttingen, Philolog.-Hist. Kl., 3. Folge, 116 (1980). U. Körber-Grohne, Germania 60, 1982, 154ff.
6 W. Drack 1981, 10.
7 Zusammenfassend: F. Fischer 1982 und W. Kimmig 1983.
8 J. Biel, Germania 60, 1982, 61ff.
9 F. Fischer, Germania 51, 1973, 436ff.
10 W. Drack, ZAK 18, 1958, 1ff.
11 H. Jucker, Bronzehenkel und Hydria in Pesaro (1966) 70ff.
12 Zuletzt H. Schwab, Germania 61, 1983, 405ff.
13 F. Fischer 1982.
14 L. Pauli, in O.-H. Frey et al. 1980, 28f. und L. Pauli 1978, 455ff.
15 F. Fischer 1982, 152.
16 O.-H. Frey, OBLATIO, Raccolta di studi di antichità e d'arte in onore di Aristide Calderini (1971) 355ff.
17 W. Vischer 1878, 566ff.
18 L. Pauli, Untersuchungen zur Späthallstattkultur in Nordwürttemberg (1973).
19 W. Drack/H. Schneider 1979.
20 W. Drack 1981.
21 F. Fischer 1982, 54ff. mit Anm. 9.
22 W. Kimmig 1983, 19.
23 R. Wyss 1975.
24 P. Jacobstahl 1944. Siehe auch P.-M. Duval 1977.
25 Vgl. F. Fischer, in: Beiträge zur Altertumskunde Kleinasiens, Festschrift für Kurt Bittel (1983) 198f.
26 M. Lenerz-de Wilde, Germania 56, 1978, 616ff.
27 1981, 185.
28 W. Kimmig 1983, 19.
29 1982, 60 und 1973, 61ff.
30 J. U. Hubschmied 1938, 61ff.
31 Freundlicher Hinweis von R. Wyss.
32 M. Primas, Germania 50, 1972, 76ff.
33 O.-H. Frey et al. 1980, 85.
34 Vgl. H. Lorenz, 59. Bericht der Römisch-Germanischen Kommission 1978, bes. 246ff.
35 Nach Müller S. 327 (vgl. «Poseidonios» im Literaturverzeichnis).
36 J. Moreau 1958, bes. 116f.
37 J. de Vries 1961, 248ff. S. Pigott, The Druids (1975) 113ff.
38 R. Wyss 1955, 207.
39 M. Lenerz-de Wilde, Zirkelornamentik in der Kunst der Latènezeit (1977).
40 O.-H. Frey et al. 1980, 76ff.
41 V. Kruta, Etudes celtiques 15/1, 1976/77, 19ff.
42 U. Kahrstedt, Prähistorische Zeitschrift 28–29, 1937–38, 401ff.
43 V. Kruta, in: Les mouvements celtiques du Ve au Ier siècle avant notre ère. Actes du XXVIIIe colloque..., Nice le 19 septembre 1976, 81ff.
44 M. Lenerz-de Wilde, Germania 60, 1982, 623.
45 Zuletzt: W. Kimmig, Archäologisches Korrespondenzblatt 5, 1975, 283ff. In Vorbereitung: Monographie durch F. Müller.
46 W. Dehn, in Les mouvements... (wie Anm. 43).
47 A. Haffner, in: Les Celtes dans le Nord du bassin parisien. Actes du 5e colloque tenu à Senlis (1983) 238ff.
48 R. Wyss 1975, 50ff.
49 F. Staehelin 1948, 33f. E. Howald/E. Meyer 1940, 14f. und 20f.
50 E. Howald/E. Meyer 1940, Nr. 466.
51 R. Wyss, ZAK 38, 1981, 227ff.
52 A.C. Zürcher, Urgeschichtliche Fund-

stellen Graubündens. Schriftenreihe des Rätischen Museums Chur, Nr. 27 (1982) 26.
53 M. Martin et al., Baselbieter Heimatbuch 12, 1973, 170ff.
54 J. Gruaz, ASA NF 16, 1914, 255ff.
55 Th. E. Haevernick, helvetia archaeologica 38, 1979–38, 50ff.
56 F. J. Keller, JbSGU 52, 1965, 40ff.
57 R. Pittioni, helvetia archaeologica 54, 1983–54, 39ff.
58 W. Drack, in: Helvetia antiqua, Festschrift Emil Vogt (1966) 129.
59 Vevey: S. Martin-Kilcher 1981. Münsingen: F. R. Hodson 1968. Andelfingen: D. Viollier 1912. Muttenz: F. Müller 1981.
60 K. Lorenz wie Anm. 34.
61 G. Kaenel/S. Favre 1983.
62 J. Wiedmer-Stern, Das gallische Gräberfeld bei Münsingen (Kanton Bern). (1908).
63 L. Pauli 1975.
64 W. Dehn und O.-H. Frey, in: Atti del VI Congresso Internazionale delle Scienze Preistoriche e Protostoriche I (1962) 197ff.
65 A. Haffner, Archäologisches Korrespondenzblatt 9, 1979, 405ff. Allg. F.G. Maier 1977, 303ff.
66 I. Stork, JbSGU 57, 1972/73, 169ff. P. Sankot, ZAK 37, 1980, 19ff.
67 S. Martin-Kilcher 1973.
68 Th. E. Haevernick, Die Glasarmringe und Ringperlen der Mittel- und Spätlatènezeit auf dem europäischen Festland (1960).
69 H. Polenz 1982, 163ff.
70 G. Kaenel/S. Favre 1983, 205. S. Martin-Kilcher 1981, 110ff. mit Anm. 22.
71 S. Martin-Kilcher 1981, 110.
72 A. Furger-Gunti, in: Technik und Wirtschaft in ur- und frühgeschichtlicher Zeit. Einführungskurse..., 3. Kurs, Bern 22./23. Oktober 1983 der SGUF, 51ff.
73 D. F. Allen 1974. Modifizierend: S. Scheers, Proceedings of the International Numismatic Symposium, 1976, 41ff.
74 R. Forrer 1938. A. Pautasso 1973.
75 43, 4, 1. Nach G. Dobesch 1980, 372.
76 1961, 415ff.
77 W. E. Stöckli, Germania 52, 1974, 368ff.
78 H.-J. Müller-Beck/E. Ettlinger 1962/63. Münzen: H.-J. Kellner 1962. A. Furger-Gunti/H.-M. von Kaenel 1976. H.-M. von Kaenel, Jahrb. BHM 55–58, 1975–1978, 103ff.
79 B. Stähli 1977.
80 Vgl. A. Furger-Gunti, in: Festschrift Elisabeth Schmid (1977) 73ff.
81 F. Keller, Mitteilungen der Antiquarischen Gesellschaft Zürich 7, 1853, 179ff.
82 Zusammenfassend F. Fischer 1975, 312ff. Ders., Germania 44, 1966, 286ff.
83 F. Fischer, in: Festschrift Walter Drack (1977) 84ff.
84 F. Fischer 1971, 127ff., bes. 132.
85 R. Degen, helvetia archaeologica 8/1977–32, 114ff. G. Kaenel, JbSGU 64, 1981, 157ff. und G. Kaenel/Ph. Curdy 1983.
86 H. Doppler 1977. M. Hartmann/O. Lüdin, Jahresbericht der Gesellschaft Pro Vindonissa 1977, 5ff.
87 A. Furrer, ASA NF 10. 1908, 177ff.
88 Freundliche Hinweise von Ph. Curdy.
89 W. Krämer und F. Schubert, Die Ausgrabungen in Manching 1955–1961 (1970).
90 M. Joos, Archäologisches Korrespondenzblatt 5, 1975, 197ff.
91 P.-L. Pelet, helvetia archaeologica 1/1970–4, 86ff.
92 Freundlicher Hinweis von R. Wyss. Ch. Zindel, helvetia archaeologica 8/1977–29/30, 58ff. J. Rageth, JbSGU 59, 1976, 244.
93 A. Hartmann, Prähistorische Goldfunde aus Europa (1970), 48f. A. Hartmann, Germania 54, 1976, bes. 119. A. Spycher, Rheingold – Basel und das Gold am Oberrhein (1983).
94 Freundliche mündliche Auskunft. Vgl. Th. Mommsen, Mitteilungen der Antiquarischen Gesellschaft Zürich 7, 1853, 197ff. J. Whatmough, in: R. S. Conway, J. Whatmough, S. E. Johnson, The Praeitalic Dialects of Italy, Bd. II (1933) 121ff. M. G. Tibiletti Bruno, in: A. L. Prosdocimi (Hg.), Lingue e dialetti dell'Italia antica (1978) 161ff.
95 R. Wyss, Jahrb. BHM 34, 1954, 201ff. Contra (unbegründet): R. G. Livens, Antiquity 46, 1972, 56ff. Zum Namen: H. Lieb, Jahrb. BHM 34, 1954, 221ff. Neu: R. Wyss, in UFAS IV, 191.
96 A. Furger-Gunti/L. Berger 1980, Nr. 271. H.-J. Müller-Beck/E. Ettlinger 1962/63, Abb. 9. Allgemein: G. Jacobi, Hamburger Beiträge zur Archäologie 10, 1974, 171ff.
97 F. Keller, Mitteilungen der Antiquarischen Gesellschaft Zürich 15, 1863–1866, 293ff.
98 L. Berger und M. Joos, in: Festschrift Walter Drack (1977) 68ff.
99 F. Keller wie Anm. 97, 293.
100 L. Berger und M. Joos wie Anm. 98.
101 H. Schwab 1974, Abb. 3.
102 P. Vouga 1923, 24 mit Anm. 2.
103 F. Keller wie Anm. 97, 294.
104 V. Gross 1886, 16ff. Übersetzung nach H. Schwab 1974, 356.
105 J. M. de Navarro 1972.
106 R. Wyss, in: Provincialia, Festschrift für Rudolf Laur-Belart (1968), 664ff. Ders., in: UFAS IV, 105ff.
107 J. Emmerlin, Jahrb. BHM XLVII/XLVIII, 1967/68, 147ff.
108 Nach H. Schwab, 1974, 357ff.
109 Nach H. Schwab, 1974, 362ff.
110 R. Forrer, in: Festschrift für August Oxé (1938) 153ff.
111 K. Raddatz, Offa 11, 1952, 24ff.
112 R. Wyss 1955. Ders., in: UFAS IV, 175ff.
113 H. Schwab 1972 und 1974.
114 E. Hollstein, Mitteleuropäische Eichenchronologie (1980) 127f.
115 H. Schwab 1974, 350.
116 L. Berger und M. Joos wie Anm. 98.
117 A. Rapin 1982. J. L. Bruneaux und P. Meniel, Antike Welt 14, 1983/1, 41ff.
117a H. Jankuhn, in: Helvetia antiqua, Festschrift für Emil Vogt (1966) 155ff.
118 L. Bonnamour/J.-P. Guillaumet, in: La vallée de la Saône aux âges du fer. Exposition Château Saint-Michel de Rully 12–29 Mai 1983, 31ff.
119 W. Torbrügge, 51./52. Berichte der Römisch-Germanischen Kommission 1970/71, 3ff.
120 J. U. Hubschmied 1938, 60f.
121 R. Wyss 1955, 215.
122 R. Wyss 1955, 221. O. Tschumi, Die ur- und frühgeschichtliche Fundstelle von Port im Amt Nidau (Kanton Bern), (1940).
123 Wie Anm. 114.
124 Vermutlich keltisches Trassee und Spuren weiterer Zihlbrücken: H. Schwab, Die Vergangenheit des Seelands im neuen Licht (1973) 71.
125 H. Schwab 1974, 360.
126 O. Tschumi wie Anm. 122.
127 R. Wyss 1955, 221 nach Fellenberg.
128 O. Tschumi, in: Festschrift Tatarinoff (1938) 22ff.
129 A. Furger-Gunti 1981, 6 und R. Wyss, in: UFAS IV, 187.
130 W. Wegewitz, helvetia archaeologica 13/1982–50, 39ff.
131 A. Jahn 1850, 500.
132 Notices sur des armes et chariots de guerre découverts à Tiefenau, près de Berne en 1851 (1852). Supplément au recueil d'Antiquités suisses (1860) Pl. VIII–XII.
133 Vgl. L. Pauli, Germania 51, 1973, 85ff. und W. Kimmig, in: Festschrift Walter Drack (1977) 77ff.
134 Nach Zeichnung Jahn (in Schweiz. Landesbibliothek Ms K fol. 4, Taf. 8–10) möglich.
135 Zusammenfassend K. Schwarz, in: Ausgrabungen in Deutschland. Monographien des RGZM, Band 1, 1 (1975) 324ff.
136 D. Planck, Germania 60, 1982, 105ff.
137 W. U. Guyan. Erforschte Vergangenheit 1 (1971) 222f.
138 H. Grütter, Jahrb. BHM 43/44, 1963/64, 370ff.
139 H. Schwab, Germania 61, 1983, 451.
140 M. Egloff, Archäologie der Schweiz 5, 1982/2, 110ff.

141 L. Berger, JbSGU 58, 1974/75, 71ff. R. Wyss, in: UFAS IV, 172ff.
142 L. Pauli, Germania 61, 1983, 459ff.
143 E. Desor, Musée neuchâtelois VIII, 1871, 3ff.
144 L. Berger und F. Müller, Baselbieter Heimatbuch 14, 1981, 9ff.
145 Universitätsbibliothek BS, Manuskript A. Quiquerez mit kolorierten Zeichnungen.
146 K. Schwarz wie Anm. 135.
147 L. Berger wie Anm. 141.
148 G. Grosjean, JbSGU 50, 1963, 7ff.
149 O. Martin, Die keltische Landvermessung im 4. Jahrhundert v. Chr.... (1963). H. Kaufmann, Jahrb. für solothurnische Geschichte 33, 1960, 188ff.
150 O. Schlaginhaufen, in: Festschrift Otto Tschumi (1948) 97ff. R. Bay, Acta Anatomica 30, 1957, 28ff. R. Schwarz, JbSGU 31, 1939, 144ff.
151 12, 2, 5.
152 L. Pauli 1978, 443f. und Th. Köves-Zulauf, Latomus 36, 1977, 40ff.
153 VII 2, 2 (nach E. Howald/E. Meyer 1940, 58f.).
154 1948, 53ff.
155 Vgl. auch F. Fischer 1971, 128 und K. Christ, Hermes 85, 1957, 374ff.
156 G. Walser 1956.
157 Hist. Rom XXXVIII 33.
158 F. Staehelin 1948, 59.
159 Zuletzt: W. Kimmig et al. 1982.
160 R. Christlein 1982. Vgl. S. 99.
161 Vielleicht die Grabsteine E. Howald/E. Meyer 1940, Nr. 468/9, bisher die einzigen, ausserhalb der Schweiz nachgewiesenen helvetischen Frauen.
162 E. Meyer, JbSGU 54, 1968/69, 73ff.
163 Nach Ptolemaios, Geogr. 2, 9 haben Nyon und Avenches dem sequanischen Territorium angehört.
164 In: K. Bittel et al. 1981, bes. 72.
165 Älterer Versuch: R. Forrer 1938. Nach mündlicher Mitteilung wird sich auch F. Müller in seiner noch unpublizierten Dissertation zu diesem Problemkreis äussern.
166 H. Polenz 1982.
167 Zusammenfassend (nach E. Vogt): U. Ruoff, in: UFAS IV, 12f. und Karten S. 15 und S. 17.
168 M. Sitterding, in: UFAS IV, Karte S. 59.
169 In: UFAS IV, 62 und Karten S. 83 und S. 85.
170 D. F. Allen 1974.
171 H.-J. Kellner 1968.
172 H. Polenz 1982, 69ff. und 215.
173 K. Castelin (o. J.) Nr. 935 und Nr. 936.
174 D. F. Allen 1973, 479ff.
175 H.-M. von Kaenel, Schweiz. Numismatische Rundschau 51, 1972, 47ff., bes. 103f.
176 Wie Anm. 175, 105.
177 Vgl. K. Christ 1960, 88.
178 Schweiz nach B. Reber 1900 sowie Fund von Augst und K. Castelin (o. J.), wobei der Schatzfund von Saint-Louis nicht mitgerechnet ist. Baden-Württemberg nach D. Mannsperger, in: K. Bittel et al. (1981), wobei hier auch andere Münztypen mit einbezogen sind.
179 Nach K. Castelin und H.-J. Kellner, Jahrb. für Numismatik und Geldgeschichte 13, 1963, 105ff. Eine Monographie über die Regenbogenschüsselchen steht noch aus.
180 Nach K. Castelin o. J. Nrn. 1083, 1084, 1087 und 1099.
181 A. Furger-Gunti, ZAK 39, 1982, 1ff.
182 R. Forrer 1908, 332ff.
183 Z. B. K. Castelin, money trend 12, 1980/ Heft 4, 16ff.
184 In: K. Bittel et al. (1981) 246.
185 A. Pautasso, Rivista Italiana di Numismatica e Scienze Affini 1975, 99ff. Inzwischen sind auch in Südfrankreich Regenbogenschüsselchen gefunden worden.
186 Verbreitung und Typologie: K. Castelin, Schweiz. Numismatische Rundschau 49, 1970, 77ff. und 54, 1975 (Datierung falsch). Kritisch: K. Christ 1960, 84f. Vgl.: R. Wenskus 1961, 210ff.
187 H. Polenz 1982, Tab. 4.
188 D. F. Allen 1978, 193ff. Vgl. auch U. Friedländer, Schweiz. Münzblätter 28, 1978, 21ff.
189 H. Polenz 1982, 156ff.
190 Vgl. R. Wenskus 1961.
191 Vgl. F. Fischer in W. Kimmig et al. 1982, bes. 38f.
192 D. Planck, Germania 60, 1982, 105ff.
193 A. Furger-Gunti/L. Berger 1980, Taf. 116.
194 Zusammenfassung in K. Bittel et al. 1981, 321ff.
195 D. F. Allen 1973, 484ff.
196 W. Vischer 1878, 464ff.
197 Funde dieses Typs von Bern-Engehalbinsel: H.-J. Kellner, Jahrb. BHM XLI/ XLII, 1961/62, 269, 25–31.
198 D. F. Allen 1973, 491f. und F. Keller, Mitteilungen der Antiquarischen Gesellschaft Zürich XV (1863–1866) 245ff.
199 D. F. Allen 1978, bes. 198.
200 H. Polenz 1982, bes. 15ff.
201 H. Meyer 1863, 3.
202 D. F. Allen, 1973, 499.
203 F. Streber 1860/62.
204 H. de la Tour 1892, Taf. XXXVIII, 9305.
205 H.-J. Kellner wie Anm. 197, 24.
206 H. Doppler 1977, Taf. 1, 4 und 5.
207 H. de la Tour 1892, Taf. XX, 6388.
208 G. Fingerlin, Fundberichte aus Baden-Württemberg 6, 1981, 417ff.
209 Vgl. aber L. Pauli 1975, 129f. und Abb. 9, 13 (Münsingen).
210 L. Pauli 1981, 206.
211 M. Martin, Archäologie der Schweiz 1, 1978/3, Abb. 6.
212 A. Holder 1896, I, 1419ff.
213 F. Staehelin 1948, 34ff. E. Meyer, in: UFAS IV, 200ff.
214 Th. Mommsen, wie Anm. 94.
215 E. Meyer, in: Handbuch der Schweizer Geschichte (1972) I, 63.
216 M. Primas, in: UFAS IV, 89ff.
217 M. Primas, helvetia archaeologica 2/1971-6, 49ff.
218 W. E. Stöckli 1975. J. Graue, Die Gräberfelder von Ornavasso (1974).
219 F. Staehelin 1948, 1ff. Zurückhaltender: E. Meyer in B. Frei et al. 1971, 10.
220 Ch. Zindel, Archäologie der Schweiz 2, 1979/2, 94ff.
221 E. Risch, in: B. Frei et al. 1971, 12ff.
222 Vgl. B. Frey und O. Menghin, in: B. Frey et al. 1971, 22ff. und 35ff. M. Primas, in: UFAS IV, 98ff.
223 A. Tanner 1980.
224 J. Bill, helvetia archaeologica 8/1977–29/30, 63ff.
225 A. Pautasso, Le monete preromane del Italia Settentrionale (1966).
226 R. Wyss, helvetia archaeologica 9/1978–34/36, 151ff.
227 F. Staehelin 1948, 107ff.
228 F. Staehelin 1948, 84ff.
229 Zusammenfassend F. Wiblé, Antike Welt 14, 1983/2, 2ff. A. Geiser/F. Wiblé 1983.
230 G. Kaenel, F. Müller, A. Furger-Gunti, JbSGU 67, 1984, im Druck.
231 K. Christ 1979, 1ff.
232 M. Gelzer 1960, 75.
233 G. Walser 1956, 1.
234 Vgl. zusammenfassend G. Walser 1956, 1ff.
235 Zum publicum consilium siehe G. Dobesch 1980, 408.
236 G. Dobesch 1980, 457f.
237 Dazu E. Täubler 1924, 1f. 33ff. und G. Dobesch 1980, 201ff.
238 R. Christlein 1982.
239 H. Delbrück 1900, 424.
240 Auch G. Dobesch hält es für ausgeschlossen, dass Cäsar die Germanengefahr erst im Jahre 58 v. Chr. an Ort und Stelle erkannt haben soll: 1980, 444. Contra: M. Gelzer 1960, 98.
241 G. Walser 1956.
242 E. Howald/E. Meyer 1940, 40ff. M. Gelzer 1960, 92.
243 M. Gelzer 1960, 86.
244 E. Täubler 1924, 44f. F. Staehelin 1948, 68. M. Gelzer 1960, 76f. Contra: G. Walser 1956, 16ff.
245 Zusammenfassung und Gegenstandpunkt bei E. Täubler 1924, 20f.
246 H. Delbrück 1900, 432ff.
247 K. Castelin o. J. Nrn. 124, 158, 161 und 185. Vgl. K. Bittel et al. 1981, Abb. 175 d.
248 Kaletedou-Quinar, Sequanerpotin und

Potinmünze vom Zürchertyp (Hinweise von J. Hiernard und P. Boudet). Regenbogenschüsselchen: K. Castelin, Jahrb. für Numismatik und Geldgeschichte 27, 1977, 7ff.

249 Freundliche Hinweise von J. Hiernard. Vgl. auch L. Maurin, Saintes antique des origines à la fin du IVe siècle après Jésus-Christ (1978).

250 A. Furger-Gunti 1979.

251 F. Fischer 1971, 131. Vgl. F. Fischer, in: K. Bittel et al. 1981, 70ff.

252 E. Howald/E. Meyer 1940, 355f. Contra: F. Staehelin 1948, 73f.

253 Bei Plutarch 300 000 und bei Appian 200 000.

254 G. Walser 1956, 78.

255 Etwa 100 000 Auswanderer und 16 000 Krieger (H. Delbrück 1900, 428 und 459f.).

256 Vgl. F. Staehelin 1948, 142f.: Zusammenhang mit dem Fluss Verba = Orbe.

257 Th. Mommsen, Die keltischen Pagi. Gesammelte Schriften 5 (1908) 438ff.

258 G. Kaenel/Ph. Curdy 1983. Unsichere Brandspuren in Yverdon und Nyon: Ur-Schweiz 18, 1954, 59ff. und 9, 1945, 16ff.

259 Napoleon III. (1866) 51f.

260 Zusammenfassend D. Paunier, Genava 23, 1975, 55ff. und D. Paunier 1981.

261 Genava 16, 1938, 105ff. R. Wyss, helvetia archaeologica 10, 1979–38, 58ff.

262 E. Chapuisat, Le Général Dufour et le «Mur de César». Bull. de la Société d'Histoire et d'Archéologie de Genève VII, 1942, 393ff.

263 S. 44, Anm. 3.

264 J. Le Gall, Alésia, archéologie et histoire (1963) 42ff. und freundliche mündliche Mitteilungen.

265 Genava 23, 1945, 44ff.

266 D. Ellmers, helvetia archaeologica 5/1974–19/20, 96.

267 JbSGU 33, 1942, 71. B. Arnold, helvetia archaeologica 11/1980–43/44, 178ff. Ders. JbSGU 63, 1980, 185ff.

268 Napoleon III. 1866, 18.

269 E. Täubler 1924, 119ff.

270 H. Delbrück 1900, 438f.

271 H.R. Robinson, The armour of imperial Rome (1975).

272 Numerische Überlegenheit der Römer: H. Delbrück 1900, 19. 437f. und H. Bircher 1904, 21.

273 F. Staehelin 1948, 81.

274 H. Bircher 1904, 27.

275 M. Stoffel 1887. H. Bircher 1904. Kritisch: F. Staehelin 1948, 80.

276 J.-P. Guillaumet, La défaite des Helvètes – histoire et archéologie. In: Les mouvements... (wie Anm. 43) 195ff.

277 Der mit den Örtlichkeiten eng vertraute J.-P. Guillaumet hat sich brieflich kritisch zu dieser Lokalisierung geäussert, weil verschiedene Gebiete um den Mont Beuvray der Beschreibung Cäsars entsprächen.

278 Vgl. bell. Gall. I 42, 49.

279 Bell. Gall. I 51.

280 Aus der Rede «pro Balbo» von 56 v.Chr.

281 Th. Mommsen, Hermes 16, 1881, 447f. F. Staehelin 1948, 83f.

282 Cicero, de prov. cons. 33. Vgl. E. Meyer JbSGU 54, 1968/69, 77f.

283 R. Frei-Stolba 1975.

284 M. Gelzer 1960, 151ff.

285 K. Christ 1979, 153.

286 E. Howald/E. Meyer 1940, 257. F. Staehelin 1948, 84.

287 K. Kraft 1957.

288 H. Lieb, Chiron 4, 1974, 416ff. Andere Ansicht: M. Martin, Römerhaus und Museum Augst, Jahresbericht 1971 (1973) 3ff.

289 A. Furger-Gunti 1979, 90ff.

290 H.-J. Müller-Beck und E. Ettlinger, JbSGU 50, 1963, 43ff.

291 H.-J. Müller-Beck/E. Ettlinger 1962/63.

292 G. Kaenel/H.-M. v. Kaenel 1983.

293 H.-M. von Kaenel, Archäologie der Schweiz 1, 1978/1, Beilage. ASA NF 8, 1906, 23ff.

294 Mitteilungen Ph. Curdy.

295 M. Sitterding 1965.

296 U. Ruoff 1964.

297 A. Furger-Gunti, JbSGU 58, 1974/75, 106ff. Zuletzt V. Vogel, in: Provincialia – Festschrift für Rudolf Laur-Belart (1968) 619ff.

298 E. Major 1940, A. Furger-Gunti 1979, 120ff. A. Furger-Gunti/L. Berger 1980.

299 A. Furger-Gunti/H.-M. von Kaenel 1976.

300 H. Bender, R. Dehn, I. Stork, Archäologisches Korrespondenzblatt 6, 1976, 213ff.

301 A. Furger-Gunti 1979, 15ff.

302 K. Kraft 1957. K. Christ, Chiron 7, 1977, 149ff.

303 A. Furger-Gunti 1979, 145ff.

304 G. Kaenel, Archäologie der Schweiz 1, 1978/3, 106ff. E. Ettlinger und E. Müller, VEPOTALVS. Festschrift Walter Drack (1977) 95ff.

305 H.-J. Müller-Beck/E. Ettlinger 1962/63, 144ff. H.-M. von Kaenel, Jahrb. BHM 55.-58., 1975–1978, 103ff.

306 H.G. Wackernagel, Das Ausscheiden der Kelten aus der Weltgeschichte. Schriften der Schweiz. Gesellschaft für Volkskunde Band 38 (1959) 117ff.

307 K.H. Schmidt 1980, 36.

308 E. Howald/E. Meyer 1940, 232.

309 K. Kraft 1957, 101. E. Howald/E. Meyer 1940, 252ff.

310 Vgl. H. Gabelmann, Bonner Jahrbücher 172, 1972, 79 Nr. 4 und 173, 156f.

311 K. H. Schmidt 1980.

312 O. Bohn, ASA NF XXVI, 1924, 86ff. E. Howald/E. Meyer 1940, Nr. 427.

313 L. Rütimeyer, Ur-Ethnographie der Schweiz (1924) 302ff.

314 D. Weidmann/G. Kaenel, helvetia archaeologica 5/1974–19/20, 66ff.

315 M. Egloff, helvetia archaelogica 5/1974–19/20, 82. B. Arnold, helvetia archaeologica 11/1980–43/44, 178ff.

316 D. Ellmers, helvetia archaeologica 5/1974–19/20, 94.

317 E. Howald/E. Meyer 1940, 264 und 374ff.

318 H.-M. von Kaenel, Archäologie der Schweiz 4, 1981/1, 15ff.

319 G. Th. Schwarz, Schweizer Münzblätter 13/14, 1964, 150ff.

320 W. Drack, Die helvetische Terrasigillata-Imitation des 1. Jahrhunderts n.Chr. (1945). E. Ettlinger und E. Müller wie Anm. 304, 95ff.

321 E. Ettlinger und K. Roth-Rubi, Helvetische Reliefsigillaten und die Rolle der Werkstatt Bern-Enge. Acta Bernensia 8 (1979). Zusammenfassung in: Handel und Handwerk im römischen Baden (1983) 43ff.

322 H. Ammann/K. Schib 1958, 7.

323 F. Staehelin 1948, 187ff.

324 Ansicht des Verfassers. Zur Orientierung von Augst und Basel: H. Stohler, Basler Zeitschrift für Geschichte und Altertumskunde 38, 1939, 295ff. Ders., ZAK 8, 1946, 65ff.

325 J. de Vries 1961.

326 M. Martin, Archäologie der Schweiz 1, 1978/3, Abb. 16.

327 J.J. Hatt 1978.

328 F. Staehelin 1948, 533f.

329 F. Staehelin 1948, 344ff.

330 Helvetia archaeologica 10/1979–37. G. Walser, Archäologie der Schweiz 6, 1983/1, 15ff.

331 O. Tschumi, Basler Zeitschrift für Geschichte und Altertumskunde 42, 1943, 28. V. von Gonzenbach, Ur-Schweiz XX, 1956, 47ff.

332 O. Tschumi wie Anm. 331, 23ff.

333 E. Meyer, JbSGU 5, 1968/69, 77f.

334 H. Ammann/K. Schib 1958, 6.

335 R. Laur-Belart 1950, 45.

336 R. Agache sowie F. Audouze et al., in: Les structures d'habitat à l'Age du Fer en Europe temperée. L'évolution de l'habitat en Berry. Actes du colloque de Châteauroux, Bouges-le-Château, Levroux, 27–29 octobre 1978 (1981) 45ff. sowie 78ff. O. Büchsenschütz, La Recherche 150, 1983, 1508ff.

337 W. Drack, in: UFAS V, 49ff.

338 R. Fellmann, Baselbieter Heimatbuch V, 1950, 28ff.

339 D. Baatz, Fundberichte aus Hessen, Beiheft 1 (1969) 1ff.

340 K.H. Schmidt, Keltisches Wortgut im Lateinischen. Glotta 44, 1967, 151ff.

341 G. Malin, helvetia archaeologica 9,

1978–34/36, 186. A. Radnoti 1968.
342 J. Bürgi, Archäologie der Schweiz 1, 1978/1, 14ff.
343 D. van Berchem, JbSGU 46, 1957, 13ff., bes. 23.
344 L. Berger, in: Handel und Gewerbe im römischen Baden (1983) 13ff.
345 M.-Th. Hanoteau, helvetia archaeologica 11/1980–41, 2ff. sowie Inschriften.
346 O. Tschumi, Jahrbuch BHM 19, 1939, 94ff.
347 F. Wiblé, Archäologie der Schweiz 6, 1983/2, 57ff.
348 H. Grütter, Ur-Schweiz 28, 1964, 25ff.
349 R. Forrer 1948.
350 R. Forrer 1948, 6ff. mit Anm. 23. F. Keller, Mitteilungen der Antiquarischen Gesellschaft Zürich XV, 1863–66, 293ff.
351 Th. Strübin, helvetia archaeologica 5/1974–18, 34ff.
352 F. Staehelin 1948, 257ff. Zurückhaltender: L. Berger, JbSGU 59, 1976, 203ff.
353 R. Christlein, Die Alamannen. Archäologie eines lebendigen Volkes (1979) bes. 22ff.
354 Gallien in der Spätantike. Von Kaiser Constantin zu Frankenkönig Childerich (1980) 36f., Abb. S. 31. Vgl. K. Christ 1960, 92f.
355 M. Martin, ZAK 28, 1971, 29ff.
356 B. Kaufmann und M. Schoch, Ried/Mühlehölzli (1984).
357 K.H. Schmidt 1980, 37 und K.H. Schmidt, Glotta 44, 1967, 153 (mit Kritik).
358 J.U. Hubschmied 1938. Kritisch: F. Staehelin 1948, 326.
359 R. Thurneysen, Keltoromanisches (1884).
360 R. Thurneysen, Die Kelten in ihrer Sprache und Literatur (1914). Freundliche Hinweise werden J. Untermann verdankt.
361 J.U. Hubschmied 1938 mit weiteren Zitaten. J.U. Hubschmied, in: P. König (Hg.), Die Schweiz im Licht der Geschichtsschreibung (1966) 30ff.
362 E. Howald/E. Meyer 1940, 368f.
363 Freundlicher Hinweis von D.W.H. Schwarz.
364 M. Martin, Römerhaus und Museum Augst, Jahresbericht 1965, 20ff. Vgl. auch G. Haseloff 1984.
365 H.G. Wackernagel wie Anm. 306.
366 H.-J. Müller-Beck/E. Ettlinger 1962/63, 150.
367 R. Weiss 1959, 58.
368 H. Ammann/K. Schib 1958, 17.
369 H. Ammann/K. Schib 1958, 6.
370 R. Weiss, Geographica Helvetica II, 1947, 153ff.
371 A. Hager, Schweizer Volkskunde 72, 1982, 36ff.
372 P. Geiger/R. Weiss (Hg.), Atlas der schweizerischen Volkskunde, Karte I 99.
373 R. Weiss 1959, 154.
374 Es geht deshalb natürlich nicht an, alle Brauchgrenzen, die mit dieser Kulturscheide zusammenfallen, auf keltische Zeit zurückführen zu wollen.
375 P.G. Bellmann und W.F. Daems, Sudhoffs Archiv für Geschichte der Medizin und der Naturwissenschaften 49, 1965, 355ff.
376 R. Weiss 1959, 83ff.
377 J.-G. Bulliot, Fouilles du Mont Beuvray (1899). H. Bircher 1904.
378 K. Bittel, Fundberichte aus Baden-Württemberg 6, 1981, 327ff.
379 E. Hoffmann-Krayer, Feste und Bräuche des Schweizervolkes (1940) 151f.
380 E. Hoffmann-Krayer, Kleine Schriften zur Volkskunde (1946) 201.
381 Th. Strübin, helvetia archaeologica 5/1974–18, 39f.
382 K. von Tubeuf, Monographie der Mistel (1923) 19.
383 K. von Tubeuf wie obige Anm., 30f. sowie 36.
384 P. Geiger/R. Weiss wie Anm. 372, Karte II 223.
385 Vgl. W. Kimmig, Fundberichte aus Schwaben NF 17, 1965, 153ff.
386 H. de la Tour 1892, Nrn. 6388, 8135 und 9388. K. Kaiser/O. Roller, Pfälzer Heimat 7, 1956, 138ff.
387 E. Hoffmann-Krayer wie Anm. 379, 79ff. W. Betulius, in: R. Thalmann, Das Jahr der Schweiz in Fest und Brauch (1981) 21.
388 M. Hartmann, Archäologie der Schweiz 1, 1978/3, Abb. 16b auf S.129.
389 E. Hoffmann-Krayer wie Anm. 380, 110f. H. Trümpy, in: R. Thalmann wie Anm. 387, 90f.
390 F. Vogt, Zeitschrift des Vereins für Volkskunde 3, 1893, 349ff.
391 E. Hoffmann-Krayer wie Anm. 380, 168f. mit weiterer Lit.
392 B. Biert, in: R. Thalmann wie Anm. 387, 96ff.
393 Der Strassburger Archäologe J.-J. Hatt hat in seinem im Rahmen eines wissenschaftlichen Kolloquiums über keltische Numismatik gehaltenen Vortrag «Religiöse Sinnbilder in der keltischen Kunst» am 4.2.1981 in Würzburg eine römerzeitliche Quelle erwähnt, in der das Radabrollen bereits genannt wird. Dieses Zitat konnte trotz wiederholter Versuche bisher nicht namhaft gemacht werden.
394 Universitätsbibliothek Basel C. VI. a. 82 S. 16.
395 Gemeiner loblicher Eydgnoschafft Stetten, Landen und Völkeren Chronikwirdiger Thaaten beschreybung...
396 S. 8ff. nach der 1824 in Reutlingen erschienenen Ausgabe.
397 Napoleon, Précis des guerres de César, écrit par M. Marchand (1836). F. Fröhlich, Napoleon I. und seine Beziehungen zum klassischen Altertum (1892).
398 Neujahrsblatt für Basels Jugend von der Gesellschaft des Guten und Gemeinnützigen 1822.
399 H. Gantner-Schlee, Karl Jauslin, 1842–1904, Historienmaler und Illustrator. Baselbieter Heimatblätter 4, 1979, 1ff.
400 A. Largiadèr, Hundert Jahre Antiquarische Gesellschaft in Zürich (1932).
401 F. Keller, Mitteilungen der Antiquarischen Gesellschaft Zürich 1, 1841, 2ff.
402 Mitteilungen der Antiquarischen Gesellschaft Zürich 7, 1853, 175ff.
403 W. Vischer 1878, 566ff.
404 Historisch-archäologische Abhandlung über unteritalisch-keltische Gefässe in der Vasen-Sammlung des Bernischen Museums (1846). Die keltischen Alterthümer der Schweiz, zumal des Kanton Bern, in Absicht auf Kunst und ästhetisches Interesse dargestellt (1860).
405 G. de Bonstetten, Recueil d'Antiquités suisses (1855), mit zwei Supplementbänden.
406 K. Bittel et al. 1981, 25f.
407 J.P. Brosi, Die Kelten und Althelvetier. Ein Beitrag zur ältesten Geschichte der Schweiz (1851).
408 J. Le Gall wie Anm. 264, 42 und 53ff.
409 H. Delbrück 1900, 419ff. M. Stoffel 1887, 439ff.
410 P. Giesler/G. Kraft 1942.
411 A. Tanner 1979. Vgl. F. Müller 1981.
412 L. Pauli, Zeitschrift für württembergische Landesgeschichte 42, 1983, 379ff.
413 J. Moreau 1958, P.-M. Duval 1977, V. Kruta/E. Lessing 1978, B. Cunliffe 1980, K. Spindler 1983.
414 K. Bittel et al. 1981.

Die Ziffern nach den Gleichheitszeichen beziehen sich auf die Bildnummern. Vergleiche die Abkürzungen S. 167–169.

Umschlag: Photo/Archiv Schweizerisches Landesmuseum Zürich; Photo P. Heman, Basel; Photo Humbert + Vogt, Riehen.
Frontispiz: Kupferstich von J.M. Füssli (1677–1736) Graphische Sammlung der Zentralbibliothek Zürich.
Photo Historisches Museum Basel, M. Babey = 2, 3, 64, 67, 70, 107, 109, 154, 158–162, 168, 193, 207, 221, 251, 258.
Zeichnung A. Rapin = 4, 68, 103, 106, 185.
Photo Bernisches Historisches Museum = 6, 7, 9, 40–42, 44, 80, 82, 108, 111, 113, 117, 124, 125, 179, 199, 222–225, 238–242.
Zeichnung H. Egli, Zürich; Kartengrundlage Institut für Vor- und Frühgeschichte der Universität Tübingen = 8, 66, 118–121, 130, 131, 143, 157.
Photo Service cantonal archéologique Fribourg, durch H. Schwab = 10.
Zeichnung Ch. Nagel nach Vorlage von H. Schwab = 11.
Photo/Archiv Service cantonal d'archéologie Neuchâtel, durch M. Egloff = 5, 12, 91, 214, 215.
Photo/Archiv Schweizerisches Landesmuseum Zürich, durch R. Degen und R. Wyss = 13, 26, 30–32, 62, 65, 97, 105, 110, 121, 123, 126, 132–134, 142, 144, 145, 148, 149, 151, 156, 163, 164–167, 178, 205, 219, 231. Aus W. Vischer 1878 = 14–16.
Aus W. Drack 1981 = 17, 20, 22–24, 25.
Aus W. Kimmig 1983, durch W. Drack = 18, 19, 21.
Photo R.A. Stähli, Winterthur = 27, 35, 232.
Zeichnung Schweizerisches Landesmuseum Zürich = 28, 33, 37, 38, 83, 112.
Zeichnung Ch. Nagel, Basel = 29, 76, 79, 81, 87, 137, 140, 141, 147, 150, 153, 155, 181, 188, 196, 197, 208, 209.
Aus UFAS VI = 34, 47.
Photo R. Wyss, Schweizerisches Landesmuseum Zürich = 36, 60, 86.
Aus H. de la Tour 1892, Pl. XXV, J13 = 39.
Aus P. Vouga 1923 und Zeichnung Ch. Nagel, Basel = 43, 88.
Wandbild im Landesmuseum Trier = 45.
Photo Rätisches Museum Chur = 46, 169, 170, 173.
Aus F.R. Hodson 1968 = 48–52.
Aus G. Kaenel/S. Favre 1983 = 53–56.
Zeichnung M. Zaugg = 57.
Aus Th.E. Haevernick, wie Anm. 55 = 58–59.
Aus A. Naef 1898 = 61.
Münzkabinett Winterthur, durch H.-M. von Kaenel = 63.
Aus H. Meyer 1863 = 69, 135, 136.
Luftbild A. Brugger, Stuttgart, freigegeben vom Reg. Präsidium Stuttgart Nr. 21 12 901 = 71.
Photo Archäologischer Dienst des Kantons Bern = 72, 246, 247.
Zeichnung Ch. Nagel und Schweizerisches Landesmuseum Zürich = 73, 74.
Swissair-Photo = 75.
Photo Museum für Ur- und Frühgeschichte, Freiburg i.Br. = 76.
Aus R. Degen, wie Anm. 85 = 78.
Aus A. Furger-Gunti/L. Berger 1980 = 84.
Aus H.-J. Müller-Beck/E. Ettlinger 1962/63 = 85, 200.
Aus P. Vouga 1923 = 89, 90, 95, 98–101.
Aus F. Keller, wie Anm. 97 = 92, 93, 94, 104.
Aus V. Gross 1886 = 96.
Photo Service cantonal archéologique, Fribourg = 102.
Aus G. de Bonstetten, wie Anm. 405 = 114, 256.
Aus E. Desor, wie Anm. 143 = 115, 116.
Aus F. Streber 1860/62 = 127–129.
Photo Württembergisches Landesmuseum Stuttgart = 138.
Photo P. Heman, Basel = 139.
Photo G. Kaenel, Avenches = 146, 177, 198.
Aus H. de la Tour 1892 = 152 und 255.
Aus Manuskript A. Quiquerez in Universitätsbibliothek Basel = 171.
Aus R. Wyss, wie Anm. 226 = 172, 174.
Photo A. Held, Ecublens/Lausanne = 175.
Photo Bank Leu, Zürich = 176.
Aus Napoleon III. 1866 = 180.
Aus L. Blondel, wie Anm. 265 = 182, 183.
Aus M. Stoffel 1887 = 184.
Zeichnung K. Jauslin, Ortsmuseum Muttenz = 187, 189.
Aus H. Bircher 1904 = 190.
Aus M. Stoffel 1890 = 191.
Aus J.-P. Guillaumet, wie Anm. 276 = 192.
Aus A. Furger-Gunti/H.-M. von Kaenel 1976 = 194.
Photo Humbert + Vogt, Riehen = 201, 204, 237.
Photo Ph. Curdy, Genf = 206.
Photo Büro Sennhauser, Zurzach, R. Celio = 210–212.
Photo Vindonissa-Museum, Brugg, Ch. Holliger = 213.
Photo Musée Romain, Avenches = 216.
Photo Graphische Sammlung der Zentralbibliothek Zürich = 217.
Photo Römermuseum Augst = 218, 220, 229.
Aus L. de Bochat, wie S. 158 = 226, 260.
Aus R. Fellmann, wie Anm. 338 = 227, 230.
Nach R. Agache, aus O. Büchsenschütz, wie Anm. 336 = 228.
Photo W. Neffen, Ennetbaden = 233.
Aus L. Berger, wie Anm. 344 = 234, 235.
Photo Museum des Kantons Thurgau, K. Keller = 236.
Photo Direction des fouilles d'Octodurus = 243.
Plan Archäologischer Arbeitsdienst = 244.
Aus F. Keller, wie Anm. 350 = 245.
Photo Verfasser = 248.
Aus M. Martin, wie Anm. 364 = 249.
Aus G. Haseloff 1984 = 250.
Photoarchiv Historisches Museum Basel = 252, 255.
Aus R. Weiss 1959 = 253.
Archiv Schweiz. Institut für Volkskunde, Basel = 254.
Aus F. Keller, wie Anm. 401 = 257.
Aus J. Burckhardt, wie Anm. 398 = 259.
Aus A. Naef 1898 = 261.

Index

Der Index umfasst ausgewählte Personennamen, Ortsangaben und Sachbegriffe (ohne Anhang). Es wird stets auf die Seitenzahl (auch bei Abbildungen) verwiesen. Fachausdrücke und seltene Fremdwörter werden durch Klammerbezeichnungen oder durch den Hinweis auf eine erläuternde Textstelle erklärt, so dass dieser Index auch als Glossar dienen kann.

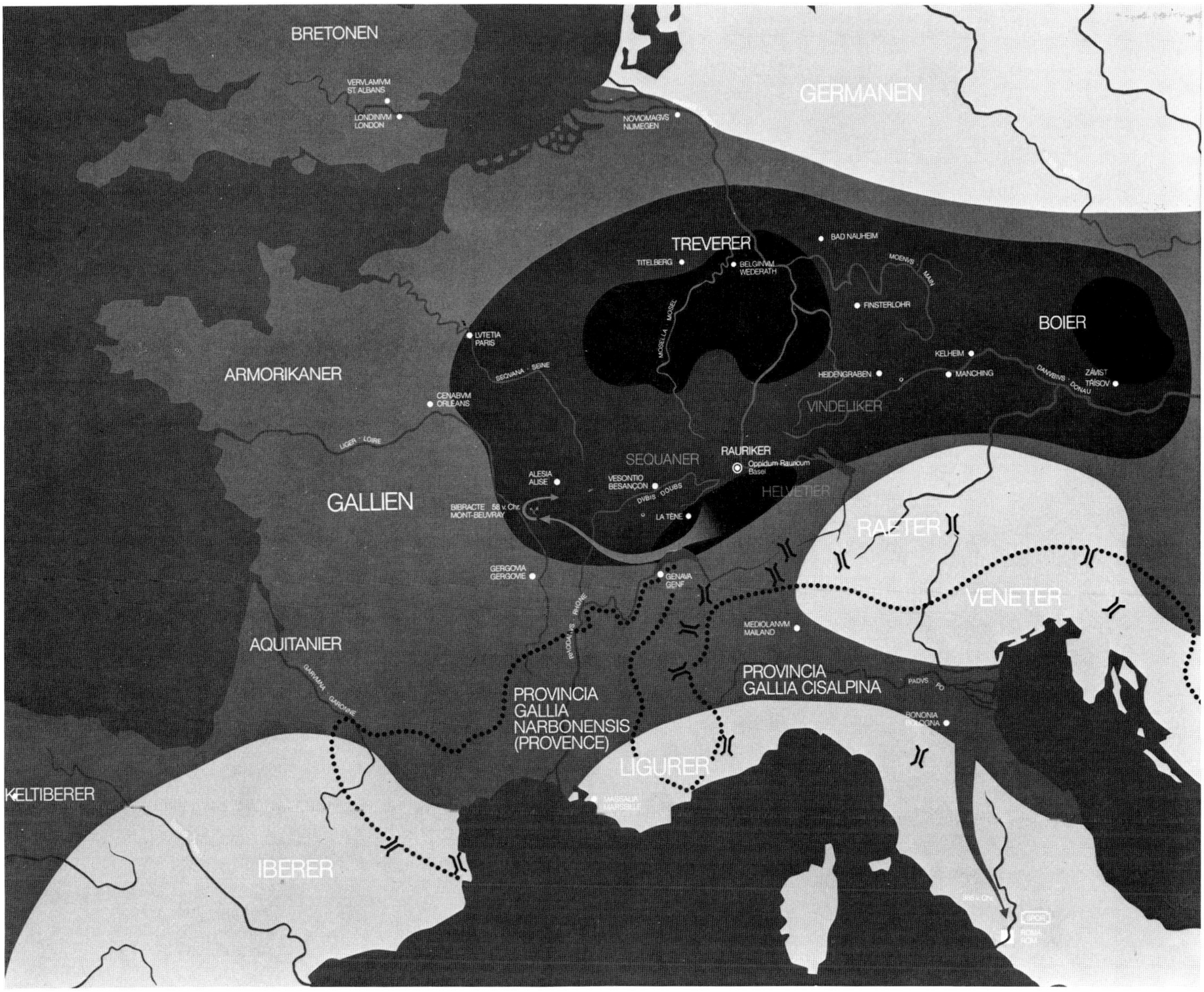

Karte des keltischen Siedlungsgebietes
im 5. bis 1. Jahrhundert v. Chr.

Dichtezentren

Zu Beginn der Latènekultur
(5./4. Jahrhundert v. Chr.)

Grösste Ausdehnung

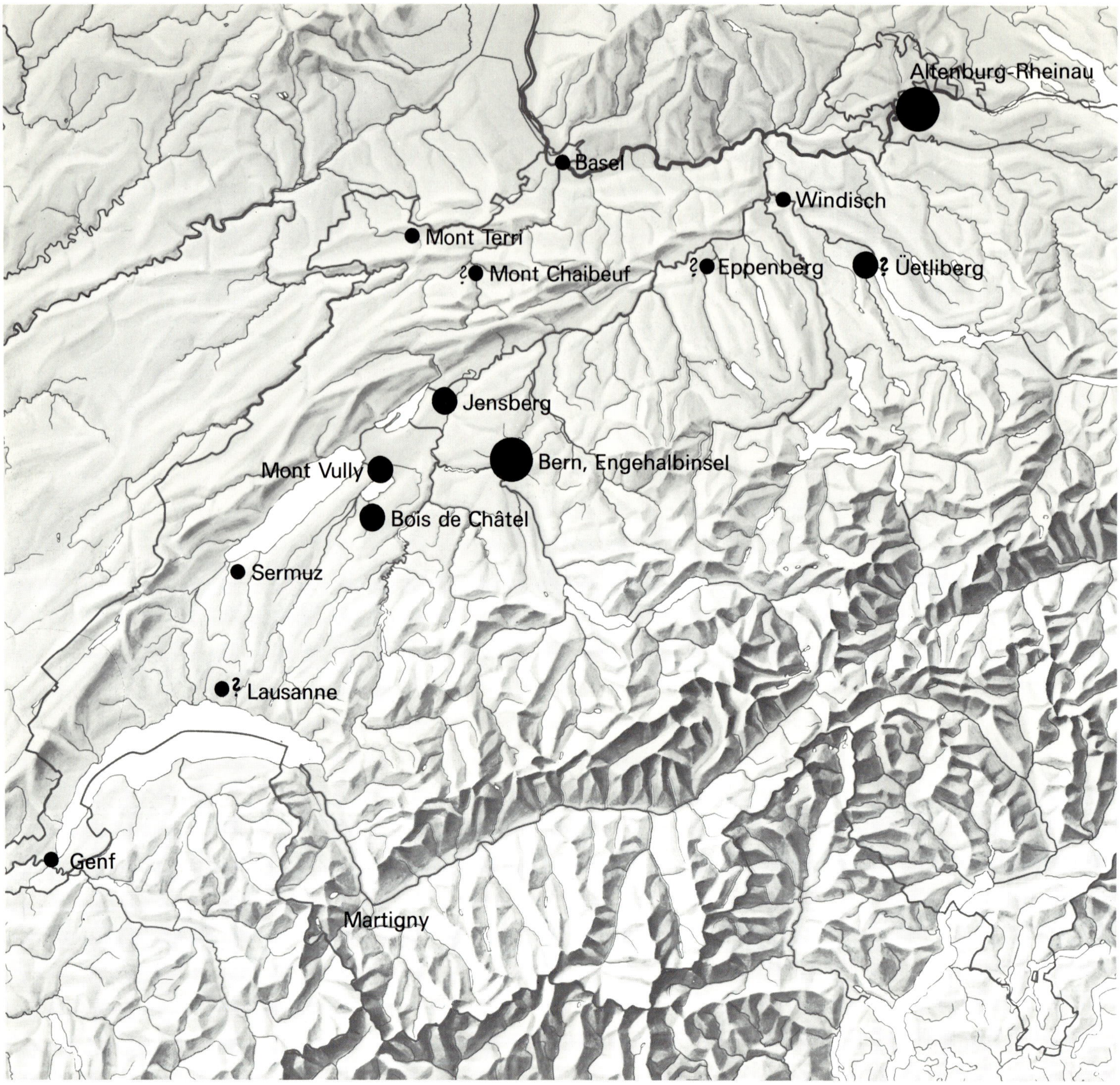

Sicher nachgewiesene und vermutliche Oppida der Helvetier und ihrer Nachbarn.
Grosser Punkt:
über 60 Hektar Ausdehnung.
Mittlerer Punkt:
60 bis 15 Hektar Ausdehnung.
Kleiner Punkt:
unter 15 Hektar Ausdehnung.
Nicht alle hier eingezeichneten Oppida bestanden gleichzeitig. Diese Grosssiedlungen liegen fast durchweg an in keltischer Zeit mit Schiffen befahrenen Gewässern.

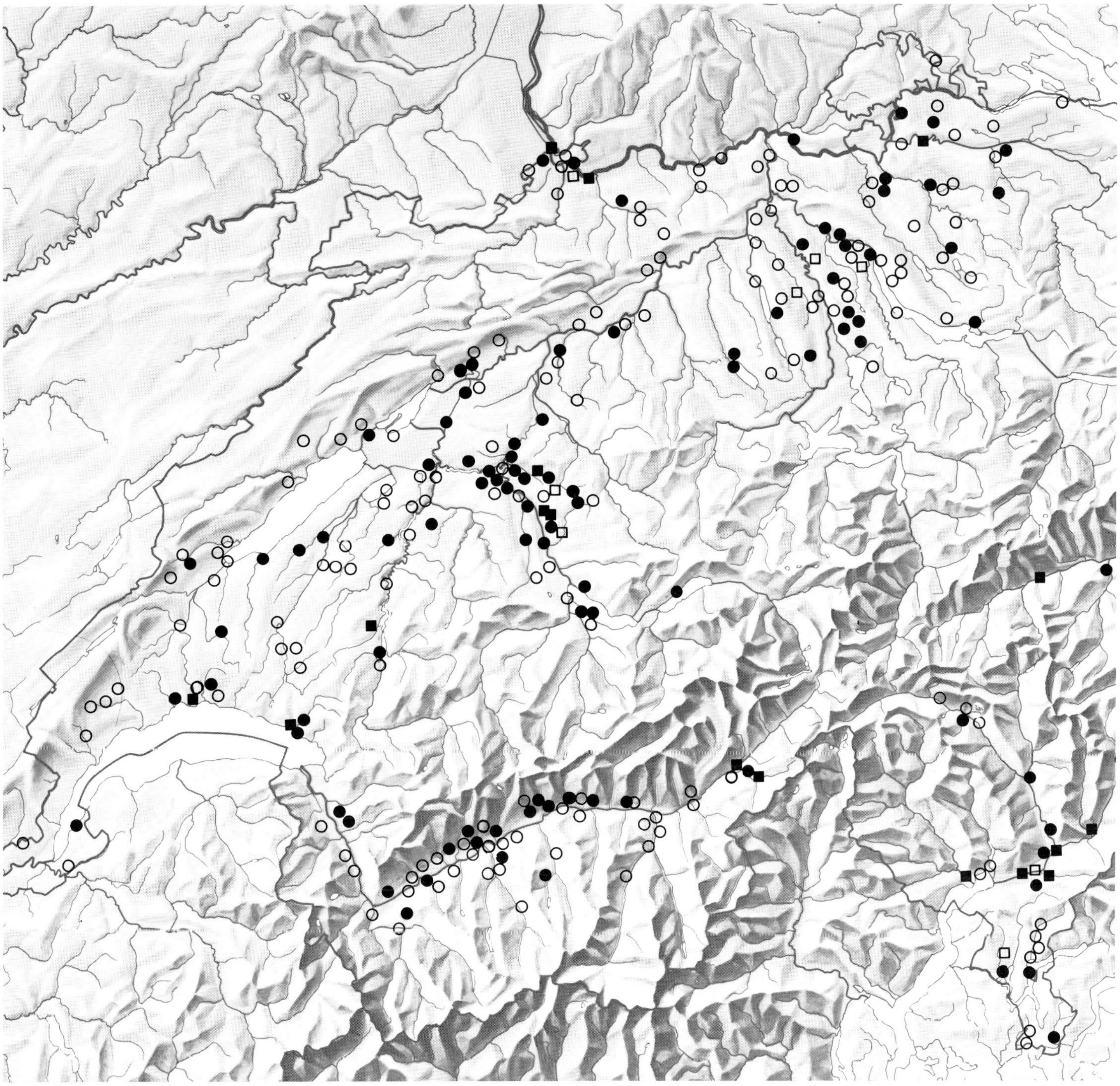

Verbreitungskarte latènezeitlicher Gräber in der Schweiz (nach R. Wyss, vereinfacht).
○ Einzelgrab
● Gräbergruppe 2–10
□ Kleines Gräberfeld 11–20
■ Mittleres bis grösseres Gräberfeld 21–50
Die Gräber konzentrieren sich auf den östlichen und westlichen Teil des Mittellandes, wobei auch die Alpentäler, besonders das Wallis, zunehmend belegt wurden.

Karte mit wichtigen keltischen Stämmen und ihren Nachbarvölkern in Gallien zur Zeit Cäsars. ▶

Belgae
Germani
Treveri
Leuci
Lingones
Vindelici
Rauraci
Sequani
Haedui
Raeti
Helvetii
Boii
Celtae/Galli
Allobroges
Salassi
Santones
Arverni
Gallia
Cisalpina
Helvii
Provincia
Gallia
Narbonensis
Volcae Tectosages
Aquitani
Hispania